Eisteddfod Genedlaeth

SIR BENFRO, TYDDEWI
2002

CYFANSODDIADAU
a
BEIRNIADAETHAU

Golygydd:
J. ELWYN HUGHES

Cyhoeddir gan Wasg Dinefwr
dros Lys yr Eisteddfod Genedlaethol

ISBN 0 9540569 9 X

Argraffwyd gan Wasg Dinefwr
Heol Rawlings, Llandybïe, Sir Gaerfyrddin

CYNGOR YR EISTEDDFOD GENEDLAETHOL 2002

CYMRODYR

W. Emrys Evans
W. R. P. George
Gwilym E. Humphreys
Norah Isaac
James Nicholas

SWYDDOGION Y LLYS

Llywydd
Aled Lloyd Davies

Is-Lywyddion
Robin Llŷn (Archdderwydd)
D. J. Thomas (Cadeirydd Pwyllgor Gwaith Sir Benfro, Tyddewi)
Gwynn ap Gwilym (Cadeirydd Pwyllgor Gwaith Maldwyn a'r Gororau)

Cadeirydd y Cyngor
D. Hugh Thomas

Is-Gadeirydd y Cyngor
Dafydd Whittall

Cyfreithwyr Mygedol
W. R. P. George
Emyr Lewis

Trysorydd
Eric Davies

Ymgynghorydd Ariannol
W. Emrys Evans

Cofiadur yr Orsedd
Jâms Nicolas

Ysgrifenyddion
Huw Davies
151 Heol Saron, Saron, Rhydaman, Sir Gaerfyrddin, SA18 3LN
Geraint R. Jones
Gwern Eithin, Glan Beuno, Bontnewydd, Caernarfon, Gwynedd

Cyfarwyddwr
Elfed Roberts
40 Parc Tŷ Glas, Llanisien, Caerdydd, CF14 5WU (029 20763777)

Trefnydd yr Eisteddfod
Aled Siôn

RHAGAIR

Mae'n bleser gennyf gyflwyno i'ch sylw y gyfrol hon o Feirniadaethau a Chyfansoddiadau Eisteddfod Genedlaethol Tyddewi, 2002.

Dyma'r tro cyntaf i mi olygu'r *Cyfansoddiadau a Beirniadaethau* pan fo'r Eisteddfod Genedlaethol yn y De, a'r tro cyntaf hefyd i mi gydweithio ag Aled Siôn, y Trefnydd, a Llio Wyn, a fu'n gyfrifol am ddarparu deunydd ar gyfer ei olygu. Derbyniais y beirniadaethau i gyd, fwy neu lai, drwy'r e-bost ac roedd hynny, wrth gwrs, yn arbed amser ac yn hwyluso'r broses olygu. Llwyddodd nifer sylweddol o'r beirniaid i gyflwyno'u beirniadaethau erbyn y dyddiad cau a bennwyd, a diolch iddynt am hynny, ond gorfu i'r Swyddfa a minnau ffonio a gohebu â sawl un arall i erfyn am eu gwaith – a hynny hyd at bythefnos a throsodd ar ôl y dyddiad penodedig.

Hoffwn ychwanegu gair neu ddau at yr hyn a ddywedais y llynedd am y benbleth flynyddol o safbwynt golygu'r deunydd buddugol. Daw rhai cyfansoddiadau i law yn berffaith, neu bron yn berffaith, o ran cywirdeb iaith a chystrawen (a hynny gan ambell 'ddysgwr' o bryd i'w gilydd) ac eraill nad ydynt mor gywir (o ran sillafu neu gysondeb ffurfiau, dyweder). Mae'n amlwg fod rhai cystadleuwyr yn cael 'cymorth' golygyddol cyn anfon eu gwaith i'r gystadleuaeth – ac, yn wir, mae rhai beirniaid, dros y blynyddoedd, wedi bod yn cymeradwyo'r arfer hwnnw; mae eraill, y dyddiau hyn, yn manteisio ar gyfleuster cywiro sillafu ar eu prosesydd geiriau. Yn gyffredinol, yr hyn yr anelir ato wrth gyhoeddi'r deunydd buddugol yw cael gwared â llithriadau teipio, gwallau sillafu a mân wendidau iaith ond ymatal rhag ymyrryd gormod ag arddull y gwreiddiol na cheisio cysoni ffurfiau tafodieithol, etc. Credaf ei bod yn bwysig mai gwaith y buddugwr a gyhoeddir heb fod arno liw na chwaeth na dylanwad gormodol y Golygydd. Ac eleni, am y tro cyntaf ers oddeutu deuddeng mlynedd, nid anodd fu penderfynu cynnwys cyfansoddiad buddugol y gystadleuaeth i rai sydd wedi byw yn y Wladfa ar hyd eu hoes ac yn dal i fyw yn Ariannin (sef 'Portread o fywyd tair cenhedlaeth o'r un teulu'), a hynny am nad oedd angen golygu ond y mymryn lleiaf ar waith yr enillydd.

Eleni, gosodwyd 67 o gystadlaethau yn y gwahanol feysydd a gynhwysir o fewn cloriau'r gyfrol hon (Barddoniaeth, Rhyddiaith, Drama, Dysgwyr, Cerddoriaeth, Gwyddoniaeth, etc.). Ni fu cystadlu ar 8 cystadleuaeth. O'r 59 sy'n weddill, ataliwyd y wobr ar 10 achlysur, gan adael 49 o gystadlaethau lle dyfarnwyd gwobrau. Denwyd oddeutu 517 o gystadleuwyr a chawsant eu cloriannu gan 69 o feirniaid. Mae yn y gyfrol hon eleni yn agos i 99,000 o eiriau.

Wrth gloi, hoffwn ddiolch i Dylan Jones, Cyhoeddiadau Nereus, Y Bala, am gysodi'r emyn-dôn fuddugol ac am gymorth Joan Wyn Hughes, Dolgellau, gyda'r fersiwn sol-ffa.

Cyflawnwyd y wyrth flynyddol unwaith eto gan Eddie John a'i gydweithwyr yng Ngwasg Dinefwr a diolchaf iddo ef a'r tîm am gynhyrchu gwaith mor gymen a glân yn ôl eu harfer.

J. Elwyn Hughes

CYNNWYS

(Nodir rhif y gystadleuaeth yn ôl y *Rhestr Testunau* ar ochr chwith y dudalen)

* * *

ADRAN LLENYDDIAETH

BARDDONIAETH

TESTUNAU A GWOBRAU ARBENNIG LLYS YR EISTEDDFOD GENEDLAETHOL

RHYDDIAITH

179. **Cystadleuaeth i rai sydd wedi byw yn y Wladfa ar hyd eu hoes** ac yn dal i fyw yn Ariannin. Portread o fywyd tair cenhedlaeth o'r un teulu.
Gwobr: £200 (Gwobr Goffa Shân Emlyn).
Beirniad: Angharad Rogers.
Dyfarniad: £80 i *Patagonia* (Esther Evans de Hughes, Rivadavia 1467, 9200 Esquel, Chubut, Ariannin); £40 yr un i *Marged Jones* (Iola Evans, Pecoraro 271 6 B, Trelew, Chubut, Ariannin) ac i *Hen Wraig* (Arel Hughes, Parguay 689, Trelew, Chubut, Ariannin); £20 yr un i *Nain* (Irvonwy Evans de Hughes, Brown 474, 9100, Trelew, Chubut, Ariannin) ac i *Marged* (Gwenni Evans, Williams, Ameglino 66, 9200 Esquel, Chubut, Ariannin). 156

Ieuenctid dan 20 oed

180. **Gwaith Cywaith**: rhifyn cyntaf cylchgrawn ar gyfer ieuenctid 15-18 oed.
Gwobr: £200 (Rhodd Rhoswen Enfys [Jessica Rose]).
Beirniad: Siân Eleri Davies.
Ni fu cystadlu.

ADRAN COMISIYNU YR EISTEDDFOD

181. **Nofel antur, dirgelwch neu ffantasi i blant yn eu harddegau cynnar**.
Dylai'r nofel orffenedig fod tua 17,000-23,000 o eiriau. Gofynnir am 7,000 o eiriau ac amlinelliad o'r nofel gyfan. Telir £150 i'r buddugol i fynd rhagddo â'r gwaith pan roddir y comisiwn iddo. Telir £350, sef gweddill yr arian, ar ôl i'r Eisteddfod dderbyn y gwaith gorffenedig ac ar ôl i feirniaid y gystadleuaeth ei gymeradwyo fel gwaith teilwng. Bydd Cyngor Llyfrau Cymru'n ystyried cyfrannu swm pellach o hyd at £1,000 (cyfanswm o hyd at £1,500 yn cynnwys comisiwn yr Eisteddfod). Os cyhoeddir y gwaith, bydd taliadau breindal yn ychwanegol.
Gwobr: £500 (Gwobr Nawdd y Coleg Normal, Bangor).
Beirniad: Elgan Philip Davies.
Atal y wobr. 163

182. **Llyfr o deithiau mewn ardal arbennig**.
Gofynnir am lyfr o deithiau mewn ardal arbennig yn null *Swyn Sir Benfro*, Alun Ifans (Y Lolfa, 2000) yn cyflwyno natur, hanes ac enwogion yr ardal. Gall y teithiau amrywio o deithiau cerdded i deithiau car hamddenol. Dylai'r gyfrol gyfan gynnwys 20-24 o deithiau, gyda thestun o tua 1,000-1,200 o eiriau i bob un, ynghŷd â ffotograffau a map/mapiau. Gofynnir am chwech o deithiau cyflawn ac amlinelliad o weddill y gyfrol. Telir £150 i'r buddugol i fynd rhagddo â'r gwaith pan roddir y comisiwn iddo. Telir £350, sef gweddill yr arian, ar ôl i'r Eisteddfod

ADRAN DRAMA

Rhif *Tud.*

ADRAN FFILM A THELEDU

ADRAN DYSGWYR

Cyfansoddi i Ddysgwyr

Blwyddyn 10, 11

130. **Prosiect personol**: 'Yr Amgylchedd' neu 'Gwyliau'.
Gwobr: £50.
Beirniad: Rhiannon Roberts.
Ni fu cystadlu.

Blwyddyn 12 ac 13

131. **Prosiect personol**: '2052' neu 'Fy mro'.
Gwobr: £50.
Beirniad: Hywel Jones.
Buddugol: *Siwan* (Frances Roach, Maes yr Haul, Twffton, Hwlffordd, Sir Benfro, SA63 4TU). 198

PARATOI DEUNYDD AR GYFER DYSGWYR
Agored i ddysgwyr a siaradwyr Cymraeg

132. **Pecyn o adnoddau yn addas ar gyfer oedolion** yn seiliedig ar 'Chwedlau Cymreig'.
Gwobr: £75.
Beirniad: Heini Gruffudd.
Dyfarniad: £37.50 i *Nola* (Pat Neill, 3 Parc yr Efail, Cross Inn, Llandysul, Ceredigion, SA44 6LJ). 199

ADRAN CERDDORIAETH

79. **Emyn-dôn** i eiriau Idwal Lloyd.
Gwobr: £200 (Capel Trefgarn Owen, Breudeth).
Beirniad: R. Allan Fewster.
Buddugol: *Godre'r Grogwy* (Mandy Williams, Morawel, Rhoshill, Aberteifi, SA43 2TW). 202

80. **Darn i Biano**. Addas ar gyfer chwaraewyr gradd 6-7.
Gwobr: £200.
Beirniad: Roger Owens.
Buddugol: *Teilo* (Howard Watt, Y Graig, 17 Coriton Crescent, Yr Eglwys Newydd, Caerdydd, CF14 7EQ). 206

IEUENCTID

Cystadleuaeth i ddisgyblion ysgolion uwchradd a cholegau trydyddol dan 19 oed

ADRAN CERDD DANT

27. **Cyfansoddi Agored**. Cainc 6 bar, 5 curiad i'r bar, a 4 pennill i'r cylch.
Beirniad: Nan Elis.
Gwobr: £150 i'w rannu yn ôl doethineb y beirniad.
Atal y wobr. 218

ADRAN DAWNS

99. **Cyfansoddi dawns llys** i'w henwi yn 'Dawns Eglwys Gadeiriol Tyddewi'. Gellir cyflwyno'r cyfansoddiad ar bapur neu drwy unrhyw gyfrwng electronig. Bwriedir llwyfannu'r ddawns fuddugol yn y Neuadd Ddawns ac yn Eglwys Gadeiriol Tyddewi yn ystod wythnos yr Eisteddfod.
Gwobr: £200.
Beirniad: Owen Huw Roberts.
Buddugol: *Non-Non* (E. Jones, Dryslwyn, Bow Street, Ceredigion, SY24 5EJ). 219

ADRAN GWYDDONIAETH A THECHNOLEG

135. **Cystadleuaeth i unigolion neu grŵp yn oedran Cyfnod Allweddol 2: Astudiaeth** o anifeiliaid di-asgwrn cefn mewn unrhyw gynefin.
Gwobr: £150 (Ysgol Gynradd Castellhaidd) i'w rannu yn ôl doethineb y beirniad.
Beirniad: Alan Walters.
Dyfarniad: £100 i *Brynconin* (Ysgol Brynconin, Llandysilio, Clunderwen, Sir Benfro, SA66 7TF); £30 i *Pwyll a Rhiannon* (Plant Blwyddyn 4 a 5, Ysgol Arberth, Moorfield Road, Arberth, Sir Benfro, SA67 7AG); £20 i *Trychfilod Teg* (Dosbarth 3, Ysgol Gynradd Clydau, Tegryn, Llanfyrnach, Sir Benfro, SA35 0BE). 222

136. **Cystadleuaeth i unigolion neu grŵp yn oedran Cyfnod Allweddol 3: Astudiaeth** o anifeiliaid di-asgwrn cefn mewn unrhyw gynefin.
Gwobr: £150 i'w rannu yn ôl doethineb y beirniad.
Beirniad: Alan Walters.
Ni fu cystadlu.

137. **Cystadleuaeth i unigolion neu grŵp yn oedran Cyfnod Allweddol 2: Cynllunio a chreu model 3D** o unrhyw anifail di-asgwrn-cefn. Mae'n rhaid i'r model fod yn un gweithredol (e.e., un sy'n symud, fflachio neu wneud sŵn).
Gwobr: £150 (£50 Siambr Fasnach Sir Benfro) i'w rannu yn ôl doethineb y beirniad.
Beirniad: Terwyn Thomas.

ADRAN PENFRO

184. **Cyfansoddi cân**.
Gellir defnyddio unrhyw gyfrwng, e.e., roc, rege, jyngl, gwerin. Mae'n rhaid i'r geiriau a'r gerddoriaeth fod yn wreiddiol a dylid cyflwyno'r cyfeiliant a'r alaw ar dâp (ynghyd â chopi o'r geiriau) neu ar gyfrifiadur (ar ffeil MIDI) neu'n ysgrifenedig. Caniateir cywaith.
Gwobr: £250 (Ysgol Uwchradd Abergwaun).
Beirniaid: Aelodau o Gorky's Zygotic Mynci.
Buddugol: *Efflwfiws* (Kevin Andrew James, 107 Baring Gould Close, Hwlffordd, Sir Benfro, SA61 2SL). 228

185. **Cynllun ar gyfer cefnlen** i lwyfan y Babell Ieuenctid ar unrhyw ffurf. Ystyrir defnyddio'r cynllun buddugol yn yr Eisteddfod gyfredol. Bydd cymorth ariannol ar gael i alluogi'r buddugol i gwblhau'r gwaith. Maint y gefnlen orffenedig: 2.5 metr o uchder x hyd at 10 metr o led.
Gwobr: £150 (£100 Pwyllgor Cylch Abergwaun, Urdd Gobaith Cymru; £50 Gwobr Goffa Iona).
Beirniad: Eifion Griffiths.
Buddugol: *Rhif 5* (Clwb Celf Ysgol Uwchradd Abergwaun). 229

ADRAN LLENYDDIAETH

BARDDONIAETH

Casgliad o Gerddi mewn cynghanedd gyflawn ar amrywiaeth o fesurau, heb fod dros 300 llinell: Llwybrau

BEIRNIADAETH JAMES NICHOLAS

Yn dilyn llwyddiant diamheuol cynnig y Gadair am gasgliad o gerddi mewn cynghanedd gyflawn ar fwy nag un o'r mesurau caeth traddodiadol yn Eisteddfod Genedlaethol Llanelli a'r Cylch 2000, penderfynodd Pwyllgor Llenyddiaeth Eisteddfod Genedlaethol Sir Benfro, Tyddewi, ddilyn yr un trywydd gan ychwanegu testun i'r casgliad, sef 'Llwybrau'. Pleser mawr yw cydnabod i hyn brofi eto'n llwyddiant mawr a chafwyd nifer o gasgliadau gwir deilwng gan y cystadleuwyr. Ymddengys i'r dasg o lunio awdl brofi'n dreth ar egnïon sawl cynganeddwr ac y mae gwell cyfle ganddynt i wneud cyfiawnder â'u doniau creadigol wrth lunio cerddi byrion. Nid yw hyn yn golygu bod llai o ymarfer ar nifer o fesurau caeth – ymddengys tystiolaeth y gystadleuaeth hon fod ymarfer ystod helaethach o fesurau nag a welwyd mewn llawer o awdlau eisteddfodol.

Llawenydd yw gweld, hefyd, fod y feistrolaeth sydd gan lawer o'r ymgeiswyr ar rai o'r hen fesurau yn rhyfeddol. Eto, mae'n rhaid cydnabod bod sawl un – a hynny'n gwbl naturiol a dealladwy – o dan ddylanwad ffurf yr awdl eisteddfodol draddodiadol, a'r awdl wedi ei rhannu'n nifer o 'gerddi'. Gresyn hynny oherwydd yr oedd yr ymgeiswyr hyn yn colli cyfle wrth beidio â chynnig cerddi amrywiol eu natur ac eto wedi eu clymu ynghyd gan y testun 'Llwybrau'.

Ymgeisiodd deg am y Gadair a gwneir ychydig sylwadau ar bob un ohonynt yn unigol. Da dweud nad oes yr un ohonynt heb obaith – y maent i gyd yn gyfarwydd â'r mesurau caeth ond mae eu meistrolaeth o'r cyfrwng, yn naturiol, yn amrywio. Gobeithio y bydd y sylwadau hyn yn hwb iddynt i ymarfer y grefft ymhellach a chael mwy o lwyddiant yn y man.

Banw: Dyma, fel yr ymddengys i mi, gerdd mewn pedwar caniad a phob caniad yn ymrannu ymhellach yn nifer amrywiol o ganiadau. Mae'r ymgeisydd wedi meistroli crefft y gynghanedd ond barnaf iddo'i chael hi'n anodd i fynegi'i feddwl yn glir. Er enghraifft, ceir llawer o draethu rhyddieithol ganddo, megis: 'Adduned dawel sydd yno – yr hyn,/er rhannu, sy'n uno/unigolion i goelio/ gwir-deimladau brau eu bro'. Bu llawer o ddadlau am le 'tywyllwch' yn y canu caeth yng Nghymru. Fy nheimlad i yw bod y math o ganu a geir gan *Banw* yn brwydro yn erbyn y traddodiad a ddengys wir brydferthwch y canu caeth. Credaf y dylai *Banw* feddwl yn hir uwch diffiniad Simwnt Fychan: 'ni wnaed cerdd ond er melyster i'r glust ac o'r glust i'r galon'. Ni rydd *Banw* ddigon o gyfle i'r mesurau ddatgelu eu gwir brydferthwch.

Jac Do: I bob pwrpas, awdl ar y testun 'Llwybrau' sydd gan *Jac Do* wedi ei rhannu'n ddwy ran, 'Y Tad' a 'Y Mab', a'r ddwy wedi eu hisrannu ymhellach. Mae ganddo gryn feistrolaeth ar ei fesurau megis: 'Gwylio ymdrech y gelyn – i'w heintio,/yntau'n ddiamddiffyn/y glafoer yn y poeryn/a gwaed ar yr ewyn gwyn'. Hanes yr olyniaeth – tad, mab, yn y chwarel – a geir gan *Jac Do.* Gallasai fod yn gliriach ei fynegiant mewn mannau ond eto, mae wedi dysgu'r grefft o gynganeddu a chredaf y byddai wedi gwneud mwy o gyfiawnder ag ef ei hun petai wedi cynnig cyfansoddi nifer o gerddi rhagor glynu at ffurf yr awdl eisteddfodol am unoliaeth i'w waith.

Cwm Pernant: Barnaf mai awdl a geir yma eto a hynny mewn tri chaniad: 'Plentyndod', 'Llencyndod' a 'Canol Oed'. Defnyddiodd bedwar mesur – y mesurau y bu'r defnydd mwyaf ohonynt mewn cystadleuaeth o'r math yma, sef yr englyn, y cywydd a'r hir-a-thoddaid. Ceir yma hefyd nifer o englynion penfyr. Mae'n canu'n gwbl gartrefol yn y mesurau hyn a dengys ei fod yn feistr ar ei gyfrwng. Rhydd agoriad adran 'Plentyndod' gip ar natur ei ganu: 'Hen ddyddiau yr hafau hir/Ym mharadwys fy mrodir,/Lle bu cam heb ei amau/Ar lwybr y bur hoff bau'. Rhydd inni ambell gip cynnil, addawol o'i blentyndod, megis yr englyn penfyr hwn (er gwaetha'i ddechrau ansicr): 'Afalau'n ngardd y Felin – yn Nhŷ'r Haidd/y pereiddiaf eirin/A phys yn Nhyddyn y Ffin'. Mae tuedd i adrannau ei gerddi fynd yn undonog eu traethu a phrin yw'r dweud sy'n ein cyffroi. Gwaetha'r modd, y mae'r canu'n rhy gaeth i rigolau'r gorffennol.

Sam: Cyfyd y safon gryn dipyn wrth ddod at gerddi *Sam.* Dyma gerddi cyfoes eu cefndir, sef yr ymosodiad trychinebus ar y ddau dŵr yn Efrog Newydd, Medi 11, 2001. Er bod cysgod yr awdl draddodiadol yma eto, ceir mwy o annibyniaeth unigolyddol yn y cerddi. Credaf fod yma ymgais deg i ddisgrifio'r trychineb: 'Y ddwy ergyd a daniwyd yn ddirgel/I hawlio entrych y tyrrau uchel,/Awyrennau ar annel – fel gwreichion/Ar eu hunion yn tasgu o'r anwel'. Tasg anodd a osododd *Sam* iddo'i hun, sef ceisio disgrifio'r alanas o'r tu allan megis, ac y mae hyn bob amser yn anodd i'w gyflawni. Eto, y mae yma ymgais wirioneddol i amgyffred y sefyllfa, megis yn y cerddi 'Yn y Tŵr' a 'Tir Sero'. Credaf y dylid wrth fwy o gynildeb ambell dro, yn enwedig yn y gerdd 'Yr eiliad olaf'. Mae'r gerdd 'A fo ben' yn rhagori ar y gweddill ac fe rydd brawf o wir addewid *Sam.* Os wyf yn iawn mai bardd ar ei brifiant yw *Sam,* yna y mae ganddo'r adnoddau i gyfansoddi cerddi gwir dda, a ddug iddo'i wobr yn y man. Yr oedd llawer yng ngwaith *Sam* a edmygais.

Bwyell Goch: O safbwynt crefft, dyma fardd mwyaf uchelgeisiol y gystadleuaeth. Dewisodd ei fynegi ei hun mewn ystod helaeth o'r hen fesurau, a'r cyfryw fesurau'n galw am ddisgyblaeth fydryddol lem iawn. Rhyfeddaf iddo lwyddo cystal. Er i mi gyfeirio at ffurf ac arddull yr awdl draddodiadol eisteddfodol wrth drin gwaith yr ymgeiswyr blaenorol, gellir dweud i *Bwyell Goch,* er iddo ganu ar fesurau awdlau'r Gogynfeirdd, lwyddo i ganu pum cerdd annibynnol ar ei gilydd ac eto fyfyrdodau penodol ar destun y gystadleuaeth, sef 'Llwybrau'. Dyma deitlau ei gerddi: 'Llun Tatanka Yotanka (Sitting Bull)', 'Llwybr yr Arwr', 'Oedfa'r Hwyr', 'Y Gêm' a 'Paul Robeson'. I werthfawrogi gwaith *Bwyell Goch*, dylid nodi rhai pwyntiau. Y mae tyndra'r mynegiant yn galw am ddarllen gwahanol i'r cyffredin. Nid ar redeg y deellir ei waith. Eithr y mae ystyr i bob cymal. Er caethiwed ei gyfrwng, llwydda i fyfyrio'n dawel a dwfn ar ei fater. Er enghraifft, yn y gerdd gyntaf, 'Tatanka Yotanka', y mae'n myfyrio uwch arwriaeth arweinydd yr Indiaid a welodd anrheithio eu tiriogaeth gan y dyn gwyn. Y mae'n fyfyrdod ar werthoedd gwantan gwareiddiad y dyn gwyn a'r modd y treisiwyd tiriogaeth pobloedd a oedd wedi byw bywyd gwahanol iawn i'r hyn oedd yn eu bygwth yn enw 'Gwareiddiad'

> Dy hoelio gan frad a weli
> i groes dyhead goroesi
> a nos yr hin wen yn hela'r heulwen
> O nen dy awen di.

Ymhellach, nid y mynegiant caethiwus yn unig sy'n blino'r darllenydd ond y mae yma gyfeiriadaeth ystyrlon er nad hawdd ei dirnad bob amser. Er enghraifft, yn y gerdd 'Oedfa'r Hwyr', mae'n myfyrio ar ddiwedd y byd (neu o leiaf dyna sut yr wyf fi'n ei dehongli) o safbwynt cosmoleg fodern. Dyma, felly, ddod â phwnc gwyddonol astrus, cyfoes, yn destun cerdd a fynegir mewn hen, hen fesur. Nid oes dim o'i le yn hynny ond y mae perygl i'r caethiwed dagu'r ystyr.

> Dyneswn â'n byd yn nosi
> yn ddyrnaid at saig di-ddim
> dan wan y sêr drwy'n hamser ni;
> gleiniau blynyddoedd goleuni.

Wrth aros gyda'r gerdd 'Oedfa'r Hwyr', penderfynais nad yw'r mater a'r cyfrwng yn ieuo cystal ag y gobeithiem ac, o ganlyniad, yr ydym yn ildio o dorcalon am nad ydym yn medru gwerthfawrogi gwaith y bardd yn ei lawn fwriadau. Mae *Bwyell Goch* ar ei orau yn 'Paul Robeson' a hynny am nad yw'r mesur mor gaethiwus ac, o ganlyniad, rhoddir mwy o gyfle i'w ddychymyg barddol ein meddiannu'n llwyrach:

> Gwyrth dy loyw lef, bendefig,
> yn cynnig ei thocynnau
> rhyddid yn rhodd dawn a roes
> i einioes flas ei seiniau,
> Daw dy her o'r dyfnder du
> gan anelu'n gân olau,
> 'n ddylif haul i ddolef heth
> dyn a'i feth dan ei foethau.

Credaf fod gwaith *Bwyell Goch* yn waith dychymyg barddol pwerus dros ben, ynghyd â gwaith crefftwr a ddysgodd ei gelfyddyd gan feirdd y Tywysogion, y sawl a osododd y seiliau cychwynnol cadarn. Treuliais lawer o amser uwchben y cerddi er mwyn ceisio bod yn deg â'r ymgeisydd. Yr wyf o'r farn ei fod wedi cyrraedd pwynt yn awr lle y dylai ailystyried y berthynas rhwng cyfrwng ei grefft a'r hyn sydd ganddo i'w ddweud. Ar hyn o bryd, y mae ei gampau crefftwrol yn mygu'r gwir lais sydd ganddo. Mae'n werth clywed y cyfryw lais a dylai fyfyrio ymhellach ar briodas y mater a'r modd. Wedi dweud hynny, edmygaf ei adnoddau barddol yn fawr iawn.

Carn yr Ebol: Os yw *Bwyell Goch* yn astrus ac anodd ei waith, y mae *Carn yr Ebol* i'r gwrthwyneb – yn syml, yn gynnil a thelynegol ei naws. Ceir ganddo naw o gerddi: 'Tyn y Ddôl', 'Y Pumdegau', 'Popeth yn Gymraeg', 'Colli'r Ffordd', 'Troi'n Ôl', 'Llanw a Thrai', 'Colli Cymydog', 'O'r Dwyrain' a 'Dal dy Dir'. Cefais lawer o foddhad o ddarllen y cerddi hyn. Canwyd nifer ar fesur y cywydd, a dilynir hanes y bardd o'i blentyndod adre yn Tyn y Ddôl, lle'r amgylchynir ef gan fywyd diniwed y wlad:

> Cerddais lwybrau dechrau'r daith,
> yma, ond heb fynd ymaith;
> Mynd i 'myd heb fynd ymhell
> Dau gae oedd hyd y gawell.

Mae'r pennill yn nodweddiadol o'r arddull drwyddi draw – cynildeb mynegiant, cynganeddu glân, heb ryw lawer o gyffro newydd-deb chwaith. Ceir hanes plentyndod *Carn yr Ebol*, yna'n tyfu i fyny, dechrau caru:

> Mêl ein byd a'i sêl mor bur
> ond dan wanaf ein llafur,
> oriau ein serch sy'n troi'n sur.

Yna, yn 'Colli'r Ffordd', y mae bywyd yn suro:

> Mi af o haul Mehefin
> ar y ffyrdd tu draw i'r ffin,
> a thros gamfa'r ddaear ddu
> wyf adyn heb aeddfedu.

Dyna ddigon i ddangos natur y canu. Y cerddi a gafodd fwyaf o effaith arnaf fi oedd y ddwy olaf sydd ganddo yn y casgliad, sef 'O'r Dwyrain' a 'Dal dy Dir', lle mae'n cyffwrdd â'r argyfwng yng nghefn gwlad Cymru:

> fel y brwyn hen adfail bro
> wyf fi, heb ateb eto
> I afonig y fawnen
> Sy'n gwacáu yr erwau hen.

Cefais bleser o ddarllen y cerddi syml a diymffrost hyn.

Y Tri Cho': Mae rhywbeth unigryw yn y casgliad hwn. Dyma fardd dysgedig, meistr ar amryw fesurau Cerdd Dafod, ac amlygir dawn anghyffredin mewn cerddi sydd yn llawn bywyd. Mae'n rhaid i ni fod ar flaenau ein traed wrth ddarllen gwaith *Y Tri Cho'*. Yng ngherdd gyntaf y casgliad, gesyd ei fater ger ein bron:

> Nid yw map o'n gwlad i mi
> Ond llun wnâi dall ohoni.
> Un nad yw'n dallt enw ei dŷ
> Y c'radur! Un sy'n credu
> Y lluniwyd yr holl lonydd
> I gario dyn i Gaerdydd.

Buan y sylweddolwn fod rhywbeth gwahanol yn y canu hwn – asbri, bywyd, menter, gormodiaith ar brydiau! Yn wir, rhoddodd awgrym o fater y cerddi yn y ffugenw a ddefnyddiodd, sef *Y Tri Cho'*. Y mae yma fyfyrdod ar dynged iaith, a thir, a thraddodiad, ynghyd â chymhlethdod y berthynas rhwng tir, iaith a thraddodiad. Mae ei leferydd yn garlamus ar brydiau:

> Hyn, ym mhen hogyn, yw'n hiaith.
> Byw'n dal heb enaid eiliaith,
> Dan gofio'r byd yn gyfan,
> Yn Llan-faes, yn Llyn y Fan;
> Yn rhydd hyd lonydd y wlad,
> O Lan-gan i Langwnad
> A llwybrau Lleu a Hebron
> Yn hyn o wlad yn un lôn.

Mae ganddo'i ddull ei hun o fynegi'r hyn sydd ganddo i'w ddweud a'r dull hwnnw'n llwyddo i'n syfrdanu, fel y dylai barddoniaeth dda 'i wneud; ceidw ni ar flaenau ein traed o hyd, gan ofyn: beth ddaw nesa'?

Cerdd bellgyrhaeddol ei hergyd yw 'Byd y Beirdd' ac mae gan y bardd hwn rywbeth newydd i'w ddweud wrth Gymru a ffordd newydd o'i ddweud. Er bod y mynegiant yn syml, yn dwyllodrus o syml, ceir yma feistr hefyd ar drin y mesurau, a gwelir hen fesurau'n gyfrwng mynegiant ystwyth i faterion newydd. Dyma'r math ar ieuad sy'n ein cyffroi. Mae'r bardd hefyd yn ymdrin ag ystod helaeth o brofiadau – er enghraifft, y gerdd dyner 'Y sêr dros Aran' a'r gerdd chwerw chwareus 'Gwahoddiad'. Yn 'Y Gêm', y mae'n gadael i'w ddawn lifeiriol fynd yn rhydd eto gan lunio penillion sy'n wyrthiol o gywrain. Hoffais ei ddiweddglo, sef y darn 'Nodyn', yn fawr:

> Nid wyf i mewn! Rhaid fy mod
> Ar y lôn. Mae 'nrws ar led;
> Ar y bwrdd, o bethau'r byd
> Mae pin gloyw, a map o'n gwlad.

A aeth ei glyfrwch ag ef ar gyfeiliorn ar brydiau? Do, mi dybiaf, ond yn wir dyma waith bardd o'r iawn ryw, a phleser mawr oedd darllen y gwaith. Bydd yn werth dychwelyd a darllen y cerddi hyn eto. Diau y tyf eu hatyniad. Bardd a chanddo rywbeth i'w ddweud a'i fodd unigryw o fynegi hynny.

Ger-y-Llyn: Ni cheir yma arddull garlamus *Y Tri Cho'*. Arall yw cryfder *Ger-y-Llyn*. Bardd tawel ei anian, a thelynegol ei gyffyrddiad ydyw a cheir ganddo gasgliad pur wreiddiol o gerddi wedi eu lleoli dramor yn Unol Daleithiau America, ac yntau, mi dybiaf, ar ymweliad yno. Mae cân agoriadol y casgliad yn nodweddiadol o'i ddull mynegiant:

Awyren dros Iwerydd
Yn llinyn o wlân llonydd
Ar un ras i dorri'n rhydd . . .

Y mae rhyw ddieithrwch pleserus yn ei leferydd – symlrwydd tawel yn esgor ar ddyfnder ystyr:

Un llinell wen am ennyd,
Un haf sydd yno hefyd,
Un haf hir ynof o hyd
Â'i gynnwrf eto'n gynnes.

Yn y gerdd 'Tremont Street', ceir portread byw iawn o 'grwydryn yn hel cardod yn Boston'. Gwelir dawn farddol *Ger-y-Llyn* ar ei gorau yn y gerdd hon – portread graffig a byw sydd yn llawn dynoliaeth. Dyma lle ceir ei ddawn epigramatig ar ei gorau: 'Beth yw gwerth dau yn perthyn/os dyled yw waled un?'. Portreadu'r ddynoliaeth lydan yma a wneir mewn rhyw ffordd neu'i gilydd yn yr holl gerddi, megis yn 'Times Square', 'Llwybr Rhyddid' a'r gerdd hyfryd 'Central Park' sydd er cof am John Lennon. Yn 'Canal Street', llwyddir, a hynny'n fyw iawn, i bortreadu dathlu Blwyddyn y Neidr – Chinatown 2001 yn ddramatig dros ben, nes ein tynnu i mewn i ferw'r dathlu mewn modd cofiadwy:

Un neidr sydd yn rhaeadru'n – rhes o draed
I lawr stryd y dathlu
Yn ferw tan yfory.

Yn y ddwy gerdd olaf yn y casgliad, 'Ar y Ffôn' ac 'Etifeddiaeth', mae'r bardd yn ymdrin â thrychineb Medi 11, 2001, yn Efrog Newydd – a hynny ar ôl iddo ymweld â'r ddinas yn Awst 2001. O'r sawl a geisiodd ymateb yn eu cerddi i'r trychineb, barnaf mai *Ger-y-Llyn* a lwyddodd orau wrth iddo geisio cwmpasu maint y trychineb, a gwneir hynny mewn llinellau byr, bachog, a ddywed lawer wrthym. Dyma fardd sy'n cyffwrdd yn ysgafn â thannau ei delyn ond y mae'r nodau'n treiddio i waelod Bod. Casgliad cyfoethog.

Y Crwydryn Llon: Dyma gasgliad o gerddi bachog gan gynganeddwr penigamp. Diau mai dyma ddawn fwyaf llifeiriol y gystadleuaeth ac mae'n ein synnu dro ar ôl tro gan newydd-deb llachar ei gynganeddu. Gedy'r argraff fod trin y mesurau yn waith rhwydd iawn iddo ond mae'n siŵr bod oes o ymarfer y grefft y tu ôl i'r cerddi hyn. Ceir yma chwech o gerddi: 'Man Gwyn Man Draw', 'Tudalen ar Fap', 'Cychod', 'Wrth Dau [*sic*] Fwrdd', 'Yr Afon' a 'Pererindod'.

Mae *Y Crwydryn Llon* yn ein cyflwyno i'w fater yn ei bennill cyntaf:

Heno, Dduw annwyl, clyw weddi Ionor!
Mynn ddirnad bagad gofid hen begor;
Un o dy dîm a flinodd ar dymor
Y rhew a'r eira sy'n bryder goror,
Rhag dolef, rhad dod elor – boddia'i chwant
Am hyd a rhamant di-hirlwm dramor.

Yna, y mae *Y Crwydryn Llon* yn mynd â ni ar hyd llwybrau'i wyliau tramor gan ei brofi'i hun yn gydymaith anghyffredin, a'i hiwmor yn trydanu drwy ei benillion. Dengys y gerdd 'Tudalen ar Fap' gryn glyfrwch – mae'n amlwg fod y teithiwr hwn yn dra chyfarwydd â darllen mapiau! Cyflwynir ni i rialtwch y gwyliau mewn cyfres odidog o hir-a-thoddeidiau yn y gerdd 'Cychod':

Heibio ar ras yn gwenynna'n brysur
Mae llanc yn dyfod yn starn cwch modur;
O gei i gei mae'n trwyno mewn gwewyr
Am dywysoges ifanc gymesur
Oblegid lle bo'r blagur – yn y man
Bydd rhannu'i chusan, bydd rhin ei chysur.

Cefais ychydig anhawster i ddilyn ei feddwl chwim-chwareus yn y gerdd 'Wrth Dau Fwrdd', a chollais fy ffordd! – nes i un o'm cyd-feirniaid, John Gwilym Jones, fy nysgu i ddarllen yr arwyddion yn gywir! Cerdd ddoniol iawn yw 'Wrth Dau Fwrdd' – portread o gymeriad rhadlon *Y Crwydryn Llon*.

Caf agoriad 'Yr Afon' yn benigamp.

Trosol y meiriol ym mur
Y rhew oesol fu'n brysur;
O'r gwae daeth awr ei gwewyr.

Tyfodd a naddodd yn hy
O'r tir uchel ei gwely,
Hi a'i gosgordd ddi-gysgu.

Ac yna'r ddwy gerdd olaf, 'Pererindod' a 'Cymerau', y naill yn gyfres o englynion sydd yn disgrifio ymweliad â dinas Trier lle ceir crair honedig o fantell yr Iesu:

Cofio'r brad, cofio'r gwadu – cofio'r pris
Cofio'r pren a'r gwaedu,
A hwyl a rheg milwyr hy
Â'u dis dros ddillad Iesu.

A'r llall yn disgrifio, mi dybiaf, wyliau yn Koblenz ar lannau'r Rhein a'r Mosel.

Yn gymysg â'r direidi a'r hwyl, ceir gan *Y Crwydryn Llon* draethu gwirioneddau dwys – gwêl ymhell y tu hwnt i'r chwerthin:

A dyna hanes dynion,
Dyna ein byd yn y bôn.
Ymgeisio'n daer am gysur
Ac o'i gael, cael hefyd gur.

Cafwyd cyfres o gerddi nodedig iawn a newydd eu crefft gan feistr Cerdd Dafod. Mae'n destun llawenydd bod cymaint meistr yn ymarfer ei grefft ar ddechrau'r unfed ganrif ar hugain.

Pawb yn y Pafiliwn: Gafaelodd y gyfres gerddi ynof o'r cychwyn cyntaf, a mwyaf y darllen a'r meddwl amdanynt, mwyaf hefyd eu hapêl. Dyma waith crefftwr a bardd nodedig a roes inni gyfres ysgytwol o gerddi ar y testun 'Llwybrau'. A oes modd cyflwyno'r ias a brofodd o leiaf un beirniad wrth ddarllen y deg cerdd? O leiaf, dylwn geisio sôn ychydig am eu hapêl. Mae'r gerdd gyntaf, 'Lynx mewn sw', yn dweud llawer am ddawn y bardd hwn. I ddechrau, amlygir yma grefft gywrain. Gwelwn ymarfer mesurau anghynefin/cynefin – y gyhydedd naw ban, gwawdodyn llosgyrnog a thoddaid byr – a hynny mewn ymadroddi a ymddengys yn gwbl naturiol ond sydd yn cuddio'r gelfyddyd. Drwy'r gyfres hon, ni welir ôl unrhyw gaethiwed ymadroddi, eithr defnyddir mesurau cyfarwydd ac anghyfarwydd i greu ceinder ymadrodd. Dyma fardd sy'n parchu'r gelfyddyd drwy beri iddi greu ceinder. Defnyddir y mesurau'n effeithiol i greu sefyllfa ddramatig:

Mynd i'r dde chwe cham,
yna troi fel tram
gyda fflam yn ei lygadau fflint . . .

yn ogystal â chyfrwng myfyrdod tawel

yntau ar y rhiwiau a thrwy'r rhyd
yn rhydd i fynd ar drywydd ei fyd
yn mynd, dal i fynd, yn fyw o hyd.

Y mae'r portread o'r creadur ar helfa wyllt, eto wedi ei gaethiwo yn ei gaets cyfyng yn 'mynd, dal i fynd . . .', yn benigamp. Ymhellach y mae i'r holl ddweud ddyfnder ystyr. A dyna nodwedd arall o'r gyfres gerddi – y mae iddynt ryw 'ystyr hud'. Yn y gerdd fer, 'Dwy ffordd', egyr yn drawiadol newydd, eto drwy dynnu ein sylw oddi ar y mesur:

Dy lôn di yw'r *Windy Ways*
Horizons a'r *Sunrises*;
ar y ddymunol *Magnolia Crescent*
mae croeso 'mhob trigfa
ac ar lawnt y *Shangri-la*
Rose Vale, The Nook, Gorse Villa . . .

Un wahanol yw fy lôn innau
er mai'r un heli, 'run gwynt piau
yr un un eithin arni hithau,
yr un rhedyn ar ei throadau.

Yma eto, mae'r bardd yn dweud llawer iawn mwy drwy awgrym na thrwy draethu rhyddieithol. Cerdd ingol yw 'Dwy ffordd'. Eto, yn 'Gorymdaith' (wrth gofio Rod Barrar), amlygir crefft anghyffredin – mae hen fesurau'n canu clod edmygus a ddug bortread cofiadwy o wrthrych y gerdd hyd at y diweddglo ysgytwol:

llawn hast, llawn mystyn lastig eiliadau;
llawn ebychiadau, llawn byw ychydig.

Oni chwmpasir holl droeon yr yrfa yn yr ychydig eiriau trydanol hyn?

Nid y bwriad yw cyfeirio at bob cerdd unigol ond hoffwn nodi'r hyn a apeliodd gymaint. Cefais 'Wedi gadael' yn delynegol a chyfriniol ei naws; 'Ynyswyr' yn gerdd arbennig iawn, lle deuir â'r bywyd materol di-wreiddiau wyneb yn wyneb â mawr ddynoldeb yr Ynyswyr a wybu fywyd llwm-gyfoethog ynysoedd y Blasket – ceir yma wers greulon i ni oll; 'Yn bymtheg mis' oed: cerdd ddramatig a ddeil ddarlun gwir gofiadwy o fywyd plentyn ond eto'n gerdd sy'n cwmpasu rhawd gyfan ein byw yn y diweddglo; 'Tua Chastell Deudraeth' – bardd cyfoes yn canu yn yr un cywair â beirdd y bymthegfed ganrif, ac yn deilwng ohonynt yn ei grefft a'i ddawn; a 'Y daith i'r neithior' lle dethlir priodas a'r cwbl sydd ymhlyg yn y cyfryw ddathliad:

Mae'na lôn i blu aflonydd – y lôn
I Lŷn a'i llawenydd,
i gaerau unig hen garennydd,
i gaeau hallt a gwâl y gelltydd;
lôn sy'n dod, rhwng haul a chawodydd,
adra i gau y gadwyn dragywydd.

Y mae diweddglo'r mawl yn wir fuddugoliaethus:

Rhwng Sarn a'r hen Garn, lle mae'r canu'n gaeth,
mae'r rhos a'r môr yn rhannu'r gerddoriaeth,
eneidiau'r tir hwn ac adar y traeth
yn dal y waun gyda'r un chwedloniaeth;
lôn i ddau i Lŷn a ddaeth – un daith fawr
a llwyd y wawr ar eu dealltwriaeth.

I mi, y mae crefft y canu caeth yn ildio'r fath brydferthwch nes bod y darllenydd, dro ar ôl tro, yn cael ei daro gan fudandod – y fath fudandod syfrdanol pan ddarganfyddir gwir farddoniaeth.

Cofiaf glywed Crwys yn dyfynnu llinellau o'r bryddest 'O'r Dwyrain', gan Euros Bowen, ym Mhen-y-bont ar Ogwr yn 1948, gan ddweud mai dyma'r math o linellau sy'n diarfogi beirniad. Dyna a ddigwyddodd i mi wrth ddarllen cerddi *Pawb yn y Pafiliwn*.

Er gwerthfawrogi gwaith nifer o feirdd y gystadleuaeth, a chan gredu bod nifer ohonynt yn deilwng o Gadair yr Eisteddfod, mi gredaf fi mai gan *Pawb yn y Pafiliwn* y cafwyd y gyfres orau o gerddi. Yr oedd yn llawenydd i mi ein bod fel tri beirniad, a hynny'n annibynnol ar ein gilydd, yn gwbl sicr fod *Pawb yn y Pafiliwn*, yn llwyr deilyngu Cadair Eisteddfod Genedlaethol Sir Benfro, Tyddewi, 2002, a phob anrhydedd a berthyn iddi.

BEIRNIADAETH MEIRION MACINTYRE HUWS

Gan mai am gasgliad o gerddi yn hytrach nag am awdl y gofynnwyd, synnaf braidd mai dim ond naw sydd wedi cystadlu. Tybiais y byddai toreth o feirdd Y Talwrn yn bwrw ati gyda chywyddau a chadwyni o englynion ond nid felly y bu. Yn hytrach, mentrodd ambell un anfon awdlau wedi eu rhannu'n ganiadau i geisio cydymffurfio â'r geiriad 'casgliad o gerddi'. Daeth eraill â chasgliad o gerddi ar hen, hen fesurau a'u bywiogi drwyddynt, neu *vers libre* gynganeddol. Dyma'r unig feirdd sydd wedi llwyddo yn y gystadleuaeth hon. Ni chredaf y dylid ystyried cerdd yn y wers rydd gynganeddol yn gyfystyr â cherdd 'mewn cynghanedd gyflawn'. Llwybr peryglus i'w droedio ydi hwnnw. Cyn bo hir, bydd Cadair yn cael ei rhoi am gerddi nad oes yr un o'r hen fesurau ar eu cyfyl.

Cadwaf fy sylwadau'n fyr ar gyfer pawb ond y pedwar cystadleuydd sydd yn agos at y brig.

Cwm Pernant: Awdl mewn caniadau'n dwyn y teitlau 'Plentyndod', 'Llencyndod' a 'Canol Oed', sy'n adrodd hanes magwrfa'r bardd yn 'y cwm tecaf o'r cymoedd'. Mae'n sôn am adael ei gartref ar fferm i fynychu'r ysgol lle'r oedd yn gas ganddo fod. Yna, mae'n cael ei fachu gan ferw strydoedd y dref gyfagos, yn llawn Brylcreem, Winkle Pickers ac Elvis. Ymhellach ymlaen yn y gerdd, mae'n ôl ym myd amaeth a than gymylau clwy'r traed a'r genau. Gall y bardd hwn gynganeddu'n lân a rhwydd ac mae ei afael ar ei grefft yn sicr ond methodd ddweud unrhyw beth arall y tu allan i'w brofiad ei hun yn y gerdd, yn bennaf gan nad oes fawr o drosiadau a delweddu. Er ei bod wedi ei dweud yn effeithiol iawn ar adegau, mae'r stori'n un gyfarwydd, yn llawn hiraeth am yr hen ddyddiau ac ati a dyna faen tramgwydd y gwaith.

Sam: Cerddi'n trafod trychineb y ddau dŵr yn Efrog Newydd. Mae ganddo gywyddau ac englynion a hefyd sawl cerdd yn y wers rydd gynganeddol, sef ei gerddi gorau. Credaf fod ceisio ysgrifennu am ddigwyddiad mor erchyll â hwnnw ar Fedi 11 bron yn amhosib. Yn aml, nid yw geiriau'n ddigon, felly taw piau hi. Mae *Sam* hyd yn oed yn crynhoi hynny mewn cwpled gwirioneddol dda yn disgrifio'r un a oedd y tu ôl i'r gyflafan: 'Ynddo fo roedd grym y fall,/Düwch tu hwnt i'n deall'. Syndod wedyn, gan fardd sydd â gafael sicr ar gerdd dafod, yw cael cwpledi gwan iawn fel hwn yn adrodd hanes y tyrau'n syrthio: 'I'r llawr yn raeadrau llwyd –/A dynion a syfrdanwyd!' ('yn rhaeadrau' sy'n gywir), a hwn, cwpled difrifol wrth ochr cwpledi eraill ganddo: 'Llanc oedd ar y canfed llawr/(Hanfod swyddfeydd mor enfawr)'. Mae ei gerdd olaf, sy'n trafod y trychineb yn anuniongyrchol, yn llawer iawn mwy effeithiol ac yn dangos dawn dweud cynilach o bell ffordd. Ar y cyfan, mae'r cerddi yn ymdrech lew i gyflwyno pwnc anodd iawn.

Bwyell Goch: Os gellir cyhuddo *Sam* o fod yn rhyddieithol ei ganu weithiau, mae cerddi'r bardd hwn yn drwm o ddelweddau ac ystyron. Mae yma hefyd ôl chwys a saernïo manwl ar y cerddi i gyd. Cerddi sy'n cyffwrdd â'r byd cyntefig a'r byd modern yr un pryd yw'r cyfan, gyda'r gynghanedd yn rhyfeddol o dynn a chyfoethog drwyddynt. Ei gerdd orau yw'r gerdd rydd gynganeddol i Paul Robeson sy'n agor gyda'r llinell syml ond gwych: 'Du dy liw a du dy lais'. Fel arall, prif wendid y gwaith yw'r gorddefnydd o eiriau hynafol fel 'bangaw', 'goddaith', 'gordderch', ac ati. Hefyd, mae'n cymysgu delweddau fel yn y gerdd 'Tatanka Yotanka (Sitting Bull)': 'Trywana'n foda anfadwaith/fflam dy drem, ffilm dy roi ymaith/o werddon d'urddas, harddwch dy farddas;/trais dulas tros dalaith'.

Banw: Awdl arall wedi ei rhannu'n ganiadau hwylus i'w galw'n gasgliad o gerddi. Cynganeddwr ifanc sydd yma, 'dybiwn i, bardd dyfal sydd wedi cael pigiad gan y gynghanedd a honno yn ei waed yn berwi. Ond, ar hyn o bryd, mae'r gynghanedd yn feistr arno a daw hynny i'r amlwg o dro i dro (er enghraifft, mae pump o'r pymtheg englyn cyntaf yn cynnwys *co'* ar y brif odl). Ond mae ganddo linellau gwirioneddol dda yma ac acw fel; 'eu hymgomio'n twymo'r tŷ' a 'y ffyrdd na fedrwn eu fforddio'. Mae ganddo rywbeth gwerth ei ddweud ond, gan nad yw'r grefft yn ddigon sicr, mae'r darllenydd yn cael ei dywys ar hyd llwybrau tywyll gan fod y gerdd yn cynnwys geiriau ac ansoddeiriau sydd yno er mwyn y gynghanedd yn unig ac felly'n tynnu oddi wrth y dweud canolog. Dyma enghraifft: 'Fel anifail yn ufudd/i'r golau gwyn, mor syn, sydd/mor farwol ar fin dolau/cynefin brin bywyd brau'. Cwningen wedi ei dal yng ngolau car sydd yma ond nid yw'r dweud mor rhwydd ag y gallai fod. Ond mater o amser yn unig yw hi cyn y clywn fwy gan y bardd hwn.

Jac Do: Dwy awdl fer. Bûm yn pendroni a yw dwy gerdd yn 'gasgliad'. Gan nad yw'n gwneud gwahaniaeth i benderfyniad terfynol y tri ohonom fel beirniaid ar deilyngdod yn y gystadleuaeth, waeth i mi drafod y ddwy awdl ddim. Dyma fardd profiadol sydd wedi llunio dwy awdl yn y dull traddodiadol a'r ddwy'n cynnwys epigramau cofiadwy iawn a llinellau unigol gwych. Tad a Mab sydd yma, y tad wedi gweithio yn y chwarel ar hyd ei oes ac wedi dioddef o'r herwydd. Mae'r mab wedyn wedi cael 'dôr agored i wlad ragorach' ac wedi osgoi'r un tranc â'i dad. Gyda themâu mor dreuliedig â'r chwarel, llwch llechi, peswch ac ati, gall fod yn dasg anodd dweud rhywbeth newydd a dyna gamp unrhyw fardd: dweud rhywbeth newydd o hyd waeth pa mor hen yw'r thema. Er ei fod wedi llunio dwy awdl lân a chrefftus, ni lwyddodd i gyflawni'r gamp.

Dyma'n awr ddod at dir ychydig yn uwch.

Carn yr Ebol: Casgliad o gerddi ar fesurau traddodiadol, a'r rheini i gyd yn cyrraedd y nod. Cerddi gwleidyddol, yn trafod y mewnlifiad a dirywiad yn nifer y siaradwyr Cymraeg yng nghefn gwlad ydyn nhw bron i gyd. Canu o brofiad y mae, gan iddo yntau adael am swydd well dros y ffin a sylwi mai camgymeriad oedd hynny. Mae'r mynegiant yn uniongyrchol ond heb fod yn rhyddieithol. Dyma un o'i englynion gorau, o'r gerdd 'O'r Dwyrain':

> Ar ei daith drwy'r tir dethol – y mae'n fain,
> mae'n fynwent o ddeifiol,
> 'run dameg, na rheg ar ôl
> na hedyn i'r dyfodol.

ac yn y gerdd 'Troi'n Ôl', pryd mae'n edrych tuag adref:

> A thrwy haf yr ail afel,
> rhoi 'nhroed yn ddoe doed a ddêl –
> newid gêr wrth weld gorwel.

Y Crwydryn Llon: Cafwyd elfen o hiwmor yng ngwaith y bardd hwn – rhywbeth prin yng nghystadleuaeth y Gadair erioed! Cwyna'i fod yn ôl yng Nghymru ar ôl bod yn crwydro Llydaw yn yr haf: 'Ofer, rhy ofer, pob mympwy rhyfedd!/Yn Ynys Tuchan yr wyf ers Tachwedd!' ond, wedyn, dyma ddweud ei fod yn ddigon bodlon: 'Caf oriau llawn cyfaredd – ar lwybrau/Ynys y lluniau a dynnais llynedd'. Mae'n giamstar ar ei gyfrwng ac o'r herwydd yn gallu dweud yr hyn sydd ganddo heb ôl straen. Y gerdd fwyaf diddorol yn ei gasgliad yw 'Tudalen ar Fap'. Mae'n edrych ar yr holl ffyrdd ac afonydd a ddynodir gan linellau coch, glas, melyn, ac yn y blaen. Dyma'r lôn bost goch fel gwythïen yn gwaedu'r ardal y mae'n ei gwasanaethu:

> A ffyrdd coch o'r cefnffyrdd cu – i ddynion
> Ffoi i ddinas loywddu
> Ar eu hyd; i'r fro waedu.

Ei hoff fesur yw'r hir-a-thoddaid ac yn y mesur hwn y mae wedi creu ei waith gorau, sef y gerdd 'Cychod' a 'Man Gwyn Man Draw'. Ond, er sicred ei grefft, dylai osgoi rhoi'r ansoddair o flaen enw'n rhy aml.

Mae tri'n aros – tri sy'n hollol deilwng o'u cadeirio, sef *Ger-y-Llyn*, *Y Tri Cho'* a *Pawb yn y Pafiliwn*.

Ger-y-Llyn: Awn i America – i Central Park, Times Square a China Town, Efrog Newydd a hefyd i ddinas Boston. Yn gam neu'n gymwys, dewisodd ymdrin â Medi 11 ond, yn wahanol i *Sam*, mae wedi llwyddo a hynny'n bennnaf oherwydd natur y mesur a ddefnyddiodd, sef cywydd deuair fyrion, lle nad oes lle i wastraffu geiriau. Ond ceir blas ei ddawn dweud ar ei orau yn y gerdd 'Llwybr Rhyddid', sef englynion milwr am y 'Freedom Trail', sef lôn wedi ei lliwio'n goch sy'n cysylltu'r mannau hanesyddol yn Boston:

Lôn balchder y pedwerydd
sy' darmac ddoe y stormydd
a lôn yr awelon rhydd.

Lôn watwar a lôn chwarae
dilyn tras hyd olion traed,
a'r lôn wâr eleni'n waed.

Prin yw'r gwendidau yn ei waith – mae ar ben ei destun o hyd a chanddo ei lais unigryw ei hun.

Mae dau fardd ar ôl: *Y Tri Cho'* a *Pawb yn y Pafiliwn*. Wrth ddarllen trwy waith y ddau, roedd un ar y blaen i'r llall un diwrnod ac yna'r gwynt yn troi'r diwrnod wedyn.

Y Tri Cho': Llwybrau'r beirdd a Chymry gwerth eu halen sydd ganddo, llwybrau'r rheini sy'n cofio enwau eu cyndeidiau hyd y nawfed ach, yn 'nabod holl drwch yr iaith a hanes ein cenedl. Mae'n sôn yn 'Pinnau Gloyw' mai'r ffordd i ddarllen map ydi rhoi pin ym mhob man o bwys yn hanes rhywun ac yna codi'r map i'r haul a gadael i'r pelydrau lifo drwy'r papur. Meddai: 'Dyna yw ein gwlad i ni/Tanllwyth o Went i Enlli'. Mae'n poeni am y Seisnigeiddio cyson sydd ar enwau llefydd ac yn dyfalu sut y bydd hi arnom fel cenedl pan fydd yr enwau wedi mynd i gyd?

Pan â'r heniaith i ben y penrhynnau
I ble'r ân-nhw, y parablwyr enwau,
Ac ar eu min y llinyn llannau – mân
A Chymru gyfa'n gân yn eu gena?

Os aeth yr hedd fu yn yr Hen Feddau,
A'r blaidd o Gas Blaidd a Moel y Bleiddiau,
Os aeth o Fryn y Saethau – fin y saeth,
O'ma yr aeth y Cymry hwythau.

Bu sôn yn y gystadleuaeth hon yn barod am Fedi 11. Mae *Y Tri Cho'* hefyd wedi crybwyll y digwyddiad ond mewn cerdd gref a chlyfar. Yn 'Byd y Beirdd', dywed nad oes diben i ni yma yng Nghymru fynd ati i farwnadu ledled y byd. Pe bai pawb yn cadw at faterion ei wlad ei hun byddai'n iachach o lawer:

> Drannoeth, a'r holl drueni – yn ffilmiau,
> A dau o dyrau fel y deri
> Hyd y llawr, peth mawr i mi – yw bod sôn
> gan ddynion Meirion am Gilmeri.
>
> Nid cadiffán bach gwan ydi'n gwynt – ni
> Wrth y cewri 'nghoelcerth y corwynt:
> Y marwnadau gorau gynt – a gynnau,
> Marwnadau i'n meirw ni ydynt.

Mae'r cerddi, at ei gilydd, yn llawn cyffyrddiadau crefftus nad ydynt yn dod i'r amlwg yn syth bin; mae'r englynion yn cyrchu, mae yma gyrchu o gerdd i gerdd a hefyd o'r gerdd olaf yn ôl i'r gyntaf. Mae'r cyfan yn gampwaith cynganeddol a hwnnw yn ei holl brydferthwch mewn cywyddau ac englynion yn diferu o gyfeiriadaeth Gymreig. Ond, yn ogystal â chael gwefr o ddarllen gwaith y bardd unigryw hwn, cefais hefyd wers a phregeth, pregeth rwy'n ei deall a'i derbyn ac, o'r herwydd, rwy'n gyfoethocach fel unigolyn. Dyna gryfder gwaith *Y Tri Cho'*.

Pawb yn y Pafiliwn: Os yw cerddi *Y Tri Cho'* yn gyson ei themâu, mae'r bardd hwn yn gwbl wahanol. Mae ganddo gerdd i 'Lynx mewn sw', un arall i was fferm a gerfiodd lun llong ar wal beudy'r Lasynys Fawr, a cherdd i Ynyswyr Blaskett. Eto i gyd, mae'n gwbl destunol. Ei gryfder, felly, yw ei amrywiaeth a'i ddewis o fesurau. Ar yr olwg gyntaf, mae'r rhai o'r cerddi yn edrych fel cerddi rhydd cynganeddol ond maen nhw i gyd yn dilyn mesurau pendant. Hefyd, mae'r bardd hwn yn gyfforddus pa bynnag fesur a ddewisa.

Arwydd o gerdd dda ydi'r ffaith na ellir dyfynnu darn ohoni yn unig. Dyna'r drafferth sy'n wynebu beirniaid wrth dafoli cyfansoddiadau mewn cystadleuaeth fel hon. Ond gan y bydd cyfle i'r darllenydd fwrw golwg dros waith *Pawb yn y Pafiliwn*, cadwaf rhag dyfynnu. Ni wnaf ond tynnu sylw at rai pethau y dotiais i atyn nhw. Mae'r syniad o lwybrau yn y galon yn y gerdd 'Wedi gadael' yn rhamantus iawn ond eto mae'n wir. Mae'r gwas fferm wedi bod yn ysu am gael tramwyo'r môr ond mae'n sownd wrth ei waith yn y Lasynys. Camp cerdd bersonol fel 'Y daith i'r neithior' yw ei bod yn cyffwrdd â phrofiad sawl un. Rydw i wedi gallu uniaethu â rhannau ym mhob un o gerddi *Pawb yn y Pafiliwn*. Er nad oeddwn yn gwybod rhyw lawer am Rod Barrar, mae'r gerdd 'Gorymdaith' yn f'atgoffa o bobl rwy'n eu 'nabod, ac wedi eu colli, oedd ag enaid tebyg iddo.

Rwy'n hoff iawn o'r ymadrodd 'yn nhrofeydd y ffordd mae ei phrydferthwch'. Mae sawl bardd yn y gystadleuaeth wedi mynd â mi am dro hyd sawl lôn hir syth a chyfarwydd ond mae *Pawb yn y Pafiliwn* wedi fy nhywys ar hyd sawl lôn droellog a diarth, ac rwyf wedi elwa o'r profiad.

Bu'n anodd gen i ddewis rhwng *Y Tri Cho'* a *Pawb yn y Pafiliwn* am resymau gwahanol. Mae'r ddau'n haeddu'r Gadair. Mae fy nau gyd-feirniad wedi dewis *Pawb yn y Pafiliwn* ac, felly, dyna'r tri ohonom yn gwbl bendant ei fod yn deilwng. Ar sail hynny, cadeirier *Pawb yn y Pafiliwn.*

BEIRNIADAETH JOHN GWILYM JONES

Dyma ddeg casgliad o gerddi caeth i godi'r galon, gan fod y safon yn gyffredinol dda, a'r goreuon yn rhagorol. Gellid dadlau mai awdlau yw rhai ohonynt, eto fe'u canwyd ar ganiadau, a hynny'n cyfreithloni eu derbyn i'r gystadleuaeth.

Ceir yma, mae'n wir, gynganeddu hawdd sy'n bodloni'r bardd ond heb afael yn y darllenydd. Mewn mannau, cawn y rhigymu rhwydd traddodiadol: 'A brodyr ddaeth o Brydain . . ./Yr oedd rhes ar res o'r rhain'. Ond fe geir bellach mewn cerddi caeth y gor-rwyddineb hwnnw lle bydd y gynghanedd yn taflu cyfuniadau annisgwyl i'r golwg, megis 'Yn eiriau ffydd ar gŵr ffos'. Mae'n wir fod yma ddelwedd, o ryw fath ond nid yw'n effeithiol am nad yw llygad y dychymyg yn ei gweld hi. Mae'r dull hwn yn debyg i dechneg yr arlunwyr hynny sy'n taflu eu tuniau paent ar ganfas ac yn galw'r llun wedyn yn gelfyddyd. Ofnaf fod y math hwn o gynganeddu rhad ar gynnydd, gan beri i'r mynegiant fod yn amwys a gwasgaredig iawn. Ond wedi hyn o bregeth, mae'n dda cael dweud bod yma nifer o gasgliadau lle mae'r gynghanedd yn syfrdanu yn ei chynildeb naturiol. Ceisiaf ddweud gair neu ddau amdanynt, gan ddechrau yn y drefn y derbyniais hwy.

Cwm Pernant: Awdl hunangofiannol yw hon, yn cynnwys caniadau am wahanol gyfnodau. Hytrach yn ystrydebol yw'r syniadaeth yn y caniadau cyntaf a thueddir i lurgunio'r gystrawen weithiau er mwyn y gynghanedd. Ond, ar ei orau, y mae gan y bardd hwn gyffyrddiadau cynnil ac effeithiol. Hoffwn yn arbennig naturioldeb a llyfnder y caniad olaf, gan gynnwys yr englyn cynnil hwn i obaith newydd amaeth wedi blynyddoedd anodd:

> Yn y gwanwyn yn gynnar – fe droediaf
>   Drwy'i adwy yn eiddgar
> I wrando yno o'r âr
> Hen addewid y ddaear.

Sam: Dilyniant clòs o gerddi am ymosodiad y ddwy awyren yn Efrog Newydd. Mae'r disgrifiadau'n fedrus mewn llinellau fel 'awyrennau ar annel', 'dwy wiber ar ddisberod', 'yn darnio'r diwrnod/ac yn gwagio'r gorwel'. Y mae'r mynegiant yn ddymunol o eglur a'r cynganeddu'n bur naturiol. Braidd yn anwastad yw safon y canu. Yn gymysg â rhai mannau cymharol ddiafael, ceir llinellau a phenillion cofiadwy iawn. Er cystal ambell fan gloyw yn y rhannau agoriadol, daw ei gerddi gorau tua'r diwedd. Ceir yno un gerdd lle sonnir am y gyflafan fel gwaith dewin, yn peri i'r tyrau ddiflannu 'i'r llawr yn r[h]aeadrau llwyd'. Y mae'n cloi â dameg o gerdd ddychan i alluoedd grymus y byd yn ymladd â'i gilydd fel deinosoriaid. Tra oedd hynny'n digwydd,

> Nid ebychai'r ymlusgiaid bychain
> yn nwfn eu cuddfan hwy,
> am mai awr y mawrion
> ydoedd hon i'w diwedd hi,
> a bod y bach
> yn aros tro'r amserau.

Y mae cynildeb rhai darnau fel hyn yn dangos dawn arbennig o addawol.

Banw: Annelwig yw mynegiant ei gerdd gyntaf. Ceir ynddi bedwar englyn ar yr un odl. Perygl camp felly yw defnyddio'r un odlau fwy nag unwaith o fewn yr un caniad, fel y gwnaed gyda'r geiriau *trwyddo* a *co'*, a hynny'n arwain at undonedd mynegiant mewn sain a chynnwys. Mae englyn olaf y caniad hwn eto ar yr un odl ac ailddefnyddir yr odlau 'yno' a 'bro'. Ceir pum pennill olynol ar yr ail dudalen, bron yn llwyr ar yr un odl, a thri o'r rhain yn gorffen gyda'r odl *co'*. Ar dro, ceir llinellau trawiadol megis 'eu hymgomio'n twymo'r tŷ', neu 'miri aeddfed, mor addfwyn', 'cusan agos cyfnos cêl', 'yn agor had yn y gro'. Wedi crybwyll y cyffyrddiadau awgrymog hyn, mae'n rhaid cyfaddef bod y mynegiant yn parhau braidd yn annelwig drwy weddill y cerddi. Am ei thema, dyfalu a wnaf mai ymson sydd yma am gwlwm rhwng y bardd a'i fro a'i deulu mewn ardal wledig, a'i bryder am y gymdeithas honno. Ac er mai un o'r efrau cynganeddol i mi yw'r sain gadwynog, mae'n rhaid dyfynnu un enghraifft o'r bardd yma ar ei orau naturiol:

> Yr un haul ar ein holau yw'r haul hwn
> ar lwyni'r boreau.
> Er euro twf yr oriau,
> mae'r galon brid ddigon brau.

Fe ellid dyfynnu llawer o rannau yr un mor gynnil ac effeithiol ond ofnaf na fedrais, wedi hir ymdrechu, ddehongli trywydd meddwl *Banw*.

Jac Do: Dwy gerdd sydd yma ond mae'r ddwy yn uned o ran thema. Y cefndir yw'r chwareli ac y mae'r agoriad yn addas iawn, 'Cŵn y wawr yn hacio nen – i'w hagor/o'i phlygion fel crawen . . .'. Ceir llinellau a chwpledi effeithiol eu mynegiant, a'r delweddau yn aml yn codi'n fyw o fyd y chwarelwr. Er siom i mi, nid yw'n cadw'r un safon drwy wahanol rannau ei gerddi. Weithiau, fe fydd yn drysu ei ddelweddau ac mae'r mynegiant, yn adrannau olaf y gerdd gyntaf a rhannau o'r ail, ychydig yn haniaethol a niwlog. Ond yr hyn sy'n glynu yn y cof bob tro wedi darllen y cerddi hyn yw'r penillion celfydd, megis:

Â'i ebill agor insel y cloriau
a gweld y garreg yn gildio geiriau;
ystyr ei eni'n y cystrawennau
a doe'r olyniaeth yn y darluniau;
eu hanes yn yr haenau – cyfrinach
edau ei linach ar y dalennau.

Bwyell Goch: Yr oedd ei gerdd agoriadol, i bennaeth y Lakota, Tatanka Yotanka, yn ein paratoi ar gyfer arddull arbennig y cerddi, arddull y Gogynfeirdd. Y mae'r iaith hefyd yn hynafol, yn arbennig yn y gerdd hon:

Trydar cadau, clochdar cydiaith
yn gweiddi drwy'r llygaid goddaith
eu hangerdd bangaw . . .

Ac yn y cymal yna y mae'n disgwyl inni ynganu 'angerdd' yn ôl ynganiad y Gogynfeirdd! Cyfle mawr y dull hwn yw ei fod yn cynhyrchu cyfuniadau geiriol diddorol ac effeithiol ond nid bob tro. Ei berygl yw cymysgu delweddau nes drysu'r meddwl. Cafwyd ganddo hefyd gyfuniadau o fesurau hynafol, rhai yn gadwynog a rhai eraill yn benillion proest, a thoddeidiau yn cloi penillion yn unodl. Cerdd orau'r casgliad yw'r un i Paul Robeson:

Du dy liw a du dy lais
a welais mewn hualau
gwyn yn gwanu'n gân unig . . .

Yn hon, fel mewn ambell gymal yng ngweddill ei waith, ceir darluniau byw ac ambell ddweud bachog. Fe welir hyn yn amlwg yn y gerdd, 'Gêm', lle sonia am y dorf: 'Rhaeadrwn ufel ar elyn/yn gawod hael a'n gwefr gytûn . . .'. Yna, am fyrder arwriaeth maes rygbi: 'elwch cyn diffodd eilun'; neu am y gwylwyr: 'a ni'n fethdal ac yn foethdwf'.

Petai modd i *Bwyell Goch* ffrwyno'i ddelweddau a diweddaru ychydig ar ei eirfa, fe allai ei gerddi afael yn gryfach yn nychymyg y darllenydd.

Carn yr Ebol: Cerddi hunangofiannol yw'r rhain, yn olrhain rhan o fywyd. Mae fframwaith y casgliad yn gymorth i'r mynegiant. Ceir rhyw awyrgylch hiraethus yn yr ail gerdd, lle sonia am y pum degau pan welai ddiwedd ei blentyndod. Mae'n cloi â'r llinellau:

newid tŷ oedd newid hin
i aeafau Mehefin:
neb adra, neb i edrych,
a'r ffynnon yn siltio'n sych.

Mae'r bardd yn ymgolli yn hud ei gynganeddion heb eu bod bob amser yn taro deuddeg. Cerdd bur drawiadol yw 'Llanw a Thrai'. Er gwaethaf amwysedd ambell gymal, mae naws y canu'n hudolus:

Daeth gwynt drwy'i babwyr, mae'n hwyr, mae'n oeri,
i lygad y lloer mae'r nos yn poeri . . .

Yn ei gerdd olaf, 'Dal dy Dir', sonia am ei berthynas ef ei hun â'i gymdeithas. Yma, ceir delwedd gywrain iawn. Y mae yntau, meddai, yn aros yn ei fro, fel y brwyn

. . . heb ateb eto
i afonig y fawnen
sy'n gwacáu yr erwau hen.

Cyffyrddiadau fel hyn sy'n gosod y cerddi hyn yn bur uchel yn y gystadleuaeth.

Y Tri Cho': Y mae gan hwn afael naturiol ar iaith a chynghanedd. Y mae safon y cerddi yn gyson dda a'r ymadroddi yn ddiymdrech ac effeithiol. Gall fynd, ar dro, i fyd plentyn mewn cerddi lle mae symlrwydd y cynganeddu'n dwyllodrus oherwydd eu bod yn cario trwch o ystyr. Ar dro, fe all ddychanu'r ystadegau ffansïol am dwf y Gymraeg yn y de-ddwyrain, a dychanu'r beirdd am ganu i drychinebau estron:

Drannoeth, a'r holl drueni – yn ffilmiau,
A dau o dyrau fel y deri
Hyd y llawr, peth mawr i mi – yw bod sôn
Gan ddynion Meirion am Gilmeri.

Fe all wedyn wfftio'r sawl na ŵyr am gyfoeth y wlad a'r rhai sy'n sôn am hynodrwydd yr iaith yn hytrach na'i gweld ynghlwm wrth fannau yng Nghymru. Ceir cerdd naturiol ei harddull ond grymus ei gofal am gyfaill y teimlai ef ei fod wedi ymneilltuo o gymdeithas. Y mae'n gellweiriwr dawnus ond yn ddirdynnol o ddidwyll wrth deyrngedu cyfaill:

O'r heolydd o rywle,
Daw'r llais yn dyner drwy'r lle,
Daw'n Aran o dynerwch;
Ni all llais ddiflannu'n llwch,
Na hanner haf o wyneb
Ddylu'n niwl ym meddwl neb.

Pleser pur oedd darllen y casgliad hwn, gan un o'r ystwythaf o'n cynganeddwyr.

Ger-y-Llyn: Llwybrau taith yn yr Unol Daleithiau sydd ganddo. Yn ei gerdd gyntaf, gwêl linyn gwyn ager awyren yn croesi Môr Iwerydd, 'yn llinyn o wlân llonydd'. Dros dro y mae'r llinyn yno ond yn ddigon i'w atgoffa am gyfnod a gawsai yn Boston ac Efrog Newydd.

Un llinell wen am ennyd,
un haf sydd yno hefyd,
un haf hir ynof o hyd
a'i gynnwrf eto'n gynnes . . .

Mae'r ail gerdd yn portreadu cardotyn, a'r gwrthgyferbyniad rhwng y Bostoniad tlawd a'r Cymro 'goludog' yn gyforiog o eironi, hyd yn oed yn y cyfeiriadau clyfar iawn at y *teyrn*garwch a'r te!

> Yn deyrngar 'rwyf yn aros,
> truan wyf, fu'n oer trwy'r nos,
> yn aros oriau'r bore
> i yfed dysgled o de;
> tyrd! rho i'r un cyd-ddyn caeth
> ei baned annibyniaeth.

Mae portread yr adict yn Times Square yn hollol wahanol. Llun cyflwr y dyn ei hun a gawn, a phob llinell yn gyfoethog ei harwyddocâd. Y mae 'Llwybr Rhyddid' yn gynnil, gan gyferbynnu'n drawiadol y gwaedu a fu ar y strydoedd yn y gwrthryfel gyda'r gwaedu y mae'r genedl 'wâr' eleni wedi ei achosi. Mae 'Central Park' yn dangos gymaint y mae'n edmygu John Lennon:

> Roedd blerwch a harddwch ynddo'n cwrddyd,
> ei ddoe a'i heddiw yn goddiweddyd,
> mae mania ei bob munud – heb orffen,
> a saif ei awen, yn hanes ei fywyd.

Cân serch, gydag ychydig athronyddu drwy hanes diwrnod, yw 'Ar y Trên', a thelyneg gynnil yw 'Canal Street.' Yna, ceir cywydd deuair fyrion, mesur priodol eto, i adrodd hanes gŵr yn ffonio adre, o awyren neu o'r tyrau, a gadael gair ar y peiriant ateb. Mae'n gweld ei fywyd ar drai ond trwy gryndod ei boen yn ceisio yngan ei neges. Daw'r wraig adre at y ffôn a chael yno ar dâp weddillion ei gŵr megis. Mewn eiliad y mae'n cael y gwir ond mae nos faith y galar o'i blaen.

'Etifeddiaeth' yw teitl y gerdd olaf. Bu yntau a'i gariad am fis yn yr Unol Daleithiau, gan dynnu lluniau eu llawenydd, a hwythau fel

> dau dŵr noeth ein hyder ni
> dau dŵr ein cenadwri.

Ond yna fe newidiodd chwalfa'r unfed ar ddeg o Fedi eu hatgofion i gyd ac ni all wrth edrych y lluniau ond gweld y trallod a ddaeth wedyn ar y ddinas. Dyma gerdd gryfaf y casgliad, a hwnnw'n gasgliad uchel iawn ei safon.

Y Crwydryn Llon: Dyma feistr sicr ei gyffyrddiad mewn englyn a chywydd a hir-a-thoddaid. Albwm o luniau gwyliau a geir ganddo, 'Ynys y lluniau a dynnais llynedd', a'r rheini'n fyw o flaen ein llygaid:

> Fel pan ddaw ing i darfu cwningen,
> Ar ras i Ewrop mae'r Ewro-Seren;
> Try i'w daear yng Nghaint ar ei dwyen
> O herian gweilch i darian y galchen;

Yna o'i chell daw'n fellten – af ar frys
Heibio i Baris, ar wib i Oren.

Mae'n astudio map, a gwêl y priffyrdd, liw gwaed, yn sugno pobl o'r ardaloedd gwledig:

A ffyrdd coch o'r cefnffyrdd cu – i ddynion
Ffoi i ddinas loywddu
Ar eu hyd; i'r fro waedu.

Ceir nifer o olygfeydd yn y gerdd i'r 'Cychod', a'r artist yn sicr ei gyffyrddiad bob tro. Un enghraifft yw darlun y llong:

I gân y corn ac ewyn y carnau
Daw noddwr dwylan coets fawr y glannau;
Dwylo y capten ar yr awenau'n
Rhoi ciw ar giw mewn eiliad ar geiau.
Yna i ddŵr y llifddorau – a ffrwyno
Hen ddig ei rasio yn nawdd y grisiau.

Dengys amlochredd ei ddawn yn amrywiaeth ei themâu, o'r stori ddramatig ddoniol yn 'Wrth Dau [*sic*] Fwrdd' i'r mannau defosiynol yn 'Pererindod'. Ac i goroni'r casgliad, cawn y seicolegydd a'r athronydd yn 'Cymerau' yn edrych ar berthynas personau, yn arbennig o fewn i briodas. Fel yn y cerddi eraill i gyd, mae'r mynegiant yn goeth a diwastraff.

Pawb yn y Pafiliwn: Dyma un arall â meistrolaeth lwyr ar ei gyfrwng. Llwybreiddio anifail caeth mewn cell sydd yn ei gerdd gyntaf. Dangosodd sŵolegwyr fel y bydd anifail weithiau'n datblygu symptomau tebyg i berson mewn afiechyd meddwl, yn ailadrodd yr un symudiadau yn ddiddiwedd. Dyna'r darlun truenus a gawn ar y dechrau. Ond yn y pennill olaf, down at yr hyn sydd ym meddwl y lynx. Y mae yntau yn ei gynefin ar ucheldiroedd Ewrop, 'yn benuchel, yn hen Fandela/yn dal at hawl, dal ati i hela . . .'

Gwrthgyferbyniad sydd ganddo yn 'Dwy ffordd' hefyd, gan gloi, nid gyda'r ffurf arferol, 'llamhidydd,' ond gyda'r ffurf dafodieithol ogleisiol o awgrymog, 'llambedyddiol,' a hynny mewn cerdd am fewnlifwyr yn 'ailfedyddio' lonydd! Rhethreg lifeiriol a geir yn 'Gorymdaith'. Y mae hon yn berl o gerdd am y dyn o Nelson, gorchest o bortread sy'n arwain at ddiweddglo mwyaf ysgytwol yr holl gystadleuaeth. Gwn fod diweddglo'r gerdd nesaf hefyd, 'Wedi gadael,' yn gelfydd o awgrymog, a'r gân gyfan yn gameo am was ffarm wrthi'n cerfio lluniau ei ddihangfa. Erbyn cyrraedd y gerdd i'r 'Ynyswyr' yr oeddwn wedi fy hen hudo gan y bardd hwn. Yma eto, y mae'r ymadroddi'n dwyllodrus o naturiol ond â phob ymadrodd yn feichiog gan awgrym. Darlunio y mae ynyswyr a fagwyd ar yr olaf o ynysoedd Blasket ond a ymfudodd. Darllenodd am un nodwedd ar eu hymddygiad mewn dinas a'i throi'n ddameg am gyfoeth eu profiad ac ansawdd hanfodol eu byw.

Dadansoddi seicoleg y dieithrio a all ddigwydd rhwng dau y mae 'Yn ôl i'th lygaid' a'r teitl yn awgrymu arwyddocâd y diweddglo. Y mae'n darlunio plentyneiddiwch y pwdu, a'r aberth sydd mewn cymod a maddeuant: 'Cael ffordd trwy'r drain/At ochr hen elyn', chwedl Waldo. Y mae 'Yn bymtheg mis oed' yn gerdd ddigri am blentyn yn dechrau cael ei draed o dano a chrwydro cilfachau'r ystafell fyw. Mae'r diweddglo'n fwriadol amwys. Gall fod yn ddiwedd slapstig i'r chwarae, neu'n ddameg ddeifiol am genhedlaeth ifanc yn canfod ffolineb y canol oed. Caf 'Y dail cyntaf' yn llawn dehongliadau posibl. Mae'r fynwent yn fythol yn y cefndir drwy gyfnodau bywyd ond mae tyfiant yn mynnu ei le drwy'r cwbl, hyd yn oed twf adnabod. Hunllef gorlifo'r Traeth Mawr sydd yn yr alegori gampus, 'Tua Chastell Deudraeth'. Drwy'r rhannau agoriadol yn hon eto, y mae pob cymal yn drwm gan ystyr, ac mewn un achos rhydd i hen enw lle arwyddocâd mwy tyngedfennol na'r waedd a glywid yno o ddydd i ddydd pan ddôi'r penllanw:

> a chnul Penamser yn diferu
> pob munudyn fesul deigryn du . . .

Yn ail hanner y gerdd, yr ydym yng nghanol moethusrwydd mawl Dafydd Nanmor, neu Dudur Aled gan mai hwnnw oedd y pen *gourmet,* ond y pencampwyr hynny mewn dull modern. Oherwydd fe glymir yr alegori'n gyflawn yn y diweddglo. 'Y daith i'r neithior' a osodwyd i gloi'r casgliad – cerdd gyfarch yn yr hen draddodiad ond yn newydd a gwreiddiol ei harddull. Nid oes angen dyfynnu gan y bydd y cerddi yn y gyfrol, a buasai, beth bynnag, yn anodd dethol llinellau o gerdd mor gyson ei safon.

Gyda goreuon y gystadleuaeth hon, nid oedd modd edrych beiau er mwyn gweld pwy oedd yn colli. Doedd dim i'w wneud ond cymharu'r gwahanol ragoriaethau a cheisio penderfynu pa un fyddai'n ennill. Ac o bwyso'r cyfan, ac er y bydd hyn yn rhoi problem i'r Archdderwydd, cadeirier *Pawb yn y Pafiliwn.*

Y Casgliad o Gerddi

LLWYBRAU

Lynx mewn sw

'Mae 'di'i cholli hi', yw pitïo
llawer o gylch ei gell loerig o
ond down yn ôl wedyn i'w wylio:

mynd i'r dde chwe cham,
yna troi fel tram
gyda fflam yn ei lygadau fflint;
martsh anniddig, mud
o fewn conglau'i fyd,
'nôl, 'mlaen o hyd, o hyd ar ei hynt . . .

Awn heibio'r beithon lonydd – yr eirth swrth
a swil, y geifr mynydd
diog a'r teigr diawydd, – madfall pren
â'i ben ar obennydd
a llewod mewn cyfarfodydd hirion,
hirion, heb gadeirydd,

a down yn ôl wedyn i wylio'i
bawennau'n dal, dal i bendilio,
yn rhedeg y ffèg heb ddiffygio,

yn benuchel, yn hen Fandela,
yn dal at hawl, dal ati i hela
a'i dir yn Combe d'Ire tan gnwd eira,
ei nos yn dew gan newyn,
golau lloer ar sigl y llyn,
yntau ar y rhiwiau a thrwy'r rhyd
yn rhydd i fynd ar drywydd ei fyd
yn mynd, dal i fynd, yn fyw o hyd.

Dwy ffordd

Dy lôn di yw'r *Windy Ways,*
Horizons a'r *Sunrises;*
ar y ddymunol *Magnolia Crescent*
        mae croeso 'mhob trigfa
    ac ar lawnt y *Shangri-la,*
    Rose Vale, The Nook, Gorse Villa . . .

Un wahanol yw fy lôn innau
er mai'r un heli, 'run gwynt piau
yr un un eithin arni hithau,
yr un rhedyn ar ei throadau.

Uwchben Trwyn Mulfran, trwy Henllys Ganol,
heibio i dai gwynion sy'n nabod gwennol
yr â hon, drwy Nantbig, Twll yr Higol,
o dan y Ddwylan a thrwy Ryd y Ddôl,
drwy glytwaith yr iaith sydd ar ôl yn Llŷn,
Llŷn y frân dyddyn a'r llambedyddiol.

Gorymdaith

(wrth gofio Rod Barrar)

Oedd fyrbwyll ei ganhwyllau; – roedd y ddwy
        mor dduon â'r pyllau'n
eu galar, eto'n llawn golau – a sbort,
        llawn sbarcs y mandrelau;
llawn Aberfan, llawn berfâu o esgyrn,
        llawn cysgod y croesau;
llawn o'r iaith, llawn areithiau – a chariad
        a chwerwedd y streiciau;
llawn o haint a llawenhau y colier;
        llawn calon o ddagrau;
llawn o weld y cam a chymryd camau;
llawn o ddweud ac o wneud, llawn syniadau;
llawn hewl agored i'w gymunedau
ei cheisio; llawn dringo o dir yr angau;
llawn cerddediad i'w fwriadau; – llawn brys;
llawn cwm hiraethus, llawn Cymru hithau;
llawn dechrau cynnau ac o roi cynnig;
llawn o dderbyn her y llethrau peryg;
llawn o ffrwcsan lan y tyle unig
rhwng cwm a chwm, a gweld ei ddychymyg;
llawn hast, llawn mystyn lastig eiliadau;
llawn ebychiadau; llawn byw ychydig.

Wedi gadael
(Rhyw dro, cerfiodd gwas ffarm o'r enw 'W.H.'
luniau llongau ar lechfeini beudy'r Lasynys Fawr.)

Maen nhw'n dy alw drwy'r dydd
i nôl mawn neu hel mynydd,
i gael y ceirch i'r gowlas,
i lithio'r lloi neu doi'r das,
i borthi llond buarthau,
lladd brwyn, tynnu ŵyn, glanhau
tinau'r ceffylau cyn ffair,
dy frysio i fyd y rhoswair
a dilyn gwartheg dolydd
ar duth, ar redeg drwy'r dydd.

Maen nhw'n dy alw drwy'r dydd – dy ysgwyd
      i'th dasgau byth beunydd:
   isio 'ti brysuro sydd,
   hynny neu gael lle newydd.

Maen nhw'n galw, dy alw eilwaith
ond dy alw a gân nhw ganwaith,
ni alwan nhw lun yr hwyl wen laith
o'th lygaid – mae dy enaid ar daith
eisoes, rwyt bob un noswaith ar y môr,
ym mhen dy dymor, yn mynd ymaith.

Ynyswyr
'. . . one easy way to tell Blasket men from the others:
they walked together in single file, just as they had in the island
where the paths were slippery, steep and narrow.'
      disgrifiad o Hungry Hill, Springfield, gan Cole Moreton

Ar seidwoc Broadway
mae digon o le i drwch o liwiau
a chawn ddangos crys a siwt gyhoeddus
a sgwario'n 'sgwyddau;
cyffyrddwn â het a gosodwn fèt
drwy'r daeargrynfâu
heb dro na gwyro wedi ei blanio
ond mynd yn ein blaenau.

Ochr yn ochr, a bras
yw'n cam mewn dinas sy'n swagro'i doniau
a down i gredu

yn y cerddwyr cry' llydan eu criwiau
nes y daw rhes hir,
rhes ddu i hollti'r holl balmant yn ddau
a'n troi i edrych
i lawr y rhych a chofio'r achau.

Cofio'r tywyllwch yn ysgwyd y cwch
a'r cwmwl yn cau,
y creigiau'n crynu
a'r storm yn tynnu ar wallt y tonnau
a chofio'r llinyn
sy'n ein dal yn dynn wrth yr allt denau
lle'r awn drwy dywydd yn gefn i'n gilydd,
gan gadw'r golau.

Yn ôl i'th lygaid

Oeri mae'r tŷ drwy'r bore:
rhew llwyd yw awyr y lle,
y doniau dweud yn iâ du
a'r iaith fel pe bai'n brathu;
troi gwar a chwarteru geiriau – sy 'ma
        a symud o lwybrau
    ein gilydd; diffodd golau
    a sŵn coed y drws yn cau.

Hawdd yw cerdded draw, ac er pob awydd
i ail droi i dŷ, rhyw fulo drwy'r dydd
a wnawn – hel mellt yn bigog o elltydd
y drain a'u dwyn nhw adre yn danwydd;
meinio ar wynt y mynydd – atebion
i roi dwy galon dan draed ei gilydd.

Ond dwi ddim yn dda, dwi'n dda i ddim
yn llesg fy nghefn, yn llusgo fy ngham
a chrwydro cors ochor draw y cwm:
yn gyfaddefiad nad hyn ydym.

Un anodd yw'r daith honno
ar draws y gors, rhoi dros go'
y rhew a'r gwynt a'r rhuo;
er hyn, mae'n llafar heno dy wyneb:
dy ateb yn dy lygaid eto.

Yn bymtheg mis oed

Ni all fyw dan asgell ei fam mwyach:
y mae ar ei garlam
wrthi'n torri cwysi cam
a'i ddwygoes ar wedd wigwam.

Nid i hwn holl draffyrdd ei dŷ,
mynd o ddrws i ddrws heb ddrysu,
a pha les fod 'na rodfeydd fflat
ar lun M1 i lawr y mat?
I'n Marco bach Polo, ffyrdd pîg
yw hen lonydd Sarn Elenig.

Ei gyffro yw stwffio o dan stôl, – rhoi'i draed
drwy'r drôrs yn fustachol;
gwneud taith y gegin tu ôl
i dridarn sy'n drawiadol.

Rhwng y dresal a'r wal mae'i lwybr o,
rownd cefnau cadeiriau pladurio
y mae hwn; nid dyn map mohono:
y tramwy cudd yw'r tarmac iddo.

Daw wedyn sŵn a dadwrdd:
dan y bwrdd, mae'n dynn ei ben;
daw ei lef ar ôl di-lun
wejo'i hun heb ocsigèn
'gefn wardrob; ac anobaith
pur yw ei iaith dan fyncs pren.

Minnau'n ddodrefn-aildrefnwr
a gwibiog rwystr-ysgubwr;
ydwyf soffa-symudwr
o flaen ei drip. Ac ymhen tipyn
daw hwn i sadio, a daw'n sydyn
yn dad i'w dad; minnau â gwar dynn
yn mynnu gweld fod y mannau gwyn
tu cefn i bob dodrefnyn. Daw yntau
i'm rhyddhau, ond nid mor hawdd â hyn.

Y dail cyntaf

Pan ddaw traed bach Mai
yn las eu siwrnai drwy fôn masarnen,
a'r wyrion hwythau
i drampio'u geiriau â holl egni gên,
ni fydd defodau'n cadw ein camau
rhwng rhesi cymen y gwlâu angladdol:
byddwn ym mhob dôl
ac ar bob deilen.

Pan ddaw natur Mai
yn gryf ei siwrnai i frig y fasarnen,
mi fydd plant yn blant,
'fydd straeon allt Nant byth yn swnio'n hen
a daw adleisiau'r sgyrsiau'n eu holau
am dro i'r heulwen
wedi'r misoedd mud;
ni fydd yn y byd sgrech y bioden.

Pan ddaw bywyd Mai i ben ei siwrnai
yng nghyff masarnen,
byddaf yn rhywle dros y bont o'r dre
lle nad yw'r ywen yn cuddio'r gwanwyn,
lle nad oes un llwyn fyth yn colli'i wên,
a byddaf yn dod fwyfwy i'w nabod
mewn gallt anniben.

Tua Chastell Deudraeth

Pan fydd Glasdraeth a Deudraeth yn don,
y Gaseg glaf yn fwy nag afon
a'u hynysoedd oll yn gaethweision,
dim o 'mlaen ond ffrydiau melynion,

pan fydd Nanmor eto'n angori
ei dychryn rhwng Maes Gwŷr Llŷn a'r lli
a'n hawliau ar y tir dan heli
yn rhedeg dros gerrig y rhwydi,

pan fydd llanw uchel a gwely
afon Dyli'n rhy ddwfn i deulu
a chnul Penamser yn diferu
pob munudyn fesul deigryn du,

pan fydd sarnau'n cau dros obaith cudd
a lliw'r nos yn codi o'r ffosydd
a'r hen, hen wae'n corddi o'r newydd
ar y mannau rhwng môr a mynydd,

bydd castell imi bellach
wrth y borth am y Traeth Bach,
muriau tu draw i'r moresg
a thŵr hardd uwch gwarth yr hesg,

bydd ffrwyth y môr, ffrwyth y foryd – yno,
    cig o'r mynydd hefyd,
sawsiau'r haf a chaws o'r Rhyd, y llamwr
o ferw'r dŵr, ac ŵyn morfa Dwyryd,
hwyaid brau a physgod brith – gewynnau
    a gwinoedd yn draphlith,
bwrgwyniaid, bara gwenith o'r llain hir,
ffrwyth llwyni'r tir a chrancod Huw Erith,

ond yn fwy na dawn ei fwyd,
gwelaf ar ei graig aelwyd
yn gaerog gyda geiriau,
heyrn iaith yn ei chadarnhau.
Af yno o hyd ar fy nhaith
a hawlio'r Traeth Mawr eilwaith.

Y daith i'r neithior
(I Wil Bodnitho a Nia Bodwrdda, ddydd eu priodas.)

Mae cornchwiglan y glannau'n twtio'i blu,
yn hiraethu am adael traethau
a'u mynwent o wymonau'n hanner ffoi,
hanner troi'n y llanw a'r treiau;
mae marc y môr a'r cymerau arno
a'i hwyliau'n llwydo 'nglan y lleidiau.

*   *   *

Blinaist tithau ar y balŵns teithio
ac ar y rheidrwydd i ddal i grwydro,
ar garafanèt ac îsijetio
i fannau eraill i swfenîrio,
pob kodac wedi'i bacio a phob llun
o hyd yr un, waeth pa gefndir yno.

Mae 'na lôn i blu aflonydd – y lôn
    i Lŷn a'i llawenydd,
i gaerau unig hen garennydd,
i gaeau hallt a gwâl y gelltydd;
lôn sy'n dod, rhwng haul a chawodydd,
adra i gau y gadwyn dragywydd.

Lôn i un yw'r lôn honno,
i un 'droith ei sawdl o'r dre
yn ôl i'r hen gorneli,
i un a glywodd enw'n
nrws y Meitar ers meitin,
enw'n ei lwnc ym Mhen-lan,
yn geilidh drwy ei galon
a Maes B drwy ddryms ei ben.

Wedi blino bodio'r byd
a byw ar orwelion bod,
mae lôn wrth d'ymyl o hyd
yn dy waed yn mynd a dod.

Arwain y mae o Farian-y-môr
yn groes i gobiau, am gae'r sgubor,
arwain rhwng yr ewyn a'r angor
eto i Lŷn, rhwng cloddiau'r telynor.

Mae'r Eifl yn ei grug, clychau'r bugail
a ffynnon fechan o dan y dail,
gwres yr haf drwy'r egroes a'r Efail
a chwrlid o wyddfid bob yn ail.

Tu hwnt i'r afon, a than donni
rhedynau a rhydau yr ei di,
drwy haidd aur, drwy glwstwr o dderi
a rhiw Awst yn rhosynnau drosti.

Tyrd â dy hiraeth dan Garn Saethon,
dal i'w yrru hyd wely Horon
nes y daw o'r gwregysau duon
i olau dydd uwch Neigwl a'i don.

Miwsig drwy gerrig, dros Bont y Go,
a ddaw atat yn hedydd eto,
heibio dy nyth ar dir Bodnitho
ac nid yw Llŷn wrth ei hun heno.

Yma'n symud
o ben draw'r byd
mae cerdd o Fôr Iwerddon:
taro o hyd mae mydr hon
yn ysgafn ar Borth Ysgo – daw drwy'r Swnt,
        drwy safn Ogof Morlo,
    daw â'i chwedl, twtsiad â cho',
    lledu dros Gastell Odo,
'hyd afon Daron y daw,
dy hawlio gyda'i halaw
un nos desog
yn Nhir na n-Óg.

Rhwng Sarn a'r hen Garn, lle mae'r canu'n gaeth,
mae'r rhos a'r môr yn rhannu'r gerddoriaeth,
eneidiau'r tir hwn ac adar y traeth
yn dal y waun gyda'r un chwedloniaeth;
lôn i ddau i Lŷn a ddaeth – un daith fawr
a llwyd y wawr ar eu dealltwriaeth.

Pawb yn y Pafiliwn

Pryddest neu ddilyniant o gerddi heb fod dros 200 llinell: Awelon

BEIRNIADAETH EIRWYN GEORGE

Derbyniwyd 36 o gyfansoddiadau – 17 o gerddi hir ac 19 o ddilyniannau. Peidied neb, yn y gystadleuaeth hon beth bynnag, â chyhuddo'r beirdd Cymraeg o fod yn blwyfol nac yn hen ffasiwn. Cawsom gerddi wedi eu lleoli bron ym mhob sir yng Nghymru, rhannau o Loegr, Iwerddon, y Cyfandir, Affrica, y Dwyrain Canol ac America. Y mae tinc yr oes fodern hefyd yn amlwg yn themâu ac ymdriniaethau llawer o'r beirdd. Daeth termau byd y cyfrifiadur – y meddalwedd, y wefan a'r e-bost – i hawlio'u lle yn rhai o'r trosiadau a'r cymariaethau; a digwyddiadau fel ffilmio ar gyfer y teledu a siopa yn Tesco yn rhan o brofiadau rhai o'r ymgeiswyr. Cafwyd rhywfaint o arbrofi hefyd ac mae arbrofion i'w croesawu cyhyd ag y bo'r deunydd yn farddoniaeth o'r iawn ryw.

O ran safon, y mae cerddi'r gystadleuaeth yn amrywio'n fawr. Un o'r gwendidau mwyaf cyffredin yw dull y beirdd o geisio dygymod â'r testun 'Awelon'. Y mae mwyafrif llethol y cystadleuwyr, gan gynnwys rhai o'r goreuon, yn llusgo'r gair 'awelon' i'w cyfansoddiadau byth a hefyd er mwyn ceisio gwneud i'w cerddi ymddangos yn fwy testunol, pan nad oedd angen sôn am awel o gwbl! Celfyddyd yw barddoniaeth yn anad dim arall ac mae'n rhaid parchu'r grefft. Y gwendidau amlycaf oedd diffyg cysondeb safon, darnau rhyddieithol, y defnydd o ansoddeiriau llac a diafael, diffyg cynildeb, a chanu ystrydebol. Dylwn ddweud, hefyd, fod rhai o'r cystadleuwyr yn difwyno'u cerddi drwy bentyrru delweddau addurnol sydd heb fod yn rhan hanfodol o'r mynegiant. Dyma un enghraifft: mae un o'r beirdd yn dweud bod ymddygiad ei chariad 'Mor glaear â the festri capel'. Popeth yn iawn petai'r hanes wedi ei leoli mewn festri neu pe bai'r bardd yn defnyddio'r gymhariaeth i feirniadu'r math o groeso a geir mewn festrïoedd. Ond nid oes eisiau chwilio am gymhariaeth er mwyn cael cymhariaeth.

Nid oes angen bychanu neb ychwaith. Y mae rhywbeth i'w ganmol yng ngwaith pob un o'r cystadleuwyr. Nid ar chwarae bach y mae cyfansoddi cerdd o 200 o linellau. Yr hyn y chwiliwn amdano oedd cerdd grefftus; cerdd â rhywfaint o swmp neu sylwedd ynddi; a hefyd cerdd oedd yn llwyddo, mewn rhyw ffordd neu'i gilydd, i ysgwyd neu gyffroi'r darllenydd.

Dyma geisio dosbarthu'r cystadleuwyr, fel y gwelais i hwy, heb eu gosod yn fanwl yn nhrefn eu teilyngdod.

DOSBARTH 3

Gwern: Dilyniant o gerddi di-deitl – y rhan fwyaf ohonynt ar fesur ac odl. Llac iawn yw'r mynegiant ar adegau a'r cynnwys at ei gilydd yn ddiawen. Gormod o ansoddeiriau hefyd.

Berg: Dilyniant o 10 cerdd yn ôl y tudalen deitl. Nid yw'r gerdd gyntaf wedi ei chynnwys yn y deipysgrif. Lleolwyd y cerddi mewn nifer o leoedd – Sir Gaerfyrddin, Efrog Newydd a Chastell y Waun. Trwsgl yw'r mynegiant a bu'r bardd hefyd yn esgeulus wrth deipio'r gwaith. Efallai mai dysgwr ydyw. Dalied ati i geisio meistroli'r iaith – ei chystrawennau a'i threigladau a cheisied hefyd grisialu syniadau yn fwy cymen.

Yr Enfys: Stori am ferch yn dychwelyd adre gyda'i chariad ar ôl treulio blwyddyn yn crwydro'r byd. Mae neges y stori yn taro deuddeg ond rhyddieithol yw'r mynegiant drwyddo draw. Hanesyn diddorol ond nid darn o farddoniaeth.

Milwr Bychan: Hanes gwibdaith i Ffrainc ac ymweliad â bedd Hedd Wyn. Darn o ryddiaith eto, yn fy marn i. Ond marciau llawn i'r awdur (un o'r ychydig yn y gystadleuaeth) am ysgrifennu Cymraeg cywir.

Groesffordd: Dilyniant o 12 o gerddi byr yn cofnodi amrywiaeth o brofiadau. Gresyn fod y mynegiant mor ddi-fflach a rhyddieithol hefyd oherwydd y mae yma syniadau a phrofiadau y byddai unrhyw delynegwr da yn falch ohonynt. Hoffais y nodyn personol.

Hefyd: Dilyniant o gerddi serch atgofus am berthynas y bardd â hen gariad. Dewiswyd dyddiadau allweddol yn benawdau i'r cerddi unigol. Nid oes llawer o gyffro nac o arbenigrwydd yn y dweud a llais ysgrifennwr rhyddiaith sydd mewn llinellau fel '. . . tithau yn sydyn yn filwr troed/byd cyntaf a byd newydd/na ddysgodd lawer am y trydydd'.

DOSBARTH 2B

Cil-haul: Cerdd yn seiliedig ar ymweliad â mynwent y plant yn Aber-fan. Mae'r gair 'awelon' yn digwydd yn rhy aml o lawer. Brithir y canu hefyd â nifer o fân wallau iaith a sillafu. Ni ellir amau didwylledd y profiad ond fe fyddai'r gerdd ar ei hennill pe bai'r bardd wedi mynd ati i greu sefyllfaoedd diriaethol i dorri ar undonedd y traethu a'r myfyrio.

Remsen: Dilyniant yn ymdrin â'r Rhyfel Cartref yn America ac wedi ei gyflwyno 'I'r Cymry fu'n ymladd a marw 1861-65'. Er bod hanes y brwydro yn ddigon cyffrous, 'cofnodi' digwyddiadau yn null y newyddiadurwr a wneir gan amlaf. Rhyddieithol yw'r mynegiant mewn llinellau fel '. . . hawdd anghofio fod inni ran/mewn cynhysgaeth hŷn/a bod rhaid anrhydeddu ein meirwon/fu farw dros ryddid y caeth'.

Plu'r Gweunydd: Dilyniant o gerddi yn cyflwyno darn o brofiad y teulu. Nodyn diffuant a naws delynegol. Nid yw'r canu'n codi i dir uchel nac yn disgyn yn isel ychwaith.

Porthor: Ni welais i unrhyw gysylltiad rhwng y cerddi hyn a'r testun na'r un ddolen gydiol ychwaith yn eu clymu at ei gilydd i greu 'dilyniant'. Casgliad o gerddi digyswllt ar destunau gwahanol a gawsom.

Lyn: Cerdd yn hel atgofion yng nghymdogaeth Rhyd Goch. Hiraethu am y bywyd diflanedig yw swm a sylwedd y daith o gwmpas yr hen ardal. Ni welais unrhyw fardd erioed yn gwneud cymaint o ddefnydd o'r synhwyrau. Mae'n gweld . . ., clywed . . ., arogli . . ., teimlo . . . ym mhobman. Gwaetha'r modd, braidd yn rhyddieithol yw'r deunydd yn ei grynswth. Eto i gyd, y mae yma rai darnau teimladwy iawn – hanes Wil Ffarm Isaf yn boddi cathod yn fwyaf arbennig. Mae'n fwy testunol hefyd na'r rhan fwyaf o gerddi'r gystadleuaeth.

Cysgod Dewi: Dyma ymgeisydd diddorol iawn. Cyflwynodd inni ddilyniant o gerddi di-deitl ar ffurf *verse libre* odledig. Y mae sigl rhythmig ei linellau yn canu yn y glust hefyd. Tir a daear Sir Benfro yw maes ei fyfyrdod yn bennaf ac mae'n wybodus yn ei hanes a'i daearyddiaeth fel ei gilydd. Hoffais yr ieithwedd gartrefol a symlrwydd yr arddull. Gwaetha'r modd, y mae yma rai darnau rhyddieithol iawn ac mae'n rhy afradus o lawer â'i ansoddeiriau. Er iddo lwyddo i gyplysu ddoe, heddiw ac yfory hefyd yn ei ymdriniaeth â'r testun, teimlais fod ei gynllun braidd yn wasgarog a heb lwyddo i glymu'r darnau ynghyd yn un undod organaidd.

Tir na n-Óg: Dyma un o bedwar ymgeisydd sydd wedi defnyddio llinell agoriadol Dic Jones yn ei awdl 'Gwanwyn' – 'Tyrd, awel Erin, i'r tir dolurus' – yn isbennawd i'w gerdd. Nodyn personol sydd yma ac rwy'n ofni imi gael y canu braidd yn gymysglyd mewn mannau. Mae'r bardd yn euog hefyd o gymysgu ffigurau droeon. Dylai geisio dethol ei eiriau yn fwy gofalus. Weithiau, mae'r delweddu'n llwyddo mewn ymadroddion fel 'teflaist yr haul i wyneb y gwynt'. Oes, mae deunydd bardd da yma dim ond iddo ffrwyno'i ddawn.

Ty'n Pant: Bardd glân ei iaith a llithrig ei fynegiant. Yn ôl y cyfeiriadau, y mae'r gerdd wedi ei lleoli yng Ngwynedd. Hwyrach mai arnaf i y mae'r bai – methais wneud pen na chwt o'r hyn y mae'n ceisio'i gyfleu. Roeddwn yn dyheu am y switshis (chwedl Waldo) i oleuo rhywfaint ar y cyfanwaith ond methais yn lân â rhoi fy mys arnynt. Rwy'n amau'n fawr hefyd a yw'r cerddi unigol yn hunangynhaliol yn ôl gofynion ffurf y 'dilyniant'.

Persona: Dilyniant yn ymdrin â sefyllfa'r genedl yn gymdeithasol ac yn ddiwylliannol. Llais cignoeth yn pwyso a mesur pethau heb flewyn ar ei dafod. Teimlais fod y gwleidydd a'r rhyddieithydd wedi trechu'r bardd yn 'Croeso i Gymru' ac aeth yr awen ar goll o dan ei fflangell yn 'Yr Ewyllys Olaf'.

DOSBARTH 2A

Tyst: Rhoes y bardd hwn ddau groesair heb eu gorffen inni fel dwy gerdd yn rhan o'i ddilyniant. Mae arbrofi'n beth da os yw'n llwyddo i'n hargyhoeddi fel darn o farddoniaeth, neu'n rhywbeth sy'n hawlio'i le yng nghyd-destun y cyfanwaith. Hwyrach fod yna bwrpas digamsyniol i'r croeseiriau ac efallai mai ynof i mae'r diffyg am na fedraf eu deall. Mae cynnwys rhai o'r cerddi, fodd bynnag, yn ddigon diddorol ond heb fod yn farddoniaeth o safon.

Pant y Bwlch: Cerdd yn ymdrin ag effeithiau clwy'r traed a'r genau ar ffermwr ifanc yn Ynys Môn y llynedd ynghyd â'r profiad o golli ei gariad. Y mae yma rai darluniau byw a chofiadwy fel y disgrifiad o'r hen gi defaid a'r weithred o losgi'r cyrff. Gwaetha'r modd, sŵn rhyddieithol sydd i ambell linell fel sôn am y bachgen a'i gariad 'yn gynhaliaeth fynwesol i'w gilydd'. Teimlais, rywsut, fod y bardd wedi syrthio rhwng dwy stôl wrth ganu i glwy'r traed a'r genau ar y naill law a pherthynas y bachgen a'i gariadferch ar y llaw arall, heb ddangos unrhyw gysylltiad hanfodol rhyngddynt.

Efa: Cerdd awenyddol ei naws wedi ei llunio yn null y salmau. Y mae iddi symudiad rhythmig pwerus. Deisyfwn am ambell hanesyn neu ddigwyddiad i roi cnawd am yr esgyrn. Nid oes yma, rywsut, ddigon o ddeunydd i'r darllenydd gael ei ddannedd ynddo i'w chodi'n uchel yn y gystadleuaeth. Serch hynny, mae'n canu'n hyfryd yn y glust.

Gwerinwr: Oriel o bortreadau o rai o berthnasau'r bardd ei hun yw cynnwys ei gyfansoddiad. Mae'n darlunio neu'n dweud hanes y cymeriad a'i annerch wedyn. Llwyddodd i amrywio patrwm ei fynegiant yn effeithiol hefyd. Yn fy marn i, mae'r bardd yn euog o lusgo'r gair 'awelon' yn ormodol i'w gyfansoddiad wrth geisio testunoli'r deunydd. Cerdd gynnes, agos-atoch-chi, ac mae'n amlwg fod yr awdur yn canu o'r galon.

Llwyd fab Cilcoed: Math o alegori neu ddameg yn seiliedig ar hanes Manawydan fab Llŷr yn mynd ati i grogi llygoden ar fryncyn Gorsedd Arberth yn Nhrydedd Gainc y Mabinogi. Ysgrifennwyd y gerdd ar ffurf ymddiddan rhwng Llwyd fab Cilcoed, Manawydan, y Llygoden a'r Offeiriad. Llwyd ei hun, y dialydd, sydd ar flaen y llwyfan ac mae'n ymddangos iddo gael rhyw fath o dröedigaeth tua'r diwedd. Nid yw'n hawdd dilyn trywydd meddwl y bardd bob amser a theimlais hefyd nad oes yma fawr ddim sy'n cyffroi'r darllenydd.

Nola: Cofnod o ddiwrnod cyfan yn hanes hen ŵr yn ffwndro yn ei lesgedd ar ei wely angau. Mae'r bardd wedi llwyddo i fathu ansoddeiriau annisgwyl a sicrhau cryn newydd-deb yn ei fynegiant. Er bod yma ambell drosiad cofiadwy fel sôn am y dolffiniaid fel 'cleddyfau cam yn hollti'r awyr/cyn ailddychwelyd i wain y môr', mae'n deg dweud hefyd mai rhyddieithol yw'r deunydd gan amlaf a'r canu ar adegau yn straenllyd a llafurus.

Gwallt yn y gwynt: Cyfres o delynegion yn ymwneud â hel achau. Y mae yma ymadroddi cynnil a chynhesrwydd yn y dweud. Gofalodd y bardd hefyd fod ganddo ddiweddglo trawiadol i bob telyneg. Cerddi syml a chymen, heb godi i dir uchel fel barddoniaeth, efallai, ond sy'n llwyddo i gyffwrdd â chalon y darllenydd. Teimlais hefyd nad oedd 'Girl Power' ac 'A ydw i'n perthyn i chi?' cystal â'r telynegion eraill.

Corff: Mae'n rhaid llongyfarch y bardd hwn am lunio cerdd nad yw'n rhydd-ieithol nac yn or-farddonol ychwaith. Y mae'r mynegiant yn ystwyth a'r canu'n lân. Aeth *Corff* â'r darllenydd am dro gyda'r nos i'r Ffair Galangaeaf a'r dafarn ar y Sgwâr ac mae ganddo ddawn ddiamheuol i gonsurio awyrgylch. Y mae ei rythmau a'i linellau stacato (ambell un wedi ei chynganeddu) wedi eu patrymu'n effeithiol i gyfleu'r ystyr. Cerdd seml ydyw heb lawer o ddyfnder meddwl na dim sy'n cyffroi'r darllenydd i'w berfeddion. Fe'i gosodais yn uchel yn y gystadleuaeth am nad oes fawr ddim o'i le arni ychwaith.

DOSBARTH 1B

Berwyn: Dilyniant o gerddi cymen eu gwead yn cynnwys amrywiaeth o brofiadau. Dywed y bardd mewn cerdd agoriadol, wedi ei saernïo'n gelfydd, mai awelon y cof a'r dychymyg wedi eu cydblethu yw deunydd ei gyfansoddiad. Mae'n gasgliad diddorol, heb lawer o gyffro, mae'n wir, gan fardd sy'n ymwybodol o ofynion y grefft. Nid oes ganddo ddim cystal â pharagraff olaf y gerdd 'Reslo' sy'n sôn am ei fam, a oedd wedi gwirioni ar ddilyn gornestau ymaflyd codwm, ar ei gwely angau:

> Pan ddaeth mefl i'w gwaed
> a hithau'n ymaflyd
> rhwng rhaffau ei gwaeledd hir,
> daethom i'w chornel hithau,
> i daenu lliain dros dalcen
> a sibrwd geiriau'r anogaeth
> cyn gwynebu' [*sic*]
> realiti'r rownd olaf.

Glendid crefft a chysondeb safon a'i cododd i'r Dosbarth Cyntaf.

Pant-y-Gildo: Dilyniant yn ymdrin yn bennaf â'r dirywiad mewn cymdeithas a'r ffordd Gymreig o fyw. Y mae'r bardd wedi lloffa cwpled o ryw gerdd adnabyddus neu ddyfyniad o'r Ysgrythurau yn destun i bob un o'r cerddi unigol – a phob un o'r dyfyniadau'n cynnwys y gair 'awel' neu 'awelon'. Nid oes yma ymadroddi llac na delweddau addurnol, ond mae'n iawn dweud bod y delweddu ar brydiau, yn enwedig mewn rhannau o'r ddwy gerdd gyntaf, yn tueddu i fod yn gymysglyd ar y naw. Diawen, ac annelwig hefyd, yw rhyw draethu fel hyn: 'Drwy gwteri hunanoldeb/Daw'r llygod heintus o'u ceuffosydd drewllyd/I wenwyno a chaethiwo/A chario'n eu crafangau brwnt/Ofid a phoen i'w cyfrif banc'. Mor wahanol, a chymaint yn well, yw'r paragraff diriaethol sy'n dilyn ac yn sôn am 'Seilo ddi-wydr/Fel penglog enfawr/A'r seithfed dydd/yn methu datgloi'r drws'. Mae'r dilyniant yn gwella'n arw tua'r canol a'r diwedd. Hoffais yn fawr y gerdd sy'n sôn am y bardd yn gadael ei gartref am byth ar ôl mynd i'r coleg; a hefyd y gerdd sy'n sôn am y Gymraeg wedi ei hadfer ar wefusau'r ddau ŵyr. Anwastadrwydd yn safon y dilyniant yw maen tramgwydd *Pant-y-Gildo* ond llwyddodd i sicrhau diweddglo grymus i'w gerddi.

Sero: Cerdd yn darlunio'r drychineb yn Efrog Newydd flwyddyn yn ôl pan chwalwyd y ddau dŵr gan yr awyrennau yn llaw'r terfysgwyr. Y mae yma batrymu celfydd a llawer o ailadrodd llinellau ac ailadrodd geiriau i greu effaith. Yr argraff sy'n aros yw fod y darlunio weithiau yn tueddu i droi yn ei unfan. Ond dylid dweud hefyd fod yma lawer o ymadroddi grymus ynghyd â disgrifiadau llachar sy'n cydio yn y cof. Eto i gyd, darlunio cyfyng ac arwynebol braidd a geir gan *Sero*, heb fynd i'r afael â chymhellion atgas y terfysgwyr, gwewyr enaid cyfeillion a pherthnasau'r rhai a laddwyd, ac ymateb y bardd ei hun i effeithiau'r gyflafan.

Dadgad: Mae thema'r dilyniant yn ein hatgoffa o soned R. Williams Parry sy'n cynnwys y llinell, 'Rwy'n wych, rwy'n wael, rwy'n gymysg oll i gyd'. Yn ôl ei eiriau ef ei hun, mae'r bardd yn cael ei 'chwythu gan bob chwa/a'm cario hwnt ac yma . . .'. Yn dilyn cerdd agoriadol (rhyddieithol braidd) yn rhestru ei ddeuoliaethau, y mae'r cerddi sy'n dilyn ('Wyf Euog', 'Wyf Unig', 'Wyf Dwyllwr', 'Wyf Hen' ac 'Yr Awel Olaf') yn gerddi personol eu naws. Mae gan *Dadgad* fwy o ddisgyblaeth ar ei fynegiant na'r rhan fwyaf o'r cystadleuwyr eraill ac mae'n trafod y mesur penrhydd yn effeithiol. Nid yw ei gerdd olaf, sy'n ein hatgoffa o'r soned 'Dychwelyd' gan T. H. Parry-Williams, yn f'argyhoeddi o gwbl.

Jacob: Cerdd yn sôn am bobl mewn stryd o dai yn darllen ac yn dehongli bywydau eu cymdogion drwy sylwi beth sydd ar y lein ddillad – a sylwi hefyd beth sydd heb fod yno. Weithiau, y mae cleber y cymdogion, y 'cyfrinachau cyhoeddus', ys dywed y bardd, wedi camddehongli'r sefyllfa yn gyfan gwbl. Braidd yn arwynebol yw'r cynnwys at ei gilydd ac mae'r bardd ar adegau hefyd yn tueddu i droi yn ei unfan. Mae'n biti garw ei fod yn llurgunio'i fynegiant droeon drwy gamddefnyddio ffurfiau'r ferf – *gwn* yn lle *gŵyr* neu *gwyddai* mewn llinellau sy'n allweddol o ran eu hystyr. Ond mae hon yn gerdd a roes gryn fwynhad imi o'i darllen ac, o ran ei dilyn a'i deall, mae mor glir â golau dydd.

Oddof: Dyma un o'r cystadleuwyr a roes fwyaf o sioc imi. Mae'n feiddgar tu hwnt. Dilyniant yn ymdrin â nifer o bobl mewn sefyllfaoedd anffodus sydd ganddo – merch wedi ei threisio ar y traeth, mam-gu wedi colli ei chof yn gwneud pob math o lanast yn ei chartre, dyn yn gwerthu gwallt gosod i fam yn dioddef o ganser – a llawer mwy. Rwy'n siŵr fod deunydd stori fer dda ymhob un o'i gerddi. Ond ni fedrwn beidio â theimlo ychwaith ei fod yn dibynnu weithiau ar greu rhyw fath o strôc i gynnal yr hanes. Gwendid hefyd yw'r rhaniadau o dan wahanol benawdau i geisio testunoli'r deunydd. Gwreiddioldeb ei syniadau yn bennaf a'i cododd yn uchel yn y gystadleuaeth.

DOSBARTH 1A

Dant y Llew: Bardd synhwyrus iawn. Mae'i ddawn i sylwi ar bethau bach yn gwneud y darlunio a'r sefyllfaoedd yn fyw ac yn real rywsut. Merch sy'n siarad, a hel atgofion am ei charwriaeth yn ei llencyndod a aeth i'r gwellt yw byrdwn y dilyniant. Gwendid y bardd yn fy marn i yw pentyrru cymariaethau a throsiadau addurnol nes peri iddynt fynd yn ymadroddion llanw yn eu cyd-destun. Mae'n drueni, oherwydd y mae hon yn gerdd a gafodd gryn argraff arnaf. Bardd o'r iawn ryw.

Largo: Cerdd neu ddrama wedi ei saernïo'n gynnil ar ffurf ymddiddan rhwng tri chymeriad. Canolbwynt y stori yw pwy laddodd Robert, cyn-faer y dref, pen-blaenor Bethel a rheithiwr y fainc. Dadlennir inni ei ragrith a'i hunanoldeb yng nghwrs yr ymddiddan. Ni ddywedir wrthym beth yn union sydd wedi digwydd. Disgwylir i'r darllenydd lenwi'r bylchau â'i ddychymyg, efallai. Mae'n rhaid imi gyfaddef bod dyfalu yn y niwl wedi peri imi golli blas ar y cyfanwaith. Anffodus hefyd, at fy chwaeth i, oedd defnyddio mesur ysgafn y triban i gyfleu difrifoldeb y cymeriadau wrth iddynt baratoi at yr angladd. Nid yw'n gerdd sy'n canu yn y glust nac yn goglais ein teimladau ychwaith ond y mae yma fardd diddorol, crefftus a chymen.

Rhosyn arall: Dilyniant wedi ei gyflwyno ar ffurf darn o brofiad. Gall fod yn brofiad plentyn. Iaith gartrefol hefyd. Mae'r hanesion yn ddifyr ac yn dangos yn aml iawn fod pethau bach sydd y tu hwnt i'n rheolaeth ni ein hunain yn medru tarfu ar ein llonyddwch. Mae ffresni diamheuol yn y mynegiant a'r syniadaeth fel ei gilydd, a'r bardd yn ymwrthod ag unrhyw drimins barddonllyd. Crefftwr, yn wir. Mwynheais ddarllen y cerddi ond teimlwn fod y deunydd at ei gilydd yn rhy arwynebol o lawer i gipio'r Goron.

Erin: Dilyniant o gerddi i'r drychineb yn Efrog Newydd a'r brwydro wedyn yn Afghanistan. Y mae gan *Erin* rai disgrifiadau cryf ac arddull uniongyrchol. Dyma enghraifft o'i ddawn ar ei gorau yn y gerdd, 'Gwŷr Tân':

> Gwelsant gyrff fel pypedau'n crogi
> ar edau-gobaith yn ffenestri'r lloriau,
> a'u dwylo'n ymbil
> cyn i fflamau ysol y tân
> eu cofleidio a'u llosgi'n llwch.
>
> Gwelsant gyrff yn plymio i'r ddaear
> fel haid o golomennod llwydion
> cyn chwalu'n ysgyrion gwaed
> ar darmacadam y stryd.
>
> Gwelsant ddinas yn glawio pobl.

Hon, yn sicr, yw un o gerddi unigol gorau'r gystadleuaeth gyfan. Gwendid y bardd yw iddo fethu cynnal yr un safon drwy gydol y dilyniant. Cofnod newyddiadurwr yw diwedd y gerdd gyntaf; a ffantasi yw sôn am y nos yn heneiddio ar y mynyddoedd: 'a'i gwallt yn gwynnu/dan gyffwrdd gwawr' ar ddechrau'r gerdd 'Disgwyl'. Dylid nodi hefyd fod ambell gymal haniaethol fel 'deudroed "dynoliaeth"' a 'niwl ein "materoliaeth"', weithiau'n difwyno'r farddoniaeth. Ond mae'n fardd da ar ei orau a'r rhan fwyaf o'i ddisgrifiadau diriaethol yn gafael.

Pen-y-wern: Bardd profiadol ac aeddfed ei lais hefyd. Mae'n gamster ar fathu cymariaethau a throsiadau trawiadol. Sicrhaodd rythmau cyhyrog i'w linellau ac mae'n feistr ar drafod y mesur penrhydd. Cyflwynodd inni ddarlun o'r tir corslyd a'r unigeddau – y tyddynwyr yn arloesi ac yn trin y tir; plannu coed yn ddiweddarach; diboblogi a darfodedigaeth y ffordd Gymreig o fyw; a'r newid a ddaeth i'r gymdogaeth heddiw. Mae yma ddarlun crwn o fywyd dros gyfnod o amser mewn ardal nad yw'n cael ei henwi. Gwendid *Pen-y-wern* yw iddo ganolbwyntio byth a hefyd ar ddisgrifio'r tir gan fodloni ar ryw fân gyfeiriadau hwnt ac yma yn unig at y bobl wrth eu gwaith. Dyma un eithriad:

> Rwy'n cofio Leisa Tan-ffordd
> yn croesi Cae-dan-tŷ fel malwoden
> a mwdwl gwair fel cragen ar ei chefn.

Pam yn y byd na fyddai'r bardd wedi rhoi inni ddarluniau hefyd o'r bobl eraill wrth eu gwaith fel y tyddynwyr yn braenaru'r tir, y plant ar iard yr ysgol, a llawer mwy? Teimlais fod angen ambell hanesyn neu ddisgrifiad cig a gwaed hwnt ac yma i roi cnawd am yr esgyrn. Gresyn. Gresyn, yn wir. Ond dylwn ddweud hefyd fod hon yn gerdd sy'n canu yn y glust o'r dechrau i'r diwedd.

Llwyd: Math o ymsongerdd yn ymdrin â marwolaeth mam y bardd a oedd wedi colli ei chof. Y mae i atgofion le canolog ac allweddol yn thema'r dilyniant. Ni ellir amau nad oes yma fardd gwreiddiol, dyfeisgar, sy'n canu â'i lais ei hun. Teimlais fod y tair cerdd, 'Mwg', 'Dim ond chwa' a 'Megin i'r meddwl', braidd yn ddi-fflach o'u cymharu â'r cerddi eraill – hen broblem cynnal y safon mewn dilyniant. Ond mae'n ddilyniant caboledig o gerddi sy'n mynd i'r afael ag un o drasiedïau mawr plant dynion – ceisio dygymod â pherthynas agos, mam o bawb, wedi colli ei chof. Canu personol yn dadlennu sefyllfa anodd a thorcalonnus. Mae'n ganu sy'n llawn angerdd ac emosiwn, hefyd, wedi ei ddisgyblu o dan law crefftwr o fardd sy'n gamster ar batrymu ac amrywio ei fynegiant. Nid oes yma ddelweddau addurnol o gwbl.

Albert Bored Venison: Cerdd ryddiaith wedi ei chyflwyno ar ffurf darn o lif yr ymwybod. Dyn ifanc, mi dybiwn, sydd yma, yn dioddef o ganser ac yn disgwyl ei dro i gael sgan mewn ystafell aros yn yr ysbyty. Mae'n dechrau hel meddyliau a chael syniadau o bob math yn gwibio drwy ei feddwl. Ar y darlleniad cyntaf, teimlais fod ei syniadau'n ddryslyd iawn a chwysfa ombeidus oedd ceisio dilyn trywydd ei feddwl. Eto i gyd, onid dyna yw llif yr ymwybod? Syniadau'n llifo drwy'r meddwl, yn doredig, yn glytiog ac yn anhrefnus. Syniadau'n gorffen ar ganol brawddeg ac yn dilyn rhyw gyfeiriad arall.

Wrth ailddarllen a chynefino â'r gerdd, fe ddaeth hi'n amlwg fod yna fardd llachar o dan yr wyneb. Mae'n fardd dysgedig, hefyd – yn berchen ar storfa eang o wybodaeth. Yn ei fyfyrion, mae'n cyffwrdd bron â phob maes dan haul – llenyddiaeth, crefydd, hanes, gwyddoniaeth, a llawer mwy. Drwy ddefnyddio dyfais yr ôl-fflachiad, mae'n llamu'n ôl ac ymlaen i bobman – ei blentyndod, ar lan y môr, yn yr ysgol, dyddiau caru, – ac yn dychwelyd yn sydyn i fyd real yr ystafell aros.

Yr hyn sy'n ei wneud yn fardd yw ei ymateb synhwyrus i'r byd o'i gwmpas ac, yn bennaf oll, ei ddawn i ddefnyddio cyfeiriadau i bwrpas. Ond y mae llawer mwy i'r gerdd na hyn. Y mae'r bardd dro ar ôl tro yn ei gael ei hun yn oedi ar groesffyrdd bywyd, yn wynebu ansicrwydd y dyfodol, a chysgod marwolaeth (oherwydd ei afiechyd ef ei hun) yn hongian uwch ei ben o hyd. Do, dewisodd eiriau, sefyllfaoedd a symbolau pwrpasol i gyfleu cymhlethdod ei brofiad. Y mae gwead y gerdd yn grefftus odiaeth, hefyd, a phob gair yn talu am ei le.

Mae'n gerdd anghyffredin iawn. Hwyrach fod y ffugenw yn arwyddocaol. Ai bardd wedi syrffedu ar farddoniaeth Gymraeg fel y mae ydyw ac yn ceisio torri tir newydd? Os felly, fe lwyddodd ar ei ganfed. (Os nad yw o ddifri, y mae'n bradychu ei ddawn.) Meddyliais eto. Nid yw bod yn newydd er mwyn bod yn newydd yn rhinwedd ynddo'i hun. Mae'n rhaid bod yn ofalus. Beth yw nodweddion cerdd ryddiaith? A yw brawddegau herciog a stacato llif yr ymwybod yn ei chynnal yn rhythmig? Mae'n llwyddo, yn fy marn i. Nid wyf yn gwbl sicr imi fedru dilyn y bardd i bobman ychwaith (nid oes rhaid deall pob dim mewn barddoniaeth i'w gwerthfawrogi) ond gadawodd ddigon o ffenestri ar agor i ysgogi'r dychymyg. Ac, yn bwysicach na dim arall, cefais fwynhad o'i darllen a'i hastudio.

Y pedwar cwestiwn a ofynnwn i mi fy hun yn barhaus oedd: a yw syniadaeth y gerdd yn farddoniaeth; a yw hi'n gerdd o ran ei ffurf; a yw'r bardd yn dweud rhywbeth gwerth chweil wrthon ni am fywyd; a yw hi'n gerdd sy'n ein cyffroi? Cefais ateb cadarnhaol i'r cwestiynau bob tro. Teimlais hefyd fod yma fardd sydd wedi penderfynu canu ei gân ef ei hun - ac aed y Goron lle y mynno.

Mewn cystadleuaeth a oedd, at ei gilydd, braidd yn siomedig, y mae *Albert Bored Venison* mewn dosbarth ar ei ben ei hun. Mae'n llawn deilwng o'r Goron.

BEIRNIADAETH MENNA ELFYN

Mae'n briodol i mi ddweud gair neu ddau i ddechrau am ansawdd y gystadleuaeth. Er imi osod nifer helaeth yn y dosbarth cyntaf, nid oedd y safon yn arbennig o uchel eleni. Er i'm cyd-feirniaid nodi i'r testun fod yn llyffethair, mae yna reswm arall, efallai, am y diffyg cyffro. A yw hi'n bosib i fodolaeth y gynghanedd fod wedi mygu awyddfrydau'r beirdd i arbrofi yn y wers rydd ac i fentro gyda mesurau newydd? Mewn gwledydd eraill, aeth barddoniaeth i anturio posibiliadau newydd. Ni wnaed yn fawr o botensial y wers rydd ac, o'r herwydd, aeth llawer o farddoniaeth yn undonog. Dyna pam y gofynnir yn barhaus, 'Ai cerdd yw hon ynteu darn o ryddiaith sy'n esgus bod yn gerdd?'. Cystrawen amgen i'r gynghanedd yw'r wers rydd. Cafwyd mewn gwledydd eraill arloesi brwd ym myd barddoniaeth a mydryddiaeth gyda beirdd fel Borges, Anne Carson, Lorca, Baudelaire a Valéry, ac enwi dyrnaid yn unig, yn canu mewn arddulliau ffres.

Daeth 36 o gynhyrchion i law a'r rheini ar ffurf naill ai dilyniant neu bryddest. Cafwyd canu ar amrywiol destunau fel y datguddir yn y nodiadau byrion a ganlyn ar waith y beirdd. Nid oes unrhyw drefn arbennig nes cyrraedd y Dosbarth Cyntaf.

Hefyd: Dyma fardd sy'n gallu ysgrifennu'n llyfn. Cyfansoddodd gerdd am gariad yn 'cerdded yn ddiogel o'r gyflafan'. Dyna, hefyd, yw'r gwendid a ddaw i'r amlwg. Mae'n gerdd sy'n gwyro rhwng ceisio adrodd stori a cheisio dweud pethau mawr. Hoffais ambell ddarn, yn enwedig y 'cerdded yn araf/fel dynoliaeth tuag at ddoethineb'. Collodd y ffordd wrth ganu am Osama Bin Laden.

Lyn: Atgofus yw tinc y canu. Gorddefnyddir y gair 'hen' (o leiaf ddwsin o weithiau) er mwyn creu naws (e.e., 'hen ogleuon'/'hen atgofion'/'hen leisiau'). Does dim elfen o'r cyffro, y syrpreis hwnnw y mae rhywun yn dyheu amdano. Ceir ambell fflach, er hynny, fel 'Ac oglau'r llyfrau emynau/Yn cosi cefn ei wddf'.

Yr Enfys: Gallai hon fod yn gerdd dda ar gyfer y radio. Mae'n gerdd ddoniol. Daw merch tua thre ar ôl bod yn bacpacio am fis! Yn gwmni iddi, mae cariad, o Dibet, Gawticho (ond ei enw go iawn yw Dafydd). Ceir hiwmor du drwyddi draw yn un dwli rhagorol. Rhoddir taw sydyn ar y cyfan gyda sôn am farwolaeth ei chwaer fach, Elin. Rywsut, fe gollodd y 'cafftan, poni têl, a'r sbliff' ei apêl er i Dafydd droi mas yn hyddysg yng ngwaith Blake a Hedd Wyn. O fel y carwn fod wedi ochri gyda'r gerdd hon yn enwedig y diweddglo campus. Ond gormod o bwdin braidd. Awyr iach o gerdd a ddifethwyd gan ansicrwydd goslef.

Cil-haul: Hanes Mynwent y Plant, Aber-fan. Ai rhywun ifanc biau'r gerdd, un sydd hefyd yn ymdrechu i'w fynegi ei hun mewn iaith farddol? Daw'r gerdd yn fyw pan yw'n gollwng y wedd farddonllyd a cheir ambell ddarlun byw fel 'marblis lliw' i oedi yn y cof.

Dant y Llew: Ceir rhai llinellau gwirioneddol dda gan y bardd (e.e., 'pothell o wythnos', wrth sôn am yr Eisteddfod). Ond gyda'r ffresni, daw dylni ambell linell megis 'mai marw hon i mi, oedd fy marw i'. Trueni hynny, achos synhwyraf fod bardd da yma'n llechu y tu ôl i'r mynegiant herciog.

Persona: Cafwyd agoriad gwirioneddol ddramatig ond ni wireddwyd yr addewid am gerdd gyffrous. Cyfansoddwyd rhai llinellau lliwgar megis yn 'Croes i Gymru' wrth i'r bardd gyflwyno Cymru heddiw gyda delweddau fel 'diptheria o ddiwylliant'. Gwaetha'r modd, mae'n llithro i rethreg ac yn ailadrodd y melltithion yn ormodol ar ddiwedd y gerdd. Penillion clo rhagorol. Dyna drueni na chawsom ragor o ddychan.

Ty'n Pant: Ceisiodd ein dwyn i'r henfyd, a'r oesau tywyll, Sarn Helen, ac Owain yn marw. Gwaetha'r modd, nid yw'n argyhoeddi'r darllenydd wrth geisio cyflwyno adleisiau o fyd atgofus. Fe'n gedy gyda llinellau sy'n swynol o ran sain ond, ar eu hailddarllen, nid oes fawr yn cael ei ddweud. Cymaint symlach a mwy diffuant yw 'Beth yw plentyndod/ond crwydro i'r môr/yn niwl y bore bach,/A beth yw cof/Ond tywod yn crafu/tu fewn i'r esgid wlyb?' O na bai'r bardd wedi glynu at y cywair hyfryd hwnnw. Mae'n ganu rhy hunanymwybodol fel arall. Dyma'r llais y dylai wrando arno y tro nesa'.

Efa: Cerdd soniarus dros ben ond y tu hwnt i'r seiniau melys i'r glust, beth sydd yma? Wel, cerdd afieithus a'r bardd yn pentyrru delweddau. Salm yw hi, mewn gwirionedd, a does dim o'i le ar hynny ond y mae'n rhy adleisiol, efallai, i'n synnu gyda'i gwreiddioldeb. Ceir rhai llinellau hudol iawn, er hynny, fel 'hafau hir/cynffonnau ŵyn bach,/byclau arian/sandalau coch,/gwrychoedd/mwyar du a gwyddfid/a chlywed/eto/synau gardd boeth/ac oerni/cerrig garreg'. Fe ddengys y llinellau olaf hyn beth yw posibiliadau'r bardd ond, gwaetha'r modd, ni wireddwyd hynny yn y gerdd hon.

Gwerinwr: Dechreua'n rhwysgfawr drwy sôn am 'hedd llyfrgell y cof' ond mae'r wir gerdd yng ngeiriau'r sawl y mae'n cofio amdanynt – 'Paid â gadel i'r bedd cybyddlyd/oeri dy ened/dan loer cnwd yr esgyrn'. Oes, y mae awyrgylch hyfryd, difyr yn cael ei greu ond nid yw'n ddigon trawiadol fel cyfanwaith.

Gwern: Braidd yn or-eiriog yw'r bardd hwn ar ddechrau'r dilyniant ond mae'n cynilo wrth adrodd ei stori. Cawn ddrychau geiriol o'r Arglwydd Rhys, plentyn bychan, a gwerin y dafarn, a phan yw'n sôn am goed a byd natur y mae ar ei g/orau. Ond, os nad wyf yn camsynied, un â'r Gymraeg yn fregus neu'n newydd ar dafod sydd yma. Pan fydd gafael sicrach ar yr iaith gan y bardd, gallwn ddisgwyl pethau mawrion.

Berg: Bron na theimlwn mai 'libreto' ddylai hon fod: llinellau syml, cymalau addas iawn i gôr neu gantor (e.e., 'Dyma fy nghartre,/Dyma fy ngwreidd-iau,/Dyma fy mywyd/fy ngolau/fy hoen'!). Emyn, a dim arall, 'dybiwn i, yw'r darn olaf sydd yn cyrraedd rhyw uchafbwynt yn y canu: 'O'r neilltu Arglwydd, rhaid i minnau ddod/Yn hwyr y nos cyn cychwyn ar fy ngwaith'. Ceir sawl soned hefyd. Da gweld arbrofi ond nid yw'n gweithio fel dilyniant o gerddi nac fel pryddest.

Pant-y-Gildo: Daw'r gerdd hon yn fyw tua diwedd y dilyniant. Trueni o beth oedd hynny. Dewisodd ffrâm ddiddorol, sef defnyddio dyfyniadau o waith beirdd eraill yn ysbrydoliaeth. Gwaetha'r modd, unwaith eto, capeli ac adfeilion a hiraeth a geir yma. Ceir fflach ar ddiwedd y gerdd wrth iddo sôn am y diwrnod – 'yn marchogaeth y dwyrain'.

Tir na n-Óg: Cerdd hir, gynnil am gariad a'r bardd yn ailgreu'r darlun o Osian a Nia Ben Aur. Oherwydd hynny, cyfyngwyd ar weledigaeth unigryw a chawsom ddelweddau yr ydym eisoes yn rhy gyfarwydd o lawer â hwy. Ceir peth newydd-deb yn y mynegi (e.e., cadw 'tyddyn y galon') ac mae'r rhythmau'n hynod felys i'r glust. Ond, unwaith eto, diffyg ffresni yw'r bwgan fel yn y llinellau clo: 'daw hwian dy gân hud/i'w suo tuag yfory'.

Dadgad: Dechrau ystrydebol braidd. O hepgor y gerdd gynta', byddai'r gweddill yn gryfach, neu gellid bod wedi dethol o'r llinellau cynta a'u sgeintio yma a thraw. Meddai: 'Wyf arwr trasig,/Wyf ffug,/Wyf wamal blastig'. Â'r gerdd rhagddi i sôn am 'Cameleon clyfraf Cymru' ond nid oes clyfrwch yn y dweud. Eto cafwyd ambell ddarlun sy'n dangos dawn y bardd (e.e., 'cefn ar wal a cheg ar geg' a'r sylw 'mewn cwmwl anadl nwyd'). Bardd a fydd, o ganfod testun at ei d/dant, yn llwyddo maes o law.

Llwyd fab Cilcoed: Gosododd gryn her wrth geisio llunio cerdd ar un o chwedlau digrifaf y Mabinogi – Llwyd fab Cilcoed a'r llygoden o wraig. Credais imi ddeall y Prolog ac iddo geisio cymhwyso'r chwedl i'n cyfnod ni wrth i'r creadur ddweud pethau fel 'Roedd arnaf chwant am fwy na llond fy nghroth,/am fwy na mwythau mwyn,/am fwy na nyth'. Ond dyna'r unig fan lle y ceir trafferthion wrth i'r bardd gymysgu syniadau, a chyfnodau, a chymeriadau. Rhy gordeddus o lawer yw ceisio dal pen rheswm â hyn oll. Medd mewn un llinell, 'Hiraethaist rhwng dy furiau tamp/am awel Fictorianaidd o Galfaria fryn'. Meddyliwch am lefaru gair fel 'Fictorianaidd' (heb sôn am yr ystyr)! Daw Manawydan i ysgafn-hau'r iaith rywfaint ond, gwaetha'r modd, rhethregol iawn yw'r mynegiant. Mae yma awel hud ond gormod o groeswyntoedd hefyd.

Milwr Bychan: Ni wn ai ar waelod yr Ail Ddosbarth y dylai'r gerdd hon fod oherwydd mae crefft y bardd yn gadarn a sicr ond, gwaetha'r modd, adrodd am daith i Ffrainc a Fflandrys a wna ac nid oes fawr o gyffro yn y dweud na'r weledigaeth a ddilyn. Aethom yn galongaled at gerddi fel hyn erbyn heddiw, gwaetha'r modd, ac mae'r syniadau'n dreuliedig erbyn hyn.

Cysgod Dewi: Yn yr un modd, y mae gwell bardd yma nag a ganiateir gan y testun. Mae naws a thinc hen ffasiwn iawn i'r gwaith wrth i'r bardd foli a chystwyo Penfro. Ceisiodd gyflwyno darlun cyfoes a dyna pam y cyfeirir at 'Tesco a'r 'lluoedd milwrol' sydd bellach yn teyrnasu. Ond gorffenna'r gerdd drwy ofyn, 'A fydd Ymryson y Beirdd i'w glywed/ar loerennau pell;/rhyw *ddewi emrys* newydd sbon/I gipio coron deg ar faes bydysawd gwell?'. Bardd a berthyn eto i'r categori o feirdd y soniais amdanynt sydd mor hunanymwybodol fel eu bod yn creu 'cerdd' yn lle creu 'barddoniaeth'. Anghofio yw'r allwedd i'r awen, yn fy marn i.

Y DOSBARTH CYNTAF

Remsen: Cerddi i'r Cymry fu'n ymladd a marw rhwng 1861 ac 1865. Mae yma fynegiant ffres, fel yn y 'Prolog: Maes Awyr Efrog Newydd': 'Mewn byd sydd yn/bar-codio ein llygaid/hefo holl inciau'r enfys'). Am ddechrau addawol, ond wedyn ceir rhestrau o bethau cyffelyb. Gwn fod y gerdd 'restr' gyda'r peth hynaf mewn barddoniaeth ond mae modd ei gor-wneud. Mae 'Ystadau Mawr' yn gorffen yn swta fel diweddglo llawer ohonyn nhw, fel petai'r bardd yn credu iddo ein darbwyllo ddigon. Ond pob canmoliaeth i'r swmp o gerddi, gydag ôl gwaith a myfyrdod arnynt. O'u mireinio ryw fymryn, credaf y byddant yn hynod apelgar i'r darllenydd.

Tyst: Hoffais y dilyniant yn fawr a'r ffresni mynegiant. Mae gweledigaeth arbennig yn cael ei mynegi a'r geiriau'n chwarae mig â'r bardd. Hoffais yn arbennig 'Geneteg' – dyma flas ohoni: 'Gwyddai ddiwinyddiaeth y ddrycin/heb deimlo ei llach./Yn wyddonydd,/gallai fesur uffern Dante/mewn graddau selsiws'. Yn 'Cartref', mynegir synwyrusrwydd deallus sy'n apelgar iawn a difyr oedd cael cerdd goncrit a phos croeseiriau i gloi. Es yn ôl at y cerddi droeon ond ni allwn eu cymeradwyo heb, hefyd, betruso. Dyma rai o'r cerddi clyfraf a'r rhai mwyaf hermetaidd yn y gystadleuaeth.

Jacob: Daw â ni at yr hyn oedd yn ddiffygiol yn y cerddi a nodais eisoes. O leiaf, y mae ffresni yma a'r lein ddillad yn drosiad sy'n llinyn drwy'r gyfres o luniau. Awn o lein ddillad at bethau fel gwefan a rhywun â'i lein wag 'yn arwain golygon cymdogion/fel llygod i lygadu'i ffenestri'. Cyffredinedd a chrebachdod bywyd yw thema fawr y casgliad. Ond nid oes rhaid i gyffredinedd esgor ar iaith syrffedus chwaith.

Pant y Bwlch: Dyma destun sy'n cydio'n syth, sef hanes clwy'r traed a'r genau, a'r geiriau ar ddechrau'r bryddest yn rhai llawn angerdd: 'Yr awel yn chwythu/cusan cloch yr Eglwys/oddi ar gledr ei llaw'. Mae yma eironi wrth sôn am y clwy yn 'byw yng nghanol y celanedd'. Ond ceisiodd y bardd gyfuno neu gymhlethu'r darlun gyda stori am golli cariad. Nid yw'n llwyr argyhoeddi, rywsut, a daw ar draws holl ddwyster yr argyfwng arall. Trueni mawr ond bardd i'w wylio, yn sicr, a chafwyd canu gwir deimladwy ym mhlygion y gerdd.

Porthor: Mae cerddi da iawn yma ond y mae rhyw naws ffwrdd-â-hi ar ambell un ac mae hynny'n cymylu'r mynegiant. Mae ambell gerdd fel petai wedi'i chreu yn un swydd er mwyn cael llinell stroclyd fel 'Ffilmio yn Israel'. Ceisio asio'r cyfoes a'r hyn sy'n oesol a wna wrth gyfeirio at ei 'Nokia' a'i 'Rolex' ond nid yw'r dychanu yn ddigon i'n darbwyllo wrth iddo ganu: '(Yn Jerwsalem roedd y lladd/Mor newydd â'r dydd/A hynny'n gefndir i'r sgript)'. Dylid gochel rhag cromfachau am na cheir fawr o farddoniaeth rhyngddynt. Y mae llinellau cyflawn, cyfewin i'w lleisio heb islais blêr. Cerddi cymysglyd braidd ond bardd grymus, er hynny, ac nid yw'r dyfynnu uchod yn gwneud tegwch â'i awen.

Pen-y-wern: Bardd o gerddor – pentyrra eiriau fel nodau. Yna, o ddarllen eto, gwelir cystrawennau sydd eisoes yn rhy gyfarwydd o lawer i ni, megis 'Glywsoch chi . . .?' neu 'Pwy yw hwn sydd yn . . .?', patrymau treuliedig braidd. Yn 'Mae gorfoledd awelon yn y perthi heno', ceir adlais anffodus o 'Mae gorfoledd dyfroedd yn fy nghlustiau heno' (Rhydwen Williams). Ar ôl dweud hynny, mae yma ambell ddelwedd anfarwol, megis 'a dafad ar chwâl yn y mwswm/fel hwlc hen long'. Does dim gwadu nad dyma fardd mwyaf swynol y gystadleuaeth.

Plu'r Gweunydd: Canu digon glân ac mae ambell gerdd fel 'Y sgrech' yn drawiadol. Mae'r canu am blant hefyd yn rhagorol, 'yn deulu hysbyseb-Creisionŷd/a'r gwynt yn ein gwalltiau/yn chwerthin yn ffri'. Oes, mae yma ddigonedd o enghreifftiau o ganu hyglwyfus a llais sy'n llawn angerdd. Ceir cerddi am golled a gwahanu cyn diwedd y dilyniant ac er bod y rhain hefyd yn lled effeithiol, nid oes cysondeb o ran mynegiant. Bardd rhagorol ac mae'r llinellau a ddilyn yn ategu hynny, 'Wele fi, yn rhedeg am fy mywyd tua'r camera,/a dy Napalm di yn rhwygo fy nghnawd'.

Oddof: Agoriad grymus a'r gerdd gyntaf ymysg y rhai gorau yn y gystadleuaeth. 'Cusan ddofn/heli awel y môr/yn dafod yn ei llwnc,/A thywod ym mhorth ei theml'. Hanes treisio merch a geir yma ond, cyn diwedd y dilyniant, cawn wahanol awelon. Collwyd trwy'r cymysgedd o gerddi y peth prin hwnnw sydd yn uniaethu'r darllenydd â'r bardd. Awn ar drywydd pethau fel cancr a cherdd sy'n cyflwyno henaint a'r cof yn pallu gyda cherdd o'r enw, 'Mae Nain yn laff'. Mae'r casgliad yn cloi gyda 'ond dydw i ddim yn odli'. Pe bai'r bardd wedi aros gyda phrofiad y ferch yna, gallwn fod wedi pledio dros y dilyniant hwn. Prifardd y dyfodol heb amheuaeth.

Erin: Pan ddarllenais y dilyniant hwn gynta', bu bron iawn imi gael fy nal yn ei grafangau llesmeiriol. Gan mai cerddi am Fedi 11 ydynt, hawdd iawn oedd uniaethu â'r testunau (e.e., cerdd am negeseuon olaf y bobl yn yr adeiladau). Bardd cynnil, grymus ydyw fel y gwelir yn 'Ysgol dau ddeg pedwar': 'yng ngorsaf gobeithion/roedd pâr o esgidiau'n disgwyl/wrth ddrws y locar,/a llun Bin Laden/yn gwahodd cynddaredd y dartiau'. Ond ai ymateb i'r digwyddiad oeddwn i ac nid i'r farddoniaeth sy'n codi ohono? A dyna ddagrau pethau. Aeth y bardd yn ormod o newyddiadurwr slic, yn dweud y pethau clyfar-eironig fel a geir ar ddiwedd eitem ar y teledu. Collodd y cerddi eu grym wedyn er bod yma fardd rhagorol.

Largo: Daeth y bryddest hon i'r brig am ei bod yn fath o gerdd dditectif. Yr hyn a ofynnir ar ddechrau'r gerdd yw pwy laddodd Robert. Nid ar chwarae bach y down o hyd i ateb ac mae'n rhaid darllen y gerdd yn ofalus. Darllenwn yn awchus, felly, rhag colli cliw a rhag teimlo'n anneallus o beidio â chael yr ateb. Wrth gwrs, ni chawn yr ateb. Dyna ran o'i grym fel cerdd ond hefyd hwyrach ei gwendid. Fe'i darllenais hanner dwsin o weithiau ac er y cynildeb, nid ydym yn nes i'r lan. Nid yw'r cymeriadau a allai fod yn gyfrifol am ei farwolaeth i gyd yn taro deuddeg ond llwyddodd y bardd i greu senario diddorol dros ben. Hoffais yn arbennig y tribannau. Dyma chwyldroi effaith ffwrdd-â-hi'r 'triban' i fod yn fesur gyda naws mwy difrifol iddo.

Llwyd: Dyma gerddi grymus am berthynas plentyn a'i mam. Ceir disgrifiadau gwirioneddol dda, fel yn y gerdd agoriadol pan ddywed: 'Cau llygaid y mae/i edrych nôl,/i geisio agor ffenest ddoe/a chwythu'r we/o nenfwd pell ei chof'. Gwaetha'r modd, mae'r cerddi'n ceisio'n rhy galed i daro'r nodau lleddf ac emosiynol ac, unwaith eto, caf fy hun yn darllen yn groes i'r testun am fod y testunau hyn yn rhai sy'n ennyn ymateb am y profiad a fynegir ac nid am y farddoniaeth a geir drwyddo. Dyna pam na fedraf uniaethu'n llwyr ag ambell senario a theimlaf yn euog weithiau o fethu gwneud hynny. Ceisiodd y bardd wneud pethau gwahanol yn y gerdd/dramodig, 'Tawelyddion', ond mae'r cerddi, at ei gilydd, yn llawer rhy felodramatig imi eu gwerthfawrogi fel prydyddiaeth.

Down yn awr at y goreuon yn y Dosbarth Cyntaf.

Groesffordd: Cerddi cynnil iawn. Gall hynny fod yn dwyllodrus. Nid yw pob cerdd yn taro deuddeg am nad oes yna fawr o gynnwys. Er hynny, ceir ambell seren loyw o gerdd (e.e., 'Moth Balls'). Mae yma ddawn ddiamheuol wrth inni gael ein cyflwyno i wraig, 'A chot ffwr fel cwmwl amdani'. Llinell arall gofiadwy yw 'a ias oer ei chrefydd yn ddychryn'. Hoffais 'Bore Iau' hefyd. Unig fai'r cystadleuydd yw nad yw pob cerdd â'r un grym i'm cyffroi.

Corff: Cawn awelon ar ffurf eneidiau colledig yn y gerdd grefftus hon. Mae yma ddisgrifiadau llachar am unigedd. 'Mab y Bwthyn' modern sydd yma a'r disgrifiadau'n hynod o effeithiol: 'Hon yw siwt barchus ei swydd:/yn denau fel uchelgais,/yn rhad a byr ei hyd'. Yna, difethir y darlun gyda llinell simsan rhwng cromfachau: '(bu rhwng seisys erioed)'. A dyna duedd gyffredinol y bardd, sef peidio â deall pryd mae tewi. Cerdd grafog, er hynny, a fyddai'n fwy grymus o lawer pe na bai wedi llusgo 'bardd' i mewn i'r darlun. Try cerdd effeithiol yn gerdd 'hunanymwybodol' drwy wneud hyn, ac mae hwn yn fai rhy gyffredin yn y gystadleuaeth eleni.

Gwallt yn y gwynt: O'r dechrau, gyda 'Mae 'na wynt mewn mynwentydd', gwyddom ein bod yng nghwmni bardd sicr ei ddawn i greu naws gyda gair a llun. Mae 'Girl Power', wedyn, yn gerdd aruthrol ar thema poen unigrwydd, a 'Sgleinio Symbalau' yn gerdd effeithiol tu hwnt. Beth aeth o'i le felly? Mae diwedd rhai cerddi yn ffwr-bwt fel pe bai'r bardd ar frys i orffen. Cerdd felly yw 'O, Arglwydd, dyro awel' sy'n cloi'n llipa gyda: 'A gwir oedd dy geiriau/canys Duw a ŵyr'. Mae 'A ydw i'n perthyn ichi' yn gerdd hynod ffres am rywun yn cysylltu ar yr e-bost. Ond i fardd mor ddawnus, rwy'n siŵr y gallai fod wedi gwneud hon yn stori ddychmygus a beiddgar. Mae'n agos i'r brig er y beiau hyn.

Nola: Dyma un o gerddi mwya dyfeisgar y gystadleuaeth. Mae'n dechrau'n rhagorol, gan greu naws fyfyriol. Yna, symuda'n ddirgelaidd ac mae gwedd adeiniog i'r holl ganu sy'n llawn delweddau hyfryd. Awn o fyd mabinogi'r bardd i fyd caled rhyfela. A thrwy'r ymsymud i gyd, mae'r bardd fel claf yn myfyrio uwchben ei fywyd. Llwyddodd i'm swyno er mor amwys y gerdd. Efallai mai dyna'n wir yw ei gogoniant. Pam na lwyddodd y darllenydd i gael ei argyhoeddi'n llwyr, felly? Am fod y diweddglo braidd yn siomedig ar ôl creu canfas mor fawr. Mae bardd godidog ac ysblennydd yma er hynny.

Berwyn: Mae'i lais ei hun gan *Berwyn*, llais hamddenol nad yw'n gor-wthio syniadau na cheisio creu strôcs. Gwêl yr awelon ar y dechrau fel 'plant anystywallt,/yn rhwygo cwsg/wrth guro ar y drws a dianc'. Cerddi hynod eraill yw 'Dwyn 'falau', 'Reslo', a 'Y dŵr dan y bont'. Mae'r olaf yn gerdd serch go arbennig. Tueddu i edwino a wna cerddi ola'r dilyniant yn lle cryfhau. O gynnal yr un egni drwy gydol y dilyniant, gallai fod wedi creu campwaith.

Sero: Dyma ddilyniant sy'n canu fel pryddest. Medi'r unfed ar ddeg sydd yma ac mae'r ailadrodd yn effeithiol dros ben. Gwêl y bobl fel 'angylion papur yn disgyn' ac yna cyfeiria at 'y cyrff hysteraidd yn disgyn'. Ac yn y fan hon, mae rhywun yn darllen yn 'groes i'r graen'. Ceir pentyrru delweddau ac ailadrodd geiriau. Gellir deall mai ceisio ailgreu holl gynnwrf yr ing a wna. Eithr yn y mannau mwy myfyrgar, y mae'r bardd yn taro deuddeg fel yn y geiriau clo godidog, 'Chwyth awel gref Hydref/trwy rawnwin sych y dagrau/sydd weddill'. Gallai hon wneud cerdd radio hynod effeithiol.

Rhosyn arall: Ac eithrio un gerdd arall, dyma'r dilyniant a wnaeth yr argraff fwyaf arnaf. Cerddi ôl-fodernaidd tu hwnt ydynt ac yn llesmeiriol o ran mynegiant. Yn wahanol i'r ymgeiswyr eraill, dewisodd y bardd ysgrifennu am bethau bob dydd megis rhuban, stori, balwn, cap, a rhosyn. Pethau digon ansylweddol ydynt sy'n perthyn i'r farddoniaeth 'amhur' y sonia Neruda amdani. Eto, fe roddodd y bardd iddynt holl rym a glendid ei ddychymyg pwerus. Meddyliwch am ddechrau fel hyn: 'Dim ond i chi/gwato yn y twyni pell,/bolaheulo yn y tes/ ac ildio/i'r gwres carthennog'. A ymlaen i ddarlunio byd plentyn a'r awelon yn ymlid barcud o ruban ac yna'i 'ollwng,/glatsh,/yn rhimyn main diferol, yn fwyd i fwd'. Y mae pob cerdd yn newydd sbon danlli, fel 'Stori' – pwy fase'n meddwl am 'jwmbwl o sosbanau/ar gefn lori goch;/nes bod sosban ar ôl sosban/yn bowns-bowns-bownso/mas o'ch gafael'! Ond nid yw'n gollwng y gerdd cyn crynhoi a gweld y galon 'fach' 'cyn drymed/â lori goch/sy'n baco/lawr/y rhiw/yn wag'. Mae yma ddireidi, a phlant yn llawn o'r awelon eraill sy'n arafu bywyd oedolyn. Bod yn un â nhw a'u dwli a wna'r bardd yn fardd arbennig mewn cerddi dilychwin. Clamp o gerdd yw 'Cap'; gallwn draethu'n hir am hon ac am ei rhagoriaeth – 'rhag ambell chwa-fach-islaw-sylw,/rhyw dipyn sibrwd-drudwns' a'r clo, mwy syber a sobr rywsut sy'n goron ar y cyfan: 'Noson rewllyd yn dal ei gwynt;/y rhew yn cau ei law dros geg y byd,/A rhosyn arall yn ystadegyn du'. Cerddi llawn egni a geir yma ac elfen o ddadrithiad a rhwystredigaeth yn rhan o'r ieuo anghymarus a'u gwna'n gwbl arbennig. Dyma farddoniaeth nerthol a dihafal. Mae bardd o'r iawn ryw yma.

Albert Bored Venison: Nid ar y darlleniad cyntaf y mae gwerthfawrogi'r gerdd hon. Yn wir, nid ar yr ail nac, o reidrwydd, ar y trydydd 'eisteddiad'. Cerdd felly yw hi, cerdd a fyn ein bod yn 'eistedd' gyda hi, yn cadw cwmni, ymryson hefyd gyda'r geiriau. Oblegid dyn yn ymryson ag ef ei hun a geir yma – dyn, wyneb yn wyneb â'r anwybod, yn profi fflachiadau, rhithweledigaethau, ac yn tacsonomeiddio'r digwyddiadau. Rhyw 'ryngfodoli' a wna'r bardd, gor-anadlu a gormodiaith a geir wrth iddo ailymweld â realiti, neu'r canfyddiad o realiti, e.e., yn boeth, yn oer, yn olau neu'n gysgodion. Pleser a phoen a geir yma, a'r pleser yn ffrwydro trwy'r boen, sef y boen o feidroldeb. Geiriau unigol a geir, neu barau o eiriau, fel pe'n chwilio'n fanylus ac yn hafalu geiriau o'r wyddor. Try pob gair yn chwyddwydr. Ac ymhob cymal neu sill mae hafan i oedi yno, cyn bwrw ymlaen. A phob atgof am ddywediad yn fodd iddo gyfleu syniad arall newydd sbon. O'r cychwyn cyntaf, felly, y mae'r darllenydd yno, yn cydymdeimlo ag ef, wrth iddo ymbalfalu am ystyr i'w afiechyd, canser. Dyrchafu a dychanu'r cyflwr a wna drwy ei wynebu fel hyn, 'Y farwolaeth. Liwgar. Tu mewn i mi. Yn fasged o ffrwythau. Hen enw cras ydy cansar'. Ond nid yw'n gorffen yn y fan honno; fe'i gwêl fel ei sŵn yntau, 'Yn dysgu'r fiolín. Yn piwsho'r nodau'. Yna'r disgrifiad mwyaf gwefreiddiol o'r cyfan: '*Ti'n neb, washi!* Meddai moscôd y sbarcs ar y parddu. Trwy eda'r mwg o'r jos-stic. Gwelaf wên efydd y Bwda'. Gellir dyfynnu'n ddi-ben-draw ond mae'n rhaid gwerthfawrogi'r gwaith fel un talp o farddoniaeth odidog. Mae'n gerdd dwyllodrus ar ryw olwg am ei bod hi hefyd yn gerdd ynglŷn â'r wyddor. Cysyniad hynod, ac un sy'n perthyn i'r ffoleddau llenyddol, yw'r dechneg hon sydd yn rhan o arbrofion yr ysgol Oulipoaidd a byd y lipogramau, byd chwarae ar eiriau. Amlystyredd yw ei chraidd, er yr ymddengys yn sobr o wasgarog – ac onid fel yna yr ydym yn bodoli, y tu mewn a'r tu allan i'n dychmygion a'n hofnau? Rhan o'r bwriad, greda i, wrth oedi ar yr wyddor yw chwarae â'r testunau, eu cynodiadau a'u croesebau a chreu ystrywiau llên yn sgîl hynny – a rhoi ambell lamhidydd i'r darllenydd orfod dal gafael ynddo!

Mae'n gerdd sy'n gorfodi'r darllenydd i ymaflyd codwm â'r testun er mwyn deall y math o wewyr a geir ynddi (e.e., 'Yn fy llaw grystyn sych fy nicea'). O fyd crefydd i glasuraeth, o fyd meddygol i fyd syml dyheadau'r cnawd – mae yma gerdd sy'n croesi sawl cyfandir a hynny heb symud o'r ystafell aros am driniaeth. Cerdd fawr gymhleth yw.

A pham lai? Dewisodd y bardd ddwyn i gof ei deimladau a'i atgofion ond llwyddodd hefyd i arloesi a herio didwylledd disgwyliedig y darllenydd. Cerdd yw hi i'w darllen ar goedd, neu ar lwyfan, neu yn y dirgel. A chyda phob darlleniad, daw dawn y bardd i'r amlwg gyda'r cynildeb emosiynol yn wrthgyferbyniad perffaith i luosogrwydd ei grybwylliadau.

Ond fe fydd holi mawr: ai cerdd yw hi, ai triniaeth ffilm, ai stori grynoëdig? Gallai'r cyfan fod yn wir ond, yn waelodol, i mi, cerdd yw hi am ei bod yn mynnu cael ei darllen felly. Nid trefn llinellau o reidrwydd sy'n pennu bodolaeth cerdd, eithr fe'i ceir yn y rhythmau a'r orffwysfa; ym mhob gwant a *caesura,* ym mhob sain a saib; cywasgu'r gerdd mewn modd delweddol a gwirebol a rhoi iasau i'r darllenydd.

Fel yn achos Baudelaire, a Rimbaud, fe ddaeth y bardd o hyd i gyfrwng a fyddai'n gweddu i'w grebwyll. Barddoniaeth bros neu dafluniadol yw honno sydd yn mynnu cofrestru pob sill a gair ac anadl ac, fel y dywedodd Edward Dahlberg, 'One perception must immediately and directly lead to a further perception'.

Cyffrowr yw'r bardd a synwyriadaeth yw ei nod. Cellweiriwr, hefyd, yn y ffordd y mae'n twyllo'r darllenydd â'i ddysg. Pa ragoriaeth mesur, felly, i gerdd o'i bath nag un sy'n llawn llif yr ymwybod, amwysedd ac awgrymusrwydd ac sy'n goferu o bosibiliadau? Mae gan y gerdd hon ei phensaernïaeth ei hun ac mae'r diweddglo llawn anwybod yn cryfhau'i neges. Ni wyddom ar y diwedd, gyda'r 'Y yn fforch yn y lôn', ai gwella ynteu marw a wna'r bardd.

Nid oes gennyf amheuaeth nad hon yw cerdd orau'r gystadleuaeth. Efallai na fydd at ddant pawb ond, yn ôl John Gwilym Jones, fe ddylai barn fedru cydnabod mawredd gweithiau lle y mae chwaeth yn eu gwrthod. Swyddogaeth beirniad hefyd yw credu yn nilysrwydd y testun gan dderbyn bod elfen o dwyll ym mhob gwaith llenyddol. (Dylid golygu ambell frycheuyn yma a thraw er mwyn ei chyflwyno yn ei dillad gorau.)

Yn ddiamheuol, felly, dyma'r math o gerdd y gobeithiais ei chael yn y gystadleuaeth, un sydd yn ymestynnol o ran ffurf a mynegiant. Pleser oedd cael bod yn un o'i darllenwyr cyntaf.

BEIRNIADAETH EINIR JONES

Tasg od a diddorol yw treulio sawl noson yn darllen trwy un ar bymtheg ar hugain o gerddi yn eich gwely liw nos. Mae'n rhaid bod yn ofalus na syrthiant yn glwt ar lawr bob hyn a hyn wrth i rywun symud. Ond, yn anoddach na hynny, mae'n rhaid mesur a phwyso a chloriannu pob cyfansoddiad – a dyna dasg yw honno! Erbyn tua dau y bore, mae rhywun yn dechrau drysu! Fodd bynnag, fe dynnais y cerddi i gyd o'r amlen fesul un ar sawl noson a'u darllen yn ofalus cyn eu gosod yn ddau bentwr trefnus ar y cwilt. O bryd i'w gilydd, roeddwn yn symud y cerddi o un pentwr i'r llall a chael pen tost, a phroblem! Fe ddaeth y meistr cwsg heibio i mi'n lladradaidd sawl noson a minnau mewn cyfyng gyngor ond, yn y pen draw, roedd gen i naw cerdd ar y brig, sef rhai *Pant y Bwlch, Llwyd, Pen-y-wern, Jacob, Corff, Porthor, Gwallt yn y gwynt, Groesffordd* a *Milwr Bychan*, yn ogystal ag un arall y dof ati yn y man.

Dau ddosbarth sydd gen i. Nid peth hawdd yw ysgrifennu cerdd ddealladwy, gall dan 200 o linellau o hyd, a chadw cysondeb gweledigaeth a mynegiant drwyddi. Chwiliais y cerddi'n fanwl a chael mewn sawl un ohonynt fflachiadau da yma ac acw. Yr hyn sy'n anodd i'w gadw yw'r safon gyson o awen a fydd yn tasgu a disgleirio trwy linellau a delweddau grymus a chefais fod rhai o gystadleuwyr yr Ail Ddosbarth yn cael problem yn hynny o beth. Fe'u pwysais yn y glorian a'u cael yn brin ar rai agweddau. Er hynny, rwy'n diolch iddynt am y fraint o gael cip ar eu teithi meddwl a'u dychymyg a pheth o'u hanes personol. Nid wyf wedi eu gosod mewn unrhyw drefn teilyngdod. Gair neu ddau am y 26 a osodais yn yr Ail Ddosbarth.

Oddof: Dilyniant o gerddi ac, wedi cerdd fer agoriadol, cawn y penawdau 'Storm', 'Awel y Gwanwyn', 'Haf', 'Hydref' a 'Gaeaf'. Mae rhai cerddi'n ddigon graenus, yn enwedig felly 'Canser Mam', 'Dad ydi'r dyn' ac 'Mae Nain yn laff'. Y drafferth yw na all y bardd ddal ei angerdd a'i deimlad dros holl ystod y cerddi sydd yn y dilyniant. Ymdrech dda, er hynny.

Erin: Cerddi unigol yn ymdrin ag erchyllterau Medi 11 yn Efrog Newydd a'r dial a fu ar Afghanistan. Cerddi amserol iawn, gydag ambell ddisgrifiad trawiadol dros ben, fel yr un am y 'Gwŷr Tân' yn gweld 'dinas yn glawio pobl'. Diffyg cysondeb yn angerdd y cynnwys yw'r broblem ond llwydda'r bardd i daro ambell nodyn trawiadol iawn.

Largo: Cerdd ddiddorol ei chynnwys a'i ffurf, a'r syniad wedi'i fenthyca o'r hen gerdd Saesneg, 'Who killed cock Robin?'. Ceir darluniau hynod o dda wrth i'r bardd ddisgrifio cartref henoed lle'r oedd y dywededig Robert yn trigo cyn ei ymadawiad. Cawn luniau da o sawl cymeriad a allai fod yn euog o'i lofruddio. Mae'n siŵr gen i mai rhyw fath o *Cluedo* barddonol yw hi, a chymerwyd gofal mawr gyda mydr. Ond mae'r gerdd yn gorffen heb ateb unrhyw un o'r cwestiynau a ofynnir. Er hynny, ceir ynddi gyffyrddiadau da iawn.

Dant y Llew: Cerddi'n ymdrin â chof merch am brofiadau ddoe, yn ymestyn o Eisteddfod y Rhyl i Bontardawe a'r Mwnt. Mae'r gerdd i dŷ mam-gu yn drawiadol iawn ond mae'n rhaid i mi gyfaddef na welaf gysylltiad rhwng pob darn ac nad yw'r mynegiant yn ddigon ysgytwol ym mhob cerdd i gynnal anterth y casgliad.

Gwern: Mae awelon *Gwern* yn ein cario i bobman o Olwg y Byd uwchben Dyffryn Tywi i Efrog Newydd a chawn gyffyrddiadau da yn ei waith, yn enwedig 'Y Gelli Aur'. Ond does dim cysondeb rhwng cerdd fel honno i'r goedwig euraid a rhai fel 'Gwerin y Dafarn' lle mae'r mynegiant yn llafurus ac anfarddonol ar adegau. Er hynny, mae ambell fflach yng ngwaith y bardd hwn.

Sero: Fel y gallech ddychmygu, y testun yw Efrog Newydd ar Fedi 11. Un gerdd hir ar ffurf pryddest sydd ganddo ac mae ynddi drawiadau ardderchog megis lle disgrifir yr olygfa yn Manhattan y bore hwnnw. Rhannwyd y gerdd yn ddwy adran, 'Awel Fain' ac 'Awel Gref', a cheir sawl cyffyrddiad da ond does dim cysondeb gweledigaeth i gynnal y gerdd drwyddi, ac mae'r bardd yn dueddol o bregethu ac athronyddu yn ysbeidiol. Trueni am hyn gan fod darnau a disgrifiadau da yma ac acw trwy'r gwaith.

Plu'r Gweunydd: Cyfres o gerddi, gan wraig, mi dybiaf, a cheir ganddi stori serch a phriodas, cenhedlu a geni cyn y diwedd trist o dor-priodas a'r ysgaru. Mae yma gerddi unigol da iawn ar nifer o wahanol fesurau ond trueni fod y teimladau dwys yn cael eu mynegi'n llac ar adegau a naws ac angerdd y gwaith yn cael ei golli o ganlyniad. Mae profiadau dilys yn y cerddi, er hynny, a diolch i'r bardd am adael i mi eu rhannu.

Llwyd fab Cilcoed: Lleoliad cerdd-ddrama'r bardd (sydd â ffugenw addas i Benfro!) yw Gorsedd Arberth ddoe a heddiw a chawn ynddi sgyrsiau rhwng cymeriadau Llwyd, Manawydan, Offeiriad a Llygoden. Syniad gwreiddiol a ffurf a allai fod yn llwyddiant ond teimlaf fod y bardd yn ei niwl personol ei hun weithiau ac nad yw'n hollol sicr beth mae am ei ddweud am fywyd a'i brofiadau. Eto i gyd, mae yma gyffyrddiadau hyfryd, fel 'Gad i mi glywed unwaith eto/Y tafod arian yn canu/fel engan y gof/a chariad yn wreichion'.

Tir na n-Óg: Dyfynnir darn o awdl Dic Jones i'r 'Gwanwyn' ar ddechrau'r bryddest hon ac agwedd ar chwedl Osian a Nia yw cynnwys y gerdd. Anelir at drawsnewid y stori Geltaidd o fod yn ddarn o'r gorffennol pell i fod yn brofiad rhyw Osian modern yn marw heddiw. Ni ddeallaf yn union sut y digwydd hyn ond efallai mai fi sy'n dwp. Diolch i'r bardd am gystadlu, fodd bynnag, oherwydd mae'n ddigon dilys ei gred a'i argyhoeddiad.

Dadgad: Dyma fardd sydd wedi darllen gwaith Llywarch Hen. Teitlau ei gerddi yw 'Wyf Euog', 'Wyf Dwyllwr', etc. Mae'r darnau cyntaf ac olaf yn ymddangos dan y teitlau 'Awelon' ac 'Awel Olaf'. Ceir yn y gwaith ambell linell ardderchog megis 'sgid o lipstig' ond ni all y bardd ymatal rhag pregethu ac mae hynny, ar adegau, yn gallu gwneud pethau'n ddiflas. Ceir ganddo fflach o addewid yma ac acw ond does dim digon o ddelweddu cyson trwy'r gwaith cyfan, gwaetha'r modd.

Berg: Cyfres o gerddi ar ffurf soned, *vers libre*, telyneg a mesur emyn. Ceir yma fardd deheuig ar fesurau ond mae cynnwys ei gerddi'n dueddol o fod yn bregethwrol a cheir ambell *Och* yma ac acw sy'n taro'n od ar y glust yn yr unfed ganrif ar hugain.

Hefyd: Dyddiadau yw teitlau'r cerddi, yn amrywio o 1979 i 2001. Mae'n amlwg fod y cerddi hyn yn golygu rhywbeth i'r bardd â'u hysgrifennodd ond mae'n rhaid i mi gyfaddef bod eu cynnwys yn dywyll i mi. Ceir ynddynt dinc rhyddieithol a phregethwrol-athronyddol sy'n amharu ar y farddoniaeth.

Remsen: Cerddi am America ac mae'n amlwg i'r bardd fod wedi teithio yno. Mae'r cerddi unigol yn darlunio Louisiana a Virginia a golygfeydd o'r gorffennol – brwydrau a'r cyffelyb. Mae'n rhaid i mi ddweud mai rhyddieithol ar y cyfan yw'r mynegiant er bod y bardd yn amlwg o dan deimlad yn ceisio mynegi'i brofiadau am y lleoedd ac am bwysigrwydd yr hyn a ddigwyddodd yno. Mae'r angerdd heb ei gysylltu â chrefft ac, oherwydd hynny, mae'r cerddi'n ysgafn ar y dafol.

Nola: Pryddest sy'n dechrau trwy sôn am natur, a'r bardd yn gallu disgrifio golygfa'r wawr yng nghefn gwlad yn fedrus iawn. Yna, cawn ddarluniau ganddo o fywyd, profiadau ei ieuenctid a phoen henaint wrth i amser dreiglo. Y trueni yw ei fod yntau eto yn tueddu i ysgrifennu'n rhyddieithol ac, ar adegau, yn pregethu ac athronyddu fwy nag y dylai mewn barddoniaeth.

Persona: Cerdd wleidyddol sydd gan y bardd a'r Cynulliad yng Nghaerdydd yn cael ychydig iawn o barch ganddo. Mae Cymru'r *multi-nationals* yn codi cyfog arno ac, yn ôl pob golwg, mae ei lach yn ffyrnig ar ariangarwch, globaleiddio, gwerthu treftadaeth a'r cyffelyb. Nid llun deniadol a gawn ganddo, ond er nad oes rhaid i farddoniaeth fod yn ddymunol, mae'n rhaid cynnwys ynddi rywbeth amgenach na rhestru diffygion.

Rhosyn arall: Dyma gasgliad o gerddi nad ydynt yn pregethu, athronyddu, rhestru na diflasu. Mae eu cynnwys yn ysgafn, maent yn hawdd i'w darllen ac maent yn wahanol i weddill cerddi'r gystadleuaeth gan eu bod yn trafod y testun o ongl wahanol. Mae pob cerdd yn dechrau gyda'r geiriau 'Dim ond ichi' ac eithrio'r olaf lle cawn 'Er i chi'. Mae uniad celfydd yng nghynnwys y pum cerdd ac maent oll yn ymwneud mewn rhyw ffordd neu'i gilydd â rhywbeth y mae'r awelon yn eu cario (barcut, balŵn, adar), a'r gwead yn glyfar wrth i'r bardd ymdrin â phrofiadau plentyndod. Er hynny, ni ddeallaf yn hollol beth yw ystyr y cerddi na beth yw symbolaeth y cyfan a geir ynddynt. Mae gan y bardd yma lais, mae hynny'n sicr, ond efallai fod angen mwy o ddisgyblaeth arno i gyfleu angerdd yn gliriach ar adegau.

Efa: Cyflwynwyd y bryddest hon o linellau byrion (megis rhestr siopa'r bardd) mewn print hyfryd a cheir yn y gwaith gyffyrddiadau Beiblaidd a chwedlonol. Mae'r bardd am i rywun achub y ddynoliaeth o'i blinder. Cais am ddarganfod Eden a gawn a galwad ecolegol am chwilio ein gwreiddiau fel dynoliaeth. Er hynny, mae'r mynegiant yn dywyll ar adegau a'r bardd yn tueddu i ailadrodd a baldorddi yn achlysurol. Bryd arall, ceir cyffyrddiadau byr a hyfryd.

Pant-y-Gildo: Mae'r bardd, yn amlwg, yn adnabod ei lyfr emynau a'i Feibl a'i feirdd Cymraeg oherwydd cawn ganddo gyfeiriadau at waith Pantycelyn, Ceiriog, T. Gwynn Jones, Alun, a Llythyr Paul ar yr Effesiaid. Er hynny, ac er yr holl eiriau a dynnwyd i mewn i sôn am awel, teimlaf mai ymgais ymenyddol a gawn gan y bardd hwn. Does dim angerdd mawr yn y cerddi ac er iddo geisio dal teimladau ieuenctid a phrofiadau bywyd modern, does dim llawer yma ond traethu rhethregol. Diau fod y profiadau'n rhai gwir ond mae ei dechneg yn methu ar adegau.

Tyst: Cerdd am ferch i ddyn crefyddol, rhyw fath o *Gwladys Rhys* yn 2002. Ceir yn y cerddi unigol luniau ysgytwol megis yn y gerdd agoriadol lle y cawn lun o eiriau wedi eu dal a'u hoelio'n sownd mewn câs gwydr fel gwyfynod. Mae'r ferch hefyd wedi ei dal gan ei thad a chan amgylchiadau ei bywyd. Ei angau ef yn unig sy'n ei rhyddhau ond pery'n gaeth i rywbeth (er na wn yn hollol beth, chwaith, os nad i amgylchiadau ac arfer). Braidd yn dywyll yw'r diwedd i mi, yn enwedig felly y croesair. Yn sicr, mae gan y bardd rywbeth i'w ddweud ond nid wyf yn sicr beth – ac wn i ddim a yw'r bardd yn hollol sicr, chwaith!

Gwerinwr: Aeth y bardd i drafferth fawr gyda diwyg ei 'gyfrol' fechan ac mae'r clawr yn adlewyrchu'r cynnwys, sef albwm teuluaidd un sy'n hanu o Ddyffryn Aman. Hyfryd yw edrych ar y lluniau a'r hen wynebau a'r olygfa o blentyn ar blymio i lyn. Er hyn, ni lwydda'r cerddi o fewn y gyfrol fach gain i gyfleu gweledigaeth wreiddiol y bardd. Nid wyf yn amau'i gefndir na'i ddiffuantrwydd ond rwy'n meddwl ei fod yn colli ei ffordd rywsut rhwng y geiriau a'r syniadau a gais eu cyfleu.

Ty'n Pant: Â'r bardd â ni am dro o amgylch y Gogledd, o'r Moelwyn i Domen y Mur, o Landwrog i'r Traeth Mawr a chyrion Aberdaron ac Enlli cyn dychwelyd i Feirion lle mae ei gartref bellach – os deallais yn iawn. Mae ganddo lawer i'w ddweud am y lleoedd yma ond ni ddeallaf ryw lawer arno. Efallai mai arna i y mae'r bai am hynny ond mae'r mynegiant yn gallu bod yn anodd ar adegau.

Yr Enfys: Sgwrs ymhlith aelodau teulu pan mae'r ferch yn dod adref ar ôl bod yn bacpacio rownd y byd. Pan ddaw'n ôl gyda'i chariad, nid yw ei thad yn fodlon ar bethau – yn enwedig, felly, ar y trefniadau cysgu. Mae yma ddefnydd stori fer ddiddorol a digonedd o iaith lafar afaelgar ond mae'r farddoniaeth ychydig yn brin.

Cil-haul: Mynwent y plant ym mhentref Aber-fan yw'r testun. Er bod yma ddisgrifiadau o'r fan drist honno, nid yw'r dewis o destun dirdynnol yn cydweddu rywsut â'r diffyg angerdd sydd yn y mynegiant fflat ac unlliw.

Berwyn: Cyfres o atgofion ieuenctid, a rhai o'r cerddi, megis 'Y Gŵr Doeth o'r Pwnjab', yn dda iawn. Ond ni ellir dweud bod cerddi gwastad eu cynnwys a'u mynegiant trwy'r dilyniant cyfan. Er hynny, mwynheais eu darllen; mae 'Reslo' yn un o'r rhai gorau yn y dilyniant a phe bai gan y bardd fwy fel hon fe fyddai yn y dosbarth cyntaf.

Cysgod Dewi: Darlun o fywyd yn Sir Benfro yn ystod y ganrif ddiwethaf gyda chyfeiriadau at fannau yn yr ardal ynghyd â chyfeiriadau at Efrog Newydd, San Diego a Santa Fe. Wn i ddim sut yr aeth i America ond, yn sgîl hynny, fe sonnir am anthracs, Ymryson y Beirdd a Dewi Emrys. Roedd arnaf angen map i deithio trwy lwybrau dirgel y gerdd hon ond, gwaetha'r modd, mi es i ar goll.

Lyn: Y newid a ddaeth ar fyd crefydd, a'r byd addysg ac, yn wir, ar y byd yn gyffredinol, yw thema'r gerdd. Cawn gymysgedd o brofiadau ieuenctid ac atgofion am y gogoniant a fu. *Ichabod* yw ei thema, felly. Does dim byd yn bod ar hynny ond mae'n rhaid cael mynegiant a thechneg, celfyddyd a barddoniaeth yma ac acw, i greu cerdd. Gwaetha'r modd, maent yn brin yn y gerdd hon. Diwyg arbennig, er hynny, a theipio gofalus a destlus heb gamgymeriadau iaith.

A dyma ddod at y Dosbarth Cyntaf – y naw (ynghyd ag un arall) a ffurfiodd bentwr bach twt ar draed y gwely. Mae gwaith y beirdd hyn yn fwy cyson o ran adeiladwaith a chynnwys. Ceir ganddynt ddelweddau da – ysgytwol ambell waith – a mynegiant cliriach na beirdd yr Ail Ddosbarth. Y broblem i mi oedd fy mod yn chwilio trwy'r hen amlen frown gan obeithio y byddai rhywbeth yn ei chynnwys yn fy nharo ar fy nhalcen eto fyth. Mae'n ddrwg gen i ddweud na chefais y wefr honno ond, ar y llaw arall, mae ymhlith y naw cystadleuydd a ganlyn feirdd amryddawn a graenus, profiadol a synhwyrus – nid ar bob trawiad, cofiwch – ond byddwn wedi bod yn fodlon coroni o leiaf un o'r naw hyn, sef *Llwyd* (efallai ddau, os cyfrwch chi *Pen-y-wern* hefyd). Gair byr amdanynt i gyd nawr.

Milwr Bychan: Ymuna'r bardd â thrip rhag-drefniedig i Ffrainc, yn un o 'fintai i fynwenta'. Ceir ganddo gyffyrddiadau dwys, teimladwy a phersonol oherwydd mae'n dilyn trywydd perthynas agos iddo a aethai yno ar docyn unffordd flynyddoedd yn ôl. Mae'r dyn ifanc a gollwyd gynt 'ar ôl yn naear Ffrainc . . . y fam ddaear/a'th leibiodd/yn hafing/i'w chôl slwtj'. Darlun bach da yw hwn ac mae sawl un tebyg yn y gerdd. Yr unig ddiffyg arni yw diffyg angerdd yn y mynegiant ar adegau. Mae'r gerdd yn hollol glir a dealladwy ar yr olwg gyntaf ond mae'n dueddol o ddarllen fel tywys-daith o leoedd a phrofiadau real a dychmygus yn gysylltiedig wrthynt. Mae'n gerdd gywir a chymen, er hynny, ac fe haedda'i lle yn y Dosbarth Cyntaf.

Groesffordd: Myfyriwr o rywle (tua Blaenau Ffestiniog, efallai) yw awdur y dilyniant hwn o gerddi, yn edrych yn ôl ar y dyddiau cyn iddo adael am goleg yn Lerpwl, wynebu hen gyfeillion pan ddaw'n ôl ar ei wyliau, a cholli cyfaill wrth ddringo. Credaf fod y gerdd 'Bore Iau' yn arbennig o dda, llwyddodd i ddal y teimlad od hwnnw o hiraeth am fro enedigol y mae llawer ohonom yn ei gael ar adegau yn ein bywydau. Pe bai'r cerddi i gyd fel hyn, gallwn ddweud bod yma addewid am fawredd ryw ddydd a ddaw.

Gwallt yn y gwynt: Dyma gyfres o gerddi arbennig o dda ar adegau, lle mae'r bardd yn mynwenta ac yn chwilio am wreiddiau, yn dyfalu bywydau a fu ac yn rhoi ambell fflach arbennig o weledigaeth i ni. Roeddwn wrth fy modd yn darllen y gerdd 'Sgleinio Symbalau' lle ceir tafodiaith braff y gogledd a rhythmau siarad ynghlwm â dawn farddonol arbennig o dda. Felly, hefyd, yn y gerdd drawiadol, 'Girl Power', sy'n cysylltu ddoe a heddiw. Pe bai pob cerdd yn y dilyniant fel hyn, byddai'r bardd yma ar y brig.

Porthor: Rydym ar daith i'r Affrig yn y gerdd gyntaf ac oddi yno awn i ardd adar ger Dinbych y Pysgod, Patagonia, Carreg Cennen ac Israel. Cawn gip hefyd ar ddefaid Jacob, gwdihŵ, a dillad ar lein. Gwelwch, felly, fod digon o amrywiaeth. Mae ambell ddarlun geiriol yn arbennig o dda. Pan sonnir am sgwrs ffôn, dywedir, 'Fy Nokia'n cynnal rhaff/O destunau rhyngof/A'r cwmni 'nôl yng Nghymru . . .' ond, wedyn, yn yr un gerdd, ceir rhestru ffeithiol, moel a diawen. Mae'n amlwg fod gan y bardd hwn rywbeth i'w ddweud ond nid yw eto wedi llwyddo i ddal y geiriau cywir bob tro wrth geisio cyfleu'i brofiad. Dylai ddal ati ar bob cyfrif oherwydd mae addewid yn rhai o'i gerddi.

Corff: Angst bywyd modern yw thema'r gerdd hon yn ôl a welaf a llwydda'r bardd i ddal yn ddigon medrus sut brofiad yw byw mewn dinas a bod yn unig. Mae ganddo luniau ardderchog o brofiadau, yn enwedig hwn am ddau newydd ddechrau caru: 'Wedyn/swagro/yn geiliog a chywen/o dan adenydd ei gilydd'. Dengys addewid – dal ati sydd eisiau a phwy a ŵyr beth a ddaw. Mae'r llygad i weld ganddo eisoes, yr unig beth sydd arno'i eisiau yw sbectol fydd yn gallu gwella'i ddawn i ddewis geiriau.

Jacob: Lein ddillad sy'n dawnsio a chlymu yn yr awelon yw'r thema a thrwy gyfrwng yr hyn sy'n hongian arni cawn gip ar fywydau modern a chymdeithas ar chwâl mewn stryd o dai. Cawn gyffyrddiadau sy'n hollol amserol ac mae geiriau fel *gwefan* a *dwyieithogi* yn hawlio'u lle. Teimlaf fod y gerdd, 'Rhif 3', yn un arbennig o dda ac yn darlunio pâr yn ymadael â'i gilydd yn hynod effeithiol: 'Ni wel Rhif Un/ei dwy fraich drom/yn llwytho atgofion beichus, bregus/i'r sachau duon'. Ardderchog, yn wir. Pe bai'r cerddi i gyd fel hyn, byddai'r bardd yma hefyd ar y brig.

Pant y Bwlch: Stori drist ac amserol iawn eto am ffermwr ifanc o Fôn yn colli'i anifeiliaid i glwy'r traed a'r genau, gan golli'i gariad hefyd! Does dim amheuaeth nad oes gan y bardd allu i ddisgrifio teimladau dwys ac ingol. Wrth ddisgrifio'r mwg o'r tanau anferth, meddai: 'Y düwch/yn troelli'n araf/wrth ymlwybro o uffern/at nef y cymylau'. Llun da, os ofnadwy o drist hefyd. Er hynny, ni lwyddodd y bardd i gynnal yr emosiwn trwy'r gerdd i gyd ac, oherwydd hynny, mae'r mynegiant yn mynd yn llac a ffuantus ar adegau. Ond ymdrech dda iawn i gyfleu'r drasiedi, i ddyn ac anifail. Dalied ati.

Pen-y-wern: Bardd natur hyfryd a'i gerddi'n apelio ata' i o'r dechrau. Mae ganddo ddawn geiriau arbennig a gall greu llun gydag ychydig ymadroddion – mae'r glaw'n sgriblan ei negeseuon cryptig ar y ffenest cyn troi'n benbyliaid gloyw'n chwarae ras; mae gwrychoedd wedi eu pwytho i gwilt y mynydd; mae dyn wedi bod yn 'gosod meini'r encil/fel cyfrolau yn nannedd y ddrycin'. Trawyd fi'n bendant fod gennym fardd yma gyda'r darlun hwn: 'pan oedd lleuad fedi/yn goma ysgafn ar dudalen las o lyn'. Yr unig beth sydd gen i yn erbyn y gerdd yw ei bod yn athronyddol ac yn llawn cwestiynau ac, fel cyfanwaith o ddilyniant o gerddi, nid yw'n cyrraedd y nod yn berffaith i mi.

Llwyd: Mae'r bardd wedi sylwi ar iaith a theithi ymarweddiad y ddynoliaeth a llwyddodd i greu dilyniant digon derbyniol o gerddi yn ymdrin â'i fam, sydd bellach mewn ysbyty neu gartref henoed oherwydd i'w chof ballu ac i'w hiechyd dorri. 'Ai peidio mae:/poendympian at y diwedd/trwm, mor llonydd/nes bo'i dwylo'n casglu llwch?' Yna, cawn ddarluniau byw, fflachiadau o'r gorffennol yn y gerdd 'Mwg', lle mae'r bardd yn cofio'i dad (ynteu ei thad, tybed? Mae rhyw naws fenywaidd yn y cerddi i mi weithiau). Mae hefyd yn gyfarwydd â 'Gwynt y

Dwyrain' (T.H.P.W.) – llwyddodd i greu parodi digon derbyniol o'r gerdd honno, er nad wyf yn hollol sicr pam y dewisodd wneud hynny pan all ddweud pethau'n ddigon deheuig ei hun. Erbyn diwedd y dilyniant, mae'r fam wael wedi marw a'i gweddillion mewn blwch llwch ac fe ddywed y bardd fel hyn: 'Rwy'n gwybod mai ofer/yw chwythu i lwch/nad chi sy'n y blwch/ond gweddillion'. Diau fod y bardd yn dweud rhywbeth yr ydym ni i gyd wedi'i feddwl rywdro ond ar adegau dwys mae'n brofiad anodd cael y geiriau cywir, a bai *Llwyd* yw nad yw'n llwyddo i gael y trawiad cywir ym mhob darn. Oherwydd hynny, mae'r cerddi'n llithro i anwastadrwydd.

Dyna ni, felly, wedi cloriannu a phwyso a mesur pawb yn y Dosbarth Cyntaf – namyn un.

Pan edrychais i ddechrau ar 'waith' *Albert Bored Venison* (heb sôn am y ffugenw!), meddyliais ar f'union, 'Dosbarth Dau'. Yno y cafodd fod, hefyd, am sawl noswaith. Mae i'r gwaith ffurf wahanol i'r arfer i ddechrau. Cerdd fydryddol ydyw, cerdd ryddieithol (yn null Euros Bowen gynt) ac mae ynddi batrwm o eiriau a phytiau o gerddi mewn sgwariau, sawl coma tua'i diwedd, sawl '/' ac un ffrâm gerdd hollol wag – heblaw am y coma ar ei godre – i'w diweddu. Rwy'n cyfaddef i mi edrych arni a chrafu fy mhen cyn ei gosod yn bendant ar y naill ochr.

Cerdd dywyll ydyw – mae'n astrus ac yn anodd i'w deall. A sut mae egluro'r patrwm geiriau od a geir ynddi. A'r wyddor? Beth oedd amcan rhoi peth felly ar y dechrau? I'r pentwr Ail Ddosbarth amdani, felly – wedi'r cyfan, mae pob beirniad yn gyfarwydd â chael cerddi rhyfedd, cerddi dwl, cerddi ar y cyd, cerddi gan dimau o feirdd eisiau tipyn o hwyl, cerddi i dwyllo ac i ddal, cerddi i yrru rhywun yn wallgo wrth geisio'u dehongli (pan nad oes un dehongliad perffaith gywir ar gael, fwy nag i *Wrth Aros Godot*) ac mae'r ffugenwau'n amlwg yn anagramau neu'n driciau geiriol ar adegau. *Albert Bored Venison*? Ai dyma ei gategori ef, hefyd? Siŵr o fod! Ail Ddosbarth! Ond fe sylwasoch bellach nad yw ei enw yn ymddangos yn yr Ail Ddosbarth o gwbl nac ymhlith y naw terfynol sydd ar y brig.

Welsoch chi gip o seren ddisglair unwaith, tybed, Fenws neu Siriws, yn codi uwch tawch a niwl uchel y gorwel ar noson o aeaf? Mae'n hongian yno, yn unig a thanbaid uwchben y mwg a'r mwrllwch cyffredin. Wel, teimlad tebyg i mi oedd gweld beth sydd gan *Albert Bored Venison* i'w ddweud mewn gwirionedd. Mae gwaith 'rhyfedd' y bardd hwn (oherwydd rwy'n teimlo ym mêr fy esgyrn fod yma fardd arbennig o alluog – os gwahanol â'i wefr arbennig) yn codi, ben ac ysgwydd, yn uwch na gwaith gweddill beirdd y gystadleuaeth. Cyfarfu'r tri ohonom fel beirniaid ac aethom ati i gloriannu'r cyfansoddiadau. Roedden yn weddol gytûn fod *Llwyd* a *Pen-y-wern* ar y brig (gan ddau ohonom, o leiaf); felly, doedd hi ddim yn frwydr at waed. Ond p'run oedd i ennill? Wel, wrth edrych yn fras dros yr holl gynhyrchion drachefn, syrthiodd ein llygaid ar waith *Albert Bored Venison* unwaith eto ac wrth fwrw cip i waelod y dudalen gyntaf, gwelsom ddelwedd syfrdanol, sef 'nodwydd y gorwel/rîl yr haul/clytiau yr ychydig gymylau'. (Nid wyf wedi gosod y geiriau fel y gwnaeth ef, cofiwch.) Beth wnewch chi o beth fel'na yng nghanol darn cymhleth a thywyll? Y peth gorau i'w wneud, wrth gwrs, oedd dechrau yn y dechrau eto a darllen y cyfan yn uchel rhwng y tri ohonom. Digon yw dweud ein bod wedi ein synnu gan ei chynnwys wrth fynd drwyddi air am air, linell wrth linell orlawn ac ar ôl pum awr o drafod brwd, roeddem ein tri yn sylweddoli ein bod wedi chwilio, ar ein pennau ein hunain, trwy lot o wymon ac wedi cyfarfod a darganfod gem ar y cyd.

Gair byr i ddweud yn union pam mai *Albert Bored Venison* sydd piau'r goron eleni, er odied golwg ei waith ar y cipolwg gyntaf. Ceir yma 147 o linellau, ond nid ydynt yn dilyn ffurf cerdd arferol, maent yn edrych fel darn o ryddiaith ar yr olwg gyntaf. Wrth sylwi ymhellach, gwelir bod rhythm y gerdd a'r symudiad yn dibynnu ar atalnodi gofalus dros ben. Mae pob gair ac atalnod yn eu lle yn berffaith ac yn cyfrannu at ystyr y gerdd gyfan. Nid yw *Albert Bored Venison* wedi taflu pethau i rywle rywle wrth ysgrifennu'r gerdd hon – yn ddelweddau nac yn atalnodau – er ei bod hi'n edrych ar yr olwg gyntaf mai dyna a wnaeth. Llaw meistr fu wrthi – mae lle i bopeth wedi ei drefnu'n gysáct ganddo. Lle mae angen gofod, ceir coma; lle mae angen arhosiad mwy, mae atalnod llawn, a lle mae gofyn am doriad ychydig hirach, fe geir llinell letraws (fel hyn '/'). Os darllenwch y darn yn uchel, gan symud rhwng atalnodau, cewch afael ar yr ystyr. Lleoliad y gerdd i ddechrau: ystafell aros mewn ysbyty – yn y Gogledd yn rhywle, yn ôl y dafodiaith. Goddrych y gerdd yw'r bardd ei hun: dyn sydd wedi cael canser ac o leiaf un ddos o gemotherapi eisoes. Bellach, eistedda yn yr ystafell aros yn disgwyl ei dro ac yn meddwl cyn mynd trwy'r sganiwr (a fydd yn dweud wrtho ymhen ychydig beth yw ei dynged), ai byw ai marw fydd. Mae'n edrych allan trwy'r ffenest uwch y môr ac yn gweld ffurfiau cymylau. Cawn gip ar feddyliau sy'n mynd a dod trwy'i ben (sy'n foel oherwydd y cemotherapi), darnau o blentyndod, o lencyndod, atgofion am ddechreuadau'r afiechyd, am brofiadau caru a ffantasi, myfyrdodau am ei gyflwr corfforol ac eneidiol. Bu yn y Brifysgol a gŵyr rywbeth am lenyddiaeth Ffrainc yn adeg y Croesgadau, mae ganddo ddigon o gefndir Beiblaidd i allu enwi Nicea a chigfrain Eleias a dyfynnu geiriau Pantycelyn, heb sôn am allu dyfynnu geiriau'r Bwda. Astudiodd y Gododdin a Chanu Llywarch Hen, y Mabinogi ac Eifion Wyn a chân T.H.P.W. i'w ardal – honno am grawc y gigfran o glogwyn y Pendist Mawr. Cawn ganddo hefyd fflachiadau o luniau unigryw (mynawyd y bugail ar fwrdd yr ystafell aros yn fatsien, y sganiwr llwyd sydd yn cuddio yn y cefndir gyda'r drws PVC gwyn arno) a llwyddodd i bortreadu'n gelfydd a diwastraff hollol y ffordd y mae rhywun yn meddwl, y broses lle mae un peth yn arwain at beth arall – yn enwedig felly pan mae rhywun dan bwysau a'r meddwl yn troi a throsi yn ei unfan gan chwilio am ddihangfa rhag yr anorfod.

Yng nghanol hyn i gyd, cawn ddarnau cignoeth o hunanymholi a sgyrsiau tafodieithol mewn siop a chartref sy'n fyw yn y glust heb sôn am dameidiau bach o sgyrsiau pobl am y claf pan oedd hwnnw'n clywed ambell air a brawddeg yn ei gymysgwch a'i waeledd. Ef yw Caniwt – a'i din yn tampio – yn herio'r hyn nad oes modd ei goncro. A dyna'r wyddor wedyn – mae honno'n llinyn trwy'r gerdd gyfan hyd at yr 'Y' derfynol, y fforch yn y ffordd sy'n arwain at fywyd neu angau.

Rydych chi wedi deall bellach, siŵr o fod, mai hon yw'r gerdd orau yn y gystadleuaeth o filltiroedd. Yn wir, mae hi mor wahanol, mor ingol, mor angerddol, nes ei bod hi'n agor cwys hollol newydd ym marddoniaeth ein cenedl. Braint oedd cael ei darllen a dilyn a dehongli ei barddoniaeth a oedd, ar dro, yn eirias, yn feiddgar ac yn dyner.

Hoffwn ychwanegu nodyn i ddarllenwyr y bryddest yng nghyfrol y *Cyfansoddiadau a Beirniadaethau* mewn cylchoedd llenyddol a beirniadol. Sylwch ar y ddau gliw gan Daniel Owen a T. S. Eliot ar y dechrau – byddant o gymorth i chi wrth ddeall a dehongli; gadewch i'ch meddwl fynd gyda llif ymwybod y bardd ac fe fydd ei gyfeiriadau'n canu clychau mwy na rhai Big Ben yn eich cof a'ch ymwybod.

Roedd y tri ohonom yn poeni ychydig ar y dechrau mai rhyw fath o jôc oedd y gerdd oherwydd y ffugenw anghonfensiynol. Ond dyna ni, mae'r gerdd i gyd yn anghonfensiynol. Os jôc yw hi, mae hi'n jôc ardderchog!

Dyma'r darn mwyaf gwefreiddiol a ddarllenais i ers amser maith. Mae'n gyforiog o deimlad, does yma yr un gair gwastraff, mae'r delweddu'n ysgytwol a'r mynegiant – yn enwedig, felly, wrth i chi ei darllen fel y dylai gael ei darllen, sef yn uchel, – yn arbennig, arbennig, arbennig! Sôn am dorri tir newydd! Sôn am ddiffuantrwydd! Coroner *Albert Bored Venison.* Rwy'n diolch mai dim ond beirniad bach ydw i ac nid yr Archdderwydd a fydd yn gorfod cyhoeddi'r ffugenw! Ond er odrwydd ei ffugenw, mae'r bardd hwn yn fwy na theilwng o'r Goron.

Y Bryddest

AWELON

'Rhys, beth a ddywedi amdanat dy hun?'
D. O.

'These fragments I have shored against my ruins.'
T. S. E.

a b c ch d dd e f ff g ng . . ..

. . . drwy ffenasd yr ystafell aros. Gwelaf. Gynion yr awelon. Yn dobio. Marmor y cymylau . . . Cymylau'n fochau. Yn weflau. Yn bidlan lipa (Shht!). Yn *sbïwch ar 'i gyrls o!* Cwmwl o dîn mewn jîns tynn. Yn ben shampŵ. Yn flewiach mân corun cemotherapi. *Nabod ni? Pnawn 'ma!/* Faint o'r gloch ydy hi? Dwi'n chwythu cloc dant-y-llew yn fy nychymyg. Drycha yn fan'cw! Weli di yng ngododdin y cymyl vn mab marro? Yn ieuengo. Yn heneiddio. Yn madru. Ym. Mynd a dŵad. Bôn braich. Michelangelo'r. Awelon. / Yr awelon sy'n styrbio'r lliwiau ar lun scan y machlud. *Hwnna ydy o! Ond ma' hwnnw mor brydferth!* Y farwolaeth. Liwgar. Tu mewn i mi. Yn fasged o ffrwythau. Hen enw cras ydy cansar. *Fel dy sŵn di. Sdalwm.* Yn dysgu'r fiolín. Yn piwsho'r nodau. Yn stafell wely fy nghof. / *Ti'n neb, washi!* Meddai moscôd y sbarcs ar y parddu. Trwy eda'r mwg o'r jos-stic. Gwelaf wên efydd y Bwda. *Dioddefaint yw'r oll o fywyd.* Mewn craciau ar slab pafin. Mae'r Croeshoeliedig. Wrth ei ochr gylch. Budur. O jiwing gym. *Dioddefaint yw'r oll o fywyd.* A'r awel fel bys docdor. Yn gwthio i 'nghnawd. *Brifo'n fan'na?* a darganfod fy myd! Nid drwy fapiau. A thelynegion. Bellach. Ond drwy. Ogla. Fy nghnawd fy hun. / *Comonsens 'dy pob dim. Siŵr dduw! Lle rei di hefo dy gym raeg? Im pellach na Tjesdyr – Boi!* A'r awyr i gyd pnawn 'ma yn focs

gwnïo   nodwydd y gorwel
    rîl yr haul   clytiau yr ychydig gymylau
a'r môr yn un pishyn taffeta glas   injanwnïo'r tonnau'n hemio'r

tywod (*bandijis ydy geiria', 'nte, Mam?*) / Yn y pellter. Caf gip. Ar fetel gloyw'r Scanyr. Fel lliw afon. Ganol gaea'. Ac un ochor i'r. Ceunant. Y bardd-filwr Phillipe de Novare. Yn ei glwyfau. Marwol. Yn pryfocio mewn barddoniaeth! Ei elynion. A. Madam Sera yn troi'n llaw i. Drosodd. Yn y garafán. Yn y ffair ha'. Fel petai'n ddeilen yn ffawd. Yr awel. *Ma' gin ti fywyd. Hir. O! Dy flaen. Cer allan i chwara' / . . . Dalia hi!* Meddai hustyng (yr y uychanet) o'r dail. A glanio. Oraens yr haul. Yn glewt. Ar gledrau fy nwylo. A gair newydd. Yn bowdwr sialc. Drosto i gyd. Yn fy arwain o'r dosbarth. Gerfydd fy llygaid. I wlad. Arall. I sŵ'r. Wyddor. A phob llythyren. Yn anifail. RhyfeddOd. C yn safn sy'n rhuo. h fel llam gasel. w fel glöyn byw (ynteu w fel weiren bigog?) / Mae'r rhosyn yn waedlyn ar y lawnt. Dan freichiau pwysau bantam y brigau. A. Chi'n dŵad o'r berllan. Hefo. Afal melyn crwn. *Cadw di hwnna rŵan. Yn saff. Rwla tu mewn i chdi. Yn ddelwedd ddydd a ddaw. Paid ti â bod mor galfinaidd a jyst 'i fyta fo. A chofia. Gwthia yn erbyn y geiria'.* / Faint o'r gloch ydy hi? *Chi sy' nesa'-ond-un.* Dwi'n chwythu cloc dant-y-llew yn fy nychymyg. Agoraf ryw ddrws distaw ynof. Mond deilen. Grin. Yn crafu'r rhiniog. Fel llong o glai. Yn mordeithio'r awelon. 'Rwyf olion. Teilchion. Hieroglyph. *Rhoid hwn ar 'ch garddwrn chi. I ni ga'l gwbod pw' da' chi'n. 'Te.* Labelu. Catalogi. Croniclo. Brut pob poen. Ac arddangos y cyfan. Yn amgueddfeydd. Fy llygaid. / *Pwys o lard. A Vim. Donyts. A Brillo. Ddrwg iawn gin-i glwad. Dairylea a llefrith. Peint? Fel 'na ma' hi. Cuppa-soup a ham. Chwartar? Ond am 'i fod o hiddiw. A be' ddudsochi arall? Lemon cheese a jeli? / Waeth heb.* Do dwinna hefyd Vladimir 'rwy'n tueddu i gytuno. Gwybod? Gwybed? A phryfaid genwair! A thyllau yn y benglog! A thwll dy dîn di Ffaro! O hen amlen DSS. Cwymp. Hyd lawr. Fy nhipyn cerddi.

Codaf
i fy nghlyw
gragen
a'i
chrombil yn grynoddisg
o'r môr
fel sŵn tynnu peint

Drwy'r ffenesdri
daw'r awelon
cynnes
i fy hudo
hefo
enwau
Salamis a Famagusta
Tamws Adonis
Caf fy nhemtio i gred eto?
Kyrie eleison

Gwelaf yn y corneli tywyll
gegau'n symud
yn weflau shocking pink
a sŵn eu hisian
fel
agor potal coke
Iesu! Mae o 'di mynd i ddim

/ *Acrobat h. Tîn-dros-ben. A weldi! Y!* Yr awelon yn troi dalennau'r tonnau. A'r cerrig gleision. Yn ôl bodio. Ar farjin y tywod. Dwi'n wyth oed. Mewn dectjer bob lliwia. Yng nghanol y môr. A nhîn i'n tampio. *Pwy w't ti? Caniwt?* Mam! Dwi'n 'i weiddi. Riw ddwrnod mi fydda i'n. Caniwtio / Dof allan. Weithiau. O dan gamofflaj y geiria. Fel *sniper.* Mae'n llygada i'n aros ar weddill afal. Yn troi'n frown ar. Gopi o *Woman's Own.* Ac oraens sy'n gwsnio. *Casta Diva, che inargenti queste sacre antiche piante* Callas ar fy nghlyw. A bag o grisps. / Blaen sdethosgop y lleuad. Yn cornio. Rhwng celloedd annormal y sêr. Meddyliaf am fy nghariad. Miss Venables. Yn dadfachu'i bra. O sensoriaeth ei bywyd. *O! tydw i'n hen odinebwraig.* A'i. Bysedd. Harmonium capal yn chwarae (Vibrato). *Sanctus.* Hyd-ddaf. Rwyf loerig yn ei noswallt. A'm llaw i fyny'i sgert. Diflanna mewn tweeds. Drwy'r drws uPvc. Yn fy semi. *Ta-ra,* meddai. Yn ei llais bel canto. A'r awel. Yn ei gipio. I Wales. Fy nghof. A drws. Gwyn. Y scanyr yn dynn. Dynn. Ar gau. A'r awelon. Yn llusgo'r afon. Gerfydd ei gwallt brith. Yn sgrechian. I'r coed tywyll. / Aorta. Ventricle. Lymphatic. Vas deferens (-rwbath yn dy fôls di. Me' Gwyn bach). A fy llaw docdor. Pymtheg oed lefel-O. Yn dilyn trywydd y geiriau. I fol llygoden. Farw. Ar wal gefn. Hefo sgalpel. Wedi ei dwyn. O'r lab. Biol. Gwthiaf! O'r hollt. Yn slwtj. Daw llanasd. Ei hymysgaroedd. Yn fy llygada. Fflachia'r. gair. gloyw. Susnag. Scalpel. *Had this done before?* Un s saxa secisiar. Yn noeth. Diangaf. I fforestydd. Fy nghymreicTod. Pryf a welaf i'th law di ual llygoden. Cofiaf. / Mae ei chorff. Fel cello. That girl I left behind at 24 Sycamore. Fancw. Mae thermomedr yr afon. Yn piciad o boced y cae. A chrawciau'r frân. Fel sŵn sgriffiad beiro. Ar graff igam-ogam y brigau. Edrychaf drwy delisgop geiriau. A gwydr pob gair. Mor dryloyw. Â deigr. A'r haul yn taflyd ei hun. Drwy ffenesdr yr awyr. Yn waed yr aer ar. Bafin y môr. A merchaid llnau yr awelon coman. Cymylau eu tinau'n siglo. Yn clirio'r llanasd. / Yn feudwy mewn ciw. A wynebddalen y *Times* ar sil y ffenasd yn glwy melyn. Drosti. *Ga' i weld y piso yn 'ch bag chi, Mam?* Y môr lurex. Mascara'r gwymon yn rhedeg. Lliw nylons y tywod. Gardas yr ewyn. Ma' dy gorff di mor gynnas â mygiad o de. Rhwng. 'Y nwylo fi. Yn feudwy mewn ciw. Yn hel briwsion y cwestiynau. Oddi ar garpiau. Fy nghnawd. Yn fy llaw grystyn sych fy nicea. Tybed ddaw cigfrain elias? Tybed deimla i'r awelon o galfaria fryn? Pwy sy'n ysgwyd bocs matjis atebion yn fy nghlyw? A mynawyd-y-bugail yn fflach matjan ar y bwrdd.

Rwbath 'run fath ydy o. Faint o'r gloch ydy hi? Mae'r awelon. Yn malu poteli gweigion y goleuni. Yn erbyn rhwyll y brigau. Hwyr. Pwy sy'n sbecian arnom ni? Tu mewn i'r dail. Fel pypedau ffelt ar ddwylo'r awelon. Pwy sydd yn ein dynwared? Mam! Ydy'r meirw'n medru siarad? Tybed oes 'na arwyddion? Yn. *Laver's Liverpool and Irish Sea Tide Table.* Tybed? Watson a Crick? Desbret Dan yn Endor myn yffar i! Dwi'n chwythu cloc dant-y-llew yn fy nychymyg. / *Mae'r annwyd 'ma . . .* Mam! Mond hyn _______ 'na ydy seis y gorwel. Ma' hi'n ffitio rhwng 'y mys a mawd i. Dwi'n codi'r môr fel 'tai o'n hancas boced. A'r tonnau'n tisian o nghwmpas i . . . *wedi bod rhy hir o lawar arnat ti. Cer i weld y docdor.* / O fy mlaen. Mae hogan. Yn croesi'i choesau'n X (-rated pictiws nos sadwn hogia secs) fel y tro – O! –. Hudolus hwnnw. Yn afon Gwyrfai. Wedi'r bont. A'r awelon powld yn codi sgert. Y brwyn. Fedar hon ddim bod yn sâl. PAM? Meddai dynas lolipop (mewn côt PVC) gwyn 'i llygada hi. A'i hedrychiad ifanc hi'n. Croesi'r lôn. Ata i. Ar ei phen ei hun. Bach. Herfeiddiol. A fy llygaid yn mwytho heibio clun y wal. I wacter. Y coridor. Yn fan hyn. Yn pwyso ar adwy

Bywydmewnmarwolaethmarwolaethmewnbywyd
Byw marw marw byw
Bywydmewnmarwolaethmarwolaethmewnbywyd
Byw marw marw byw
Bywydmewnmarwolaethmarwolaethmewnbywyd

Fel esdalwm. Yn marchogaeth Hiâ! giât Plas. A'n llygada i ar gau. Ond yn gwbod. I'r dim. Lle oedd lle. O'r fagddu tu mewn i mi. Gefn dydd golau. A nadau Apache yr awelon. Yng ngharlam y gwrychoedd. Yn methu'n glir. Â fy nal. Hyn tybed? Oedd (ydy?). Gobaith. / *Chi sy' nesa.* A llygaid. Fel rheithgor. Pawb. Yn sbïo arna i. Gadawaf fy llyfr. Ar agor. Ar y gadair. Fel to bach ar. Air. / Wrth gerdded ar hyd y coridor. Gwyn, (fel llwch sialc ar lawes. Gynt. A'r llythrennau O! hud yn. RhyfeddOd,) rwy'n troi'n goma ar ddalen wen, rhwng, dau, air, rhwng, dau, olau, rhwng dau, lanw, rhwng, dau, fyd, Rhw Ng,

,
ac ynof
n fel twNel
o fel OgOf
ch pob erCHwyn
magl m
Y yn fforch yn y lôn

,

Albert Bored Venison

Englyn: Dewi Sant

BEIRNIADAETH DAFYDD WYN JONES (ABERTEIFI)

O fewn dyddiau imi dderbyn y pecyn o Swyddfa'r Eisteddfod yn amgáu'r 36 englyn, daeth i law rifyn gwanwyn *Barddas*. Yn ei sylwadau ar gystadleuaeth englyn y cylchgrawn, dywed y Golygydd iddo dderbyn 73 o englynion a dim ond **un** ohonynt yn anghywir. Mae'n siŵr fod yma achos pryder i awdurdodau Adran Llenyddiaeth yr Eisteddfod Genedlaethol.

Diolch i'r englynwyr sydd wedi cystadlu; rwyf wedi dosbarthu eu cynnyrch fel a ganlyn:

YR ENGLYNION TRAMGWYDDUS:

Dyma'r englynion oedd yn ddiffygiol o ran cynghanedd neu ramadeg a hefyd yn brin iawn eu hysbrydoliaeth. Caed cynganeddu gwallus megis 'yn ddewin/ Hen ddoniau . . .' a 'y Gair yn aur i ni' gan *Dulais*; 'llyncwn/llwncdestun . . .' a 'dyna fu a dyna fo' gan *Siôn*; camacennu *Cymysg* 'yn gymysg/ymysg . . .'; *Dewin y Waun* yn 'swyno Gwlad â'i wasanaeth', a *Swyn y Swnt*: 'I ni rhoes ei arwr o' (byddai 'inni' wedi datrys y broblem); a llinellau wythsill a ddylai fod yn seith-sill: 'wyt afiaith ein hetifeddiaeth' (*Etifedd*) a 'heb fai yw'i fywyd, heb foeth' (*Nola*) – er bod ganddo yntau'r llinell effeithiol, 'A rho'i adnod yn droed-noeth'. I mi, mae sŵn 'trwm ac ysgafn' yn llinell *Wil*, 'Rhag pob brad, ffrind ac adyn'. Mae eraill yn wallus o safbwynt gramadeg – *Gruff*: 'Pethau bychan *rheiny*' (odl annerbyniol, hefyd); 'a hunaniaeth', nid 'ac hunaniaeth', sy'n gywir (*Gwledda*); yn y cyd-destun, 'goleua' fyddai'r ffurf iawn ac nid 'goleuai' (*Tyst*); â 'naws' yn fenywaidd, '. . . golli'i **g**wres' sy'n briodol (*Rhosyn*) ac 'Na **f**ai' fyddai'n gywir yn nhrydedd linell *Rhisiart 1*. Amheus hefyd yw cystrawen *Rhys*, 'Difater . . . ydym/*At* hud nawddsant'; ansoddair yw 'ir', ac nid enw (*Erwau Meithion*); trwsgl a thywyll yw 'Amheuwyr tra amheuant – ai ffigur/ffugiol yw ei nawddsant?' (*Bethel*). Roedd yr englynion hyn nid yn unig yn dechnegol ddiffygiol ond hefyd yn ddiffygiol o safbwynt syniadaeth a mynegiant. I roi blas o'r adran hon, dyfynnaf englyn nodweddiadol fel y daeth i law:

> Hên sant iawn a'i ddawn a ddaeth – a golud
> I Gwalia'n flaenoriaeth,
> Gwas ei Nêr, – ei neges wnaeth
> Swyno Gwlad a'i wasanaeth.
>
> *Dewin y Waun*

YR ENGLYNION DIDRAMGWYDD:

Er iddynt gadw at lythyren y ddeddf, ar y cyfan penillion di-fflach oedd yr englynion hyn gan feirdd nad oeddynt wedi ymlafnio er sicrhau gwreiddioldeb syniad na mynegiant. Cafwyd englynion yn sôn am genhadaeth Dewi a'i neges barhaol

(*Gwahoddiad, Gwil Bach, Dyfed, Hynafiaid, Rhisiart 2*); englynion yn gresynu bod Cymru wedi troi ei chefn ar egwyddorion Dewi Sant (*Caron, Ceirios*); englynion yn sylwi ar eironi dathlu'r sant asgetig â chyfeddach (*Obed, Trwsdir*), ac englyn *Gwales* i'r Cymro Undydd. Er mai rhywbeth i sbarduno awen y bardd yw'r testun, yn hytrach na rhywbeth i'w gaethiwo, anodd yw gweld unrhyw gysylltiad rhwng englyn *Egin* a'r testun, ar wahân i gyfeiriadau digon cyffredinol megis 'Mawrth', 'cenhinen' ac 'iaith'. Cafwyd englyn i brocio'r meddwl gan *Dewi*, ac rwy'n amau mai camdeipio ac nid camdreiglo sydd yn ei ail linell. Ychydig iawn o'r uchod oedd yn codi uwchlaw'r cyffredin. Efallai fod gorau'r dosbarth hwn i'w weld yng ngwaith *Arawn* a *Siomedig* – mae i'w gwaith fflach gwreiddioldeb ond, fel mae'n sefyll, lletchwith yw mynegiant englyn dychanol *Arawn*. Hoffais yn arbennig englyn *Siomedig* sydd yn dweud yn llawer mwy effeithiol yr hyn a geisiodd eraill ei ddweud. Ond, rywsut, nid yw'r llinell gyntaf yn gydnaws â'r gweddill.

Wedi'r siarad a'r sieri – yr aeth gŵr
Mewn rhith gwyn i'r oerni
Am gadernid Carn Llidi
I naws ei chynefin hi.

Siomedig

Mae un englyn yn sefyll mewn dosbarth ar ei ben ei hun, ac ar y darlleniad cyntaf fe'm swynwyd gan englyn *Ifan*: efallai y byddai rhai'n gweld yma gymysgu delweddau ond tybiaf mai gwrthgyferbynnu rhwng yr hen a'r cyfoes y mae'r bardd, a gweld y 'colur' fel ein hymgais ni i wneud llymder Dewi yn fwy deniadol i'r Gymru gyfoes. Ond, gwaetha'r modd, nid oes modd anwybyddu defnydd yr ansoddair unigol gyda'r enw lluosog yn y llinell gyntaf – a hyn sydd yn ei gadw allan o'r dosbarth uchaf. Trueni!

A baich dy bethau bychan – yn rhy drwm
A'r dŵr oer o'th gwpan
Yn ddi-gic, gwnawn wledd o gân
Yn golur ar dy galan.

Ifan

YR ENGLYNION A RODDODD WEFR:

Wedi ailddarllen yr englynion i gyd droeon, roedd yna bump yn mynnu dod i'r brig. Nid ydynt wedi eu gosod mewn trefn teilyngdod – gadawaf i'r darllenydd wneud hynny; ond dyma sylw byr ar bob un ohonynt.

Aeth *Sgiw* ar yr un trywydd â nifer o'r cystadleuwyr uchod ond mae ei englyn yn llawer mwy grymus ac effeithiol. Ond ni welaf gyfiawnhad (ar wahân i ofynion y gynghanedd!) am osod yr ansoddair o flaen yr enw – a hynny ddwywaith; ac fe ellir gwella ar yr atalnodi yn yr esgyll, mae'n siŵr.

Gwae ni ein dedwydd giniawa – a'i ffals
goffáu yn nhinc gwydra',
morio'r diwn yn Gymry da
yn gôr, na ŵyr y geiria'.

Sgiw

Mae atalnodi *Sulien* yn ddiffygiol hefyd ond mae ganddo englyn cymen iawn sy'n plesio yn hytrach na syfrdanu. Mae'n gorffen yn gryf ac yn effeithiol ond braidd yn wan yw'r drydedd linell yn fy nhyb i.

Tyrd fel gwlith a bendithia ein daear
O Dewi a rhanna
Yn ddoeth drwy dy fuchedd dda
Bwerau dŵr a bara.

Sulien

Tinc telynegol sydd i englyn *Pant Teg*. Nid oes yma gynganeddu rhwysgfawr ond mae'n englyn llyfn, diwastraff, sy'n awgrymu llawer mwy nag a dd'wed.

Hedeg i'r gorwel llwydwyn – a wna swyn
Dewi Sant, ond wedyn
Mae o hyd i'r sawl a'u myn
Hen iasau yng Nglyn Rhosyn.

Pant Teg

Englyn arall sy'n adleisio perthynas Dewi â'i fro yw englyn awgrymog *Y Pethau Bychain*. Y sant ei hun sy'n siarad, mi dybiaf. Ond er mor swynol a chrefftus yw, rwy'n amau priodoldeb y gair 'cân' yn y llinell olaf, ac onid dihangfa rhy rwydd i'r bardd yw'r clo amwys? O fod yn fanwl, 'Duw yn' fyddai'n gywir yn y Cyrch.

O'r blaen, a thrwy bob 'leni, – tra bo dŵr,
tra bo Duw'n Nhyddewi
a lliw hud uwch Carn Llidi,
un gân fach sydd gennyf fi . . .

Y Pethau Bychain

Mae gan *Pererin* rywbeth i'w ddweud ac mae'n ei ddweud mewn modd trawiadol. Dyma fardd sy'n gyfarwydd â manylion Buchedd Dewi: stori ei eni, ei ymlyniad at Lyn Rhosyn, a'i ofid ynglŷn â chyflwr ysbrydol ei genedl. Mae bron bob gair yma yn gydnaws â'r testun ac yn gyforiog ei awgrym. Mae'r bardd yn chwarae'n effeithiol â'r syniad o ofod a chyfyngder, yn enwedig yn y drydedd linell (er byddai rhai yn amau dilysrwydd y gynghanedd Lusg), ac mae'r tristwch wedi ei fynegi yn gofiadwy yn y llinell glo. Er y byddai eraill yn barnu'n wahanol, hwn i mi yw englyn y gystadleuaeth.

Un erw hallt, dim mwy, oedd ei grud a'i nef,
a ni oedd ei benyd;
er bychan ei gyfanfyd,
culhau mae'i encil o hyd.

Gwobrwyer *Pererin*.

Yr Englyn

DEWI SANT

Un erw hallt, dim mwy, oedd ei grud a'i nef,
a ni oedd ei benyd;
er bychan ei gyfanfyd,
culhau mae'i encil o hyd.

Pererin

Englyn ysgafn: Syrffio

BEIRNIADAETH EUROS JONES EVANS

Y mae wyth ar hugain wedi mentro syrffio ar astell yr englyn ysgafn eleni. Syrffio tonnau'r môr a wna'r rhan fwyaf tra syrffio ar y wefan gyfrifiadurol a wna nifer gan nodi'r manteision a'r peryglon o wneud hynny. Llwydda eraill i gyfuno a chyferbynnu'r ddwy weithred a cheir rhyw ddau neu dri yn gwneud defnydd trosiadol ac annisgwyl o'r testun.

Cafodd bron hanner nifer yr englynwyr ddip cynnar wrth golli eu cydbwysedd cynganeddol a gramadegol. Gresyn bod y rhain – rhai'n cynnwys englynwyr profiadol, yn fy marn i – wedi bod yn esgeulus trwy gamacennu a bodloni ar linellau cynganeddol gwan. Yn ogystal â hynny, y mae camdreiglo a diffyg atalnodi wedi difetha sawl englyn addawol hefyd.

Yn englyn *Popeye, y morwr,* ceir y bai crych a llyfn yn y llinell, 'Olive rwyt yn dy elfen', a gwall iaith, 'yn lwyth' ('yn llwyth' sy'n gywir). Y mae adlais o ganu'r Gogynfardd yn y llinell, 'Hynawf dy brawf ar bren'. Y mae'r bai rhy debyg yn llinell gyntaf englyn *Dyfan,* 'I lawer nid yw lawen', a byddai 'yn fwy i'r iau' yn gywirach yn y cyd-destun. Syrthio i hud y sarff a wna *Y Tad (Pabyddol).* Y mae'r drydedd linell braidd yn dywyll a cheir treiglo diangen ('un lygad' yn hytrach nag 'un llygad').

Nid oes gan yr arwr cartwnaidd *Siwpyr Ted* , hyd yn oed, yr hawl i gynnwys dwy 'n' wreiddgoll mewn llinell fel y gwna yn hon: ''N un o'r tîm fel Siwpyr Ted'. Gellid bod wedi grymuso'r englyn trwy wneud defnydd o ffurf amodol y ferf: 'pe cawn . . . awn i'r bae'. Ceir englyn tra digri gan *Pensiwnïar* ond trueni bod mân wallau iaith ganddo: 'a ryw foden' (yn hytrach nag 'â rhyw foden'), 'nid wyf rhy hen' ('ry hen'), a 'gwario awr' ('treulio awr').

Cyffesa *Cari* ei fod wedi syrthio i'r pechod gwreiddiol oherwydd 'hen sarff yw'r peiriant syrffio' iddo. Ysywaeth, ceir gwall iaith a chamacennu yn yr ail linell: 'Pob amser af arno'. Ni ddylai'r orffwysfa fod ymhellach ymlaen na'r drydedd sillaf yn y llinell hon. Ceir englyn derbyniol iawn gan *MSN* ond y mae camacennu yn ail linell yr englyn hwn hefyd: 'Ar frig y don anfonaf – drwy y byd/ I'w bedwar ban eithaf.'

Englyn sy'n athronyddol braidd yw un *Nola.* Ei wendid yw'r esgyll. Y mae'r llinell, 'ar y we mae popeth bron', yn gynghanedd wan. Yn y llinell olaf, cofier mai gwell yw rhoi'r rhagenw mewnol genidol *'m* ar ôl y negydd 'na'. Felly 'na'm hastell feiston' sy'n gywir.

Llinell awgrymog yw 'yn honcio ar y plencyn' yn englyn *Dan y Don.* Byddai defnyddio'r cysylltair 'a'r' yn hytrach na'r arddodiad 'ar' wedi cryfhau'r ail linell o ran synnwyr. Mae paladr addawol yn englyn cystadleuydd arall â'r un ffugenw,

Dan y Don: 'Rhes o rai dwl sy'n rasio'r don – mewn gêm/O hen giamocs gwirion' ond rwyf yn amheus o gywirdeb trydedd linell yr englyn hwn, 'Chwarae mig a brig eigion'. Byddai rhai beirniaid yn ei chollfarnu. Cafodd *Gwyddno* weledigaeth fawr ond trueni na fyddai wedi gweld y dylai 'cwch' dreiglo oherwydd ei fod yn dilyn sangiad. Dylid bod wedi treiglo 'rhoes' hefyd. Y mae esgyll da yn englyn *Horngacher* ond nid cystal y paladr: llinell wan i ddechrau ac yna mae'n llithro trwy dreiglo 'tair' ar ôl y fannod. Byddai *Lora* yn cryfhau ei henglyn pe bai'n defnyddio ffurf arferiadol y ferf, sef 'bydd' yn lle 'mae', yn y llinell olaf.

Y mae cic mul i'r sefydliad yn englyn crafog *Mabon*. Gwenwn wrth ddychmygu gweld y gwleidyddion-dod-ymlaen yn y Gymru gyfoes yn ei syrffio hi o un pwyllgor i'r llall. Ysywaeth, pam y mae'n cynnwys yr odl 'da' ddwywaith?

Ym Mae Caerdydd, sef Mecca'r da, – o Fwrdd
I Fwrdd am y cynta'
Mae degau ar donnau da
I'w Harglwyddiaeth, a'r gwledda.

O ran trefn synhwyrol, byddai'n well newid y llinell olaf: 'I'r gwleddoedd a'r Arglwydda.'

Caiff *Yr Hen Alun* ganlyniad annisgwyl wrth syrffio'r we:

Hyd y We ar funud wan – hen Alun
A chwiliodd am fodan!
Hynny fu . . . ond toc mewn fan
Landiodd rwbath o Lundan!

Dylid newid y gair cyrch i 'Yr hen Alun' ond byddai hynny'n golygu newid y gynghanedd yn yr ail linell hefyd. A byddai 'rhwbath' yn well, efallai, yn y llinell olaf.

Down yn awr at y dosbarth o englynwyr sy'n medru cadw'u hwynebau uwch y dŵr o ran cywirdeb ond eto wedi methu cyrraedd y lan oherwydd defnydd amhriodol o eiriau ac ambell linell wan ac aneglur.

Y mae *Siomedig* wedi fy siomi gan iddo ddechrau'n addawol iawn ond tywyll iawn yw'r esgyll. Nid oes gennyf ddim yn erbyn defnyddio enwau personol mewn englyn ond mae cynnwys pedwar yn ei orboblogi. Ceir paladr addawol a chofiadwy iawn yn englyn *D. Sant* ond y mae'n cloffi ychydig yn y llinell olaf. Fodd bynnag, y mae'n werth dyfynnu'r englyn:

Amen ar fyw yn dduwiol – a bai-bai
I'r bywyd tragwyddol;
Rwyf heno'n benderfynol
O hwyl iach yn syrffio LOL.

Englyn digon ysgafn a dylanwad iaith Wali, 'C'mon Mid-ffîld', yn drwm arno yw eiddo *Arthur Bach*:

Arffur sy' wedi syrffio – yn f'ymyl
Yn f'ama mae'n crio!
Isho mam ar frys mae o!
I'w lygaid aeth darn Lego.

Anfonodd *Ponti-ago* bedwar englyn i'r gystadleuaeth. Y mae'n hoff iawn o ddefnyddio enwau personau yn ei englynion. Y ddau englyn gwannaf yw'r ail a'r trydydd. Gall y defnydd o air Saesneg fod yn gyfrwng cynhyrchu hiwmor ond nid pan fo gair Cymraeg yn gweddu'n well. Er enghraifft, annerbyniol yw'r defnydd o '*surface*' yn yr englyn hwn:

Ar y bae'n y Caribî – i syrffio
Ar *surface* y weilgi
O iselder Pwllderi
Yr aeth Dic a Fic a fi.

Mwy priodol o lawer yw'r defnydd o 'algae' yn y llinell, 'A'r algae ar y weilgi.' Diau mai englyn i Ddewi Emrys sydd ganddo ac mae wedi llwyddo'n rhyfeddol i grynhoi hoedl y bardd helbulus hwnnw yn farddonol iawn:

Ai yn nyfnder Pwllderi – a'i arffed
Y syrffiodd dawn Dewi,
Neu o ewyn llyn neu'r lli
A'r *algae* ar y weilgi?

Beth bynnag, englyn difrifol ydyw hwn ac nid un ysgafn. Llinell amhersain hefyd yw'r un sy'n dechrau ei ail englyn: 'Mewn steil gain dros y weilgi'.

Y mae stori fer o englyn gan *Comdot*:

Y wraig a roddodd ei bryd – ar ryw hync,
Ac mae'r rôg 'di symud
I mewn i'n cartref hefyd –
Ar y we rwyf nawr o hyd.

Dyma englyn sy'n haeddu bod yn y dosbarth cyntaf ond mae'r llinell gyntaf yn gynganeddol wan.

Englynwr sy'n anelu'n uchel yw *Arthur*:

Mae beirdd pendew mewn gwewyr – ar y we'n
Llusgo'u rhwyd yn brysur
Am ddelwedd, cynghanedd hur
I siwdiaid gael Trosiadur.

Y mae Odliadur gennym ond nid Trosiadur. Syniad gwreiddiol yw syrffio i chwilio am ddelwedd. Syrffia'n awenyddol dda tan ganol y drydedd linell ond yna mae'n llithro oddi ar ei astell yn yr ymadrodd 'cynghanedd hur.'

Syrffio trosiadol ar Fwrdd yr Iaith sydd yn englyn *Bob*:

> Ddoe ar wib, ar Fwrdd yr Iaith – hwyliet ti,
> Yng nghôl ton o obaith,
> I'r Bae'n deg, ar ben y daith
> Ewyn gwyn brofaist ganwaith.

Sylwer fel y llwydda i gynnal y trosiad hwnnw trwy'r englyn. Y mae'r llinell olaf drawiadol yn gyfrwng i fynegi siom wrth gael ymateb llugoer o du'r Cynulliad. Fodd bynnag, englyn dwys, crafog yw hwn yn hytrach nag un ysgafn. Rwyf o'r farn hefyd fod y defnydd o ffurf amherffaith y ferf 'hwyliet ti' yn amharu braidd ar rediad yr englyn.

Gan *http://www.tits.com* y cawn ffugenw mwyaf awgrymog y gystadleuaeth;

> Tra'n ymhél â dirgelion – a natur
> Y Titw un noson
> Ar y we, daeth ger fy mron
> Nythaid o ferched noethion.

Ornitholegwr chwilfrydig a ganfu ryfeddod ac adar amgenach ar y we! Y mae'r drydedd linell, yn debyg i rai a drafodais eisoes uchod, yn wan ei chynghanedd.

Dyma gyrraedd brig y gystadleuaeth. Yma, ymunwn ag englynwyr a fedr ei syrffio hi ar donnau'r awen yn ddeheuig a chofiadwy.

Ponti-ago (1):

> Wrth wegil ton pentigili – ar ruthr
> Â Ruth, ond os torri
> Wna trochion y don dani,
> Hi ddaw i stop wyddost ti.

Dyma'r ymgais orau gan *Ponti-ago*. Gan fod yr Eisteddfod yn cael ei chynnal yn Sir Benfro, disgwyliaswn weld y gair 'pentigili' yn brigo i'r wyneb rywbryd yn y gystadleuaeth. A dyma fe. Yn ddiau, y mae adlais o'r canu gwirebol yn yr esgyll.

Tonton:

> 'Rown i'n y môr, ddoe bore, – yn y trai
> Methu troi am adre,
> Wir i Dduw – trois ar y dde
> 'Rwy' nawr tu draw i Norwe.

Dyma ysgafnder a gynhyrchir gan ormodiaith.

Pen-y-Lôn:

Ymaith aeth sgyrsiau a hiwmor – y gŵr,
    Mae o'n gaeth i'r dyfnfor
  Yn ei angerdd heb angor,
  Megabyte sy'n magu 'bore'.

Dyma ni yng nghwmni bardd sy'n gallu ei dweud hi. Cyfuna'r ddau fath o syrffio yn glyfar tu hwnt. Y mae'r llinell olaf yn cloi'r englyn yn dda.

Monti:

Yn nwyfus rwy'n arnofio – ar y don
    Gyda'r dŵr yn rhuo;
  Croesi'r brig ffyrnig ar ffo
  Ym meddiant fy mwrdd smwddio.

Syniad da yw cyffelybu'r astell syrffio i fwrdd smwddio. Trueni na fyddai wedi cynnwys gair neu ddau yng nghorff yr englyn i gynnal y ddelwedd hon.

Cwrci:

Hyfryd oedd gweled dwyfron – môr forwyn
    Mor fawr ar y lasdon,
  Wynfford aeth rhwng ei chynffon
  A'i din yn cusanu'r don.

Cymeriad sy'n amffibiaidd rywiol a'r ferf yn y llinell olaf yn anfarwol.

Erys un.

Iwerydd:

Rwyf draw tua'r Môr Tawel; – yn y trai
    Fe es tros y gorwel,
  A siawns, pan ddaw'r llanw a'r *swell*,
  'Ga' i hwp 'nôl i'r Hen Gapel.

Gall englyn ysgafn beri inni chwerthin; gall beri inni wenu'n dawel fach hefyd. Mentrais grybwyll mewn pwt o ddarlith yn Eisteddfod Llanelli ar yr englynion digri ac ysgafn a fu'n fuddugol yn yr Eisteddfod Genedlaethol, fod gwir ddigrifwch i'w ganfod yn fynych mewn cyd-destun dwys ac argyfyngus. Ymdrin yn ysgafn â thestun felly a wna *Iwerydd.* Syrffiwr ysbrydol sydd yma. Wrth iddo gyffesu ei fod yn wrthgiliwr, sylwer ar yr iaith a ddefnyddia i'r perwyl hwnnw: 'Môr Tawel', 'y trai', 'y llanw', ac mae'r defnydd o'r '*swell*' a'r 'hwp' yn gyfryngau ailennill iachawdwriaeth i'r bardd cellweirus hwn. Y mae yn yr englyn rywbeth nas ceir yn yr englynion uchod. Heblaw bod yn englyn sydd wedi'i adeiladu'n ofalus, y mae'n ymgorfforiad o'r math iach o hiwmor sy'n nodweddu ein treftadaeth ymneilltuol. Dyma'r math o arabedd sydd yn sicr o oglais y rhan fwyaf o eisteddfodwyr Cymru. Oherwydd hyn, y mae *Iwerydd* yn haeddu'r wobr gyntaf.

Yr Englyn Ysgafn

SYRFFIO

Rwyf draw tua'r Môr Tawel; – yn y trai
    Fe es tros y gorwel,
  A siawns, pan ddaw'r llanw a'r *swell*,
  'Ga' i hwp 'nôl i'r Hen Gapel.

Iwerydd

BEIRNIADAETH T. R. JONES (GLAN-RHYD)

Y tro diwethaf y bûm yn beirniadu'r delyneg ym Mro Dinefwr, cafwyd tair ar ddeg ar hugain o gerddi. Eleni, ni chafwyd ond dwy ar bymtheg. Ac eithrio rhyw hanner dwsin o delynegion, cystadleuaeth ddigon siomedig oedd hon. Fe'u rhannaf yn ddau ddosbarth, yn nhrefn eu teilyngdod fwy neu lai.

DOSBARTH 2

Croesi: Dau bennill digon swynol, ond di-fflach yw'r mynegiant. *Llew o beth yw tad llo bach*: Ei ysgrifen yn wych ond ei chwaeth yn wachul iawn. *Lee Enfield*: Braidd yn rhyddieithol yw ei ymgais ond y mae gwers fawr yn ei linellau clo. *Nola*: Dau bennill digon canmoladwy ond heb fawr o newydd-deb mynegiant. *Heol Amser*: Hoffais thema'r gerdd hon ond pur wasgarog yw'r mynegiant. *Erin*: Cerdd ddigon derbyniol ei mynegiant. Gresyn na fyddai'r bardd wedi oedi mwy uwch ei phen i gaboli ac i rymuso'r dweud. *Lois*: Y drychineb yn Efrog Newydd yw'r cefndir ond ni lwyddwyd i greu darlun cynnil a chofiadwy. *Arawn*: Gŵyr hwn beth yw gofynion telyneg. Un pennill wyth llinell digon swynol ond yn amddifad o'r wefr sy'n cyffroi.

Ap Herbert o'r Blaenau: Dyma gyrraedd brig yr ail ddosbarth gyda hon a'r tair sy'n dilyn. Rhydd y bardd hwn rybudd i ni i bwyllo mewn tri lle y gwn amdanynt yn dda: Dolrhedyn, Yr Allt Goch a Bwlch Gorddinan. Nid wyf yn teimlo bod y pedwerydd pennill am Dyddewi yn cydio'n naturiol wrth y tri arall. Ond, yn sicr, y mae *Ap Herbert o'r Blaenau* yn dipyn gwell bardd na'i dad!

Rigantona: Telyneg mewn *vers libre* gan un sy'n gryn feistr ar ei gyfrwng. Mae'n canu'n rymus ond yn brin o'r naws delynegol.

Arthur: Telyneg gynnil gan un sy'n gallu dethol geiriau i bwrpas. Mae ynddi linellau dirdynnol o gofiadwy ond tybed ai 'Pwyll' oedd ei thestun gwreiddiol?

Munud i wrando: Cefais flas mawr ar y delyneg swynol hon. Y mae'n canu o'r llinell gyntaf hyd yr olaf. Efallai nad oes yma ddim newydd ond mae llawer o rin a chyfaredd yn llais y telynegwr hwn. Y mae'n dra theilwng o frig y dosbarth hwn.

DOSBARTH 1

Blodeuwedd: Bygythiad y glo brig ar harddwch ei fro a gyffrôdd awen y bardd yma. Ond er cystal yw'r darlun, braidd yn ansoddeiriol yw'r gerdd a rhai o'r ansoddeiriau'n dreuliedig a di-liw. Ond dyma delynegwr o'r iawn ryw, serch hynny.

Miriam: Telyneg yn y *vers libre* gan un sy'n deall cyfrinach rythmig y mesur. Y rhyfela yn y Dwyrain Canol sydd yma. Y mae ynddi linellau sy'n glynu yn y cof – e.e., 'Tad yn ymbil am ras/heb arf/ond ei gariad/yn darian/yn gochel y llanc rhag y gwn'. Mor arwyddocaol yw'r cadach gwyn hefyd yn yr agoriad a'r clo.

Hannah: Yr un cyfrwng eto (gan yr un bardd, efallai, gan fod yr un cryfderau eto yn y gerdd hon). Y casineb yng Ngogledd Iwerddon sydd yn y gerdd hon. Ceir yma ddarlun dirdynnol o'r plant a boenydiwyd ar eu ffordd i'r ysgol.

> Bonllefau'r dorf yn gwatwar
> a'r poeri yn peri
> i bair casineb Erin ffrwtian.

Dwy delyneg deilwng a ddaeth i'r cyfri' terfynol.

Pryderun: Yr unig un a ganodd yn benodol i Bwyll Pendefig Dyfed. Y mae'n gofyn tri chwestiwn i Bwyll:

> Tybed a welaist ti,
> Trwy hud yr holl gyfnewid
> A fu'n dy deyrnas di?
>
> Beth wnait â'r rhai wrthododd
> Heniaith dy deyrnas gynt?
>
> A fyddet heddiw â'th fryd
> Ar arbed dy saith cantref?

Ac yn y pennill clo, ceir ateb Pwyll i'r tri chwestiwn:

> Gwell iti beidio â gwybod
> Fy nghyfrinachau i;
> Boedd gobaith yr anwybod
> Heddiw'n dy gynnal di.

Hoffais y delyneg hon yn fawr.

Myrddin: Y delyneg hon a aeth â'm bryd i ar y darlleniad cyntaf ac arhosodd ar y brig wedi llawer o ailddarllen. Sôn y mae'r bardd am y frwydr rhwng Rhydderch ap Tudwal a Gwenddolau. Yn y frwydr hon, ymladdodd Myrddin ar ochr Gwenddolau ac yn ystod yr ymladdfa collodd ei bwyll a ffoi i Goed Celyddon lle dechreuodd broffwydo a bygwth gwae a dial. Ac yna, yn y pennill clo, y mae'n cyfoesi'r gorffwylltra yn y drychineb a ddigwyddodd ym Medi, 2001, yn Efrog Newydd, â dial 'meibion y dwyrain draw' a'r '. . . tyst a chwarddai'n ynfyd/ Uwchben y cwmwl llwch'.

Er mor deilwng yw telynegion eraill y dosbarth hwn, *Myrddin*, y tro hwn, piau'r wobr.

Y Delyneg

PWYLL

Un dydd yng Nghoed Celyddon
A'r dail ar droi eu lliw,
Distawodd crawc y gigfran
A'r gath yn llyfu briw.

Y mellt ar goll o'u cartref
A melltith ar y wâl
Roedd Myrddin yn gwallgofi
A'i synnwyr oll ar chwâl.

Cellwair a wnaeth ei ysbryd
Â meibion y dwyrain draw
Pan rythai'r eryr arian
Lygad i lygad braw.

Tra'r camerâu yn canfod
Rwbel a chyrff yn drwch
Y tyst a chwarddai'n ynfyd
Uwchben y cwmwl llwch.

Myrddin

Cywydd 18 llinell – Y Meistr

BEIRNIADAETH IDRIS REYNOLDS

Gellir olrhain y cywydd fel ffurf lenyddol yn ôl at Dafydd ap Gwilym a'i gyfoeswyr yn y bedwaredd ganrif ar ddeg. Cynigiai'r mesur ofod di-ben-draw i'r meistri mawr a mân i arddangos eu campau geiriol a rhoddai lwyfan eang iddynt i ymestyn ffiniau'r dychymyg. Creadigaeth gymharol ddiweddar, er hynny, yw'r cywydd deunaw llinell; creadigaeth Talwrn y Beirdd ydyw. Drwy gyfyngu ar nifer y llinellau, gorfodwyd y beirdd i gynilo'r dweud ac, o ganlyniad, datblygodd math arall o gywydd sy'n fwy cryno a mwy telynegol ei naws na'i ragflaenydd. Nid oes ond rhaid darllen cyfrolau Pigion y Talwrn i sylweddoli posibiliadau'r mesur, a da yw gweld bod yr Eisteddfod Genedlaethol wedi dilyn patrwm y llynedd ac yn cydnabod unwaith eto fodolaeth y cywydd deunaw llinell fel ffurf lenyddol.

Daeth un cywydd ar ddeg i law ac mae'n dda gennyf ddweud nad oes yma yr un cystadleuydd cwbl ddi-glem. Er hynny, cywyddau'r wyth a'r wyth marc a hanner yw'r rhan fwyaf ohonynt a chredaf mai'r gair priodol i ddisgrifio safon y rhai hyn yw 'iawn', a gŵyr pob talyrnwr beth yw arwyddocâd y gair hwnnw. Gwaetha'r modd, ni chodwyd yn y gystadleuaeth hon i'r tir uchel hwnnw a gyrhaeddir yn weddol gyson gan gywyddwyr gorau'r rhaglen radio.

Cywydd mawl i Leonardo da Vinci a'r Mona Lisa sydd gan *Leo 1*. Gwaetha'r modd, nid yw'n gwbl sicr o reolau Cerḍd Dafod gan fod yma ddwy linell sydd ychydig yn brin o fod yn gynganeddion cyflawn: 'I un hynod, ar wahân' ac 'Y dewin amryddawn, da'. Cloir un cwpled hefyd gyda chynghanedd lusg. Yn ogystal â hynny, ceir ganddo ddwy hanner llusg go amheus, sef 'Hon yw La Giaconda' ac 'Athrylithgar Leonardo'. Ond dalied ati ar bob cyfrif.

R. S. Thomas yw meistr *Clogwyni*. Braidd yn ddryslyd yw'r gystrawen ar adegau, gyda'r pedair llinell olaf yn ddirgelwch llwyr i mi. Mae ar ei orau yn y pennill chwe llinell yn y canol lle mae'r gynghanedd a'r ystyr yn llifo'n naturiol gyda'i gilydd. Dylid hefyd nodi nad yw 'll' yn treiglo ar ôl 'yn'.

Cywydd i Ellen MacArthur, y wraig ifanc a hwyliodd ar ei phen ei hun o amgylch y byd, sydd gan *Dylan*. Ei duedd yw pentyrru cymalau ar ben ei gilydd heb wneud unrhyw ymdrech i'w cysylltu i ffurfio brawddeg gystrawennol gywir. Gall, er hynny, lunio cwpled digon gafaelgar ar dro, megis: 'Y sêr oedd ei chysur hi/Yn realaeth yr heli'. Byddai hwn wedi cloi'r gerdd yn fwy effeithiol na'r cwpled trychinebus a ddewiswyd.

Brwydr Muhammad Ali yn erbyn gormes y dyn gwyn dros y canrifoedd yw thema *Taro'n ôl*. Digon trwsgl yw'r mynegiant ar y cyfan ac ni allaf lai na theimlo bod yr huotlaf a'r mwyaf gosgeiddig o ddynion yn haeddu gwell. Mae'r diweddglo'n gryf, er hynny, gyda'r ergyd yn y llinell olaf 'Y "nigger" fu'n fuddugol' yn ein llorio ni'n llwyr.

Ian Woosnam, un o feistri Augusta, sydd gan *Handicap 25*. Gall adeiladu pennill o gywydd heb lurgunio'r gystrawen, ac mae'n dechrau'n ddigon addawol drwy gymharu'r golffiwr gydag un arall o gewri'r Gororau, sef Owain Glyndŵr. Teimlaf, er hynny, ei fod yn colli ei ffordd yn y pennill olaf. Anwastad yw ei ddawn; gall lunio llinell ddigon gafaelgar megis 'Codi i dir ei siaced werdd' ac yna ei hateb gyda llinell ddiafael megis 'Ninnau'n engyl, llawn angerdd'.

Cywydd cyfan ar yr odl *–af* sydd gan *Eiddig*, yn dwyn i gof gywydd Dafydd ap Gwilym, y meistr ei hun, i'r Haf. Synhwyraf fod edmygedd mawr o fardd Bro Gynin yn cuddio o dan ieithwedd a sangiadau pedwaredd ganrif ar ddeg *Eiddig*. Mae'n gynganeddwr cywrain a phe bai wedi cyflwyno'r cywydd am wobr yn un o eisteddfodau enwog Caerwys, byddai, o bosibl, wedi dod dipyn yn uwch yn y gystadleuaeth honno nag a ddaeth yn Nhyddewi 2002. Diolch iddo am gyfraniad diddorol.

Mae *Leo 2* yn rhagorach, cywirach cynganeddwr na'r cyntaf. Y joci, Frankie Dettori, yw ei feistr ef a chaiff ei gymharu gyda rhai o artistiaid cyfnod y Dadeni. Mae yma ddychymyg carlamus ar waith: 'Y da Vinci egnïol/Ei ddawn, – Leonardo'r ddôl', ond hytrach yn anghymarus i mi yw'r ddwy dalent wahanol a gyd-blethir yn y cywydd hwn.

Cywydd am ddatblygiad yr hil ddynol sydd gan *Saer Seren*, o'r dyn cyntefig hyd at y bod pwerus sydd heddiw'n chwennych disodli'r Meistr mawr Ei hun. Mae'n dechrau'n addawol: 'Gwnaeth deudroed wyrth mewn coedwig/A dwylo'n dal ffon a phig' ond, rywfodd, nid yw'r cywydd yn tanio gan fod ynddo ormod o ymadroddi llac a llinellau annelwig. Dylid dychwelyd ato.

Mae'r safon yn codi yng nghwmni *Heledd*. Gyda'i thafod yn ei boch, mae'n cyfarch ei bos yn hynod o or-wenieithus; ni chawn wybod tan y cwpled olaf mai holi am godiad cyflog a wna, mewn gwirionedd. Mae'n gywydd llwyddiannus sy'n llifo'n rhwydd. Bai pennaf *Heledd* yw ei diffyg uchelgais; teimlaf y gallai fod wedi anelu'n uwch.

Bûm yn pendroni'n hir dros gywydd diwinyddol, athronyddol *Fy Ngwyneb Arall*; yr ydym yma i ryw raddau yn nhir *Neb* R. S. Thomas. Dechreua'n addawol a llwyddodd i oferu'r ystyr o gwpled i gwpled yn well na neb arall yn y gystadleuaeth. Ni allaf honni fy mod yn medru ei ddilyn bob cam o'r daith, 'tai ots am hynny. Yr hyn sy'n fy mhoeni fwyaf yw fod gennyf deimlad anniddig mai ymbalfalu yn y tywyllwch a wna yntau hefyd. Bradychir ef gan ambell air ac ymadrodd hollol anaddas a ddefnyddiwyd er mwyn cwblhau'r gynghanedd. Teimlaf mai'r car, ar adegau, sy'n arwain y gyrrwr, yn hytrach na'r gyrrwr yn llywio'r car. Ond diolch iddo am ei uchelgais.

Ni chefais unrhyw drafferth i ddilyn rhediad meddwl *Anodd Canu,* ar wahân i'r llinell 'i godi'n uwch nag ydyw'; deil hon yn ddirgelwch i mi. Crist yw'r meistr, a chyffes ffydd o gywydd ydyw. Nid oes yma unrhyw ymorchestu cynganeddol; syml a chyfarwydd yw'r trawiadau a theimlaf fod y cywydd ar ei ennill o'r herwydd. Mae yma lais didwyll sy'n fy modloni, a pherthyn i'r cywydd hwn ryw urddas tawel sy'n ei godi uwchlaw'r gweddill. Gwobrwyer *Anodd Canu.*

Y Cywydd

Y MEISTR

Anodd i un yw canu
am fedd y mwyaf a fu,
ni welais friw ar ddwylo
na gwg Duw'n Ei lygaid O,
na gwylio dicter gelyn
yn y dorf ger Mab y Dyn;
na dod i'w atgyfodi
am mai dof yw 'mywyd i.

Ond gwae'r byd o agor bedd
a'i farw yn oferedd;
nid bedd oedd diwedd y daith
i'r Un fu farw unwaith,
a daeth Hwn o'i farw'n fyw
i godi'n uwch nag ydyw,
ac ynof i gwn Ei fod
yn uwch na phob un pechod;
a gwyrth Ei gariad i gyd
yn fwy ar ôl Ei fywyd.

Anodd Canu

Deg Epigram

BEIRNIADAETH TEGWYN JONES

Cynildeb yw hanfod epigram ac os priodir hynny â mynegiant sy'n peri i rywun ddal ei wynt, dyna epigram llwyddiannus. Er imi gael eithaf hwyl wrth fynd drwy'r cynigion a ddaeth i law, ni ellir honni i'r gystadleuaeth hon esgor ar bethau cofiadwy o newydd. Daeth ugain ymgais i'r maes a dyma air am bob un ohonynt, nid yn nhrefn teilyngdod ond yn y drefn a roddwyd arnynt gan Swyddfa'r Eisteddfod.

Jocar: Epigramau ar fesur cwpledi cywydd sydd ganddo ef, a bu'n driw i'w ffugenw, fel y dengys ambell gwpled fel hyn: 'Yn ei boen gobaith beunydd/Y dyn rhwym yw bod yn rhydd'. Cynganeddwr llithrig sy'n rhy barod i fodloni ar y syniad cyntaf a ddaw i'w ben, megis, 'Mae ci rhech er ei rechain/Yn well na chath llawn o chwain'.

Dylan: Cwpledi cywydd eto ond y cynnwys yn sobrach. 'Drwy ddal i sisial a sôn/Y mae hau had amheuon', meddai, a hoffais hefyd y cwpled hwn, 'Gwneud llinell gain yn geinach/Wna y bardd ag un gair bach'. Hwyrach y byddai 'A wna'r bardd . . .' yn gryfach ryw fymryn.

A: Yr un mesur eto gan *A*, ond y mae mwy o gymysgu'r llon a'r sobr yma. Ochr yn ochr â chwpled fel hyn: 'O gig a gwinoedd cei gowt/Lwcus os na chei flacowt', ceir hefyd 'Gall pen heb fawr ymennydd/Heddiw ddod yn dduw ei ddydd'. Creodd dreiglad er mwyn y gynghanedd yn y llinell 'Yn llwyrach na llu eiriau'.

B: Cwpledi cynganeddol saith sillaf sydd ganddo yntau hefyd. Mae rhai ohonynt yn gweithio'n effeithiol ddigon – 'Darn yw dial a dal dig/O gadwyn felltigedig', ond eraill yn fwy trwsgl eu mynegiant, megis 'Rhoi siomiant wna rhesymeg/I dylwyth y Tylwyth teg'. Y gynghanedd fynnodd 'gwyrdroi' yn y cwpled: 'Drwy bob dim gwyrdroi bob dydd/Mae melinau'r miliwnydd'.

C: Eto'r un mesur, a'r un feirniadaeth sy'n gweddu. Hwyrach mai ei gwpled gorau yw: 'Da yw cofio nad cyfoeth/Ynddo'i hun wna ddyn yn ddoeth' ond, fel y gwelir, nid oes dim newydd yn y syniad.

Ceidwad y Sw: Gwahanol anifeiliaid sydd yn ei gwpledi ef. Anelodd yn lled lwyddiannus at wreiddioldeb mewn cwpledi fel 'Cripio'n ddrwg a chreu ffrwgwd/Wna y gath lithra o gwd' ac 'I gi cas gwell rhoi asgwrn/Na dweud dos a dangos dwrn'. Nid mor glir eu neges yw 'Dyddiol boendod malwoden/Ar y trac yw twrw tren [*sic*]' ac 'Mae'r dduaf a'r fryntaf fran [*sic*]/I'w gweled gerllaw gwylan'. Mae'n rhaid i epigram fod yn hollol ddealladwy ar y darlleniad cyntaf.

Mae gennyf deimlad cryf mai'r un yw awdur pob un o'r cyfresi a drafodwyd hyd yn hyn. Nid yw'n un o ffrindiau mawr yr acen grom ond diolch iddo am ei lafur.

ap Siân: Cafwyd rhai cwpledi digon derbyniol er yn ddiffygiol, efallai, mewn gwreiddioldeb: 'Moli arian mae'r annoeth/Nid aur yw duw y rhai doeth', 'Bu beiau lle bu bywyd,/Fu 'na neb fu'n iawn o hyd'. Byddai 'Mae beiau lle mae bywyd' yn well. Methodd gyfleu ei feddwl yn glir weithiau, megis 'Heb awydd yng nghraidd bywyd/Cawn oes ddiamcan o hyd'.

ap Siôn: Yr un bardd â'r uchod ac, at ei gilydd, cafodd well hwyl ar y deg cwpled yma. Dywed pob un ei neges yn glir ac yn eu plith yr un mwyaf swynol yn y gystadleuaeth: 'Storio wnawn ein straeon oes/I'w rhannu yn hwyr einioes'.

Bedo: Afradus ei briflythrennau yw ef. Cwpledi rhydd a chynganeddol sydd ganddo, ac weithiau cyfuniad o'r ddau fesur yn yr un cwpled. Dyma gwpled cynganeddol: 'Y Drwg o gymryd Drygiau/Yw Miri'n awr a Marw'n Iau', ac wele un yn y mesur rhydd: 'Er Cael y fuwch yn Gyflo./Ni all tarw fagu'r llo'. Cyfuno'r mesurau a wna yma, lle cyfeirir at ganlyniadau clwy'r traed a genau: 'Gwag yw lle heb Me na Mw,/A llafur Oes yn Lludw'. Diolch iddo am ei ymgais hoffus.

Bryncarnedd: Deg cwpled cynganeddol gan gynganeddwr profiadol, ac iddynt arlliw crefyddol – e.e., 'Gweld pob un, yw 'nymuniad,/Yn mynychu tŷ ein Tad'. Cyfres gymeradwy o epigramau ond 'does yr un ohonynt yn taro dyn yn ei dalcen.

Cadwaladr: Yma eto ceir cyfres ddi-fai o ran crefft ond un, fel llawer un arall yn y gystadleuaeth, sy'n syrthio'n fyr o'r peth hwnnw sy'n peri i rywun ymsythu yn ei gadair. Swynol ond di-fflach yw pethau fel hyn: 'Ni bu wanwyn heb wennol/I hedd ei nyth na ddaw'n ôl', 'Na ddisgwyl brân i ganu/Yr un diwn a'r [*sic*] deryn du'.

Dewi o'r Llan: Yr un feirniadaeth a weddai iddo ef. Ei gwpledi gorau yw 'A ddaw i ddyn sy'n ddi-ddal/Eirda yn unrhyw ardal?' ac 'Os clywi waedd boenus gwlad/Ei dolef yw dy alwad'.

Ifan: Deg cwpled cynganeddol deg sillaf sydd ganddo ef. Pur esgeulus ydyw o ran sillafu ac nid oes fawr o gamp ar ei fynegiant chwaith: 'Amser prydau bwyd ar eich haelwydydd [*sic*],/I'w reidiau gwelir y digywilydd', 'Gwynebu [*sic*] llewyrch gwynebau [*sic*] llawen,/Oedd cael bocs sgidiau'n ingoedd eu hangen'. Rhy astrus i fod yn epigramau.

Bochlwyd: Anfonodd ef ddeg brawddeg unigol i'r gystadleuaeth ac yr oedd ganddo berffaith hawl i wneud hynny oherwydd y mae 'ymadrodd' ymhlith y cyfystyron a roir i *epigram* yng Ngeiriadur y Brifysgol. Eto, i mi, perthyn i fyd y ddihareb y mae brawddegau unigol fel 'Ni ddengys wyneb llyn ei ddyfnder', 'Yn nhrwch y mieri y ceir y mwyar gorau' ac 'Mae cyfaill gwael fel eira Ebrill'. Ymgais wan at epigram yw 'Bwli – cachgi' ond pe gwisgid y gwirionedd hwnnw mewn cwpled neu bennill cynnil, gallai fod yn drawiadol.

Bedw: Dychwelwn yma at y cwpled cynganeddol saith sillaf. Y teimlad a gaf yw mai'r gynghanedd yw'r feistres yma eto a'i bod yn rhwystro'r bardd rhag mynegi'n glir yr hyn sydd ar ei feddwl. Mae deunydd epigram da yn y cwpled, 'Ai creithiau ein llethrau llwm/Yw melinau'r Mileniwm?', ond y mae'n galw am well mynegiant. Am yr un rheswm, ceir mwy o sŵn na sylwedd yn y cwpled, 'A chur y trechu di chwant –/Trechach fa'i trechu'r trachwant'.

Eli: Cyfres o benillion rhydd, dychanol, nid annhebyg i waith Sarnicol, sydd gan *Eli* ac y mae'n chwa o awel iach yn y gystadleuaeth. Dyma beth o'i ddawn ddrygionus: 'Os wyt brifathro o dan straen/A'r ffordd ymlaen heb swcwr,/Wel, gad y niwl a'r dywyll nos/A dos yn Arolygwr'; 'Os i fyd y cyfryngau yr wyt ti am fynd,/Os oes swydd yr wyt ti'n ei llygadu,/Pwysicach nag unrhyw dalentau neu radd/Yw pwy yw dy fam neu dy dadi'. Petai cystal ergydion ym mhob un o'i benillion, byddai *Eli*'n agos iawn at y brig – er mai peryglus fyddai cyhoeddi yn y *Cyfansoddiadau* un pennill arbennig a geir yma am ffigur cyhoeddus adnabyddus.

Gwyddal: Cystadleuydd arall ag iddo ambell fflach dderbyniol iawn o wreiddioldeb: 'Du y gwêl y frân ei chyw – oni bai ei bod mewn dihareb!'; 'Nid moron popeth oren,/Nid oren pob Gwyddel,/Ond "moron" pob "Gwyddel" Oren!'. Ond fel *Eli*, bodlonodd yntau ar ormod o bethau cyffredin iawn: 'Braint dynes yw sgwrio,/Anrhydedd dyn ei gwylio!' ac yn y blaen.

Twm Jim: Cwpledi cywydd eto sydd ganddo ef – rhai ohonynt yn syml-effeithiol ond heb ddweud dim newydd: 'Wedi haul a blodau haf,/Bydd gwywo a bydd gaeaf'; 'Weithiau gwell yngan anwir/Na rhoi gwae â geiriau gwir'. Bryd arall, mae'n rhaid oedi uwchben yr ymgais i geisio deall beth yn union y ceisir ei gyfleu, sy'n wendid mewn epigram, fel y dywedwyd uchod: 'I ddyn a chwyna ei ddôl,/Fe fedir gwell dyfodol'.

Brynmelyn: Deg cwpled rhydd cartrefol a di-ffws a gafwyd ganddo ef. Nid oes yn ei waith ef fwy o wreiddioldeb nag a geir gan y lleill ond y mae mwy o gysondeb safon yn ei ymgais.

Mordaf: Nid yw *Mordaf* chwaith yn ddigon o feistr ar y gynghanedd i'w gorfodi i ddweud beth sydd ar ei feddwl: 'Duw gwyrdd a da yw Gwirdduw/Ef yw'r nodd sy'n fodd i fyw'. Gwnaeth gawl o un cwpled, sef 'Os cyndyn i wisg condom,/ Rhaid sant rodio a'i [*sic*] siom'. Ai 'i wisgo'? Byddai'n rhy hir o sillaf felly. Mae'r ail linell sillaf yn fyr. Ai 'Rhaid i' a ddylai fod yno? A beth yw'r ystyr? A oes yma wybodaeth newydd am seintiau?

Mewn cystadleuaeth gyffredin, y rhai a ddaeth i'r brig oedd *Dylan*, *ap Siôn*, *Eli* a *Brynmelyn*. Ni chaniateir rhannu'r wobr a chan nad oes yma, mewn gwirionedd, achos i'w hatal chwaith, rhodder hi i *Brynmelyn*.

Y Deg Epigram

Di-fudd mewn cad yw meddal ŵr,
Ni wna blawd llif fyth atal dŵr.

Hen fuwch hesb, ni thâl ei godro,
Ffôl yw'r neb sy'n dal i dreio.

Canmoler ddoe a'i fyd dilychwin,
Ond nid dŵr ddoe dry rod y felin.

Nid da yw bod yn orfrwdfrydig,
Gorymestyn a dyr lengig.

Plant di-reol yr oes yma
A fyddant riaint yr oes nesa'.

Difyr gan rai achosi hagrwch
Ni ddenir fandal gan brydferthwch.

Ynfyd yw'r rhai a fyn ystyried
Mai cryfder dyn yw trwch ei waled.

Profir cariad mewn ffedog gynfas,
Gwisg am undydd yw ffrog briodas.

Dyfal lif y nentydd culion
Ar eu taith sy'n lledu'r afon.

Llygad yr artist a ramanta
'Fel y mae' y gwêl y cam'ra.

Brynmelyn

Emyn Plygain

BEIRNIADAETH GERAINT VAUGHAN JONES (ABERYSTWYTH)

Daeth un cynnig ar ddeg i law yn y gystadleuaeth hon a diddorol yw sylwi beth y mae'r teitl 'Emyn Plygain' yn ei olygu i'r gwahanol ymgeiswyr. Mae'n rhaid cyfaddef y bu'n rhaid i minnau bendroni cryn dipyn cyn penderfynu beth oedd gan y Pwyllgor Llên mewn golwg wrth ddefnyddio'r ymadrodd. Beth, yn syml, yw Emyn Plygain? Pa beth yw'r gwahaniaeth rhwng emyn a charol? Yn wir, beth a olygir wrth y gair 'Plygain'? Ac yna, a oes gwahaniaeth rhwng Emyn Plygain ac Emyn Nadolig? Credaf fod.

Gellir dywedyd mai ffrwyth profiad personol dwfn yw emyn, a'r pwyslais yn syrthio ar adwaith yr unigolyn i'w berthynas â Duw, tra bo'r garol draddodiadol, o leiaf y garol Gymraeg, yn canolbwyntio ar effaith crefydd ar ddynoliaeth yn gyffredinol. Felly, ceir yr emyn yn defnyddio'r rhagenw unigol tra bo'r garol bron yn ddieithriad yn annerch, dysgu a hyfforddi'r gynulleidfa drwy gyfrwng y rhagenw lluosog – y pwyslais litwrgaidd ar 'ni' yn hytrach na 'fi' personol yr emyn. Yn ail, yn ddiamau, roedd yr hen garolau i gyd wedi eu gosod ar sylfeini cadarn hanes Beiblaidd o Adda a chwymp cyntaf Dyn i Enedigaeth, Croeshoeliad ac Atgyfodiad Crist, ac felly yn annog y gwrandawyr i gydlawenhau ac i foliannu gyda'i gilydd am 'waredigaeth y byd drwy Grist Iesu Ein Harglwydd'. Ac, yn drydydd, i gymhlethu pethau ymhellach, beth yw 'Plygain' yng nghyswllt y gystadleuaeth hon? Ai'r gwasanaeth arbennig a gynhelir yn ystod tymor y Gwyliau, rhwng y Nadolig a Gŵyl Fair y Canhwyllau, ynteu'r term cyffredinol ar gyfer emyn addas i'w ganu yn y bore a olygir?

Dyna rai o'r cwestiynau a gododd wrth i mi osod llinyn mesur ar y cynigion a ddaeth i law. Hoffwn gyfeirio'n gryno at bob un o'r cystadleuwyr yn eu tro.

Serell: Emyn plygain yn ystyr emyn i'w ganu yn y bore sydd ganddo. Dechreua gyda'r geiriau: 'Drwy oriau'r nos, O Dad, fe'n cedwaist ni,/Ar fore newydd claer trown atat Ti;/Ceisiwn dy gwmni i gryfhau ein ffydd/Bydd Di yn llywydd i ni drwy y dydd'. Carol swynol, ddiymhongar, yn gofyn am gymorth drwy gydol y dydd a hefyd drwy ein hoes; emyn yn syml y gellid yn fuddiol ei ddefnyddio unrhyw fore o'r flwyddyn.

Cyfaill: Mae'n ein dwyn i dymor y Gwyliau ac fe gawn gyfeiriad dyledus at wyrthiau Bethlehem. Ond ymestyn ei orwelion i 'ganu'n blygeiniol' i'r flwyddyn a aeth heibio a hefyd i'r flwyddyn sydd ar ddyfod. Neges yr heddychwr sydd yn yr emyn hwn, yn ein hatgoffa am Herod yn 'erlid bob bachgen â chynnen a chledd' ac yn ein hannog i gofio am 'Gyfaill sy'n byw heb na brwydr na braw'.

Tegfan: Tri phennill yn sôn am yr Engyl, y Seren, a'r Baban ond, rywsut, ddim yn taro deuddeg. Efallai fod yr odl fewnol wedi bod braidd yn ormod o faich ac, o'r herwydd, mae geiriau sathredig wedi llithro i mewn. Nid yw'r mesur yn rhedeg yn llyfn, 'chwaith; braidd yn herciog ydyw yma a thraw ac anodd fyddai ei ganu, efallai.

Hafan Deg: Mae wedi meistroli'r odl fewnol ac wedi dewis mydr rhedegog, os caf fathu ymadrodd. 'Tyrd Eto' yw'r teitl a roddir ar yr emyn hwn sydd yn cyferbynnu Bethlehem y pryd hynny â Chymru gyfoes. Daeth Iesu, meddai, '. . . yn faban digymar/mor hawddgar ar fynwes dy fam/yn anrheg o'r nefoedd, yn Frenin brenhinoedd', ond heddiw yng Nghymru, 'Peidiodd cyfaredd a chiliodd brwdfrydedd/ac ni roir anrhydedd i Ti'. Gorffenna drwy ofyn 'maddeuant am lesgedd ein moliant' ac iddo eto ein dysgu '. . . i dystio/drwy ffrydio yn fôr o fwynhad'.

Un fu'n gwylio: Carol ar gyfer yr Ystwyll yw hon a'r bardd wedi canu'n uniongyrchol i'r Seren a ddaeth 'Drwy'r eangderau meithion/Ato Ef/Draw heibio i Orïon/Pleiades, Mawrth a Neifion/I gwmni yr angylion/Ato Ef,/Uwch bryniau beichiog Seion/Ato Ef'. Ac yna, ar ôl 'goleuo'r beudy', cilio'n ôl i 'bellter oer y fagddu'. Mae gan *Un fu'n gwylio* ddychymyg byw ac y mae'n barddoni'n rhwydd. Hefyd mae wedi ysgrifennu ei gân ar fesur 'Mentra Gwen' neu 'Nelson'.

Pererin: Yn draddodiadol, cyfansoddid carol blygain ar gyfer mesur arbennig ac yn yr hen gasgliadau nodir hynny'n aml uwchben pob carol. Yn rhyfedd iawn, allan o'r un ymgeisydd ar ddeg, dim ond dau sydd wedi canu ar fesur penodol a dim ond *Pererin* sydd wedi enwi tôn addas i'w emyn, sef 'Gorfoledd Joseph Parry'. Dau bennill yn unig sydd ganddo ond nid yw ei fynegiant yn yr ail yn hollol glir. Sonia am 'y gwŷr doeth a ddaeth o bell at gariad byd yn hwyr', sydd braidd yn amwys, a hefyd defnyddia 'i' yn lle 'u' wrth sillafu 'gorfoleddu' – gwall hollol annerbyniol, mae arnaf ofn.

Llys-y-Coed: Emyn yn dwyn yr enw 'Seren Iesu' ac yn ganadwy ddigon gyda chytgan ar ôl pob pennill: 'Deil ei Seren yn yr wybren/I dywynnu'n nôl ein hangen/Fel y gwnaeth dros breseb Bethlem/Mhell yn ôl'. Mae diwinyddiaeth y bardd yn uniongred ddigon a chawn ein harwain ganddo o Fethlehem i Galfaria ac yna i fawrhau Ei atgyfodiad ac efallai mai yn sgîl hynny y caf hi'n anodd i dderbyn ei wahoddiad i '. . . gyd-deimlo â'r Dioddefydd/boen yr hoelion llym'. Ni all unrhyw fod meidrol 'gyd-deimlo' â'r Dioddefaint; tybed ai 'cydymdeimlo' oedd y gair cywir? Ni wn ychwaith ai mewn 'beudy llaith' y ganed Baban Duw. Ofnaf fod y ffaith fod 'llaith' yn odli gyda 'taith' wedi cael ei effaith.

Y Ffynnon Fach: 'Dewch ato Ef' yw gwahoddiad *Y Ffynnon Fach* i fugeiliaid a brenhinoedd a fforddolion. Canu llyfn eto, gydag odl fewnol sydd yn dod yn naturiol iawn heb ymdrech. Ond, er gwaethaf hyn, cefais yr argraff mai neges Efengyl Gymdeithasol sydd yma yn hytrach na llawenydd a diolchgarwch y Nadolig am eni Gwaredwr. 'Trowch eich grymoedd a'ch galluoedd yn weithredoedd' yw neges *Y Ffynnon Fach*.

Sycharth: Anfonodd *Sycharth* garol hir, deg o benillion, a theg yw dweud ei fod wedi dilyn yr hen batrwm gan ddechrau gyda phroffwydoliaethau'r Hen Destament ac yna ymlaen at y Cyfarchiad a hanes y Geni a'r Doethion, Cyflafan y Gwirioniaid a'r Ffôedigaeth i'r Aifft, gan orffen gyda hanes y Pasg a'r Dyrchafael. Mae gan *Sycharth* gyffyrddiadau trawiadol – dywed am y lladd ym Methlehem: 'Carnau ceffylau yn tanio fel mellt,/Gwaed y babanod yn gymysg â'r gwellt'. Ac am y Cyfarchiad, dywed: 'Grasusau nef ddaeth i ddynol ryw/Pan ganwyd gan Mair ei molawd i Dduw'. Ond buasai'n well iddo fod wedi cwtogi ychydig ar ei ymgais; er enghraifft, y trydydd pennill. Mewn gwirionedd, baled yw hon yn hytrach nag emyn neu garol gan nad oes unrhyw ymgais i'n dwyn i addoli a moli'r Gwaredwr y mae'n rhoi ei hanes inni, nes cyrraedd y ddwy linell olaf pan ddywed: 'Esgynnodd at Dduw, ei deulu ŷm ni,/Cariadon y Crist, ein Ceidwad a'n Rhi'.

Bore Godwr. Cawn yma ganu syml, gwerinol, yn symud yn sionc ac eto'n ein hatgoffa o'r gwrthgyferbynnu a oedd mor hoff gan yr hen feirdd, ac nid yw dylanwad 'Cannwyll' yr Hen Ficer ymhell chwaith:

> Yma'n faban, acw'n hongian,
> Yma'n egwan, acw'n herian,
> Yma'n gorwedd, acw'n 'mhwedd
> Ar ei dad i faddau'n camwedd.

Dewi o'r Llan: Yn ymgais *Dewi o'r Llan*, daw atsain o'r hen garolau plygain traddodiadol i'r glust drwy ei eirfa a'i arddull. Defnyddia ddyfeisiau sydd yn taro'n hyfryd ar y glust, fel cyflythreniad aml a geiriau wedi eu dewis yn ofalus:

> Daeth dwthwn defosiwn, disglair yw'r pelydrau,
> Concrwyd tywyllwch gyda glasiad y dydd.

Ond braidd yn anwastad ar adegau yw mydr *Dewi o'r Llan*; nid yw'r llinellau bob amser yn rhedeg yn rhwydd a thybiaf mai anodd fyddai eu canu ar unrhyw fesur adnabyddus. Fel mwyafrif y beirdd yn y gystadleuaeth hon, nid yw *Dewi o'r Llan* wedi nodi pa fesur a fyddai'n cydgordio â'i garol (12:11:11:12) ond mae'n glynu at yr hen ddull o ganu gan ddefnyddio berfau lluosog ac yn gorffen yn bersain trwy ein cymell:

> Ymgrymwn, cysegrwn foliant ein côr-ganau
> Teilwng ohonynt ydyw'r Arglwydd o'r nef:
> Ennyd o wynfyd deued o'r carolau
> Sy'n datgan ymhob cytgan fawrhad iddo Ef.

Cefais foddhad o ddarllen yr un garol ar ddeg a mawr hyderaf y caiff y cyhoedd gyfle i'w clywed (rhai ohonynt, o leiaf) ym mhlygeiniau'r dyfodol. Nid oes gennyf mo'r hawl i rannu'r wobr ac nid hawdd oedd penderfynu pwy oedd y gorau, ond gan mai ymateb personol sydd wrth wraidd pob dyfarniad, gyda diolch i bob un o'r ymgeiswyr eraill am gyfraniadau teilwng, gwobrwyer *Dewi o'r Llan*.

Yr Emyn Plygain

Daeth dwthwn defosiwn, disglair yw'r pelydrau,
Concrwyd tywyllwch gyda glasiad y dydd;
Lleisiwn yr odlau, tiwnier inni'r tannau,
Dyrchafwn uchel glodydd i Awdur ein Ffydd.

A deuwn, datganwn ddiolch ein calonnau
Heddiw am faban sy'n Waredwr i ddyn;
Cyd-orfoleddwn, pynciwn ein caniadau,
Can's atom daeth y Duwdod a dyndod yn un.

Arddelwn ei enw'n bersain mewn cantiglau,
Offrwm gwasanaeth rown i'r Mab yn ei grud;
Casgler y corau, caner melodïau,
Cyd-gordier offerynnau i'n Ceidwad ynghyd.

Ymgrymwn, cysegrwn foliant ein côr-ganau,
Teilwng ohonynt ydyw'r Arglwydd o'r nef:
Ennyd o wynfyd deued o'r carolau
Sy'n datgan ym mhob cytgan fawrhad iddo Ef.

Dewi o'r Llan

BEIRNIADAETH DEWI W. THOMAS

Tua diwedd ei ddarlith gynhwysfawr ar y testun 'Y Soned Gymraeg', wedi trafod yr addasiadau a wnaethpwyd ar y mesur traddodiadol, y mae'r Dr Derec Llwyd Morgan yn gofyn: 'A oes maen prawf?' ac yn ateb ei gwestiwn ei hun gyda'r geiriau: 'Oes, mae'n siŵr. Dylai soned fod yn uned syniadol o derfynau arbennig, 14 llinell'.

Ni fanteisiodd cystadleuwyr y gystadleuaeth hon eleni fawr ddim ar y 'tragwyddol heol' a awgrymir uchod. Rhyfyg ar fy rhan a fyddai collfarnu'r beirdd praff a fu'n arbrofi wrth drin y mesur, a'r beirniaid cyn braffed a'u cymeradwyodd, ond beiddiaf ddweud cymaint â hyn: dylai pob gwyriad oddi wrth reol dalu'n amlwg am ei le.

Pan oeddwn i'n grwt yn Llanfyrnach, yr oedd dau ŵr llengar yn cydweithio fel 'giangars' ar lein y Cardi Bach, y trên a redai o'r Hendy-gwyn i Aberteifi. Llenor rhyddiaith oedd Cadifor Evans a bardd oedd T. R. Davies (Tomi Cwm), bardd oedd yn ennill y prif wobrwyon mewn eisteddfodau 'Semi National'. Serch hynny, nid aeth erioed i'r un eisteddfod i gasglu ei wobr am ei fod yn rhy swil. Clywais T. R. Davies yn dweud ryw dro y dylai bardd geisio dweud rhywbeth newydd neu ddweud hen beth mewn ffordd newydd, ac efallai fod hynny'n fwy o gamp, gan mai hen, hen bethau, wedi'r cyfan, yw'r pethau sydd o wirioneddol bwys; ac yn oes y darganfyddiadau a'r dyfeisiadau gwyddonol a thechnolegol syfrdanol, ni chollodd y gosodiad yn y Llyfr y Pregethwr mo'i ystyr yn llwyr – 'Nid oes dim newydd dan yr haul'. Crybwyllaf hyn am fod yr ymdrech i ddweud hen beth mewn ffordd newydd wedi bod yn faen tramgwydd i rai o feirdd y gystadleuaeth hon.

Wrth *gloriannu* nid wyf am *or-gorlannu* ac felly dywedaf air am bob ymdrech, yn ôl trefn yr wyddor, gan neilltuo rhai yn unig i fod ar ben y rhestr. Didoled y lleill eu hunain. Nid oes un ymgais yn anobeithiol ac, yn wir, y mae i bob un ei rhagoriaeth. Cefais fwynhad mawr wrth eu darllen a diolch i'r beirdd am eu cynhyrchion.

Alltud: Os cywir yr argraff a gaf mai disgybl mewn ysgol yw'r ymgeisydd hwn, y mae ei ymdrech yn llawn addewid. Y mae drws yn ei ewyllys a'r hyn a ddisgrifia yw profiad tebyg i brofiad Saul o Darsus yn gwingo yn erbyn y symbylau i gadw Crist allan o'i fywyd. Ofer yw'r ymdrech! Gwaetha'r modd, y mae yn y gerdd rai gwallau iaith ac o leiaf un enghraifft o odli amheus.

Ceri: Dyma gerdd sydd yn rhedeg yn sonedol rwydd. Gan fod sôn am oedfa yn y llinell agoriadol a llety yn yr ail, mi dybiwn i mai o brofiad pregethwr neu bregethwraig y lluniwyd 'drws' *Ceri*. Drws sy'n agor ymgom ydyw ac mae'r gerdd yn adlewyrchu'r profiad poenus o fod mewn cwmni dywedwst, heblaw am fân siarad. Yn y cwpled clo, y mae'n dweud beth yw achos y mudandod. Am nad yw'r cwmni, mewn gwirionedd, yn adnabod y Gair, sef Crist, y maent yn brin o eiriau. Y mae'n ddi-fai o safbwynt iaith (er iddo fethu rhoi cartref i chwe acen grom).

Cofio: Y drws i'r hedd 'na ŵyr y byd amdano' yw drws *Cofio*, a hynny'n cael ei adlewyrchu yn niddigrwydd hen wraig a adawyd 'yn ddi-ddau' sydd â'i 'bysedd cnotiog' yn 'segur wau', yn ymgorfforiad o ffydd ddiysgog. Dyma ddarlun byw a wireddwyd lawer gwaith, diolch i oruchwyliaeth gras! Gyda llaw, y math o fanylyn sy'n andwyo'r darlun yw sôn am y 'clêr o gylch ei phen'.

Cwm Clyd: Drws heddwch yw eiddo *Cwm Clyd*. Y mae ail bedwarawd ei wythawd yn dda; nid yw ei chwechawd cystal ac y mae'n anodd credu bod ei gasgliad ar y diwedd yn gywir, sef nad agorir y drws byth am mai 'dyna'r drefn'.

Cwasi: Drws ysgoldy'r Sanctaidd Groes yn yr Ardoyne yng Ngogledd Iwerddon yw drws *Cwasi*. Y mae'r darlun yn fyw o'r dechrau i'r diwedd – y fechan ofnus, y plismyn mud, y seintwar ddiddos, croeswyntoedd byd, byd o boen, a chri dialedd. Dyma ymdrech lwyddiannus iawn i osod hen beth, sef rhagfarn a chasineb, mewn sefyllfa boenus o gyfoes, a hynny yn ffrâm draddodiadol y soned. Gan mai drws diriaethol Ysgoldy'r Sanctaidd Groes yw'r drws hwn, awgrymaf y byddai'n well newid yr wythfed llinell yn 'At ddrws Ysgoldy'r Sanctaidd Groes gerllaw'.

Dros fy Ysgwydd: Gorffennol yr unigolyn – y gwych a'r gwachul – yw drws y bardd hwn. Y mae'n dweud y gwir, sef nad oes allwedd ar gael i'w agor, ond yn ei ddweud heb lawer o newydd-deb. Gyda llaw, 'ysgerbydau' yw lluosog 'ysgerbwd' nid 'ysgerbydion'.

Giovanni: Ni synnwn i fawr nad y drws a agorodd Heulin ap Gwyn i gyfeiriad Cernyw ac Aberhenfelen, ym Mabinogi Branwen ferch Llŷr, a awgrymodd 'Drws' yn destun Eisteddfod Genedlaethol Sir Benfro 2002. Beth bynnag am hynny, un bardd a fentrodd sôn am hynny, a'r unig un a ddewisodd y ffurf Betrarchaidd. Cân ddisgrifiadol ydyw, heb ymdrech i gymhwyso'r digwyddiad i gefndir ehangach profiad, ac nid yw'n rhydd o wallau iaith.

Glyn: Y drws ei hun sy'n llefaru yn y gerdd hon. Barnaf mai drws 'ym mwlch yr argyhoeddiad' ydyw. Nid yw'r mydryddu'n foddhaol yn yr wythfed llinell ac y mae ystyr y cwpled clo y tu hwnt i'm dirnadaeth.

Gwynt yr Oesoedd: Yn y gerdd hon y mae'r myfyrdod dwysaf. Byddai cynnwys rhagenw perthynol yma a thraw yn gwella'i saernïaeth. Ond, wedi dweud hynny, y mae yma sylwedd gwirioneddol. Os iawn y deallaf, yr hyn y mae'r bardd yn ei ddweud yw fod pawb yn gwybod yn gyffredinol nad oes inni yma ddinas barhaus. Yr hyn sy'n delweddu'r sylweddoliad hwnnw yw 'gwynt yr oesoedd yn chwipio drwy'r fro.' Dyna'r ymwybyddiaeth gyffredinol. Ond y mae'r gwynt wedi 'cnocio heno ar y drws ei hun'. Ymwybyddiaeth bersonol y bardd am ddarfodedigrwydd einioes yw'r drws iddo. Y mae'n sylweddoli bod 'awr ei ymddatodiad' yn nesáu; ond y mae ganddo ffydd ac y mae'n credu bod 'y gorau eto nôl'. Ymadrodd cryptig, cyfoethog ei awgrym, yw 'ennill o fath yw colled o hyd'. Er bod y gair 'os' yn ei gwpled clo, hyder ffydd yw'r neges a fynegir.

Holman: Canig serch oedd soned yn wreiddiol a chân serch yw soned *Holman*. Priodas yw'r drws ac y mae genedigaeth yn agor drws arall i fwynhau 'gwyrth y wledd'. Nid wyf yn siŵr ai 'cil' yw'r gair cymwys yn llinell 6. Pan yw priodas yn stad a ystyrir yn amheus gan lawer, hyfryd yw gweld ei disgrifio fel hyn: 'Tydi yw'r drws sy'n arwain at yr hedd/A geir mewn gardd lawn blodau yn yr haf'. Y mae'n gyffelybiaeth ffodus, gan gofio bod rhaid gofalu am ardd mewn llawer modd neu fe dry'n anialwch.

Llion: Drws campfa o ryw fath a gawn yma, a'r selogion – y '*fans*' – a hithau wedi troi hanner nos, yn disgwyl i'w harwr ymddangos ar ddiwedd y gamp, er mwyn cael ei lofnod. Y mae'r cwpled clo'n effeithiol, a'r gair 'cipolwg' yn talu am ei le. Y mae *Llion* yn dweud llawer, a hynny'n ddigon cynnil am arwraddoliaeth.

Llyfrgellydd: Drws y Llyfrgell Gyhoeddus sydd gan y bardd hwn. Y mae ei soned yn rhedeg yn esmwyth; mae ei iaith yn lân; y mae traddodiad y toriad yn y chwechawd yn cael ei barchu ganddo ac, yn ddiamau, y mae'n dweud y gwir, sef fod gan lyfrgell gyhoeddus fwy i'w gynnig nag amgueddfa. Ond gan gymryd ei ffugenw o ddifrif, efallai fod gormod o bropaganda amlwg yn ei gerdd i roi boddhad llwyr.

Mam y Briodferch: Drws capel a geir yma. Y mae'n sôn amdani'n mynd drwyddo ar ddydd ei phriodas ei hun ac yna'n sôn am y boddhad o weld y ferch 'yn ffrâm y drws, ar fraich ei thad'. Byddai'n fwy effeithiol, yn fy marn i, petai'r bardd wedi cyfyngu'r sôn am ei phriodas ei hun i'r wythawd, ond y mae'r gerdd yn lân o ran iaith, ac yn rhedeg yn rhwydd.

Mynydd Dulas: Porth Eglwys Penrith yn Sir Benfro (Eglwys sydd wedi cau) yw'r drws i'r bardd hwn. Y mae'n sôn am y tristwch o feddwl am addoldy nad oes neb yn ei fynychu mwyach ond yn dweud ei fod, serch hynny, yn synhwyro bendith o gylch y fan. Gwaetha'r modd, y mae'r ffaith fod T. Gwynn Jones wedi rhoi mynegiant i hyn mewn perthynas ag adfeilion Abaty Ystrad Fflur yn ei gwneud hi'n anodd i neb draethu ar yr un pwnc gyda newydd-deb trawiadol. Nid yw'r gerdd yn rhydd o wallau iaith ac nid yw pob llinell yn rhedeg yn fydryddol esmwyth.

Nathanael: Atgyfodiad Crist yw drws *Nathanael*. Y mae'n traethu'n lân ac uniongyrchol yr hyn y mae Cristion yn ei gredu ond, am yr union reswm hwnnw, ni lwyddodd i ddweud 'hen beth' (sy'n dragwyddol newydd, wrth gwrs) 'mewn ffordd newydd', chwedl T. R. Davies, y ganger o'r Glôg; ac nid ar chwarae bach y cyflawnir y gamp honno.

Y Pren: Dyma fynegiant eto o brofiad y Cristion. Sonia am ddrws trugaredd a drws llawenydd a drws disgyblaeth a drws ffydd. Y mae'r mynegiant yn ddi-fai, a rhag i rywun weld bai ar y bardd am sôn am ddrysau, yn hytrach nag am ddrws, y mae'n crybwyll yn ei gwpled clo un drws yn arbennig a agorodd y lleill, sef y drws 'a gerfiodd Duw o bren y Groes'.

Daeth tair soned i'r brig, sonedau *Ceri* (er gwaethaf ei diffyg hirnodau, na chlywodd y cyfrifiadur sôn amdanynt, efallai), *Gwynt yr Oesoedd*, a *Cwasi*. Gwreidd-ioldeb *Ceri* a'm trawodd, a dwyster awgrymog *Gwynt yr Oesoedd*, ond *Cwasi* sy'n cipio'r dorch, a hynny am fod ei soned yn boenus o gyfoes ond yn gelfydd ei saernïaeth. Gwobrwyer *Cwasi*.

Y Soned

DRWS

Yn ofnus cerddai'r fechan gyda'i thad,
A chlywai her a bygythiadau'r llu,
Ymlaen dan lach y gwawdio a'r sarhad,
Heb ddeall yr atgasedd o bob tu;
Ar y palmentydd safai'r plismyn mud
Yn dystion i'r casineb ar bob llaw,
A'r plentyn yn ei dagrau'n troedio'r stryd
At ddrws ysgol Y Sanctaidd Groes gerllaw.
O fewn i'r seintwar ddiddos, profi blas
Cwmnïaeth ffrind ac athro o gylch y bwrdd;
Yma roedd lloches rhag pob cweryl cas,
A noddfa rhag croeswyntoedd byd a'u hwrdd,
Cyn dychwel drwy y drws i fyd o boen,
A chri dialedd strydoedd yr Ardoyne.

Cwasi

Ymson Ddoniol rhwng etholwr a gwleidydd

BEIRNIADAETH IWAN LLWYD

Ystyr 'ymson' yn ôl y Geiriadur Mawr, a dw i'n dal i lynu wrth eirwirdra'r geiriadur hwnnw, yw '(un yn) siarad ag ef ei hun' neu 'hunanymddiddan'. Yr enwocaf erioed, mae'n siŵr, yw ymson Hamlet – 'To be or not to be?'. Daeth yn ffurf gyffredin ar Dalwrn y Beirdd ac mewn ymrysonau ac mae beirdd cyfoes yn eu tro wedi defnyddio'r ymson fel ffurf i fyfyrio ar bynciau gwych a gwael. Dyna i chi ymson enwog y Prifardd Ifor ap Glyn ar 'Giwcymbyrs Wolverhampton'.

Mae'r ffurf yn ei chynnig ei hun, felly, ar gyfer pob math o destunau a myfyrdodau, yn arbennig os gofynnir am 'Ymson Ddoniol'. Gwaetha'r modd, ni lwyddodd i ddenu'r beirdd mawr na bach eleni, a dim ond un ymgais a dderbyniwyd, sef un *Eli.* Teitl ei 'ymson' ef/hi (a chofiwch ystyr y gair), yw 'Ymson rhwng Etholwr a Rod Richards'. Rŵan, os nad Rod Richards ei hun yw'r etholwr, yna *ymgom* sydd yma ac nid *ymson.* Mae hi'n gerdd ddigon doniol, o ystyried ail hanner y testun, a'r etholwr yn rhestru holl wendidau Rod yn ystod ei yrfa liwgar, a Rod ei hun yn mynnu ar y diwedd – 'Mae'r byd gwleidyddol mor ddi-liw/Heb fy nghael i o gwmpas!' Ond, o ystyried ystyr y gair 'ymson', nid dyna a gafwyd yn y gerdd ac felly, mae'n amhosibl i mi ddyfarnu *Eli* yn deilwng o'r wobr eleni.

Molawd neu ddychangerdd: Unrhyw fudiad neu sefydliad

BEIRNIADAETH GERAINT LØVGREEN

Ifan Llŷn: 'Molawd i'r mudiad "Cyfeillion Llŷn"'. Tudalen o gyflwyniad yn egluro holl gymwynasau Cyfeillion Llŷn i'r fro ac, wedyn, cerdd astrus (ffug-awdl?) gyda naw o droednodiadau. Dyma bennill nodweddiadol:

> Tre'r Ceiri heria'r canrifoedd,
> Mynydd a mawn i minnau oedd –
> A Chwlt y Celt mewn hen anheddau,
> roes 'wedi elwch' – esgyrn ac arfau.
> i heddwch a llwch o'r tywyll oesau.

Yn y canol, mae dwsin o linellau sydd, yn ôl y nodyn, 'yn ganadwy ar yr alaw "Llwyn Onn"' (!):

> Llanfawr ydy Llannor,
> Llanengan a rhagor,
> Llanbedrog, Llaniestyn
> sydd yma yn Llŷn,

Llanfihangel Bachellaeth –
Ei chrwth a'i cherddoriaeth,
Llandegwning, Llangian,
ymunwch â'r gân . . .

Ac ati. Ceir cyfeiriadau wedyn at Gwrtheyrn, Llywelyn, Edward I, tri Penyberth, R. S. Thomas, Gruffudd Parry, a'r Archdderwydd. Addysgiadol iawn. Ond nid molawd i'r 'Cyfeillion' ydi'r rhan fwyaf o'r gerdd. Ac er yr holl nodiadau esboniadol, does 'na ddim eglurhad o'r llinell:

ALIORTUS-ELMETIACO/HIC IACET.

Bron nad ydw i'n dechrau amau nad dychangerdd ofnadwy o gynnil sydd yma.

Fi gyda, fi gyn: 'Y Fenter'. Dyma cân yn dychanu'r Mentrau Iaith sy'n sbringio i fyny trwy Cymru i creatio lot o Cymry Cymraeg newydd! Ar y dechrau, mae Dysgwr yn canmol y gwaith da y maen nhw'n ei wneud:

Mae dyled fi'n mawr i'r Comiti
Maen nhw'n galw hi'n Menter yr Iaith.

Wedyn, ym mhrif gorff y gân, disgrifir y ffyrdd yr aed ati i benodi Trefnydd Iaith 'gwleidyddol gywir' a chael cymorth yr Aelod Seneddol ac Aelodau'r Cynulliad i sicrhau

. . . cildwrn
O'r Bae yn slei bach at greu Sesiynau Sadwrn,
Lle câi Dysgwyr sawl sir brofiadau ieithiasol [licio'r gair!]
Yng nghwmni'i gilydd, yn Gymreig-gymdeithasol.

Ar ddiwedd y gerdd, mae'r Dysgwr llwyddiannus yn dweud wrthym ei fod yn mynd yn diwtor ei hun:

i profi i bro doed a delo
bod Cymraeg fi yn mwy na gwd côs!

Dychan reit finiog ar y Mentrau gan fardd sydd yn amlwg ag asgwrn i'w grafu.

Cwasi: 'Undeb Rygbi Cymru'. Targed hawdd iawn ar gyfer dychan ydi'r Undeb Rygbi, wrth gwrs, ond dydi hynny ddim yn golygu bod y gerdd yn waeth oherwydd hynny. Mae'r bardd yn diolch, er gwaethaf cyflwr siomedig ein timau pêl-droed a chriced, fod 'ein gêm genedlaethol mewn dwylo diogel'. Mae'n mynd ati i ganmol gweinyddwyr yr Undeb i'r cymylau, a'r modd y maen nhw'n 'hybu a threfnu y cyfan ag afiaith', ac yn cynrychioli'r wlad ar deithiau oddi cartref yn

Un fintai ddilychwin o lwyrymwrthodwyr
Yn gwneud pob dyletswydd yn fanwl a thrylwyr.

Dyma ddychangerdd *a* molawd a ddylai wneud i bob Cymro o'r iawn ryw ymfalchïo yng nghalibr ein harweinwyr ym myd y bêl hirgron.

Nefar-agen: 'Cymdeithas Twristiaeth Ynys Môn (IATA)'. Dyma'r unig gerdd yn y wers rydd. Does gen i ddim byd yn erbyn hynny a dw i'n hoffi'r ffaith ei bod hi'n gerdd *fer* (pam mae cymaint o'r cerddi 'ma mor blwmin *hir*?) ond prin iawn ydi'r dychan yn y gerdd hon, ac yn sicr nid molawd mohoni. Dyma sut mae'n dechrau:

> Ildiais i'r awydd
> fu'n llusgo rai wythnosau
> a chyrraedd i groeso gwneud
> ble 'roedd busnes yn ddrewdod
> ym mhob twll a chornel.

Dylai *Nefar-agen* ystyried mai efo pluen y mae dychan, nid efo gordd. Mi allai'r mynegiant fod yn gliriach hefyd. A beth bynnag, pam mae angen deud pethau cas am Sir Fôn?

Rhodri Fawr: 'Y Cynulliad'. Sefydliad arall sy'n gofyn am gael ei ddychanu'n ddidrugaredd ydi'r Cynulliad, wrth gwrs, a dydi *Rhodri Fawr* ddim yn ein siomi. 'Magu'r Babi' ydi enw'r gerdd ac mae'n llawn cyffyrddiadau clyfar. Mae'n dechrau drwy ddweud:

> Hen fabi hyll a anwyd [person gordd arall ydi *Rhodri Fawr*, gwaetha'r modd]
> 'r ôl Llafur hir a gwael . . .

Mae'r babi bellach yn cael ei fagu gan

> . . . Rhodri Fwyaf,
> un cyrliog, golwg Blêr . . .

Dywedir bod angen 'clamp o grud' i'r babi yn y Bae, wedyn y caiff ei fwydo â wisgi a *gin* yn gymysg â'i laeth. Sonnir am y 'dolur rhydd' sydd ar y babi, ei bigiad MMR, y Tŷ Opera sydd arno'i eisiau yn lle tŷ dol, clwy'r traed a'r genau, ceiswyr lloches yn y jêl, Dafydd Êl, y ffordd rhwng de a gogledd . . . Erbyn hyn, mae'n saethu at unrhyw gocyn hitio sy'n symud ond heb fod yn siŵr sut i'w dychanu i gyd. Yr ergyd ar y diwedd (dw i'n meddwl) ydi y gallwn ni daflu'r Cynulliad ond bod Rhodri efo ni i aros.

Swog: 'Urdd Gobaith? Cymru'. Mae *Swog* yn ddychanwr miniog arall a'r Urdd sy'n ei chael hi ganddo. Mae'n canmol y mudiad am roi heibio'r 'rwdlan am goch gwyn a gwyrdd':

> Anghofiwch am Gymru, a chyd-ddyn a Christ,
> Tra bo arian o Loegr yn llifo i'r gist

ac mae'n ddeifiol wrth groesawu'r moderneiddio sy'n golygu symud i balas crand yng Nghaerdydd a 'chael gwared o'r chwyn' yn y siroedd. Beth am fynd gam ymhellach, meddai, a defnyddio'r 'Mileniwm Dôm' i gynnal eisteddfodau, gwersyllau, cyngherddau 'dwyieithog, wrth gwrs'. Mae 'na ryw anoddefgarwch yn brigo i'r wyneb ambell waith, sydd ychydig bach yn annifyr, hyd yn oed mewn cwpledi digri:

Mae ganddo aelodau o bob cwr o'r wlad
Sy'n arddel eu gwreiddiau – bob lliw, neno'r tad . . .

Mae lle yn ein mudiad i'r Pabydd, Hindw
I'r Iddew, Mohamed, a chred Timbyctŵ.

Ac er ei ddeifioldeb, mae mwgwd y dychanwr yn llithro weithiau:

Mi fyddai Syr Ifan yn troi yn ei fedd
Wrth weld ei hoff fudiad ar ei newydd wedd.

Ac mae'r straen o ddychan wedi mynd yn ormod iddo eto erbyn y diwedd:

Ond er mod i'n canu y clodydd yn groch,
Rwyf bron â llewygu â thafod mewn boch.
Er hawdd, 'nôl y sôn, cynnau tân ar hen *Aelwyd,*
Mil haws yn y bôn yw anghofio hen ddelfryd.

Gan *Ifan Llŷn* y cafwyd yr unig folawd, os nad dychan y mae yntau. Dw i ddim yn hollol siŵr be' sydd gan *Nefar-agen* ond nid dychan ydi o. Mae *Fi gyda, fi gyn, Swog* a *Rhodri Fawr* yn ddychanwyr sy'n argyhoeddi mewn mannau ond ddim yn gyson drwy eu cerddi. Felly, *Cwasi* sy'n llawn haeddu'r siec a'r clod.

Y Folawd/Dychangerdd

UNDEB RYGBI CYMRU

Mae ein carfan bêl-droed yn ein siomi o hyd
Wrth geisio cystadlu am Gwpan y Byd,
A thîm criced Morgannwg, er yr holl addewidion,
Fel arfer yn isel yng nghynghrair y Saeson;
Ond na ddigalonnwn na bod yn benisel,
Mae ein gêm genedlaethol mewn dwylo diogel.

Teyrnasu wna Dennis a Glanmor ag urddas,
Mewn cartref cysurus ym merw'r brifddinas.
Gweinyddir y gêm yn effeithiol a chymen,
A phawb yn cydweithio'n gytûn a di-gynnen.
Yr Undeb a'r clybiau mewn harmoni perffaith,
Yn hybu a threfnu y cyfan ag afiaith.

Ar ambell benwythnos bydd gêm Cwpan Cymru,
Dro arall bydd Cynghrair y Celtiaid i'n denu.
Rhaid mentro i Ewrop, er mynych gyflafan,
A'r gemau rhyngwladol yn goron i'r cyfan.
Ond ni chlywir gair croes, ni fydd dim anghytundeb,
Mae'r cyfan mewn trefn dan reolaeth yr Undeb.

Yr Undeb aiff ati yn griw cydwybodol
I drefnu hyfforddwr i'n tîm cenedlaethol;
Roeddynt oll yn gytûn nad oedd Carwyn yn addas
I geisio rhoi siâp ar dîm rygbi ein teyrnas.
Cafodd Ryan a Davies y sac ar eu hunion,
A dyna fu hynt Kevin Bowring a Waldron.

A Cobner anfonwyd ar bell genadwri
Ar daith draw i Auckland at ryw Hwrê Henry,
A daeth y Gwaredwr â'i briod i'w ganlyn,
Ac yn saff yn ei boced gytundeb amheuthun;
Ond mae'r Undeb yn dal heb gael ateb i'r cwestiwn,
Pam perfformio mor wael ar ôl gwario'r fath ffortiwn?

Rhaid oedd codi stadiwm, un newydd sbon danlli,
Gyda chae oedd yn cyrraedd yn ddarnau mewn lori,
A tho sydd yn agor a chau yn ddi-dwrw,
Fel bo'r cyfan yn ddiddos os bydd hi yn bwrw;
A Glanmor fel duw yn syllu i'r nen,
Ac yn gwylio ei nefoedd yn agor uwchben!

Er mwyn gwella ein tîm maent yn effro o hyd,
Ac fe gyrchant chwaraewyr o bedwar ban byd;
Bydd llu o dramorwyr yn dangos eu medrau,
A'u neiniau yn dod o Sir Fôn neu Ddolgellau;
Os na chânt o dramor wŷr dawnus a disglair,
Rhaid troi tua Lloegr a Rygbi y Gynghrair.

Mae'r Undeb am roi i bob Cymro'i iawnderau,
A rhoir lle i'r ddwy iaith yn ei holl weithgareddau;
Y Gymraeg sydd i'w gweld ar bob poster a thaflen,
A cheir ambell i air hyd yn oed yn y rhaglen;
A rhaid i'r chwaraewyr i gyd ddysgu'r anthem,
A'i chanu'n frwdfrydig – does yna ddim problem.

A phan fydd ein tîm â gêm oddi cartre',
Bydd pob aelod o'r Undeb yn cyrchu i'r fangre;
Un fintai ddilychwin o lwyrymwrthodwyr
Yn gwneud pob dyletswydd yn fanwl a thrylwyr;
Rhaid gwledda'n gytûn er mwyn hybu brawdgarwch,
A chymryd llawn fantais o bob lletygarwch.

Ac felly, gyfeillion, byddwn oll yn ddiolchgar,
Am Undeb sydd mor gydwybodol a gweithgar,
Mae dyfodol y gêm mewn dwylo diogel,
A'r argoelion yn gryf fod oes aur ar y gorwel.
Penliniwn yn wylaidd, bob tîm a chefnogwr,
Wrth draed gwŷr yr Undeb – a 'Hwyl Fawr' i'r Gwaredwr!

Cwasi

Cerdd ddi-odl heb fod dros 30 o linellau: Cysgod/Cysgodion

BEIRNIADAETH GWYNN AP GWILYM

Bu hon yn gystadleuaeth dderbyniol, a'i goreuon yn cyrraedd safon foddhaol iawn. Derbyniwyd naw o gerddi. Dyma sylwadau byrion ar bob un ohonynt, yn nhrefn y mwynhad a gefais i o'u darllen.

Graffiti: Y mae brychau iaith yn amharu ar y mynegiant, e.e., *fy nghwaith* (fy ngwaith), *pan gannodd* (ganodd) *y ffôn, drŵs* (drws), *cwn* (cŵn), *nôs* (nos), *fy'n mhenblwydd* (fy mhen-blwydd), *os cai* (ca' i) *gyfle*. Sôn sydd yma am salwch un a fu unwaith yn annwyl i'r bardd, a'r salwch, mae'n debyg, yw'r cysgod. Gwaetha'r modd, fodd bynnag, y mae'r cysgod hwnnw ormod yn y cefndir i'r gerdd fod yn gwbl destunol.

Saran: Diofalwch delweddu yw bai mwyaf *Saran*. Dywedir, er enghraifft, fod 'hen wênau [*sic*]/. . . yn lapio eu breichiau/yn gynnes/amdanaf'. A oes gan wenau freichiau? Dywedir wedyn fod 'islais eu lleisiau/yn chwibanu/yn y gwynt'. Ai â'r llais y bydd dyn yn chwibanu? Ergyd y gerdd yw bod lluniau ar bared yn gysgodion o gariad, sy'n gysur wrth heneiddio. Wedi tacluso tipyn arni, byddai ei diffuantrwydd yn argyhoeddi.

Noir: Lluniau fideo o un annwyl, a fu farw, yw'r cysgodion, a'r rheini'n 'olau dihangfa' i'r sawl sy'n hiraethu. Un nam sydd ar y gerdd, i'm tyb i. Y mae dechrau'r ail bennill yn sôn am ddioddefaint yr ymadawedig cyn ei farw. Ar 'y llwybrau hynny', sef llwybrau'r dioddefaint, dywedir bod y lluniau fideo yn 'oleuni dihangfa'. Yr hyn a olygir, fodd bynnag, yw eu bod yn 'olau dihangfa' i'r sawl a adawyd ar ôl yn 'oerni unigrwydd'.

Gad fi fod: Un o ddwy gerdd sy'n dehongli'r testun yn llythrennol. Y mae yma ymgais i gyfleu sut y mae cysgod y bardd yn ddrych o'i ansicrwydd a'i ofnau. Ef sy'n achosi'r 'troi a throsi' yn oriau'r nos ac ef hefyd sy'n 'patrymu'r dihuno' pan ddaw golau dydd. Tipyn yn chwyddedig yw'r disgrifiad o'r dihuno hwnnw fel y foment 'pan fo llafn golau/yn hollti eiliadau'r ysgryd', ac ni hoffais ychwaith y darlun o'r cysgod 'fel rhyw ddoe yn methu diosg/gwisg echdoe'.

Quoyle: Cerdd am ddigwyddiadau trychinebus Medi 11, 2001. Llwyddir i gyfleu arswyd y 'cudyll dur' yn hedfan o'r 'awyr ddigwmwl' i mewn i'r tyrau yn Efrog Newydd (er mai am un tŵr yn unig y sonnir yma ac nid yw'n glir i mi paham y gelwir hwnnw yn 'dŵr/ein dyheadau a'n gobaith'). Yr unig beth sy'n tynnu oddi wrth y gerdd yw ei gorddefnydd o ansoddeiriau, e.e., 'awyr *ddigwmwl*', 'gwres *cynnar*', 'cymylau *ffrwydrol*', 'llwch *chwerw*', 'eisin *marwol*', 'bravado *brau*'. Gellid hefyd fod wedi cryfhau'r cwpled clo.

Sipsi: Printiwyd y gerdd uwchben llun cyfrifiadur o sipsi yn twymo'i ddwylo o flaen tân coed agored ac esbonnir bod yn rhaid dechrau ei darllen 'i lawr tuag at y tân, ac yna . . . i fyny o'r fflamau'. Mewn gair, ni all y gerdd fodoli heb y llun a dyna'i phrif wendid. Gwendid arall yw'r defnydd llac o ansoddeiriau, e.e. 'llam *uchel*', 'dillad *lliwgar*', '*nwyfus* ddawns', 'curiad *cyflym*', 'yr olygfa *ramantus*'. Y cysgodion a gyfyd o'r tân yw cysgodion Belsen ym 'mhyllau tywyll y cof' – un o'r ugeiniau o ddelweddau a ddefnyddiwyd am 'y cof' dros y blynyddoedd.

Garan: Y cysgodion yw camweddau'r gorffennol. Y mae yn y gerdd ymgais at ddelweddu: codir y camweddau ar ffeiliau i ffenestr cyfrifiadur y gydwybod a honno, yn ei thro, yn 'tywyllu sgrîn y ffurfafen', gan ddiflasu diwrnod braf. Gwendid y gerdd yw fod y delweddau cyfrifiadurol yn aneglur mewn mannau; er enghraifft, nid yw'n glir i mi at beth y cyfeirir yn y llinellau

Mae arnai'i [*sic*] ofn colli'r rhaglen
sydd heb ei hachub,
tra bo lleidr amser fel y dyn treth
yn amyneddgar asesu'r gwerthoedd
yn y dirgel.

Beth yw'r 'rhaglen sydd heb ei hachub'? Beth yw'r 'gwerthoedd'? Ac ymhle y mae'r 'dirgel'? Ai'r ystyr yw: 'Mae arna' i ofn marw heb fod yn driw i'r gwerthoedd sydd yn fy nghalon'? Dengys ansicrwydd fel hyn ynglŷn â dehongli na fu'r delweddu'n llwyddiannus bob tro.

Eigiau: Dyma'r ail gerdd sy'n ymdrin yn llythrennol â'r testun, yn null cywydd Dafydd ap Gwilym, 'I'w Gysgod'. Bu'r cysgod erioed:

Yn cofnodi digwyddiadau bywyd, fel lluniau
camera twll pin, mewn rhith amherffaith.

Y mae weithiau 'ar y blaen/a thro arall . . . [y] tu ôl i mi'. Bu ei ddwylo a'i draed 'yn fy niddori trwy bregethau sych', a bu'n 'fwy brwdfrydig na mi/. . . ar y cae pêl-droed'.

A phan gefais gariad, cefaist ti un yn rhywle
i gerdded law yn llaw. A phlant wedyn,
rhai i chwarae gyda fy mhlant i.

Mwynheais naws chwerw-felys y gerdd hon, ei mynegiant glân a'i rhythmau cadarn.

Hafgan: Clwy'r traed a'r genau yw'r cysgod y tro hwn ac ymdrinnir ag ef ar gefndir yr hen chwedl Fabinogaidd am yr hud ar Ddyfed, pan drowyd y wlad yn 'ddiffaith anghyfannedd, heb ddyn, heb anifail'. Llwyddwyd i gyfleu darlun grymus ac y mae uniongyrchedd y mynegiant, a'r cyffyrddiadau cynganeddol yma ac acw, yn cyfoethogi'r dweud.

Pe na bai *Hafgan* yn y gystadleuaeth, buaswn yn fwy na pharod i wobrwyo *Eigiau*. *Hafgan*, fodd bynnag, sy'n mynd â'r wobr, a hynny'n haeddiannol.

Y Gerdd Ddi-odl

CYSGOD

Ar draed o rew y daeth i orymdeithio,
y Brenin Braw yn gwasgar ei gysgod
yn ddistaw hyd ddôl,
a'i rym iasol yn rhychwantu'r meysydd
ar sang farus angau.
Anweledig ei fwledi
wrth droi cae yn warthdir cad,
a'n dyfodol ar ddibyn difodiant
yn dwll diwaelod a du.
Ninnau a welwn ynni ei ffwrnais uffernol
yn holocost o rostio
ar orwel sy'n llawn o bentyrrau eirias,
a dyfod y drewdod o draw.
O garthu ein tiroedd o'u gwartheg,
a'n hamddifadu i gyd
o fwrlwm o ddefaid ac ŵyn
ar ddôl sy'n prysur fynd o'r golwg,
nid yw ein gwlad ond ceulan o gelanedd,
am mai Annwn ei hunan sydd yma heno
yn fyw ar faes.

Hafgan

TESTUNAU A GWOBRAU ARBENNIG LLYS YR EISTEDDFOD GENEDLAETHOL

Gwobr Goffa Daniel Owen: Nofel heb ei chyhoeddi

BEIRNIADAETH BRANWEN JARVIS, GERAINT V. JONES A JOHN ROWLANDS

Cafwyd cnwd da o nofelau eto eleni. Wyth yn Llanelli yn 2000, pedair yn Sir Ddinbych yn 2001 (er na chafwyd teilyngdod) a naw yn Sir Benfro yn 2002. Cymharer hyn â'r sefyllfa ddeng mlynedd yn ôl. Yng ngeiriau Islwyn Ffowc Elis yn 1992: 'Bu beirniaid y gystadleuaeth hon yn Eisteddfod 1990 yn ffodus: pedair nofel i'w darllen ac un deilwng iawn yn eu plith. Llai ffodus o dipyn fu'r beirniaid ym Mro Delyn y llynedd: un nofel yn unig, a gorfod atal y wobr. Cyd-rhwng y ddau deulu yr ydym ni eleni. Dwy nofel.' Calonogol, a dweud y lleiaf, fu'r ymateb y tro hwn, felly. Do, cynyddodd y wobr ariannol yn sylweddol, gan roi sbardun i rai, mae'n debyg. Does dim o gwbl o'i le ar hynny: gwaith llafurfawr yw llunio nofel ac y mae nofel dda yn llawn haeddu ennill swm anrhydeddus. Ond tybed nad oes rhywbeth arall ar waith? Rhyw don o benderfyniad ac egni creadigol?

Yn sicr, bu'r gystadleuaeth eleni yn un ddiddorol, fywiog ac amrywiol ei chynnyrch. Ni chafwyd un nofel wirioneddol wael ac y mae nifer, ar wahân i'r ddwy orau, y gellid ystyried eu cyhoeddi. Nodwedd arbennig ar y gystadleuaeth oedd bod saith o'r naw wedi'u sgrifennu yn y person cyntaf. Cafodd hyn effaith bellgyrhaeddol ar arddull y rhan fwyaf o'r saith. Gwelir yn y nofelau duedd gyson at anffurfioli iaith, gan fod cymaint o'r testun ar ffurf sgwrs – y cymeriad canolog yn siarad ag eraill, neu'n siarad ag ef ei hun, neu'n siarad yn uniongyrchol â'r darllenydd. Mae hyn yn codi problem. Pa mor llafar y dylai'r ieithwedd fod, o gofio nad recordydd tâp mo'r nofelydd ond artist sy'n llunio'i ddeunydd yn ofalus i greu effaith arbennig? A ganiateir i'r nofelydd fod yn eithafol dafodieithol, gan beri, efallai, ddieithrwch a chwithdod i rai darllenwyr? Os yw'r awdur yn ceisio bod mor realistig â phosibl, faint o eiriau Saesneg a ganiateir cyn tarfu'n ormodol ar y normau llenyddol arferol? A yw'r normau hyn yn rhai y dylid eu gwarchod p'run bynnag?

Ni ellir disgwyl ymateb cyson na hawdd i'r cwestiynau hyn. Fodd bynnag, yr hyn oedd yn amlwg wrth ddarllen y nofelau eleni oedd fod pwnc anffurfioli iaith, neu greu ieithwedd sy'n realistig yn hytrach nag yn draddodiadol lenyddol, yn fater o bwys i'r rheini sy'n sgrifennu yn Gymraeg ar hyn o bryd. Yr oedd y gystadleuaeth, drwodd a thro, yn rhoi'r argraff fod arddull y nofel yn symud yn ei blaen, a bod ffiniau'r hyn sy'n bosibl yn cael eu hymestyn.

Yn baradocsaidd ddigon, mae defnyddio ieithwedd anffurfiol iawn yn gofyn am afael sicr ar iaith a chystrawen draddodiadol. Onid yw'r awdur yn deall yn iawn yr hyn y mae'n ei wneud wrth lafareiddio, y perygl yw llunio brawddegau amwys ac anniben, neu hyd yn oed frawddegau y mae'n rhaid eu darllen sawl tro cyn deall yr ystyr.

Calon y frawddeg yw'r ferf. Sylwyd yn arbennig eleni ar lacrwydd y defnydd ohoni, a hynny'n aml oherwydd yr ymdrech i anffurfioli y buwyd yn ei thrafod. Gwelwyd anghysondeb yn y defnydd o amser berf, gan neidio'n ddigyfiawnhad o'r naill amser i'r llall; ansicrwydd wrth ddefnyddio ffurfiau'r amhersonol ac wrth ddefnyddio ffurfiau'r amherffaith; ac, yn bennaf oll, gywasgu nes creu ffurfiau annerbyniol neu anghywir: *welai di* yn hytrach na *wela i di*; *mi âi* yn hytrach na *mi a i*; *mi fyddai* lle y golygir *mi fydda i*; *o ni* yn lle *(r)on i*, ac yn y blaen. Nid sôn am fanion dibwys yw nodi pethau fel hyn ond annog rhoi sylw dyladwy i rym ac ystyr y frawddeg.

Yn yr un modd ag y ceir gofynion sylfaenol o ran iaith ac arddull, ceir amodau eraill hefyd, amodau sylfaenol nad oes gan unrhyw nofelydd yr hawl i'w hanwybyddu – plot ac is-blot(iau) sydd ag ôl cynllunio manwl arnyn nhw ac sydd â'u gwreiddioldeb yn cydio yn nychymyg darllenydd; dawn i ddisgrifio ac i greu cymeriadau byw; y gallu i lunio deialog rwydd a diwastraff. Fe ŵyr pob nofelydd profiadol am y gofynion hyn i gyd ac fe ŵyr hefyd bod yn rhaid iddo fyw yn hir gyda'i gymeriadau a chyda'i stori cyn dechrau o gwbl ar y broses sgrifennu.

Cyfarfu'r tri ohonom i drafod y nofelau, a ffrwyth y cyd-drafod hwnnw yw'r feirniadaeth hon. Gan fod mesur helaeth o gytundeb rhyngom, a chan ein bod yn awyddus i osgoi'r ailadrodd gwastraffus sy'n digwydd weithiau mewn beirniadaethau ar wahân, penderfynwyd mai cyflwyno beirniadaeth ar y cyd fyddai fwyaf effeithiol, o geisio cadw oddi mewn i ffiniau rhesymol. Lle y cafwyd gwahaniaeth barn, nodir hynny.

Teimlwyd mai peth artiffisial, a mympwyol i raddau, fyddai gosod yr ymgeiswyr mewn dosbarthiadau. Trafodir y nofelau, felly, yn unigol, yn nhrefn yr wyddor, ond gan gadw'r rhai a ystyrid yn deilwng o Wobr Goffa Daniel Owen tan y diwedd.

Cedric: 'Y Twyllwr'. Fe'i cawsom braidd yn anodd stumogi'r hyn sydd wrth wraidd y stori ryfedd ac anghyffredin hon – sef ymgais i farchnata ar lefel ryngwladol ryw flasusfwyd anghyffredin a wnaed o frîd arbennig o falwod a ddarganfuwyd gan ryw grwydryn hipïaidd o gymeriad a ddigwyddodd daro arnynt pan oedd yn gwersylla yng nghanolbarth Cymru. Gwaetha'r modd, trethir amynedd y darllenydd gan fanylion busnes anniddorol ac felly nid yw ergyd y nofel yn cyrraedd y nod rywsut. Mae iddi thema waelodol gwbl ddifrifol, yn ymwneud â moesoldeb y farchnad rydd, ac fel y gall cenedl fechan werthu'i henaid i gorfforaethau byd-eang. Mae'n bwnc o bwys yn oes globaleiddio ond nid yw'r awdur wedi llwyddo i gyfieithu'r egwyddorion yn stori afaelgar gyda chymeriadau sy'n tanio'r dychymyg.

Tipyn o gowlaid yw'r stori mewn gwirionedd. Down i ddeall yn fuan nad oes ffrwyn ar ddychymyg yr awdur na chynllun amlwg i'w waith. Mae'r un anghynildeb i'w weld hefyd yn y ddeialog. Prennaidd yw'r dweud yn aml, heb ddim o'r bywiogrwydd a'r hyblygrwydd a ddisgwylid mewn cystadleuaeth fel hon.

Dicsi'r Glust: 'Dial yr Hanner Brawd'. Stori ar batrwm y gyfres deledu *Cracker* yw hon, lle ceir ditectif arolygydd gyda Heddlu De Cymru yn ceisio cymorth seiciatrydd i ddatrys nifer o lofruddiaethau. Disgwylir i Mathew (neu Math) ddadansoddi meddwl sgitsoffrenig y llofrudd a thrwy hynny egluro ei gymhellion dros ladd. Mae'r llofrudd hwn wedi'i drwytho yn chwedlau'r Mabinogi ac yn cael ynddynt y cymhelliant i gyflawni ei holl weithredoedd ysgeler. Mae enwau a motifau'r Mabinogi yn gweu drwy'r stori ac yn hanes yr Efnisien gwyrdroëdig y cafodd yr awdur ei deitl.

Mae'r awdur, wrth sgrifennu, fel pe bai'n gweld y stori'n datblygu ar sgrîn deledu. Efallai mai dyna paham y mae'r diweddglo'n siomedig o ystrydebol. Ni wnaed digon o ymdrech i fynegi mewn geiriau yr erchylltra a'r tyndra y gall 'effeithiau arbennig' y teledu eu creu. Weithiau, hefyd, y mae'r arddull yn pwyso'n drwm ar y Saesneg, yn enwedig lle mae ei gymeriadau yn trafod rhinweddau gwahanol chwaraewyr jazz – enghraifft o broblem yr 'iaith realistig' y buwyd yn ei thrafod eisoes.

Mae hon yn nofel bur soffistigedig sydd wedi'i chynllunio'n dda. Mae hi'n gafael yn y darllenydd o'r dechrau i'r diwedd a cheir ynddi dipyn o swmp o ran syniadaeth a seicoleg, er nad yw personoliaeth y llofrudd wedi'i darlunio'n ddigon manwl i fod yn llwyr argyhoeddiadol. Yn yr un modd, nid yw rhai o'r themâu diddorol sydd ymhlyg yn y stori wedi'u llawn ddatblygu. Fodd bynnag, ceir yma awdur dawnus ac y mae'r nofel yn sicr yn werth ei chyhoeddi.

Elishka: 'Rhwng y Nefoedd a Las Vegas'. Ceir dechrau da i'r nofel fer hon. Mae'r iaith a'r arddull yn gadarn, mae'r stori'n mynd rhagddi'n rhwydd, ac mae cymeriad Alys Palance yn datblygu'n ddiddorol dros ben. Mae hi'n hen ast, blaen ei thafod, ond eto'n hoffus oherwydd ei hagwedd dim-ots-am-neb. Ond fe gollodd *Elishka* afael ar saernïaeth ei nofel pan ddechreuodd neidio i mewn ac allan o feddyliau pob un o'r cymeriadau eraill hefyd yn eu tro. Ar ben hynny, ceir neidio yn ôl a blaen mewn amser a neidio hefyd o'r person cyntaf i'r trydydd ac yn ôl drachefn. Canlyniad y cyfan yw cymhlethu'r plot yn ddiangen.

Serch hynny, mae'r nofel hon yn gafael. Mae yma ddawn i sgrifennu'n fywiog, caled ac amharchus, ac mae rhyw egni'n byrlymu trwy'r arddull. Agwedd ddiddorol ar y nofel yw'r chwarae rhwng y realaidd a'r dychmygol, gyda'r ffin yn denau weithiau, a hynny'n fodd i ddeffro dychymyg y darllenydd a gwneud iddo foeli'i glustiau. Ceir yma ddeunydd crai addawol iawn yn ogystal â dawn sgrifennu afaelgar dros ben. Dylai'r awdur dreulio mwy o amser yn saernïo'r plot ac ailystyried rhai o'r technegau adroddiadol: bydd yna wedyn nofel a fydd yn wir werth ei chael.

Eric: 'Siani Flewog'. Er gwaetha'r ffugenw, mae'n eithaf amlwg mai merch yw awdur y nofel hon. Caiff y stori ei hadrodd trwy lygad a thrwy ddychymyg direidus Siân yr Hendre, geneth yn ei harddegau cynnar. Mae hi'n un o deulu o ddeg sydd wedi gorfod cefnu ar fywyd amaethyddol Bryn Ysgallen a symud i fyw'n gyfyng yn Yr Hendre ar Heol y Domen. Yno, mae cael cymdogion yn dynn o'i chwmpas yn brofiad newydd a chyffrous iddi ac mae pobol sy'n llawn dirgelwch a rhamant fel Doli Brenhines y Cathod, Twm Siop Twm ac eraill yn destun rhyfeddod parhaus iddi ac yn sialens i'w dychymyg byw ac i'w thafod ffraeth. 'Siân, dwyt ti ddim ar yr un blaned â ni', meddai un o'i brodyr wrthi, a dyna sydd wir hefyd, yn amlach na pheidio, wrth iddi dreulio'i hamser yn ei byd bach ffantasïol ei hun. Hi yw Siani Flewog y teitl: 'gwallt tywyll, gwyllt sydd gen i, ffrwgwd rhwng pob gwelltyn a dyna sut ddois i'n Siani Flewog'.

Camp *Eric* yw medru sgrifennu'n ysgafn ac yn ddychmygus ac yn ddigri iawn hefyd ar adegau. Mae arbenigrwydd ei nofel i'w weld yn bennaf yn y modd y mae'n creu cartwnau byw o gymeriadau ac yn llunio cameos bach diddorol. Mae gan *Eric* hefyd ddawn i lunio cyffelybiaethau gwreiddiol a chofiadwy.

Er bod yma rinweddau pendant, ceir hefyd wendidau pwysig. Tuedd i orsgrifennu yw un; un arall, pwysicach fyth, yw diffyg trefn a chyfeiriad. Anodd ar adegau yw darganfod unrhyw linyn cyswllt i gydio'r cyfan ynghyd. Y diffyg hwn a barodd i'r ddau feirniad arall ei gosod yn is yn y gystadleuaeth nag y gwnaeth Geraint V. Jones.

Niebla: 'Mwg yn dy Ben'. Roedd cael nofel am weithreg mewn siop garpedi yn un o gymoedd y de yn awyr iach ac amheuthun oedd clywed tinc tafodiaith ddeheuol wrth ddarllen. Nofel yw hi am wraig gymharol ifanc sy'n gaeth i gyffur. Mae wedi mynd yn orddibynnol ar dabledi cwsg a thrwy ei llygad niwlog hi fe gaiff y darllenydd ei dynnu i mewn i'w byd swrth, hunllefus. Oherwydd ei gwendid, mae'n tynnu pob math o broblemau i'w phen – mae ei gŵr yn ei gadael, gan fynd â'u hunig blentyn efo fo; mae'n dioddef ei cham-drin gan aelodau'i theulu a chan ddieithryn llwyr; mae hi hyd yn oed yn anghofio mynd i angladd ei mam ei hun. Fe'i gwelwn hi'n llithro'n ddyfnach ac yn ddyfnach i bwll anobaith nes iddi yn y diwedd geisio'i lladd ei hun. Yn rhan olaf y stori cawn wylio'i brwydr araf a phoenus allan o'r pwll hwnnw.

Mae'r sgrifennu'n bwerus, gyda defnydd o ddelweddau cryfion sy'n serio'r dychymyg. Mae'r stori'n annelwig o raid, am ei bod yn ymwneud â chyflwr meddwl sigledig y prif gymeriad (sy'n creu'r holl fwg yn ei phen), ond llwyddir i greu argraffiadau cryfion. Weithiau, teimlir bod darllen y stori fel gwylio ffilm mewn iaith ddieithr – gwelwn bethau'n digwydd heb wybod yn iawn beth oedd eu harwyddocâd. Nid gwendid mo hynny o gwbl, er bod lle i dynhau rhywfaint ar y plot mewn mannau. Gydag ychydig o gaboli ar y mynegiant yn ogystal, byddai hon yn nofel rymus iawn.

Oriana: 'Sagrafen'. Mae'r nofel glyfar hon yn ddigon i fynd â gwynt rhywun. Mae'n berwi gan gymeriadau amrywiol a golygfeydd i danio'r dychymyg. Ni ellir ond edmygu deallusrwydd yr awdur hefyd, oherwydd mae'r nofel yn rhyw fath o stori dditectif academaidd. Ceir haen hanesyddol sy'n adlewyrchu meddwl chwilfrydig ond symuda'r stori hefyd yn gyflym ar hyd a lled Cymru'r presennol, sy'n rhoi iddi ymdeimlad cryf â thrwch diriaethol bywyd heddiw. Mae'r ddeialog a'r mynegiant yn gyffredinol yn befriog hefyd. Er yr holl rinweddau hyn, ni theimlem fod y nofel yn gwbl lwyddiannus. Efallai ei bod yn rhy sgleiniog ar yr wyneb ac nad oes cymaint â hynny o sylwedd ynddi. Efallai hefyd fod yma ormod o gofnodi ffeithiau amherthnasol ac o grwydro o le i le. Gellid tynhau'r mynegiant hefyd mewn mannau. Ond mae yma nofel swmpus, ddiddorol, soffistigedig. Gobeithio y caiff yr awdur gyfle i ailedrych arni cyn ei chyhoeddi.

Robin: 'Pethe Achlysurol'. Nofel fer iawn yw hon, wedi'i sgrifennu yn y person cyntaf yn gyfan gwbl mewn tafodiaith, heb unrhyw wahaniaeth bron rhwng iaith deialog ac iaith naratif. Dilynir hynt a helynt criw o bobl ifanc dros gyfnod o rai misoedd. Alcohol a rhyw a chyffuriau yw testun pob sgwrs a gweithred bron ond ceir dogn o hiwmor ac eironi i lefeinio'r hyn a allai fod yn syrffedus: mae'r criw yn byw bywyd 'traddodiadol Gymreig' trwy 'falu cachu, malu gwydrau, malu'r ymennydd, malu caneuon gwerin Cymraeg, malu teimladau a malu beth bynnag arall oedd o'r ffordd'. Yn y bennod, 'Pum Lemon ar Bumlumon', ceir disgrifio pump o gymeriadau, sy'n dwyn llysenwau difyr fel Clwtyn Llestri a Clawdd, yn treulio noson ar ben mynydd yn strymio gitâr, mynd yn uchel ar fadarch hud, chwydu – ac un yn cael rhyw brofiad cyfriniol orgasmig wrth edrych i bob cyfeiriad o gopa'r mynydd.

Dagrau pethau i Robin (enw'r prif gymeriad, a ffugenw'r awdur hefyd) yw ei fod yn sylweddoli oferedd ei fyw ac wedi 'cael llond bol o'r hen rigol o ni di mynd yn gaeth iddo' [*sic*]. Daw gobaith am weddnewidiad ar y diwedd ond nid moeswers ystrydebol a geir: erthylir y gobaith hwnnw wrth i Robin gyrraedd yr orsaf yn hwyr ar drothwy ei daith adnewyddol i Brâg.

Gwelwyd nofelau tebyg i hon o'r blaen yn Gymraeg ac er bod cael dogn da o anghonfensiynoldeb iach yn rhywbeth i'w groesawu, y peryg' yw i'r *genre* fynd yn gonfensiynol o anghonfensiynol, nes diflasu'r darllenydd yn y pen draw. Osgoir y diflastod hwn i raddau helaeth yma am fod gan yr awdur gryn ddeallusrwydd a chryn ddawn sgrifennu. Mae bywiogrwydd ac egni diamheuol yn y dweud: 'mae Dulyn yn lle hollol wahanol pan fo'r sbecs Guinness ar fy nhrwyn . . .'. Gall *Robin* wneud ei farc fel llenor yn y dyfodol.

Erys dwy nofel, sef y ddwy a ystyriai'r tri ohonom yn deilwng o'r wobr. Eiddo *Mebyn* yw un; eiddo *Seimon* yw'r llall.

Mebyn: 'Y Llaw Wen'. Byth er i Sali ei wraig ei adael a phriodi â dyn arall a chael plentyn gan hwnnw, mae'r ffermwr Daniel Harries wedi chwerwi a chilio fwyfwy i'w gragen. Down i'w adnabod fel gŵr mewnblyg ac unig. Mae'n beio'i fam am ei sefyllfa gan mai ei thafod celwyddog a maleisus hi fu achos y rhwyg yn ei briodas. Mae ei broblemau'n dwysáu wrth iddo sylweddoli mai alcoholiaeth sy'n achosi iddi ymddwyn mor afresymol. Dyna, felly, ei gyflwr ar ddechrau'r nofel pan ddaw merch ifanc a'i phlentyn i dorri ar batrwm ei fyw. Ni ŵyr o ble y daeth hi na dim o'i hanes ond mae'n cymryd rhyw ddiddordeb gwarcheidiol ac annaturiol bron ynddi hi ac yn ei mab bychan, Mebyn, ac yn rhoi llety i'r ddau ohonynt ar y fferm. Yn ddiweddarach, daw i wybod bod gan yr heddlu hefyd, yn ogystal â'i gymydog dieithr, ddiddordeb yn y ferch a'r plentyn, a hynny am resymau tra gwahanol i'w gilydd.

Mae gan yr awdur ddawn i bensaernïo stori'n gyfewin fanwl, a gallu i greu cymeriadau realaidd sydd yn argyhoeddi. Cymeriadau difyr a gwahanol i'r disgwyl ydynt ac mae perthynas pobl â'i gilydd yn rhywbeth diddorol o broblematig yma. Cymeriad lledrithiol braidd yw'r ferch sy'n ganolbwynt y stori, ac efallai ei bod yn ymddangos yn enigmatig o reidrwydd. Hi yw'r allanolyn sy'n ymladd yn erbyn y byd llawn bradwyr o'i chwmpas. Mae gwaedd ingol y nofel dros y gwir yn erbyn y byd yn rhoi iddi thema sylweddol. Tybed nad yw pethau'n cael eu datrys braidd yn rhy rwydd tua'r diwedd? Ac onid yw cymeriad Elsa yn rhy annelwig inni gydymdeimlo'n ddigonol â hi?

Diau mai awdur y nofel hon yw arddulliwr cryfa'r gystadleuaeth. Mae'i iaith a'i fynegiant yn taro deuddeg bron yn ddi-feth. Ceir cynildeb celfydd yn y naratif a'r ddeialog fel ei gilydd, er ei fod weithiau'n gallu bod yn orgynnil, a thrwy hynny greu dryswch yn hytrach na dirgelwch yn ei stori. Ond, er bod yma rai gwendidau, mae hwn yn waith llwyddiannus gan awdur galluog a phrofiadol ac ym marn Geraint V. Jones hon oedd nofel orau'r gystadleuaeth, yn bennaf oherwydd rhinweddau'r arddull.

Seimon: 'Bitsh!'. Er gwaethaf peth anwastadrwydd, hon i ddau ohonom oedd nofel fwyaf gafaelgar y gystadleuaeth. Nid yw mor gaboledig o ran arddull ag 'Y Llaw Wen' ond mae'n fwy ysgytwol na honno, fel petai'r awdur wedi bwrw'i fol ar bapur, a'r canlyniad yn ddigon llysnafeddog ar adegau ond yn dal sylw'r darllenydd yn ddi-os. Daliwyd awyrgylch y chwe degau yng Nghymru yn dda iawn, a hynny heb orsymleiddio o gwbl. Mae'r caneuon pop Cymraeg yma ond hefyd y rhai Saesneg ac Americanaidd a oedd yn mynd â bryd ieuenctid ym mhobman. Hogyn, Abi, sy'n gweithio yn siop Woolworth, yw'r prif gymeriad, nid myfyriwr, ac mae'i Gymru ef yn un arteithiol o gymhleth, gyda chasineb cariadus at Gymru yn gyfeiliant i'w ymdrech i ddod i delerau â'i rywioldeb dyrys. Archwiliad o gyflwr seicolegol sydd yma a rhyw gysgod o Gymru yn y cefndir fel bitsh. Mae'r personol a'r diwylliannol wedi ymgordeddu'n annatod yma. Daw mân amheuon i gosi'r ymennydd weithiau ond diflannant yn ymchwydd yr ysgrifennu teimladwy sy'n gwthio'r nofel ymlaen gan dynnu'r darllenydd i'w llifeiriant didostur.

Mae'r mân amheuon hynny yn cronni o gylch adeiladwaith y stori. Adrodd hanes ei fywyd mewn cyfres o wyth o ffeiliau cyfrifiadurol a wna Abi ac anodd i'r darllenydd weithiau yw gwahaniaethu rhwng realiti a ffantasi yn y naratif y mae'n ei lunio. Nid yw'r hyn a adroddir yn y ffeiliau yn cyfiawnhau'n ddigonol yr hyn sy'n digwydd i Abi yn y diwedd. Nid yw is-thema Cymru chwaith yn cael ei datblygu'n gwbl foddhaol. Yr ystyriaethau hyn a barodd i Geraint V. Jones osod y nofel hon yn ail yn y gystadleuaeth; ond i John Rowlands a Branwen Jarvis, yr oedd rhyw rym ysig ynddi a'i gosodai ar y brig.

I'r nofel nerthol hon, felly, ysgytwol ei chynnwys a hyderus ei dweud, y dyfernir y wobr eleni, gyda chanmoliaeth y tri beirniad.

YSGOLORIAETH EMYR FEDDYG

Er cof am Dr Emyr Wyn Jones, Cymrawd yr Eisteddfod

BEIRNIADAETH ALAN LLWYD

Mae'r gystadleuaeth hon yn cynnig ysgoloriaeth sydd yn werth £1,000, gan gynnwys £100 ar gyfer meddalwedd neu lyfrau. Cynigir hyfforddiant arbenigol i'r enillydd. Eleni fe'i cynigir i fardd, a gofynnwyd i'r cystadleuwyr anfon hyd at 30 o gerddi i'r gystadleuaeth. Gwaetha'r modd, dim ond un casgliad a gafwyd, eiddo *Cywarch.* Fe geir yn y casgliad hwn dribannau, emynau, caneuon ysgafn, sonedau, englyn (anghywir), darnau adrodd i blant, telynegion, penillion telyn, penillion cyfarch, a limrigau. Dyma, felly, holl adnoddau'r bardd-gwlad neu'r bardd lleol yn hwylus at alwad *Cywarch.* Braidd yn hen ffasiwn yw'r casgliad, a does dim arwyddion fod *Cywarch* yn darllen barddoniaeth gyfoes, yn y Gymraeg nac mewn unrhyw iaith arall. Dylai bardd ifanc ddarllen yn awchus, myfyrio'n barhaol ar dechnegau, arbrofi â dulliau gwahanol o farddoni, ymarfer y grefft yn gyson, a neilltuo cryn dipyn o amser ar gyfer y gwaith, ie, hyd yn oed yn yr oes hon nad oes iddi fawr o safonau. Crefft yw barddoni, crefft fanwl, gywrain, anodd, ac nid ar chwarae bach y meistrolir y grefft.

Does dim addewid mewn pethau fel y 'Tribannau i Actorion Pobol y Cwm' (a bod yn fanwl, nid tribannau i actorion *Pobol y Cwm* ydyn nhw ond tribannau i'r cymeriadau). Dyma driban Denzil, er enghraifft:

> Fe fethodd Denz fel ffarmwr
> Cyn troi yn bwt o siopwr;
> A methu wnaeth 'da'i wraig Eileen,
> A'i chwaer Maureen â'i dwndwr.

Rhigwm disylwedd yw peth fel yna. 'Fyddwn i ddim am eiliad yn awgrymu bod *Cywarch* yn amddifad o ddawn. Mae'r telynegion yn dangos fod ganddo/ganddi ryw afael ar yr hanfodion a bod yma rywbeth y gellir ei ddatblygu. Hyd y gwelaf fi, fodd bynnag, mae'r gystadleuaeth hon yn chwilio am addewid ddisglair, chwilio am rywun dawnus a brwd y gellir ei hyfforddi a'i gynorthwyo i ddarganfod ei lais. Mae'n rhaid i *Cywarch* sylweddoli bod angen mwy o gefndir arno/arni, a bod barddoniaeth gyfoes yn chwilio am amgenach dulliau a ffurfiau na thribannau, limrigau, penillion cyfarch a thelynegion. Gyda gofid y dyfarnaf nad oes neb yn deilwng yn y gystadleuaeth hon.

RHYDDIAITH

Y Fedal Ryddiaith: Cyfrol o ryddiaith heb fod dros 40,000 o eiriau: Hunangofiant – dilys neu ddychmygol

BEIRNIADAETH HYWEL TEIFI EDWARDS

Yn gyntaf dim, carwn ddiolch i bob un o'r un ar hugain a gystadlodd eleni. Nid ar chwarae bach y llunnir hunangofiant ac y mae'r un ar hugain i'w gwerthfawrogi yn rhinwedd eu sêl gystadleuol.

Gan fod y gystadleuaeth yn agored i dderbyn gweithiau hunangofiannol ffeithiol neu ffuglennol – hynny yw, gellid rhoi'r wobr, er enghraifft, am nofel hunangofiannol – roeddem fel beirniaid yn gobeithio derbyn cyfansoddiadau amrywiol eu moddau ac, i ryw raddau, fe'u cafwyd. Ond yr argraff lywodraethol wedi darllen y cyfansoddiadau yw fod y math hwnnw o gyffro llenyddol sy'n cerdded dyn pan yw'n darllen hunangofiant diamheuol enillgar yn brin eleni. Y mae darnau difyr a diddan ar wasgar trwy'r cyfansoddiadau a dengys y goreuon ddoniau ysgrifennu sydd droeon yn arddangos y Gymraeg yn ei grym a'i thegwch. Braf yw cael cydnabod cryfderau o'r fath.

Rwyf am wneud dau bwynt yn fyr. Yn gyntaf, nid mater o atgofioni a chroniclo yw creu hunangofiant. Y mae'r hunangofiant sy'n aros yn y cof yn gynnyrch gweledigaeth ar ystyr bywyd, yn gynnyrch gallu i weld bywyd yn arwyddocaol. Y math hwnnw o weld sy'n cyffroi'r ddawn lenyddol (pan yw'n bod) i draethu'n gofiadwy. Gallwn bawb atgofioni – rhai yn fwy diddorol a gafaelgar na'i gilydd, mae'n wir – ond o'r gweld sy'n dilyn ystyried a phatrymu'r atgofion y ceir yr olwg arwyddocaol ar fywyd sy'n nod amgen y gamp hunangofiannol. Atgofion a chroniclau yn eu hanfod yw'r 'hunangofiannau' Cymraeg sydd mewn bri y dyddiau hyn – eithriad yn eu plith yw *Neb* R. S.Thomas – ac fe gefais i'n ddiweddar achos i sylweddoli hynny o'r newydd wrth ddarllen *Bad Blood* Lorna Sage.

Yn ail, ni ddylai mynd ati i ysgrifennu nofel hunangofiannol mewn arddull lafar (person cyntaf) olygu fod llai o bris ar fedrau llenyddol. Er enghraifft, ni ddylai dewis monolog mewnol yn brif fodd hunangofianna roi tragwyddol heol i anghysonderau orgraff a chystrawennu di-hid. Pa arddull bynnag a fabwysiedir, fe ddylai fod iddi ei phriod swyddogaeth, gan ateb pwrpas llenyddol sy'n glir o ran meddwl a dyfais yr awdur. Fe all iaith pen-stryd fod yn gyfrwng llenyddol pwerus pan yw yr union gyfrwng priodol i'r profiad o fywyd y ceisir ei fynegi. Y mae'n ddiawledig o *boring* pan nad yw'n ddim ond diglemdod neu daro ystum. Yng nghystadleuaeth y Fedal Ryddiaith y mae gan feirniaid hawl i ddisgwyl darn o lenyddiaeth pwrpaslon, sgilgar ac enillgar. Fe fydd, wrth gwrs, yn gobeithio cael darllen gwaith dwyn-anadl.

Yng nghategori'r hunangofiannau ffeithiol-gonfensiynol, ceir *Moel Maban, Cefn*

Gwyn, *Howard a Bet*, *Fi*, *Didwith*, *Ei ferch* a *Cosmigg*. Yn eu hanfod, croniclwyr atgofion ydynt ac nid oes yr un ohonynt heb bethau gwerth eu clywed i'w cynnig, ac aml i stori dda i'w dweud, wrth olrhain eu bywydau fel Cymry Cymraeg yn yr ugeinfed ganrif. Mae dylanwad ysgol a choleg yn amlwg ar hunangofiannau *Moel Maban*, *Cefn Gwyn*, a *Didwith*, ac y mae'r ffordd Gymraeg o fyw a'r 'Pethe' yn cysgodi gyrfa pob un o'r saith ymgeisydd a nodwyd.

Rwyf o'r farn y dylid diogelu llawer o'r atgofion hyn – megis rhai *Moel Maban* am Fethesda ei fachgendod ac Ysgol Friars, Bangor – mewn cyfresi i'r Papurau Bro neu yng nghyfres 'Llyfrau Llafar Gwlad', Gwasg Carreg Gwalch, dyweder, ac fe dalai i gyhoeddwyr fynd ar ôl cyfansoddiadau *Cefn Gwyn*, y geiriadurwr gwybodus o Benllyn sydd mor gadarn raenus ei Gymraeg; *Didwith*, y ferch ddiwylliedig, synhwyrus o Abergwaun y mae blas ei thafodiaith ar ei hatgofion megis blas yr heli ar groen; a *Cosmigg*, un arall o blant Penllyn sydd wedi byw bywyd mor llawn yn cerdd-danta, yn aelod o fand Llanfachreth, yn amaethu ac ym mhob ffordd o fewn ei allu yn cynnal cymdeithas dda. Ni ddylai 'storïau bywyd' o'r fath gael eu colli.

Yn 'Hunangofiant Fi' (*Fi*) cawn hanes un o blant Penrhyn Llŷn a'i daith trwy ysgol a choleg a thymor ei Wasanaeth Cenedlaethol i ddechrau gyrfa yn athro Cymraeg yng Nghaergybi. Cawn ei ddilyn o ysgol i ysgol ac i Goleg Technegol tan ei ymddeoliad yn 1984 a'i ymroddiad wedyn i'r weinidogaeth ym Môn ugain mlynedd ar ôl profi tröedigaeth yn 1973. Er gwaetha'r holl symud a newid, tenau a diafael yw 'Hunangofiant Fi' o ran adrodd profiad. Fel rhyw-beth a ddigwyddodd yn unig y cyflwynir ei dröedigaeth hyd yn oed.

Y mae atgofion 'Delw ei Thad' (*Ei ferch*) yn llawnach a'i bwriad gryn dipyn yn fwy uchelgeisiol pan yw'n dal ar ddiwedd y gwaith ei bod 'wedi datgelu fy nirgelion dyfnaf i'r dalenau hyn, wedi bod mor eirwir ag y medrwn er mwyn bod yn wir i mi fy hun . . .'. Tipyn o or-ddweud yw hynny ac y mae'n or-ddweud trwsgl fel y sylwir. Y mae gormod o fynegi trwsgl yn 'Delw ei Thad', gwaetha'r modd, sy'n golygu bod hanes y ferch o gyrion Caernarfon (plentyn cyfnod yr Ail Ryfel Byd) a aeth trwy ysgol, a choleg ym Mangor, i ddysgu cerddoriaeth yn Llundain cyn priodi George a dychwelyd i Ddyffryn Conwy, yn colli ei apêl hwnt ac yma. Ond y mae yma bethau da heb os a'r portreadau o'i rhieni a thaid a nain Tan y Coed gyda'r hyfrytaf ohonynt.

Am *Howard a Bet* yr hyn sy'n taro dyn yw fod ganddi awydd cryf i 'wneud sens' o'i bywyd yn ogystal ag adrodd ei helyntion. Mae teitl ei hunangofiant, 'Heb Air o Gelwydd', yn arwyddocáu ei pharodrwydd i holi'r hunan a cheisio gweld ei bywyd yng ngoleuni dedwyddwch a dolur, ond y mae'n brin o'r dyfeisgarwch llenyddol i'w galluogi i wneud hynny'n argyhoeddiadol. Wyneb yn wyneb â dryswch byw, nid digon, ym myd llên, yw holi 'pam?' a thybio. (Y mae bodloni ar wneud hynny yn fai ar waith *Ei ferch* hefyd.) Fy nheimlad yw fod gan *Howard a Bet* angen dweud pethau am fywyd sy'n gwasgu arni ond ei bod ar hyn o bryd yn brin o'r moddion llenyddol i beri iddynt wasgu arnom ninnau. Byddai'n dda iawn gen i gredu ei bod am barhau i droi a throsi ei defnyddiau yn ei meddwl a'i dychymyg.

Ar ryw olwg, hunangofiant ffeithiol-gonfensiynol yw gwaith *Maesglasau* hefyd, sef 'O! tyn y gorchudd' – ond nid felly. Dyma'r hunangofiant a'm trawodd o'r dechrau fel gwaith llenor ymwybodol sy'n gwybod bod creu yn gymaint o her i'r hunangofiannydd ag ydyw i'r nofelydd. Y mae'r ddau ar drywydd y patrymau ystyrlon sydd ynghudd yn anhrefn ein byw beunyddiol.

Yr hyn a geir gan *Maesglasau* yw hunangofiant Rebecca Jones, un o blant teulu Tynybraich yng nghwm Maesglasau, Meirionnydd. Fe'i ganwyd i Evan a Rebecca Jones yn 1905 ac y mae'n adrodd ei stori a hi dros ei 90 oed. Ond, yn hanesyddol, buasai'r ferch, Rebecca, farw o'r difftheria yn un ar ddeg oed ac y mae dyfais *Maesglasau*, sef creu iddi fywyd fel y gall hi ail-greu bywyd go iawn ei theulu dros ddegawdau newid yr ugeinfed ganrif, yn ffordd effeithiol o ddangos mor seithug yw codi clawdd rhwng gwirionedd y nofelydd a gwirionedd 'mwy dibynadwy' yr hunangofiannydd. Y mae'r naill wirionedd fel y llall wedi'i seilio ar gyflead o ffeithiau sydd wedi'u dewis i ateb gofyn gweledigaeth yr awdur. Mater o ddewis a phatrymu profiadau yw ysgrifennu hunangofiant a nofel.

Y mae defnyddiau *Maesglasau* wedi'u gogri gan bersonoliaeth lenyddol hydeiml sydd mor fyw i rin hanes a thirlun ag ydyw o sensitif i harddwch a thristwch bywyd teulu. Heb ddim sbloet, gwna i ni deimlo angerdd ei pherthynas â'i hamgylchfyd, a'r hyn sy'n peri bod yr ysgrifennu ar ei orau yn cyffwrdd dyn at ddagrau yw dwyster gloyw ei hymlyniad wrth y cyfan sydd wedi harddu ei bywyd. Nid bywyd diddolur mohono, Duw a ŵyr, ond yn rhedeg trwyddo'n ddinacâd y mae cariad diymollwng at ei phobol a'i bro. Y mae gofid am barhad y gymdeithas Gymraeg i'w weld yn nrych stori Rebecca Jones, ac yn ei theyrngarwch di-farw hi i'r hyn a gâr y mae i ni neges a nawdd.

Mae'n rhaid nodi bod y gwaith yn colli tipyn o'i afael wrth dynnu at y diwedd ac yn ildio'n rhy rwydd i groniclo'r 'newid a fu' ers yr Ail Ryfel Byd a chynnwys ambell bwt o hanes diwylliannol, megis englynion 'J.J., Tynybraich', nad ydynt yn talu am eu lle. Fe'i cafodd *Maesglasau* hi'n anodd i ddwyn ei stori i ben, ond i mi y mae wedi adrodd y rhan helaeth ohoni yn gofiadwy gain gan sicrhau y bydd cwm Maesglasau a theulu Tynybraich bellach yn rhan o'm Cymru lenyddol i.

Ac eithrio marwolaethau teuluol, y mae'r cyfansoddiadau a gafodd sylw hyd yn hyn yn olrhain bywydau na fu dim clwyfo arnynt. Buont fyw yn ddi-drawma – er i *Cosmigg* unwaith ei gael ei hun yn fachgen yng ngwely Cymro parchus, chwilfrydig, daeth ohono heb ei drywanu! Ym mhob un o'r bywydau hyn y mae rhyw fesur o serenedd ac y mae'r Gymraeg yn ceisio bod yn ddrych iddo.

Ond yn y cyfansoddiadau sy'n weddill, eiddo *Llais y Durtur, Y Gwehydd, Cynddylan, Pererin, Mitty, Y Brenin Du, Dilys, Cyngar, Morgan, Elin Siân, Lleufer, Dafad*

Gyfeiliorniog, a *Rhywun arall*, yr ydym gyda phlant gofidiau, gyda'r rhai sy'n helbulus ac, ysywaeth, yn fynych garbwl eu Cymraeg. Y plentyn siawns, y plentyn gwrthodedig neu fabwysiedig sydd am wybod pwy ydyw – fe'i cwrddwn yma fwy nag unwaith.

Ieuanc o ran dawn, os nad o ran oedran, yw *Cynddylan*, *Y Gwehydd*, *Pererin*, *Mitty*, a *Lleufer*.

Y mae 'Dwi'n Bod' (*Cynddylan*) yn dilyn ymdrech oes merch fabwysiedig i ddod o hyd i'r gwir am ei genedigaeth – trwy dreialon magwraeth a dwy briodas a chwalwyd, trwy ing colli plentyn mewn damwain hyd at ryw fath o dawelwch meddwl yn y diwedd. Nid yw ansawdd yr ysgrifennu yn rhoi fawr o gyfle i'r stori gydio.

I bob pwrpas, casgliad o storïau byr yw 'Tapestri' (*Y Gwehydd*). Fe ddylai'r cyfan droi o gwmpas prifiant Donna, sy'n ddeg oed, ond nid yw profiadau'r oedolion sy'n ei chwmpasu yn ymbriodi â'i bywyd hi i greu hunangofiant. Fe ellid disgwyl hefyd i'r arddull brifio i fynegi gwahanol safbwyntiau ond undonog yw'r dweud.

A thebyg i 'Tapestri' yw 'Rhowch i mi blentyn cyn y Cownti Sgŵl' (*Mitty*) lle ceir eto gasgliad o storïau byr am Mair wrth iddi dyfu i oedran gadael yr Ysgol Fach. Y mae llenyddiaeth gampus wedi'i hysgrifennu gan awduron sy'n dangos i ni'r byd trwy lygaid plentyn, ond nid yw'r 'gweld' sy'n gwneud hynny'n bosibl gan *Mitty* eto.

Melodrama na fedraf mo'i chredu yw 'Cyflawn We' (*Pererin*) sy'n cyflwyno 'coc oen' o Gymro (mab i ficer o Fôn) sy'n dychwelyd i Gymru ar ôl chwarter canrif o briodas anghymharus yn Lloegr, yn Gymro wedi'i aileni i'r Gymraeg sy'n ei gael ei hun yn rhinwedd ei waith fel tiwtor i ddysgwyr ar drugaredd Non – merch 'eneiniedig', annioddefol o ymhonllyd – a Jody, Saesnes o ddysgwraig drawsfeddiannol. Y mae'r cymeriadau a'r arddull yn haeddu ei gilydd.

Yn 'Un diwrnod ar ddeg o Fai: Hunangofiant Claf' gan *Lleufer*, ceir stori Mai fel y'i cafwyd yng nghrombil cyfrifiadur newyddiadurwr sydd wedi'i ladd mewn rhyw ryfel yr aeth iddo'n ohebydd. Mae'n rhaid i mi gyfaddef na wn pam fod angen dyfais storïol o'r fath. Profiadau ysbyty Mai, ei hymwneud â'i theulu, â'i meddygon, â'i chydgleifion ac â hi ei hunan ar ôl iddi dorri ei choes chwith yw mater *Lleufer*, a phrin fod rhaid dweud nad yw'n fater newydd. Nid oes dim o'i le ar hynny, gan mai newyddu'r cyfarwydd a wna llenyddiaeth o hyd. Yr hyn sy'n ddiffyg pendant yw'r Gymraeg y mae arni weithiau gymaint o angen sblints â choes Mai.

Ymgais i adrodd yr hen, hen hanes yw 'Dagrau Mam: Hunangofiant Mair' (*Llais y Durtur*). Mair, mam yr Iesu, yw canolbwynt yr hunangofiant hwn a menter beryglus yn ei hanfod yw ceisio creu bywyd mewnol iddi hi. Er mor dryloyw yw ei diffuantrwydd, ni all *Llais y Durtur* ymgadw rhag sentimenta a moesoli droeon, ac nid yw'n llwyddo i newyddu'r hanes ar gyfer oes mor barod i'w wrthod â'r oes hon. Mae ei chywair melodramatig yn tueddu i ddwyn oes Victoria i gof.

Y mae apêl 'Y Gongol Felys' (*Cyngar*) i'w briodoli i'r defnydd celfydd o'r dafodiaith sy'n lliwio stori (person cyntaf) Edith Morwenna Williams a aned yn ferch i gapten llong o sir Gaernarfon yn 1900. Yn 1912, a'i thad ar fordaith bell, daw Anti Netta ormesol o Birmingham i ymyrryd ym mywydau ei blant, Margret, Tomi ac Edith, a Dorti'r forwyn, ac fe ddaw trychineb i'w chanlyn. Y mae arddull hyfryd *Cyngar* yn haeddu gwell stori i'w hadrodd oherwydd yr hyn a geir yn y diwedd yw math o stori ddial nodweddiadol o'r 'llenyddiaeth i ferched' a fu mewn bri ers talwm iawn. Ond nid oes ddwywaith am ddawn ysgrifennu *Cyngar*.

Yn rhith llythyr hirfaith at Lil, ei chwaer, yng Nghaerdydd, cawn hanes anturiaethau Owen Williams ym moroedd y De yn ystod traean olaf y bedwaredd ganrif ar bymtheg yn 'Boss Taff' (*Morgan*). Y mae'n amlwg fod i'r cyfansoddiad sail hanesyddol sicr yn sgîl gwaith ymchwil sydd wedi tarddu o ddiddordeb personol yn y cyfnod. Esbonnir, er enghraifft, fod Owen Williams yn dwyn arno stamp tad-cu *Morgan*, ond creadigaeth y dychymyg yw'r stori hon sy'n taflu goleuni caled ar greulonderau'r 'dyn gwyn' imperialaidd pan oedd hiliaeth yn ei grym. Stori antur (person cyntaf) ansicr ei harddull yw 'Boss Taff', stori ddigwyddlon sy'n mynd yn fwy o ddyddiadur moel fel yr â yn ei blaen. Y mae'n darllen yn rhwydd ac fe dalai i gyhoeddwr gymryd golwg arni oherwydd y mae'n stori sy'n werth ei dweud.

Y mae yna gynnwys hunangofiannol solet yn 'Mae Ffair y Byd yn Wrecsam' (*Elin Siân*) sy'n ein cymell, trwy lygaid a llais Mari, i ddilyn troeon ei bywyd hi a'i gŵr, Siôn, bywyd o grwydro ymhell o Gymru yn ôl gofynion ei waith ef i'r Cenhedloedd Unedig ac o ddal ati i grwydro ar ôl ei farw a hithau bellach wedi dychwelyd i Gymru. Y mae i'r gwaith nodweddion amlwg hunangofiant confensiynol ond fel yr â rhagddo y mae'n llawer mwy o ddyddiadur taith sy'n cynnig 'reportage' o'r gwledydd pell ynghyd ag ymateb mwy teimladwy Mair i'w sefyllfa megis yn ei llythyr o'r India at ei merch, Siani, ac yn arbennig yn ei llythyr at ei gŵr marw pan yw yn Uganda yn ail-fyw eu bywyd yno. Gwaetha'r modd, nid yw *Elin Siân* wedi cael yr olwg gron ar ei bywyd a'i galluogai i ddwyn y darnau ynghyd yn greadigaeth lenyddol foddhaol. Mae'n dal i chwilio'i ffordd adref.

Gyda 'Hunangofiant Cynnyrch Diffygiol gan y CD ei hun' (*Dafad Gyfeiliorniog*), 'Cyw: Hunangofiant Dilys' (*Dilys*) a 'Hogyn Syrcas' (*Y Brenin Du*), rydym yn ôl ymhlith bodau ansad y dwthwn hwn sy'n ceisio byw ar well telerau â'u hunain ac â'r byd o'u cwmpas. Mae byw iddynt yn fater o setlo sgôr.

Hanes bywyd dyn trwblus ei feddwl o'r groth sydd gan *Dafad Gyfeiliorniog*, un sy'n tyfu o fod yn grwt od i fod yn alltud yn Lloegr ar drugaredd pyliau difäol o iselder ac sydd yn y diwedd wedi blynyddoedd o fyw digyfeiriad yn gaeth i bob chwiw a chyffur sy'n ei atal rhag cynnal perthynas fywiol â'r un cymar, yn dal wrth Glynis ac yn rhinwedd ei sgiliau cyfrifiadurol yn cael ei draed tano yn America. Ond nid concwest derfynol ar ei elyn mohoni. Nôl yn Lloegr, mae ei salwch meddwl yn ei yrru i'r 'Hospitol Mawr' yn Northampton ac fe'i gadawn yn edrych ymlaen at ailddechrau gweithio – yn ffigur bregus sy'n ymgorfforiad o ansicrwydd ein dyddiau. Does dim gwadu cyfoesedd caled gwaith *Dafad Gyfeiliorniog*. Y mae'n siarad fel un sy'n gwybod yn iawn am natur dolur ei hunangofiannydd dienw ond, gwaetha'r modd, nid yw'n ysgrifennu fel un sy'n feistr ar ei gyfrwng. Y mae droeon yn esgeulus a di-raen.

Yn 'Cyw: Hunangofiant Dilys', dilynwn Dilys Evans o'r cartref i blant amddifad ger Bangor ar drywydd ei rhieni, sef Eira a 'Fo', darlithydd o Sais yng ngholeg Aberystwyth yn y 50au sydd bellach yn aelod seneddol dringlyd yn Lloegr. Y mae'n bwriadu dial arnynt am ei gwrthod ond y mae ei mam wedi'i lladd mewn damwain car ymhell cyn iddi godi ei thrywydd. O swydd gyda'r BBC yng Nghymru â i Lundain i weithio i gwmni teledu annibynnol, Brindal Associates, ac ar ôl cwrdd â 'Fo' yn stiwdio London Weekend, y mae'n cynllwynio i ddial arno trwy chwarae rhan hwren mewn 'cegin gnuchio' y mae ef yn un o'i chwsmeriaid, a'i wrthod ar ôl iddo dalu am ei chael. Y mae'n siom fod 'Cyw: Hunangofiant Dilys' yn syrthio i bydew melodrama mor hen ffasiwn achos y mae'r awdur, heb os, yn ysgrifennwr da (naratif person cyntaf eto), sy'n llwyddo i wneud Dilys yn gymeriad credadwy ac sydd droeon yn creu golygfeydd graffig a sefyllfaoedd diddorol. Damio'r dial anghredadwy arno 'Fo' sy'n gosod baich bathos ar stori a oedd yn addo cymaint.

Cefais fy nal, hefyd, gan 'Hogyn Syrcas' (*Y Brenin Du*) er gwaethaf aflerwch ei draethu person cyntaf ar adegau. Trwy atgofion Geraint Tŷ'n Llwyd am ei fachgendod, gwelwn briodas yn ymddatod wrth i'w rieni syrffedu ar ei gilydd a'r tad penchwiban sy'n cyson lygadu man gwyn man draw (a menywod eraill) yn ffoli ar Kay, gwraig y syrcas. Yn ei rhwystredigaeth, fe â'r fam yn brae i alcoholiaeth ac ateb ei gŵr, Merfyn, yw ei gorfodi i geisio ymgeledd yng nghartref Bryn Du. Daw ymwared iddo ef fel 'tentman' yn syrcas Roberts, gŵr Kay, ac ymhen hir a hwyr daw Geraint i'w ddilyn ac i ddarganfod fod trin anifeiliaid y syrcas yn haws o lawer na thrin pobol. Pobol yw'r anifeiliaid peryclaf ar y ddaear o ddigon. Clywn adleisiau o *Un Nos Ola Leuad* a *Gwared y Gwirion* wrth ddarllen 'Hogyn Syrcas' ond mae'n brin o dreiddgarwch Caradog Pritchard ac R. Gerallt Jones. Nid oes digon o du mewn i'w rieni i'w gwneud yn wir wrthrychau ein consyrn ac nid yw ei syrcas yn ddigon o fyd amgenach i'n dal yn hollol. Ond y mae gan *Y Brenin Du* yntau ddawn ddigamsyniol.

Y mae'n aros 'Doppelganger'(*Rhywun arall*), y gorau heb os o'r hunangofiannau ffuglennol yn rhinwedd dyfeisgarwch y naratif ac egni'r ysgrifennu. Cymro wedi'i fagu yn Llundain yw Aled, ei dad yn athro a'i fam anffyddlon wedi marw yn Singapore pan oedd Aled yn bump oed. Neu o leiaf dyna fu Aled yn ei gredu tan Mai 12, 1979, pan ddarganfu ymhlith papurau ei dad a oedd newydd farw mai plentyn a fabwysiadwyd ydoedd, mai ei enw bedydd oedd Graham Edward Horne, mai enw ei fam oedd Lucy Horne a bod ei dad yn anhysbys. Fe'i ganed yn Wapping. Y mae'r darganfyddiad yn ei fwrw oddi ar ei echel ac y mae 'Doppelganger' yn dilyn ymdrech boenus, flin Aled i ddod i delerau â 'chelwydd' ei fod a 'thwyll' perthyn i bobol a gwlad trwy osgiladu rhwng digwyddiadau yn ei fywyd yn 1979 ac 1989.

Yn 1979, yr oedd Aled, ar ôl ailafael mewn difrif yn ei Gymreictod, wedi penderfynu mynd i Fangor i astudio'r Gymraeg, penderfyniad sy'n chwalu ei berthynas â Mandy a oedd yn ferch i nyrs o Newcastle a doctor o Mauritius a oedd wedi cefnu arnynt. Ni welai Mandy fod i Gymreictod Aled ddim mwy sylweddol na sentiment ac ar ôl dod i wybod 'pwy ydoedd, mewn gwirionedd' y mae'n colli'r awydd i fynd i Fangor. Adlewyrchir dryswch ei fod erbyn 1989 gan y ffaith mai fel Eddie (o Landudno'n wreiddiol) yr adwaenir ef bellach ac y mae'n byw yn feddw ddigyfeiriad heb chwennych perthynas gynhaliol â neb. Ac yna fe ddaw Rhidian i'w fywyd, 'skinhead' o Landysul a fu am gyfnod byr yn athro (!), a phob yn dipyn y mae Eddie, nid heb wingo yn erbyn swmbwl Rhidian, yn closio drachefn at yr Aled a oedd am fynd i Fangor ac yn penderfynu mynd i'r coleg yno i astudio hanes – pwnc ei dad. Y mae'r hunanymchwil i barhau.

Cefais flas ar waith *Rhywun arall.* Y mae ei ddawn i gonsurio bywyd Llundain ac i greu dialog argyhoeddiadol, megis rhwng Aled a Mandy, Eddie a Rhidian, yn drawiadol. At hynny, y mae hanes Aled/Eddie rhwng 1979 ac 1989 – cyfnod gwarth Refferendwm 1979 ac anrhaith Thatcheriaeth – yn ddrych i argyfwng y Gymru a oedd ohoni bryd hynny. Fy nghŵyn bennaf yw fod diweddglo 'Doppelganger' yn gloff a bod dwyn ei 'fam go iawn' i gyswllt â bywyd Aled/Eddie, fel petai'n bennawd newyddiadurllyd, yn groes i raen y naratif.

Maesglasau a *Rhywun arall* yw'r ddau awdur gorau yn y gystadleuaeth hon. Y maent wedi creu bydoedd tra gwahanol eu moddau wrth i *Maesglasau* foli hyfrydwch perthyn, er gwaethaf poen ymwahanu a cholli anwyliaid, ac wrth i *Rhywun arall* wingo'n flin yng ngafael dryswch twyll a seithuctod sydd fel pe am wadu sicrwydd pob perthynas.

Fe fyddwn i wedi bod yn hapus i wobrwyo *Rhywun arall* pe na bawn wedi fy hudo gan ddawn *Maesglasau. Maesglasau* piau'r Fedal Ryddiaith eleni yn fy marn i.

Fe fydd puryddion yn falch o glywed na ddisgynnodd yr un o gystadleuwyr y Fedal eleni dan felltith yr hyn fu'n boen i gynifer o feirniaid, sef Cymraeg sâl, gwallus neu Saesneg yn gwisgo crys tenau o Gymraeg. Mae'r iaith, ar y cyfan, yn ddi-fai.

Da chi, peidiwch â gorfoleddu eto. Ochr arall y geiniog yw'r hyn a ysgrifennwyd yn yr iaith ddi-fai honno. Mae yno gwyno bod ein hieuenctid yn cilio o gefn gwlad, oddi wrth Gymreictod, ac yn troi eu cefnau ar ddarllen llyfrau Cymraeg. Os yw cynnyrch y gystadleuaeth hon yn nodweddiadol o gefn gwlad Cymru a'i holl atyniadau, 'wela' i ddim bai arnyn nhw. Cilio wnawn innau. Anghofiwch am yr unfed ganrif ar hugain – y gamp yw tynnu cruglwyth o'r ysgrifenwyr hyn allan o ddegawdau cyntaf yr ugeinfed. A hyd yn oed yno, ddywedan nhw ddim na ddywedwyd mohono filwaith o'r blaen a chanwaith yn well gan eraill.

Darllen Cymraeg? Athrawon Cymraeg fu rhai o'r hunangofianwyr ac felly wedi dysgu llenyddiaeth Gymraeg i'w disgyblion. Beth, yn enw pob rheswm, sy'n gwneud iddynt dybio bod y stwnsh diawen a gynhyrchwyd ganddynt yn llenyddiaeth Gymraeg?

Nid bai'r testun mo hyn. Mi wela' i fai ar y sawl nad anfonodd hunangofiannau dilys i mewn: onid oes arnom angen hanes bywydau ein pobl a fu (ac sy'n dal i fod) yn y cyfryngau, mewn chwaraeon, yn y byd gwleidyddol – go-iawn, nid y cyngor plwy – ac mewn newyddiaduraeth? Dw i'n *gwybod* bod yna storïau gwerth eu hadrodd. Swil oeddach chi, 'ta be'? Ac ar y llaw arall, buaswn i a'm cydfeirniaid wedi croesawu nofelau ar ffurf hunangofiant. Diolch am y rhai a gafwyd.

Gair felly am bob cystadleuydd.

Moel Maban: 'Ydach chi isio gwybod be ges i i ginio?'. Mae'r penawdau'n dweud y cyfan – 'Y Teulu a'r Cartref', 'Y Pentref a'r Fro', 'Ennill fy Nhamaid', ac ati, ac ati. Dyn diwylliedig, dydw i ddim yn amau. Ond nid llenor.

Cynddylan: 'Dwi'n bod'. Hanes merch fabwysiedig, ei magwraeth yng Nghaernarfon, ei phlentyndod anhapus a'i bywyd wedyn. Defnydd stori dda ond mae'r ysgrifennu yn ystrydebol ac anarbennig.

Pererin: 'Cyflawn We'. Nofel ar ffurf hunangofiant. Mae'r awdur yn rhuthro drwy'r hanes, gan adael y darllenydd yn wastad yn disgwyl i rywbeth ddigwydd yng nghorff y gwaith. Ond 'does yna ddim, gwaetha'r modd. Nid yw'r llythyrau anhygoel yn ychwanegu dim at y gwaith, ac mae'r ysgrifennu'n fflat.

Llais y Durtur: 'Dagrau Mam: Hunangofiant Mair'. Syniad da iawn, sef hunangofiant Mair Forwyn: gallesid bod wedi gwneud rhywbeth gwirioneddol gyffrous ohono. Trueni i'r cyfle gael ei golli, gan ei fod yn darllen fel stori Ysgol Sul elfennol iawn.

Mitty: 'Rhowch i mi blentyn cyn y Cownti Sgŵl . . .'. Hanes plentyndod merch fach ym Môn. Er bod yma ambell gyffyrddiad swynol iawn, anaml y cyfyd yn uwch na'r cyffredin.

Fi: 'Hunangofiant Fi'. Un arall sy'n ysgrifennu am fagwraeth Gymreig, gonfensiynol mewn ffordd Gymreig, gonfensiynol. Anodd canfod y sbonc, er bod yr awdur yn dweud byth a hefyd fod y peth-a'r-peth yn 'gyfareddol'. Ac anfaddeuol yw crybwyll digwyddiad ac yna dweud, 'af i ddim ar ôl y rhesymau'. Dyna bwynt hunangofiant.

Ei ferch: 'Delw ei Thad'. Mae'r gwaith yn darllen yn grefftus a llyfn. Ond gormod eto o'r un hen elfennau – capel, taid a nain, Cownti Sgŵl, sgolarship. Hoffais y darn am blant Lerpwl.

Dafad Gyfeiliorniog: 'Hunangofiant Cynnyrch Diffygiol gan y CD ei hun'. Ysgrifennu ffug-fawreddog a gawn yma, ar yn ail â manylion nad ydynt yn cyfrannu dim at rediad y stori. Gall yr hanes am salwch meddwl fod yn eithaf didwyll ond mae'n rhaid sylweddoli nad yw'r hanes ynddo'i hun yn llenyddiaeth.

Cosmigg: 'Dan Bwysau!' Trueni i neb gyflwyno'r awdur hwn i'r ebychnod – maent yn bla yn y gwaith drwyddo draw. Hanes di-fai am fagwraeth draddodiadol Gymreig ond nid oes yma wreiddioldeb.

Gwelais ambell fflach yn y rhai nesaf hyn.

Y Gwehydd: 'Tapestri'. Cyflwyniad glân a destlus, er gyda sillafu elfennol. Casgliad neu linyn o straeon a gawn, o safbwynt gwahanol bobl. Ond mae yma ormod o enwau ar draws ei gilydd, gormod o frawddegau syml, heb amrywiaeth arddull o'r naill gymeriad i'r llall.

Dilys: 'Cyw: Hunangofiant Dilys'. Nofel ynteu ffaith? Anodd gwybod – ac mae'r amwysedd yn rhan o'r swyn, er mwyn chwarae ar y gair 'dilys'. Ond mae'n rhy bytiog, yn newid testun bob tudalen, bron.

Didwith: 'Rhoddion o'r Trai'. Atgofion bywyd, lleol a chonfensiynol eto, ond yn agor yn dda ac y mae mwy o raen na'r cyffredin ar y dweud. Mae yma Gymraeg da, idiomatig a thafodieithol. Tuedda i fynd yn or-gatalogaidd o'r canol ymlaen: mae'r rhannau cyntaf yn well o lawer.

Cefn Gwyn: 'Pladur, Gwn, Pensil'. Mae yma ysgrifennwr medrus, a hanes bywyd llawn a diwylliedig. Gall ddweud stori dda, hefyd, ac mae hanes cael y llyfr gan Bob Owen yn wych. Diddorol fel darn o hanes, nid darn o lenyddiaeth.

Morgan: 'Boss Taff'. O leia, mae'r hanes hwn yn wahanol ac yn mynd â rhywun yn llythrennol ymhell o Gymru. Buasai modd gwneud stori antur dda o deithiau'r llongwr ond mae cryn angen tocio. A dydw i ddim yn hoffi'r *pidgin*-Cymraeg i gyfleu iaith y brodorion.

Howard a Bet: 'Heb Air o Gelwydd'. Diolch am gael gwaith gan rywun sydd heb fod ag ofn datgelu pwy yw hi! Mae'n amlwg fod llawer o waith y tu ôl i hwn ac mae'r darnau tafodieithol yn naturiol, yn peri i chwi glywed y ferch yn siarad. Er bod yma ddarnau a darluniau da, megis y disgrifiad o'i thad a'i getyn, 'does yma ddim cyfanwaith – dydi hi ddim yn gwneud y gorau o'i defnydd.

Crybwyllaf yn awr dri a apeliodd yn arw ata' i, am wahanol resymau.

Cyngar: 'Y Gongol Felys'. Stori hogan bach sydd yma – a gawsom ni ormod o'r rhain yn llên Cymru? Do, o bosib, ond o'i fath, mae hanes merch y morwr yn swynol ac yn denu. Gall greu cymeriadau – mae Dorti yn sicr yn aros yn y cof, ac fe ŵyr sut i gyfleu llawer mewn ymadrodd bachog – er enghraifft, pan sonia am un o'i chymeriadau yn 'siarad Cymraeg oedd fel petai o heb fod allan o'r cwpwr' am yn hir iawn'. Mae angen chwynnu tipyn o'r Saesneg, a sicrhau mwy o gysondeb yn llais yr 'hogan bach'. Ond fe hoffwn weld ei gyhoeddi.

Lleufer: 'Un diwrnod ar ddeg o Fai. Hunangofiant Claf'. Diolch byth am rywun a geisiodd saernïo stori a defnyddio dychymyg. Mae yna hunangofiant claf mewn ysbyty, wedi torri ei choes ond mae hefyd wir ymdeimlad o'r bychanfyd a ddaw i fod mewn unrhyw sefydliad caeedig. Ei bai yw gordywyllu'r ystyr weithiau ac mae ôl straen ar yr iaith. Ei dawn yw symud y cywair o'r breuddwydiol i'r caled a threiddio y tu hwnt i ystyr enwau. Trueni fuasai colli gwaith fel hyn: mynned yr amynedd i'w ailwampio'n drylwyr.

Elin Siân: 'Mae Ffair y Byd yn Wrecsam'. Roeddwn wedi tyngu, y tro nesaf y gwelwn grybwyll capel yn un o ymdrechion y gystadleuaeth, y lluchiwn y gyfrol i'r tân. Ac ar dudalen 6 yn hwn . . . ond caiff faddeuant: nid yr hen ystrydebau sydd yma ond rhywun yn dringo wal y capel, nid yn dweud adnod ynddo. Dyma gyfrol annisgwyl, anodd ei chategoreiddio. Peth hanes plentyndod ond bod y gwrthrych yn prifio, yn tyfu, yn teithio. Ac yn y darnau tramor, daw'n fwy na byw. Nid trafelog diflas sydd yma ond gwir ddawn i gyfleu naws ac i fynd dan groen pobl a diwylliannau. Dydi o ddim yn hollol foddhaol ac, yn sicr, â'n flêr tua'r diwedd. Mae angen ei dwtio. Ond mewn maes lle mae modd dweud yn rhy rwydd fod rhywbeth yn 'dda', y mae hwn yn llyfr da, yn yr ystyr fod ynddo ddaioni, a hwnnw'n pefrio drwyddo.

Yn awr at y goreuon – a thri hollol wahanol.

Y Brenin Du: 'Hogyn Syrcas'. Hwrê! Plentyndod, ac yn lle'r fagwraeth glòs, y gymdeithas wledig, uniaith, mae'r hogyn yn cael celpan a'i fam yn ei alw'n fastard bach. Dyma wrthbwynt hollol i'r stwff confensiynol, diflas. Mae'n siŵr fod yr awdur wedi mynd ati'n fwriadol i wneud hynny, a pham lai? Gall greu lluniau, a defnyddia fotifau – Y Brenin Du, Fenis, y llewod – yn fwriadus grefftus. Hunangofiant dychmygol, 'dybiwn – 'tai ots am hynny. Ond mae ots ei fod fymryn yn arwynebol ac ots am fy mod i'n teimlo y gallasai wneud yn well, a rhoi mwy o arbenigrwydd i'w ysgrifennu. Mi wna, hefyd, ar ôl cyhoeddi hon.

'Chefais i erioed gymaint o benbleth wrth geisio penderfynu rhwng y ddwy nesaf. A phetai rhywun wedi cael cyfarwyddyd pendant i greu dau waith ar ddau begwn eithaf un, 'allesid ddim bod wedi llwyddo'n well na *Rhywun arall* a *Maesglasau.*

Meddwl cyfarwyddwr ffilm sydd gan *Rhywun arall* yn 'Doppelganger'. Ffilm sy'n neidio rhwng 1979 a 1989, rhwng Cymru a Llundain (er mai naws Llundain yn bendant sy'n aros yn y cof), rhwng Aled ac Eddie (dau gymeriad ynteu un?); a gwaith byrlymus sy'n eich cludo chi ymlaen ar ei llif. Ond os oes ganddo feddwl cyfarwyddwr ffilm, mae ganddo eirfa bardd. Pwy ond bardd a allai sôn am 'achlysur teuluol efo teulu achlysurol', neu am rywun yn gwisgo dilledyn ar ôl cymryd bath, 'wedi clymu'n dynn, i gadw ogla'r bath i mewn'?

Mae'n cyflymu'n arw tua'r diwedd – yn ormodol, hwyrach? Ond wedi ail-ddarllen, roedd rhywun yn darganfod haenau eto, er bod yr amwysedd a pheth dirgelwch yn aros (y mae hyn yn rhan o grefft y gwaith). Mae'n gyfoes, yn ddoniol, ac yn ceisio dweud rhywbeth amdanom fel Cymry.

Pan ddarllenais 'O! tyn y gorchudd' gan *Maesglasau,* tybiais i ddechrau mai hunangofiant ardal ydoedd, er mai'r is-deitl yw 'Hunangofiant Rebecca Jones'. Dyna mor gryf y cyflëir naws lle arbennig, Cwm Maesglasau. Mae'n swynol, gydag iaith wirioneddol goeth a lledrithiol. Medrwch deimlo llif y dŵr, y niwl yn y cwm, a'r cariad iasol at fro. Ond nid darlun neis-neis sydd yma, chwaith, fel yr ydym yn darganfod yn gynnar iawn pan ddisgrifia hynt dringwr diofal yn disgyn yn y cwm ac 'yn clywed nant mis Rhagfyr yn chwerthin yn oer i fyny'i llawes'.

Mae hunangofiant Rebecca ei hun yn ehangach na hynny – mae'n gofnod ac yn glod i ffordd o fyw, ac yn arbennig i deulu. Ac yna daw'r diwedd i'ch sobreiddio.

Condemniais ddigon ar ysgrifenwyr hunangofiannau 'confensiynol': mae *Maes-glasau* yn profi nad y *genre* sydd i'w gondemnio, o'i roi mewn dwylo meistraidd. Peidiwch byth ag anghofio mai medal *ryddiaith* yw'r wobr a geisir, sydd yn gofyn am gyfuniad o stori dda, rhyw fath o naws arbennig ac, yn anad dim, ysgrifennu graenus a chrefftus – sut bynnag y diffiniwch chi grefft. A chyda hynny mewn golwg y deuthum i'r casgliad o'r diwedd fod *Maesglasau* fymryn o flaen *Rhywun arall.* Gall *Rhywun arall* ysgrifennu'n fywiog a byrlymus a barddonol a chyfoes – ond yma a thraw yn ei waith, daw ysgrifennu blêr a ffwrdd-â-hi i'r wyneb. Mae gwahaniaeth rhwng cyfleu rhywbeth neu rywun sy'n ddiofal ac ysgrifennu'n ddiofal – ac nid *Rhywun arall* yw'r unig bechadur yn hyn o beth yn y gystadleuaeth – na'r unig bechadur cyhoeddedig, chwaith.

Buasai ysgrifennu coeth ar ei ben ei hun, heb sylwedd na stori, yn ddibwrpas. Nid dyma sydd yn 'O! tyn y gorchudd'. Mae'n waith sy'n rhoi ger ein bron deulu arbennig o Gymry mewn mangre yng Nghymru mewn amser, ac yn peri i'r bobl a'r lle a'r amser ddod yn fyw o'n blaenau. Nid peth ar wahân yw iaith goeth y traethu ond rhan o'r gwead, a dyna pam y mae *Maesglasau* yn llawn haeddu'r Fedal.

BEIRNIADAETH ROBIN LLYWELYN

Mae'r testun wedi bod yn un poblogaidd ac wedi ysgogi 21 i gystadlu am y Fedal eleni. Ysgogwyd rhai i roi pin ar bapur er mwyn ateb hen ddyhead i roi profiadau oes ar gof a chadw. Ysgogwyd eraill i greu byd newydd, ffantasïol o'u pen a'u pastwn eu hunain. Ambell waith nid oedd hi'n amlwg p'un ai hanes go iawn ynteu ffrwyth dychymyg oedd y gwaith dan sylw a doedd dim ots am hynny ychwaith. Y maen prawf yn y pen draw oedd a ydi'r gwaith yn rhyddiaith greadigol? Mae'r gystadleuaeth wedi esgor ar gnwd toreithiog o gyfrolau diddorol eleni ac mae sawl un yn haeddu gweld golau dydd.

Moel Maban: 'Ydach chi isio gwbod be ges i i ginio?'. Hunangofiant traddodiadol gan awdur o Ogledd Cymru a aned yn 1942. Ceir ynddo ddarlun manwl o gymdeithas Gymraeg neilltuol yn ail hanner yr ugeinfed ganrif. Ond nid cofnodi moel a geir yma'n unig ond ymgais i ateb y cwestiwn oesol, 'Pwy ydw i?'. Mae'r awdur yn gyn-athro Cymraeg a'i ryddiaith yn gywir ac yn rhwydd. Os oes bai ar y gwaith, y duedd i fod yn rhy groniclaidd yw hwnnw.

Cynddylan: 'Dwi'n bod'. Hunangofiant merch wedi ei mabwysiadu yw hwn gyda hanes ei magwraeth yng Nghaernarfon yn y 50au a'r 60au a'i bywyd wedyn yng Nghyffordd Llandudno. Fe'i gwêl ei hun fel '. . . rhyw blentyn wedi ei greu fel Blodeuwedd'. Nid wyf yn siŵr ai hunangofiant go iawn sydd yma ynteu ffrwyth dychymyg ond, sut bynnag y bo, mae'n hanes darllenadwy, anodd ei roi heibio. Dim ond weithiau y mae'r awdur yn colli gafael ar ei ddeunydd gan beri i'r driniaeth fynd braidd yn arwynebol. Cymraeg tan gamp ond angen twtio'r atalnodi.

Elin Siân: 'Mae Ffair y Byd yn Wrecsam'. Hanes teulu sydd wedi byw ym mhedwar ban byd a geir gan *Elin Siân*. Gellid dadlau bod hwn yn fwy o deithlyfr nag o hunangofiant. Dychmygol ond odid yw llawer o'r hanes yn enwedig rhai o'r digwyddiadau anhygoel yng nghoedwigoedd Affrica. Dychmygol neu beidio, nid yw bob tro'n argyhoeddi a theimlwn fod y rhibidirês o ddinasoedd a gwledydd yn dirywio i fod yn rhestr gatalogaidd erbyn y diwedd. Serch hynny, mae yma ysgrifennu da ond bod tuedd i'r pentyrru ansoddeiriau faglu'r gystrawen o bryd i'w gilydd.

Lleufer: 'Un diwrnod ar ddeg o Fai: Hunangofiant Claf'. Hunangofiant ffug-wyddonol am ferch o'r enw Mai a gafodd ddamwain ar Fai 4, 2001. Maith ac arwynebol braidd yw'r hanes hwn ond, er ei feithed, mae'r diwedd yn cael ei adael i'r darllenydd ei gwblhau: 'A chan nad oes gen i mo'r amser na'r hawl i olrhain y stori yn gyflawn, bydd yn rhaid i chi fodloni ar nodiadau', medd yr awdur yn llaes ei ddwylo. Yn fy marn i, gwaith yr awdur ydi gorffen ei stori, nid gwaith y darllenydd.

Pererin: 'Cyflawn We'. Hanes dychmygol mab i offeiriad a fagwyd yn Sir Fôn. Mae'r awdur wedi dysgu geirfa'r iaith ond mae ganddo waith ymlafnio eto ar ei chystrawen. Cefais drafferth i gredu rhai o'r sefyllfaoedd: pan oedd yn blentyn, cafodd ei gyhuddo o ddwyn llyfr ar gam, 'gyda chanlyniadau pellgyrhaeddol a niweidiol'. Symudodd y teulu i dde Cymru pan oedd yn 13 oed, 'ac yn fuan iawn dechreuais golli fy Nghymraeg'. Nid yw'r hanesion dagreuol am deithiau cerdded efengylaidd ar fryniau Maldwyn yn llwyddiannus iawn.

Y Gwehydd: 'Tapestri'. Naw stori gyfoes ar draws 65 tudalen a geir a phob stori am gymeriad gwahanol: Donna, Elena, Nain, Robin Dafis, Miss Rowlands, Darren, Anti Dot, Doris a Mererid. Mae'r syniad o adrodd yr un stori o safbwynt gwahanol aelodau o'r un gymdogaeth yn un da. Gwaetha'r modd, tueddant i swnio'r un fath â'i gilydd a hynny'n creu llun cartŵn dau ddimensiwn yn hytrach na darlun amlochrog. Ni welaf fod y geiriau Saesneg sy'n britho'r sgyrsiau'n talu am eu lle.

Morgan: 'Boss Taff'. Hunangofiant dychmygol yw hwn wedi ei osod yn Awstralia ddiwedd y bedwaredd ganrif ar ddeg. Mae'r cefndir hanesyddol wedi ei ymchwilio'n fanwl a'i gyflwyno'n grefftus iawn. Trwy gyfrwng llythyr at ei chwaer, Lil, mae'r prif gymeriad, Capten Owen Williams, yn adrodd hanes ei helyntion. Mae'r iaith yn rhywiog a'r gwaith yn darllen yn sionc. Gydag ychydig o waith tocio yma a thraw, byddai'n werth ei gyhoeddi ac yn ychwanegiad tan gamp i silff lyfrau hogiau a gennod yn eu harddegau.

Llais y Durtur: 'Dagrau Mam: Hunangofiant Mair'. Hunangofiant y Forwyn Fair a geir yma. Syniad da ond triniaeth siomedig. Arwynebol yw'r cymeriadu. Ni lwyddir i roi anadl einioes iddynt ac am hynny ni allwn uniaethu â'u gwewyr na'u gorfoledd. Gresyn am hyn gan fod y testun yn un addawol dros ben.

Mitty: 'Rhowch imi blentyn cyn y Cownti Sgŵl'. Wyth o straeon byrion a geir yma am blentyndod yn Sir Fôn adeg yr Ail Ryfel Byd. Mae'r ysgrifennu'n raenus a cheir disgrifiadau trawiadol iawn. Mae'r hanes yn dirwyn i ben yn ystod arddegau cynnar y prif gymeriad. Credaf mai fel cofnod o'i gyfnod y mae prif werth y gwaith hwn yn hytrach nag fel rhyddiaith greadigol.

Cefn Gwyn: 'Pladur, Gwn, Pensil'. Hunangofiant traddodiadol yw'r gwaith ac mae'n un o'r goreuon o'i fath yn y gystadleuaeth. Mae'r iaith yn pefrio a'r awdur â gafael ddeng ewin yn ei ddeunydd. O ddiddordeb lleol, efallai, yw'r manylu maith ar nodweddion daearyddol y fro ond prin yw beiau'r gwaith a braint oedd rhannu byd yr awdur a dod i'w adnabod. Mae llawer yn ddifyr i'w ryfeddu megis hanes y daith i fenthyca geiriadur gan Bob Owen Croesor. Heb amheuaeth, mae'r gyfrol yma'n haeddu gweld golau dydd.

Howard a Bet: 'Heb Air o Gelwydd'. Hunangofiant merch fferm o Sir Aberteifi ddiwedd yr ugeinfed ganrif a geir yma. Mae'r ysgrifennu'n gignoeth o onest yn aml a phrofiadau dirdynnol yn cael eu trin a'u trafod yn blwmp ac yn blaen heb ronyn o sentimentaleiddiwch. Mae'r dechrau'n addawol iawn ond, gwaetha'r modd, tuedda i ddirywio tua'r diwedd. Gwaith da ar y cyfan ond bod angen tynhau'r traean olaf.

Cyngar: 'Y Gongol Felys'. Gan *Cyngar* y ceir peth o'r ysgrifennu gorau yn y gystadleuaeth. Mae'r gyfrol faith hon yn drysorfa o iaith lafar Sir Fôn ddechrau'r ganrif ddiwethaf. Pleser digymysg oedd darllen ysgrifennu mor hyderus. Hunangofiant Edith Morwenna Williams a geir a honno'n cael ei phen-blwydd yn 14 oed ar Fehefin 28, 1914. Mae ei thad yn gapten llongau 54 oed. Mae yma hanesion difyr a chymeriadu da. Gwaetha'r modd, nid oes digon yn digwydd i yrru'r stori'n ei blaen a dyna wendid y gwaith yn y bôn.

Dilys: 'Cyw: Hunangofiant Dilys'. Cyflwynodd *Dilys* gyfrol gyda stori wahanol ar bob un o'r 75 tudalen a'r rheini wedi eu seilio ar hanes un hogan. Mae'n giamstar ar ysgrifennu rhyddiaith afaelgar. Dyma enghraifft o'r arddull: '. . . gronynnau o lwch yn cwympo i lawr hafn o haul, fel arian mân i bydew'. Ond mae'r neidio o stori i stori yn creu dryswch ac nid oes digon i glymu'r darnau ynghyd. Ysgrifennu cywrain ond mae diffyg undod yn tanseilio'r gwaith.

Fi: 'Hunangofiant Fi'. Hunangofiant athro a phregethwr o Ben Llŷn a hwnnw wedi ei eni yn 1934. Mae'r hanes yn ddifyr ond ei fai pennaf yw ei fod braidd ar chwâl ac yn rhy gwta. Serch hynny, mae'n ddarllenadwy iawn gyda chystrawen lithrig ac iaith loyw.

Y Brenin Du: 'Hogyn Syrcas'. Mae'r gwaith hwn yn addawol iawn. Ceir yma sgrifennu sionc a bywiog am y 'basdad bach' a'i fam alcoholaidd yn y seilam. Mae'r rhyddiaith yn llifo'n hudolus: 'Yn y gors roedd adar yn nythu a blodau melyn gwenwynig yn tyfu. Rhywle ar y tir sych roedd nyth gylfinir, clywais ei gri yn torri'r awyr'. Diffyg cynllun yw prif fai'r gyfrol ac mae'r diwedd yn ffwr-bwt a dim byd wedi ei ddatrys na'i egluro. Pe bai'r awdur yn gweithio ychydig ar y diweddglo, credaf y gellid cyhoeddi 'Hogyn Syrcas'.

Maesglasau: 'O! tyn y gorchudd'. Hunangofiant Rebecca Jones a geir gan *Maesglasau* a hwnnw'n rhychwantu'r ugeinfed ganrif. Ar un wedd, mae hwn yn hunangofiant traddodiadol nes deall i'r prif gymeriad, Rebecca Jones, farw yn 11 oed ac mai dychmygu'r bywyd na chafodd hi mo'r cyfle i'w fyw a wneir yma. Gellir ei weld hefyd fel hunangofiant cwm Maesglasau ym mherfeddion mwynder Maldwyn. Mae'n hanes trist ac arwrol yr un pryd. Mae'r ysgrifennu'n gywir a dilychwin ac mae'r lluniau o'r cyfnod yn ategu'r geiriau'n llwyddiannus. Nid yw pob dim yn taro deuddeg a theimlais fod yr ymdriniaeth â charwriaeth Rebecca a'r carcharor rhyfel Eidalaidd yn arwynebol, efallai am mai dyn yw'r awdur (fe gredaf) ac nad yw wedi llwyddo gant y cant i fynd o dan groen ei brif gymeriad. Credaf y gellid tocio peth o'r canol a chryfhau'r rhan olaf ond, heb amheuaeth, mae'r gwaith yn deilwng o'r Fedal Ryddiaith.

Rhywun arall: 'Doppelganger'. Dau ddyddiadur sydd yma, wedi eu hadrodd am yn ail, y naill o Ionawr tan fis Mai 1979 a'r llall o Ionawr tan fis Medi ddeng mlynedd yn ddiweddarach. Aled yw prif gymeriad y naill ac Eddie yw adroddwr y llall. Un ydyn nhw yn y bôn ond bod dadrithiad yn eu gwahanu. Cymro a fagwyd yn Llundain yw Aled a'i uchelgais yw dychwelyd i Gymru. Erbyn iddo droi'n Eddie mae'r agwedd wedi newid a'r freuddwyd ar chwâl. Uchelgais Eddie yw ymwrthod â'i Gymreictod a'i uniaethu'i hun â'r Llundeinwyr. Deuir â'r ddau yn un ar orsaf Euston mewn diweddglo llwyddiannus. Mae *Rhywun arall* yn rhyddieithydd tan gamp ac yn chwip am greu delweddau cofiadwy. Sonnir am 'Syniadau newydd yn disgyn fel gwylanod i'r cwysi lle bu tractor ei feddwl yn aredig'. Wrth feddwl amdano ef ei hun a'i gariad y noson cynt, gwêl y dillad sy'n corddi mewn peiriant londrét 'fel eu cyrff nhw neithiwr'. Mae Eddie a'r dyn nesaf ato yn y bar 'fel dwy fuwch mewn beudy'n wynebu'r wal'. Llwyddir yn wych i rithio awyrgylch y ddinas o flaen eich llygad a chyflwynir y cefndir ieithyddol yn ddeheuig tu hwnt. Strwythur y gyfrol oedd un o'm gofidiau gan fod y neidio o ddyddiadur i ddyddiadur yn peri dryswch ar y darlleniad cyntaf. Nid oes digon i wahanu llais Aled a llais Eddie ac felly tueddir i ddrysu rhyngddynt. Mae'r hanes yn llusgo braidd tua'r canol a chredaf y gellid hepgor rhai darnau na welaf eu bod yn talu am eu lle. Manion yw'r cwynion hyn, mewn gwirionedd, ac mae'r gwaith hwn hefyd yn deilwng o'r Fedal Ryddiaith.

Didwith: 'Rhoddion o'r trai'. *Didwith* oedd yr unig un i gyflwyno llawysgrif heb ei theipio (na'i rhifo). Wedi dehongli'r llawysgrifen, mae'r rhyddiaith yn llyfn a darllenadwy a'r iaith yn goeth. Yn Sir Benfro y gosodwyd yr hanes ac efallai mai ymgais i gofnodi'r dafodiaith leol sydd yma yn hytrach na hunangofiant cymeriad o gig a gwaed. Anfantais hynny yw bod yma ddiffyg sylwedd. Nid oes gan *Didwith* lawer i'w ddweud yn y pen draw er meddu ar yr adnoddau ieithyddol i ddweud llawer.

Ei ferch: 'Delw ei Thad'. Cyflwynodd 71 o dudalennau heb eu rhwymo sy'n gwneud y gwaith darllen braidd yn anhwylus. Mae'n hunangofiant traddodiadol am blentyndod adeg yr Ail Ryfel Byd rywle yn Arfon. Mae'r iaith yn gywir a'r cynnwys yn ddiddorol. 'Rydw i wedi datgelu fy nirgelion dyfnaf i'r dalennau hyn', meddai *Ei ferch*, ac nid oes amheuaeth o ddiffuantrwydd yr hanes. Mae hon yn gyfrol ddarllenadwy iawn ond nid yw'n waith creadigol fel y cyfryw.

Dafad Gyfeiliorniog: 'Hunangofiant Cynnyrch Diffygiol gan y CD ei hun'. Mae arddull *Dafad Gyfeiliorniog* yn wamal a chellweirus. Cyfnod yr hunangofiant yw 50au a 60au'r ganrif a aeth heibio hyd ein dyddiau ni. Mae'n cynnwys adrannau ar yr ysgol gynradd, ysbyty meddwl Dinbych a Silicon Valley. Nid yw'r ymgais i greu ysgytwad bob amser yn llwyddiannus ac weithiau dirywia i fod yn ddi-chwaeth. Nid yw'n gyfrol orffenedig gan mai rhestr o gwestiynau sy'n ei chloi gyda'r addewid i'w hateb mewn cyfrol arall os bydd gofyn amdani.

Cosmigg: 'Dan Bwysau!' Hunangofiant traddodiadol yw gwaith *Cosmigg* a hwnnw'n tueddu i fod yn ystrydebol. Hanes un a fagwyd ar ffarm yn ardal y Bala yn y 30au sydd yma ond, yn anffodus i hunangofiannydd, nid yw'r cof bob amser yn loyw: 'Dydw i ddim yn cofio fy niwrnod cyntaf yn yr ysgol,' meddai mewn un lle. Pam sôn amdano, felly? Mae yma duedd i bregethu a'r gwaith at ei gilydd braidd yn ymdrechgar.

Braint oedd cael darllen pob un o'r 21 o gyfansoddiadau a ddaeth i law. Roeddynt oll ar ryw wedd yn dathlu bywyd, boed hwnnw'n fywyd go iawn neu'n fywyd dychmygol. Pob clod i'r Pwyllgor Llên am ddewis testun o'r fath. Ar ddiwedd y daith, dau geffyl blaen oedd yn cystadlu i ennill y ras, sef *Rhywun arall* a *Maesglasau*. Cytunaf â'm cyd-feirniaid mai *Maesglasau* sy'n mynd â hi ond nid oes llawer rhyngddynt. Hoffwn longyfarch *Rhywun arall* ar ei waith ardd-erchog, gan obeithio y caiff ei gyhoeddi'n fuan, ond *Maesglasau* biau'r Fedal Ryddiaith eleni.

Stori Fer: yn seiliedig ar unrhyw ddihareb

BEIRNIADAETH HARRI PARRI

Bu cryn ddarogan bod y stori fer, fel ffurf ar lenyddiaeth, yn dechrau chwythu'i phlwc. Mae'r ymateb i'r gystadleuaeth hon eleni yn awgrymu'n wahanol a hynny ar sail nifer y cystadleuwyr, tri deg a thri ohonynt, ac yn ôl safon gwaith y goreuon yn y gystadleuaeth.

Gofynnwyd am stori fer yn seiliedig ar unrhyw ddihareb a bu hynny'n gloff-rwym i amryw. Yn amlach na pheidio, yr hyn a wnaed oedd nid dewis dihareb a sylfaenu stori arni ond cyfansoddi stori gyffredinol a'i chysylltu â dihareb. Dyna fo, cael stori fer lwyddiannus oedd y pennaf peth.

Dyma sylw cynnil ar bob un o'r cynhyrchion yn y drefn y daethant i'm llaw gan ddiolch i'r awduron am eu hymdrech:

Paloma: 'Poenau Tyfu'. Perthyn i'r hen oes y mae'r stori ond fe'i hysgrifennwyd yn llyfn ac mae hi'n cyffwrdd y galon. Craidd y stori yw perthynas merch ysgol o'r enw Luned â Bel, gast ddefaid y fferm deulu, a'r briw o'i cholli ar draul pob llwyddiant arall. Bu'r stori hyfryd hon yng nghystadleuaeth y stori fer flwyddyn yn ôl a chytunaf â sylw'r beirniad arni. Mae'r diweddglo fymryn yn ddisgwyl-iedig.

Can Pedro: 'Trachwant Mrs MacAlister'. Mae gan yr awdur ddawn bendant i greu cymeriadau a chyfleu awyrgylch lle ac amser. Lleolwyd y stori yng ngwesty'r Riu Palas Bonanza yn Sbaen lle mae Mrs MacAlister – 'Barbara Cartland o greadures, yn fwndel o bwdl' – yn treulio'i gwyliau blynyddol ac yn lladrata'i hochr hi. Gan mai at ffraethineb yr anelwyd, gallesid bod wedi troi disgrifiadau doniol yn ddeialog a byddai hynny wedi cryfhau'r stori.

Sach a Chorden Beinder: 'Annodd Tynnu Dyn wrth ei Dylwyth'. Nid fel'na yn union mae'r ddihareb. Math o gatharsis yw'r stori ar ran person a fynychodd gwrs preswyl – ar sgwennu'n greadigol, os wyf yn dehongli'n iawn – ac a gafodd y lle, y cwrs a'r cwmni yn anghydnaws ac, o'r herwydd, yn rhwystredigaeth iddo. Yn ei gymariaethau, dengys yr awdur fod ganddo gefndir eang, creodd stori ac iddi fwy nag un lefel, ond yn ei ffurf bresennol mae'r gwaith yn fwy o ysgrif nag o stori.

Lembo: 'I'r Pant y Rhed y dŵr'. Egyr y stori gyda dau fath o gorwyntoedd: y gwynt sy'n sgubo strydoedd Trellwch a'r tornedo o eiriau a ddefnyddia'r awdur i ddisgrifio hynny. Camu'n syth wedyn i mewn i festri capel lle mae pedwar ifanc yn chwarae cardiau am arian. Unwaith y methodd Rhys dalu'i ddyled ac i Gavin edliw pechodau'i dad iddo, mae'r chwarae'n troi'n chwerw. Plot nofel sydd yma mewn gofod stori fer a gormod o baent ar y brws.

Eira Wen: 'I'r dewr yr â'r da'. Stori fer rymus gyda'i rhediad a'i harddull yn lân a syml. Stori serch yw hi, gyda chefndir gwledig, am fachgen o'r enw Owain a aeth allan gyda'i Landrover drwy storm o eira i gyfarfod â'r un a garai, a methu cyrraedd pen ei daith na chyflawni'i obeithion. Fe'i cawn, oherwydd ffawd, yn 'ffeirio Anna am Anwen'. Mae i'r stori ddiweddglo annisgwyl a thelynegol.

Y Fair Wen: 'Trysor'. Gwaith a roes wefr i mi. Mae'r chwarae yn symud o Fôn i Guatemala ac yn ôl i Fôn. Stori serch yw hi, mewn arddull hunangofiannol, am fyfyrwraig yn syrthio mewn cariad â'i thiwtor ac yna'n ei golli trwy iddo foddi. Fe'i hysgrifennwyd yn sensitif ac mae'r diweddglo'n gafael. Ni allaf weld bod dyfynnu cwpledi Sarnicol yn ychwanegu dim ati. Mae yma fân frychau iaith.

Robin Ffynnon Oer: 'Amser Nid Erys i Undyn'. Pennod o hanes teulu sy'n ymestyn dros dair cenhedlaeth. Fel hanes teulu cyffredin a chofnod o batrymau byw tair cenhedlaeth wahanol, mae'n ddogfen werthfawr ac mae gan y cofnodydd Gymraeg persain a chywir. Ond dogfen hanes yw hi ac nid stori fer.

Anobaith: 'Y Cŵn'. Prif gymeriadau'r stori yw Wil Parri, celwyddgi tafarn y Victoria, a'i elyn, Jones y Plisman. Mae'n dyddio'n ôl i gyfnod trwyddedu cŵn a phan oedd plismyn yn adnabod cynefin. Stori noson lawen yw deunydd cynnyrch *Anobaith* yn hytrach na'r stori fer lenyddol y gofynnir amdani – serch bod y ddihareb a gysylltwyd â hi yn un gwbl addas.

Llinos: 'Nid Aur yw Popeth Melyn'. Stori edrych yn ôl sydd gan *Llinos* hefyd.

Perthyn i'r blynyddoedd pan oedd y gwaith glo mewn bri, pawb yn prynu yn y Co-op a Chymanfa Ganu'r Pasg yn regata i hetiau. Cystadleuaeth am yr hetiau crandiaf yw sylfaen y ffraethineb a'r het '*on appro*' yn mynd â hi. Serch bod y deunydd crai yn dderbyniol, ni lwyddwyd i'w ddatblygu yn stori fer lenyddol.

Tra'n aros: 'Ran Amser'. Stori ddwys, hyd ddagrau, am hen wraig a groesodd y ffin i'w hail blentyndod a mynd i fagu dol. Fel llenor da, mae'r awdur yn datod ei stori'n araf a dim ond ar y diwedd y daw'r dirgelwch yn glir. Parodd ei harddull i mi feddwl am y fam honno yn *Un Nos Ola Leuad*. Mae yma bentyrru delweddau a disgrifiadau a hynny, o bosibl, yn gweddu i'r prysurdeb dryslyd ym meddwl yr hen wraig.

Dryw Bach Dewr: 'Y Brotest Gan Menywod Chwaeroliaeth'. Yn ardal lofaol Pen y Waun y lleolwyd y stori pan oedd trwch poblogaeth y fro yn 'gweithio dan ddaear', godineb yn eithriad a 'Chwaeroliaeth' y capel yn gadarnle moesoldeb. Roedd taw yn agos at bob un pan aed ati i olrhain llwybrau llithrig eu gwŷr. Fe'i hysgrifennwyd mewn tafodiaith ond ceir nifer o eiriau Saesneg a chryn waith cywiro.

Y Ffurfafen: 'Cyfrinach Ras y Colomennod'. Achubodd Ianto golomen strae a'i hyfforddi i gystadlu yn erbyn un ymfudwr o Sais. Gosod cath tsieina ddu a gwyn yn llwybr y golomen arall a ddaw â'r fuddugoliaeth i Ianto a pheri i'r Sais chwilio am 'iachach' lle i fyw. Beirniadais yr un stori yn Eisteddfod Nedd a'r Cyffiniau yn 1994. Llwydda i greu awyrgylch lle a chyfnod ond adrodd hanes sydd yma yn hytrach na chreu stori fer.

Dyfal Donc: 'Gwerthu Gwaith Glo Glan Tawe'. I'r un cynefin y perthyn y stori hon. Mae 'gwaith glo bach Glan Tawe' wedi bwrw i mewn i garreg a'r iechydwriaeth (amheus) yw ei werthu drwy hoced – a Sais yw'r ffŵl. O'i gymharu â'r ddau awdur blaenorol, mae Cymraeg *Dyfal Donc* yn gywirach ond nid yw'r dafodiaith mor bersain. Mae ganddo ddawn i greu cymeriadau digon credadwy.

Siôn Blewyn Coch: 'Ara' deg y mae dal iâr'. Tafodiaith Cwm Tawe eto ond dyma lenor sy'n feistr ar y dafodiaith. Ysgrifennodd ei stori drwyddi draw yn y dafodiaith hyfryd honno ac eithrio pan ddaw'r 'Gwynitog' i lefaru'n ogleddol Stori'n codi o'r gorffennol sydd ganddo yntau ond mae'n ddigon o lenor i beri i ddoe fyw heddiw. Mae ei arddull yn atgoffa dyn am Islwyn Williams, a'i bwnc – rhagrith gweinidog gwyredig – yn dwyn i gof *My People*, Caradoc Evans. Os oes gwendid, amod y gystadleuaeth sy'n dangos hwnnw; atodol yw'r ddihareb.

Omega: 'Ymhob rhith y daw angau'. Hanes tair cenhedlaeth yn ffermio Ffos y Ffin a'r deunydd naill ai'n ffrwyth dychymyg neu'n gofnod o hanes teulu. Mae gan *Omega* afael ardderchog ar y Gymraeg a llwyddodd i osod ei stori'n drefnus a'i datod yn hamddenol. Unwaith eto, hanes sydd yma yn fwy na stori. Serch iddo ddewis llythyren olaf yr wyddor Roeg, nid ef yw'r olaf o bell ffordd.

Tir na n-Óg: 'Bananas a Brechdan Hovis'. Prifathrawes a aeth dros y dibyn yw Siân, wrth redeg yn erbyn targedau yn ei gwaith a'r disgwyliadau yn ei bywyd personol. Bu'r apwyntiad gyda'i seiciatrydd yn fethiant. Gyda llaw, mae'n drueni na fyddai'r seiciatrydd yn Gymro Cymraeg! Fe'i cawn yn bwrw'i bol mewn ymson â hi'i hun wrth iddi geisio ailgydio yn ei bywyd. Dyma stori lwyddiannus ond dylid rhoi sylw i iaith a chystrawen.

Rolant: 'Dim Troi'n Ôl'. Ceir yma arddull sy'n darllen yn rhwydd a chymariaethau cofiadwy: '. . . golau o ffenestr y gegin yn taflu blodyn melyn ar balmant y buarth'. Mae Rolant, plentyn ysgol, yn wynebu'r profiad ingol o golli'i dad a gadael ei gynefin. Wedi iddo ddringo i 'Ben Clogwyn', daw iddo stribedi o atgofion tyner. Fe'i hysgrifennwyd gyda sensitifrwydd ond prin yw'r ymateb rhwng cymeriadau.

Nyth y Frân: 'Priodas Fflo'. Stori ffraeth am briodas frys Fflo a Willie. Yr ergyd glo yw dychweliad y pâr ifanc o'r bwrw swildod yn 'Nainamo' gydag ychwanegiad at y teulu a chlustiau hwnnw'r un ffunud â rhai Desmond, y gwas priodas. Serch hen ddeunydd digrifwch, sy' wedi gwisgo'n denau, llwyddodd i gyfarfod â rhai o hanfodion y stori fer ffraeth. Y gwendid yw gor-sgwennu.

Pen y Gogarth: 'Hir yw pob ymaros'. Agosrwydd a phellter yw'r thema. Portreadir wyth cymeriad yn cwrdd â'i gilydd, yn gwbl ddamweiniol, wrth oleuadau traffig ar Stryd Mostyn, Llandudno, ac yn gwasgaru ar gyfnewidiad y golau. Daw pawb o gefndiroedd gwahanol ac mae gan bob un amcan gwahanol mewn bod yno. Fel stori ddisgrifiadol, mae'n ddigon derbyniol ond mae'n galw am fwy o ddyfnder a chryfach diweddglo.

Tan y Mynydd: 'Gwell mul a'm dwg na march a'm teifl'. Dyma stori fer ysgafn orau'r gystadleuaeth. Mae gan yr awdur afael diogel ar ei grefft. Enillodd Ifor Gruffydd, Cefn Uchaf, gaseg sebra mewn gyrfa chwist. Craidd y doniolwch yw ymddygiad y sebra ac ymdrech y ffarmwr i'w arallgyfeirio. Mae gofyn i stori fer ysgafn dda fod yn ddigri drwyddi ac mae hon felly. Ond prin yw'r ddeialog.

Rhif Deg: 'Y gŵr Drwg'. Yn y stori ddyfeisgar hon, am berthynas tad a'i blentyn, rhydd yr awdur ddisgrifiad crefftus o'r plentyn sy'n ddyn a'r dyn sy'n blentyn. Brwydr dactegol gyda thaflegrau ar sgrîn rhwng dwy fyddin o filwyr yw'r frwydr amlwg ond o dan hyn i gyd mae'r ysbryd ymladdgar sy'n rhan o wead y natur ddynol. Stori gryno a ysgrifennwyd yn raenus ac iddi gryn ddyfnder.

Dynolaur: 'Y Cŵn a Adawodd y Pac'. Camp yr awdur yw dynweddu greddf ac arferion cŵn sy'n hela ysglyfaeth ar safana anial yn Affrica gan ddynweddu'u henwau'n ogystal, yn unol â'u tueddiadau dynol: Pwdaur, Methaur, ac yn y blaen. Ceir yma ddyfeisgarwch, dawn i gynllunio, arddull raenus a stori fer gofiadwy. Ar y diwedd, teimlwn ei fod yn llithro i draethu yn hytrach nag adrodd stori.

Gwenlli: 'Gwyn y Gwêl'. Medrusrwydd llenor sy'n troi hen ddigwyddiad yn llenyddiaeth. Stori delynegol am fam o Fôn – a'i dwy ferch fach – yn dilyn ei gŵr i'r ddinas. Ar ddiwedd parti pen-blwydd un o'r merched, fe sylweddola'r fam – yn hunllefus annisgwyl – fod hanner chwaer i'r ddwy fach ymhlith y gwahoddedigion. Daw'r stori i'w therfyn gyda drysau uffern ar agor. O roi ychwaneg o ddyfnder iddi, gallai hon fod yn brolog ar gyfer nofel neu'r gyntaf mewn casgliad o straeon.

Het: 'Anhawsaf peth i'w adnabod yw dyn'. Daw dyn canol oed i eistedd ar fainc mewn parc ar bnawn heulog o Awst. Mae popeth o'i gwmpas yn ddu ac yn ddirgel. Stori fer ddi-ddeialog yw hi ond mae yma gyfathrebu rhwng cymeriadau â'i gilydd yn eu gwahanol ymateb i'r gŵr ar y fainc. Gyda'i ddawn disgrifio, llwyddodd yr awdur i weu stori ac iddi gryn awyrgylch a dirgelwch, a'r beirniad yn meddwl a oes iddi ddyfnach ystyr na'r hyn a welodd.

Samgar: 'Gwyn y Gwêl . . .'. Mae'r fam un cyw, Elsie Jos, yn gweld ei mab, Cledwyn, yn wyn – beth bynnag a ddywed y Sarjant – a'r tad yn ymwrthod â phob cyfrifoldeb. Cawn Cledwyn ar lithrigfa, yn disgyn o luchio cerrig i ddelio mewn cyffuriau; yn y diwedd, fe'i saethir yn farw wrth iddo dorri i mewn i fanc yn America. Mae i'r stori gryn anwyldeb ond ni lwyddwyd i roi newydd-deb i hen blot dameg y mab afradlon.

Lynwen: 'Rhannu Diddordeb'. Stori lân ei harddull a chlir ei mynegiant. I ddisgwyl dathliad pen-blwydd ei phriodas arian, unwaith y bydd cynhadledd ei gŵr drosodd, mae Enid yn cicio'i sodlau ar balmant y dref. Mae'n cwrdd â dau ddyn gwahanol iawn eu hymddangosiad. Y parchusaf o'r ddau oedd y peryclaf. Mae gan *Lynwen* adnoddau llenor a dotiais at ei manylder disgrifiadol. Hwyrach bod yr annisgwyl fymryn yn amlwg o ganol y stori ymlaen.

Dyfrig: 'Ni wna'r môr waeth na boddi'. Un o straeon cryfaf y gystadleuaeth i gyd gan lenor sy'n grefftwr medrus a chanddo'i arddull arbennig ei hun. Aeth ati, gyda dyfeisgarwch, i ailadrodd chwedl Cantre'r Gwaelod gan osod Seithenyn, ceidwad y llifddorau, yn brif gymeriad ynddi. Mae ei waith yn mynd â ni'n ôl nid yn unig at yr englynion yn *Llyfr Du Caerfyrddin* ond at ffynonellau fel *The Land Beneath the Sea* a chyfrol Peacock, *The Misfortunes of Elphin*. Daw dieithryn i mewn i dafarn ar noson o storm ddieflig. Wedi iddo gael ei lithio a'i fwydo, egyr drysau'r meddwl ac fel teiliwr yn dirwyn edau gain cawn wybod hanes ei drychineb a'i ofidiau. Yng ngwres y tân, mae'n ymson ynghylch ei dynged ei hun a thynged ei wlad. Pan ddaw'r tafarnwr i dywys ei westai i'w ystafell wely, mae'i le yn wag ac yntau yn ôl ym mreichiau'r tonnau. Mae i'r stori fwy nag un haen o ddyfnder ac fe arallgyfeiriwyd hen chwedl yn gelfydd ryfeddol.

Anna Rhian: 'Byw i Arall yw Byw yn Iawn'. Portread o 'Mam Tomos' o gylch Llanaber, a fu farw yn Ionawr 1986. Fe'i portreadir fel gwraig wledig, yn llawn cymdogaeth dda, a fu'n driw i werthoedd arbennig – serch anffyddlondeb honedig ei gŵr a ffrae deuluol. Mae'n bortread didwyll mewn Cymraeg naturiol a graenus. Ond portread sydd gan *Anna Rhian* yn hytrach na phortread sy'n stori fer yn ogystal.

Howzat?: 'Y mwyaf ei fost, lleiaf ei orchest'. Calon y ffraethineb yw'r gymhariaeth anffodus rhwng tîm criced Nant Hyfryd – y ddefod gyntaf cyn pob gêm oedd clirio'r baw defaid – a chricedwyr mwy proffesiynol Coleg y Sarn. Agor y clwydi i'r defaid sy'n dod â'r chwarae i ben. Ceir yma gymeriadau digon crwn: Gareth 'Anorac' Jenkins a'i debyg. Ond hanesyn sydd yma heb lawn dyfu i fod yn stori fer.

Foel: 'O Rwsia â Chariad'. Tybiaf i'r stori fod yng nghystadleuaeth y stori fer yn Eisteddfod Bae Colwyn yn 1995 a chytunaf â sylwadau'r beirniad. Mae ymweliad George Morgan o Gwmsych â Leningrad yn gredadwy ond mae'r hanes am nai iddo, Richard Morgan, yn darganfod ei gefnder ar hap, yn gorweithio'r dychymyg. Byddai'n ofynnol i'r awdur fod wedi gwau'i stori'n wahanol, ac yn fwy cynnil, iddi fod yn dderbyniol.

Emroch: 'Perthynas Bell'. Hanesyn o'r dyddiau a fu sy'n galon i'r stori hon eto. Daw John Rees i ymweld â'i ferch gyda cheiliog i'w ganlyn, er mwyn i'r ceiliog gael gwneud ei ymweliad blynyddol â'r ieir. Â'r stori ymlaen i ddisgrifio ymladdfa anghynnes rhwng y ceiliog diarth a phensiynwr o geiliog oedd yn eiddo un o'r cymdogion. Daw â ddoe yn ôl, ond ar ffurf atgofion yn hytrach na stori greadigol.

Ap Dafad: 'A wnelir liw nos a welir liw dydd'. Bardd o storïwr a'i waith yn enfys o ddelweddau a'r rheini'n llachar ac yn newydd: 'ffenest yn gloywi fel dant aur'. Yn aml, mae'n gweld trioedd. Ym mhrolog y stori, mae tair ffenestr ac ar y diwedd dri wyneb sy'n perthyn i dri chymeriad gwahanol. Ceir sawl sefyllfa, mwy nag un berthynas, a phrofiadau sy'n ymestyn o gariad llawn i gasineb llofruddiog. Stori yw hon i oedi'n hir uwch ei phen, a'i darllen fwy nag unwaith, oherwydd dyma stori ddyfnaf y gystadleuaeth. Perthynas, neu ddiffyg perthynas, neu gam-berthynas, yw un o'r themâu yr ymdrinnir â hwy a hynny'n feistrolgar. Stori wahanol iawn ac arbrofol yw hon â'r awdur fel pe'n edrych oddi allan at i mewn ar feddyliau'i gymeriadau. Dewisodd arddull stacato – gair neu ddau yw hyd llawer o'r brawddegau a'r gair 'mae' sy'n dechrau eu hanner – eto mae'r gwaith yn darllen yn llyfn a'r stori'n symud yn gyflym.

Barf y Dadeni: 'Gan y gwirion ceir y gwir'. Rwy'n amau mai'r un yw *Ap Dafad* a *Barf y Dadeni* (yn un peth, mae yna hepgor bwriadol ar yr acen grom yn y ddwy stori!). Lleolwyd hon mewn clinig gwallt lle ceir tri'n aros eu tro: Mrs Bach a'i 'gwallt yn glymau rhyfedd o gudynnau fioled', dyn ifanc o'r enw Owain a'i 'ben yn foel', a'r sawl sy'n adrodd yr hanes sydd â gwallt wedi colli'i gymeriad gwreiddiol. Unwaith eto, mae yma drioedd: tair tres o wallt, tri bywyd gwahanol, tair gweledigaeth. Symptomau yw'r gwalltiau o'u problemau moesol a seicolegol: 'Y mae gan wallt fil o leisiau'. Bu'r 'therapi hunan-gyflyru' yn llwyddiant ac ar derfyn y stori, 'does yna ddim blewyn o'i le'. Daeth y stori yn ail rhyfeddol o agos yn Eisteddfod 2001. 'Gwreiddiau' oedd ei theitl yn y fan honno. Y tro yma, i barchu amod cystadleuaeth 2002, rhoddwyd dihareb yn bennawd iddi ond mae'r ddihareb yn ei ffitio fel maneg am fys. Fel y nodwyd yng nghyfrol *Cyfansoddiadau a Beirniadaethau Eisteddfod Sir Ddinbych a'r Cyffiniau*, mae hi'n stori 'arbrofol a dychmygus' ac mae yma ddoniolwch.

Daeth y canlynol yn agos i'r brig: *Tra'n Aros, Tan y Mynydd, Rhif Deg, Het, Lynwen* ac *Ap Dafad*. Y rhai sydd ar y brig yw: *Eira Wen, Y Fair Wen, Siôn Blewyn Coch, Dynolaur, Gwenlli, Dyfrig* a *Barf y Dadeni*. Mae'r saith yn haeddu'u gwobrwyo. Bu'n rhyfeddol o anodd i wahanu *Dyfrig* a *Barf y Dadeni*. O orfod dewis, gwobrwyer *Dyfrig*.

Y Stori Fer

NI WNA'R MÔR WAETH NA BODDI

Mae gan y gwynt ddannedd a chan y glaw grafangau. Nerth pur sydd gan y môr i'w gyfrannu i'r gynghrair. Cyfuniad peryglus. Â rhuo a rhuthro, â thwrw mawr, mae yna daro a churo yn erbyn toeau a waliau, ffenestri a drysau. Ond nid pob drws sydd ynghau.

'Ty'd i mewn, ddieithryn, ty'd i mewn!'

Efo tinc o amheuaeth yn ei wedd, gwyliodd y tafarnwr y swp o garpiau yn llusgo'i draed dros y trothwy. Golwg wyllt fel awgrym o'r storm y tu allan oedd yn llygaid y dyn truenus, gwlyb at ei groen.

Fel gwrthgyferbyniad llwyr i'r nos, roedd awyrgylch siriol yn treiddio'r dafarn, pleser cynnes y rhai y tu mewn am eu bod yn glyd a diogel rhag y dymestl y tu allan. Ond bregus oedd y teimlad, a'r newydd-ddyfodiad yn fygythiad iddo. Yn reddfol, ymneilltuodd yr yfwyr ryw fymryn, yn gadael llwybr rhydd iddo ddiferu ei ffordd tua chroeso'r tân, tristwch cyffyrddadwy yn ei sgîl yr un fath â'r pyllau dŵr ar lawr. Aeth i swatio ar fainc ger y tân, ei ysgwyddau wrth ei glustiau a'i draed bron wedi'u gwthio i'r lludw.

'Be fedra' i 'i gynnig ichdi?' meddai'r tafarnwr, pryder lond ei lais, pryder am gyflwr ei westai newydd, ond pryder hefyd rhag i'w ddyfodiad boeni ei gwsmeriaid eraill. Clywodd yn falch sŵn y clebran yn dechrau ailgynyddu o'i gwmpas.

''Sdim ar ôl fedar neb 'i gynnig imi.'

Nid oedd y tafarnwr yn un hawdd i'w fwrw oddi ar ei echel.

'Ty'd o'na, bydd petha'n edrych yn well dros beint a phlatiad o gawl. Mae gynnon ni stafall yn rhydd hefyd, fydd dim rhaid ichdi hel dy draed am adra fel y cnafon hyn i gyd.' Chwifiodd ei fraich o gwmpas yr ystafell, yn ceisio ennill cyfeillgarwch y dyn i ddiwallu ei chwilfrydedd am newyddion ar noson dyngedfennol fel hon.

'Adra!' Poerodd y gair. 'Yli,' chwilotodd trwy leithder ei ddillad a thynnu cod ledr allan o ryw boced gudd, 'dyna'r cyfan sgin i ar ôl yn y byd!' Ysgydwodd y sach bach a chlywodd y tafarnwr ambell ddarn pres yn tincian y tu mewn. 'Dim cartref, dim cariad, dim hunan-barch. Cyfan 'di mynd rŵan.'

Ymsuddodd i mewn i'w fyd bach dieflig ei hun, y fflamau'n dawnsio yn ei lygaid.

'Mi gei di groeso am ddim heno!' meddai'r tafarnwr ar draws y seibiant, gan bwyso ymlaen – mewn arwydd o gydymdeimlad neu i sicrhau na fyddai ei selogion yn clywed y cynnig. 'Mi fydda i'n ôl mewn chwinciad.'

Ni chafodd na phrotest na diolch wrth iddo brysuro ymaith.

Mae dannedd y gwynt yr un mor arw a'r glaw fel picelli, ond mae o'n rhydd o'r diwedd o fwythau barus y môr, ac yn ddiolchgar am hynny. Nid yw'r wawr lwyd yn gysur wrth iddo faglu drwy'r mieri, ei unig fwriad i roi cymaint o diroedd a milltiroedd â phosibl rhyngddo a'r dŵr melltigedig. Ni feiddia edrych o'i ôl a gweld y dinistr. Trwy ymosodiad y tywydd mae'n teimlo llygaid yn tyllu'i fod, a chlywed adar ac anifeiliaid y coed i gyd yn sgrechian 'Bradwr! Bradwr!'. Treiddia'r euogrwydd ei galon, a'i galon yn ateb: 'Mi wnest ti d'orau'. Ond nid oedd fy ngorau'n ddigon, mae'r drysau ar agor.

Yng ngwres y tân roedd stêm yn codi o'i ddillad ac yn llenwi'r lle tân agored, yn gwneud i'r dieithryn edrych yn arallfydol. Roedd ofn ar selogion y dafarn yn yr un mesur â chwilfrydedd, ambell un yn herio'i gyfaill i dynnu sgwrs efo fo, i ddarganfod a oedd o wedi dod o le'r oedden nhw'n meddwl – gobeithio – ei fod wedi dod, ond neb yn mentro. Unig fu o erioed, ac unig fyddai fyth.

Cododd cwmwl anweladwy o'r ystafell efo dychweliad Hywel, y tafarnwr. Amneidiodd ar ddyn mawr yn sefyll gerllaw i dynnu bwrdd bach at ben-gliniau'r gwestai newydd a rhoddodd y plât a'r mwg cwrw arno.

Aeth i ofalu am anghenion ei gwsmeriaid cyn dod yn ôl ac eistedd am y bwrdd ag o. Byddai Hywel wedi disgwyl i rywun yn ei gyflwr gladdu ei fwyd yn gyflym a gofyn am ragor, ond bwytaodd hwn yn ddi-awch. Cymerodd ddrachtiau ysbeidiol o'r cwrw ond dim ond i ddiwallu syched, nid er mwyn pleser. Roedd yn amlwg fod rhywbeth mawr yn ei boeni ac roedd gan Hywel eitha syniad beth oedd, o ble y daethai. Roedd rhaid iddo ddarganfod rhywfaint amdano, beth bynnag, er lles ei dŷ. Er nad oedd y dieithryn yn edrych mewn cyflwr i gyflawni drygioni, roedd 'na ddigon o gymeriadau amheus o gwmpas ac ni fedrai dyn fod yn rhy ofalus.

'Dw i'm 'di dy weld di yma o'r blaen, yn naddo? Be sy'n dŵad â chdi yma ar noson fel hon, dŵed?'

'Tydi o'm yn amlwg?' Cododd ei olygon am y tro cyntaf a syllu i'r tywyllwch trwy'r ffenestr. Gwelodd Hywel mai dim ond cymharol ifanc ydoedd, a'i gyflwr a'i bryder wedi dwyn ei ieuenctid i gyd.

'Ti 'di dianc o . . . acw?'

Symudiad lleiaf pen y dieithryn.

'Be ddigwyddodd?' Yn fodlon nad oedd ei eiddo mewn perygl, rŵan roedd Hywel yn ysu am glywed y stori. Dyna beth oedd yn dda am ei alwedigaeth, roedd tafarnwr y cyntaf bob tro i gael newyddion a straeon gan deithwyr o bell. Ond nid oedd hwn yn un siaradus ei natur, o leia dim heno, dim eto. Ochenaid hir a dwfn a gafwyd yn ateb. Yn raddol, trodd wynebau a chlustiau yfwyr y dafarn i ffwrdd i'w sgyrsiau eu hunain. Dim pigion blasus i'w cael yma. Ond dyn amyneddgar oedd Hywel ac, ar ôl saib, dechreuodd drysau meddwl y truan agor.

'Wyt ti'n ddyn sydd yn gydwybodol wrth dy waith, yn dwyt? Ac yn ei hoffi?'

Nodiodd Hywel yn bwyllog.

'Finna hefyd. Oeddwn. Yn groes i be mae rhai'n 'i feddwl hefyd. Na, mi ges i ddigon o barch, i'r rhan fwyaf, ond dim o'r ochra y byddwn wedi hoffi'i gael.'

'Be 'di – oedd dy waith?'

'Porthor.'

'Porthor? Y chdi?' Roedd anghrediniaeth yn llais y tafarnwr.

'Ie. A cheidwad, ceidwad y muriau. Felly ceidwad y ddinas, a'r wlad, 'de? Tipyn o gyfrifoldeb, 'ti'm yn meddwl? Ond doedd gin i'm ofn y cyfrifoldeb. Ro'n i'n ei werthfawrogi, deud y gwir; rhaid i fab fenga'r teulu ennill ei barch o rywle, ia? Ac ro'n i gystal â'r cyfrifoldeb, hoffwn feddwl. Taswn i 'di cael y gefnogaeth oedd ei hangen . . . ond ches i moni . . . yn hynny o beth dydw i ddim ar fai. Ond mi rydw i ar fai, o ydw, am fod yn gachgi a derbyn y ffaith, mynd yn fy mlaen o ddydd i ddydd yn cym'yd yn ganiataol y byddai petha'n well fory ac na fyddai dim byd yn dŵad i siglo trefn petha. Fel nifer go dda o 'mlaen, rhaid dweud, o ystyried cyflwr y walia, ond tydi hynny ddim yn esgus.'

Oedodd ac archwilio wyneb Hywel fel pe bai'n pryderu ei fod wedi dweud gormod.

'Dan ni 'gyd yn euog o'r math yma o beth, gyfaill.' Pwysodd y tafarnwr ymlaen a chodi ael mewn arwydd iddo fynd ymlaen.

'Be ddylwn i ddim fod wedi'i dderbyn, ta waeth, oedd y dihiryn o brentis oedd gen i.' Caledodd ei lygaid. 'Roedd hwnnw, ddylai fod yn llaw dde i mi, yn fy nhwyllo i, diogi, gadael imi wneud gwaith deuddyn. A tydi dyn sy'n gwneud gwaith deuddyn ddim yn gwneud dim byd yn iawn. Mi fedret ti alw hynny'n esgeulustod, os hoffet ti, ond yr esgeulustod mwya oedd diodde prentis nad oedd ganddo barch at ddim. Dim parch ata i, y môr, y ddinas roedd rhaid i ni ei hamddiffyn . . . 'ti 'rioed 'di bod yno?

'Naddo,' meddai Hywel yn freuddwydiol, 'Ond dwi 'di clwad y straeon. Lle rhyfeddol, yn ôl pob sôn.'

'Rhyfeddol heb os nac oni bai, ond 'ti 'di colli dy gyfle i'w gweld, 'chan, dim ond y straeon gei di rŵan.' Chwarddodd yn chwerw. 'Pa straeon sy'n cael eu gweu'r munud hwn, tybed? Be fyddan nhw'n 'ddeud amdana i? Seithenyn yr Arwr – y fo a frwydrodd hyd at y diwedd i arbed ei wlad, ynteu Seithenyn Ddiglem a foddodd ddinas gyfan – gwlad gyfan, am wn i?'

Nofiai'r geiriau ar yr awyr glòs. Sylweddolodd Hywel fod nifer o'r yfwyr yn gwrando erbyn hyn. Ond nid oedd dim yn poeni Seithenyn bellach. Beth oedd ganddo ar ôl i'w golli? Ei enw da? Roedd y tafarnwr, dyn teg, am iddo gael cyfle i brofi hynny.

'Dwi'n siŵr y gwnest ti dy ora.'

'Do, mi wnes i fy ngorau.' Aeth ias i lawr asgwrn ei gefn. 'Ond doedd fy ngorau ddim yn ddigon, nag oedd? Do'n i ddim yn ddigon da i ddysgu gwas anfodlon sut i weithio. I berswadio pobol erill am bwysigrwydd fy ngorchwyl. Ches i ddim ond difaterwch o gyfeiriad y bobol bwysig – o, ia, roedden nhwtha'n ddedwydd iawn yn gwledda a chyfeddach, yn mwynhau bywyd heb feddwl am y giatia a'r walia oedd yn gadael i'r bywyd hwnnw barhau. Dibynnu arna i, ia, ond do'n inna ddim yn medru dibynnu ar yr un oedd yn gweithio agosa ata i.' Roedd ei gasineb yn gwmwl yn chwyrlïo i fyny'r simdde ynghyd â mwg y tân.

'Pam wnest ti 'i gyflogi o? Pam na wnest ti gym'yd prentis arall?'

'Wyt ti 'rioed wedi caru merch?'

Daeth chwerthin siriol gwraig y lletywr, oedd wedi dod o'r gegin i sefyll y tu ôl i'r bar, yn ateb. Edrychodd Seithenyn am eiliad dros ei ysgwydd.

'Nid yn ofer, mae'n debyg. Ond dyna oedd fy ffawd inna. Nid oedd porthor yn ddigon da i Mererid, debyg, beth bynnag tras y porthor. Mae hi'n forwyn yn y Llys, ac mi fyddai rhywun yn meddwl mai'r Frenhines ei hun ydi hi. Ond mi ro'n i'n gwbod mai digon arwynebol oedd ei balchder, ro'n i am ei hennill yn y diwedd. Dyna pam wnes i dewi am ddiffygion ei brawd. Cans ei brawd hi oedd o – dyna pam wnes i dderbyn y cnaf diwerth yn y lle cyntaf. Pa ddewis oedd gen i? Rhyw hanner meddwl na fedrai fo fod yn ddrwg drwyddo draw a fynta o'r un cig a gwaed â hitha. Dall 'di cariad, 'de? Felly mi wnes i frwydro 'mlaen ora fedrwn i, heb fod isio'i throi hi yn f'erbyn na bygwth niwed i'w theulu drwy gwyno am ei brawd bach cannwyll-ei-llygaid. Aberthu tawelwch fy meddwl am dawelwch ei meddwl hitha. Ond mi ddaeth diwedd petha pan ddygodd y sglyfath bres oddi arna i. Fel yr awgrymes i gynna, roedd angen trwsio ofnadwy ar y giatia ac mi ro'n i o'r diwedd wedi denu digon o syllta o'r Llys i gael colfacha a chloea cry newydd. Ac nid cyn pryd chwaith, efo'r gaea ar ei ffordd ac un garw hefyd 'nôl pob sôn.'

Oedodd i adael i'r glaw yn erbyn cwareli'r ffenestr gadarnhau gwir ei eiriau.

'Felly, mi anfones y prentis at y go' i gael y tacla gora, a fynta'n dŵad yn ôl mor ddiniwed os liciwch chi a deud bod y go' wrthi'n eu gwneud. A dyna'r diwedd. Bythefnos wedyn, a finna'n dechra poeni'n rhy hwyr am y tywydd oedd yn codi, mi es i fy hun i weld Ifan y Go' a doedd o ddim 'di clwad sôn am y prentis nac am unrhyw dacla i'r giatia chwaith. Ta waeth, mi ddudes wrtho am f'anghenion. Nid f'anghenion fy hun, 'chi'n dallt, nid rhyw gymwynas fach bersonol oedd gen i mewn golwg – o, na, anghenion pawb, 'doedd? Ac ymateb y go' bonheddig? 'Mi fydd yn costio.' Costio? Ha! Mae o 'di dysgu bellach be 'di ystyr costio. Roedd gynno fo waith pwysig iawn, chwedl o, 'fedra i mo'i atal am ryw dacla dwy a dime, oni bai dy fod ti'n medru talu.' Wel, doedd gen i'm dime goch, nag oedd? Fiw i mi fynd 'nôl at weision Gwyddno a deud mod i 'di colli'r cyfan a ges i gynt a dim byd gen i i'w ddangos o ganlyniad. Roedd Ifan y Go' yn mwynhau'r sefyllfa, coeliwch. Ro'n i 'di gweld 'rhen walch tew yn ll'gadu Mererid, a dudodd y sglein buddugoliaethus yn ei lygaid y cyfan. Doedd dim troi arno. Erbyn diwedd y sgwrs, dyma fi'n stumio a gweiddi fel ynfytyn am hediad y gwylanod a darogan gwynt y gogledd, ond mi fyddai ynfytyn 'di cael mwy o 'mateb. Y cyfan ges i oedd rhyw rwtsh swta ddigon am godi bwganod. Dach chi'n gwbod sut brofiad ydi o i gael neb yn dy goelio di a chditha'n deud y gwir? Tydi o'm mymryn o gysur chwaith cael dy brofi'n iawn wedyn.'

Goleuodd y tân y cylch o wynebau syn, oedd i gyd yn ei goelio bob gair y munud hwn.

'Ro'n i'n rhyw wybod 'i bod hi'n rhy hwyr bellach ond mi es i i weld Mererid efo digon o blwc potel gwrw yn fy ngwythiennau, os gwelwch chi be sy gen i, i fwrw fy mol am ei brawd, a gobeithio cael rhywfaint o gydymdeimlad ganddi am ei wneud, ond hefyd roedd rhaid imi ofyn am fenthyg pres, neu ofyn iddi ddefnyddio faint bynnag o ddylanwad oedd ganddi ar Ifan – dyna oedd fy nghyfle ola i geisio achub y sefyllfa. Mi weles o'i hwyneb ei bod hi'n dallt y cyfan, ond mae hi'n ferch falch, a'r cyfan a wnaeth oedd chwerthin am fy mhen, fy nghyhuddo o sarhau enw ei theulu, a'm hel o'r tŷ.

Os dweda i mai echnos oedd y sgwrs yna, wel dach chi'n gwbod y tywydd 'dan ni 'di'i gael ers hynny. Mi ddeffrois drannoeth yn gynnar iawn ac ofn mawr arna i wrth glwad y storm yn codi. Mi es i'n syth i weithio at y prif ddorau orau fedrwn, a'r gwynt yn cynyddu a'r glaw yn dechrau pistyllio. Ceisio rhoi trawstia mawr ar draws y giatia ond beth oedd yr iws pan oedd y colfacha oedd yn eu dal yn rhwd i gyd? Ceisio hefyd magu digon o blwc i fynd i'r Llys a gofyn am gymorth. Ond erbyn y pnawn ro'n i megis yn gweld y giatia'n sigo dan y llanw a sylweddoli y byddai gadael y gwaith am unrhyw reswm yn ormod o wastraff amser, roedd gen i ormod i'w gyflawni. Cyn bo hir, a hitha'n dechra nosi, mi glywes y glec fwya yn y byd – sŵn pren mawr yn ildio. Mi fferrais. Ar ôl popeth. Dyna fo. Y peth doedd neb yn credu a fyddai fyth yn digwydd. Y peth oedd 'di bod yn waith fy mywyd i i'w atal. Mi sefes ar y wal a bloeddio rhybudd nerth fy mhen am be deimlodd fel oriau ond cipiodd y gwynt fy ngeiria. Doedd neb o gwmpas i'm clwad na'm gweld, pawb yn swatio yn eu tai neu'r tafarndai, debyg iawn. Toc, doedd dim fedrwn i 'i wneud ond mochel yn fy nghwt ar y mur a gwylio'r lli'n rhuthro i mewn. Maddeuwch imi, dwi'm isio meddwl am be weles i nac am be deimles i 'chwaith . . .

Ond ymhen dwn i'm faint o amser, dechreuodd y mur siglo hefyd ac mi weles i ddarnau'n torri ymaith. Felly mi ymwroles i a chydio mewn darn o froc môr gan obeithio y byddai'n fy nghario i'r tir sych. Fedra i ddim nofio, fedar fawr o neb acw, a deud y gwir. 'Dan ni'n cadw'r môr draw, 'dan ni'm isio ymwneud â fo. Ond wrth gyrraedd y tir, wel rŵan yr unig deimlad s'gin i ydi y byddai'n well gen i taswn i 'di boddi efo nhw . . . Taswn i ond 'di ymateb cynt yn lle rhoi 'nghalon o flaen fy mhen.'

Wedi dweud ei ddweud, tawodd, llif ei gydwybod gythryblus drosodd am y tro. Suddodd tawelwch dros y cwmni hefyd, a chydymdeimlad, ond ni wyddai neb ba gysur oedd i'w roi. Ar ôl seibiant digon parchus, dechreuodd rhai symud yn raddol, wedyn siarad yn dawel, a chyn bo hir roedd o'n unig eto, yn syllu i mewn i farwydos y tân.

Mae'r tân yn llosgi croen ei goesau ond ni symuda. Efallai bydd y gwres yn puro'r edifeirwch a gadael lle iddo alaru. Sylwa bod rhuo'r gwynt yn y simdde ac yn erbyn y waliau yn lleihau. Mae'r gwynt yn haeddu gorffwys ar ôl ei holl waith llwyddiannus. Mae Seithenyn yn haeddu gorffwys. Ond mae ei amddiffynfeydd yn wan.

Closiodd dyn dieithr ato ac eistedd yn swil lle eisteddasai Hywel ynghynt. Dangosodd ei wyneb syml, gonest fod rhywbeth yn ei boeni. Oedodd, yn plethu a dadblethu bysedd yn ei benbleth, cyn mentro siarad.

'Esgusoda fi, gyfaill, mae gen i newyddion ichdi.'

Gydag ymdrech, tynnodd Seithenyn ei olygon oddi wrth y tân.

'Ond newyddion drwg, mae arna i ofn.'

'Pa fath arall o newyddion sydd i'w gael ar noson fel hon?'

'Mae'n ddrwg gen i ond mi ddylet ti wybod.'

'Dos yn dy flaen.'

'Wel, mae fel hyn. Mae 'mrawd newydd ddychwelyd o gyfeiriad y de-orllewin. Roedd rhaid iddo fynd at deulu ei wraig, ac mi ro'n i'n poeni'n arw amdano. Ond mi ddychwelodd yn saff, diolch i'r drefn. Mi ddudodd wrthon ni hanes dy wlad, 'sti, ond roedden ni'n methu ei gredu tan . . . gynna . . . chditha'n deud dy hanes . . . mae'n wirioneddol ddrwg gen i . . .'

'Paid â phoeni, dos 'mlaen.'

'Mi ddudodd hefyd fod y bobol bwysig 'na, Gwyddno a byddigions y Llys i gyd, wedi achub eu crwyn, o ia, paid â phoeni am hynny.'

Saethodd Seithenyn olwg ato a hoelio'i lygaid.

'Mae'n debyg fod dy Mererid yn eu plith. Maen nhw'n . . . fedra i'm deud . . . na, mae hawl gen ti wybod, ac mi gei di wybod yn y pen draw 'ta waeth, maen nhw'n, wel, mae'r si ar led bod y bai i gyd ar Seithenyn Porthor a fynta'n hen feddwyn da-i-ddim sy 'di bod yn esgeuluso'i ddyletswyddau am flynyddoedd. 'I bod hi'n beth braf i'r eitha 'i fod o wedi boddi, tasa fo'n fyw byddai 'na gosb waeth na marwolaeth yn 'i aros.

Ma'n ddrwg gen i ond dyna be dwi 'di glwad. Ond tydi o'm yn deg, mi fedrai unrhyw un weld dy fod ti'n ŵr bonheddig, ond dydi pobol fy mrawd ddim 'di dy gyfarfod di, nac'dyn, felly maen nhw 'gyd yn credu'r clwydda. Ond mae rhai ohonon ni'n gwbod y gwir rŵan, 'dan ni 'di bod yn siarad 'sti, yr hogia a fi, ac mi fyddan ni 'gyd yn fodlon dy gefnogi di, dy helpu i adennill d'enw da . . . o leia . . .'

'Diolch ond peidiwch â thrafferthu.'

'Ond . . .' Cystal iddo siarad â'r gwynt a'r glaw. Gwacter oedd yr unig ymateb a gafodd bellach. Petrusodd am oes o ennyd cyn ysgwyd ei ben, codi ac ailymuno â'i gyfeillion.

'Mi gafodd sgytwad. Gobeithio y bydd o'n teimlo'n well erbyn y bore. Mi wnawn ni feddwl sut i'w helpu wedyn.'

Ychydig yn hwyrach, trodd meddwl Hywel at dywys ei westai i'w ystafell. Edrychodd tua'r tân a doedd dim i'w weld; roedd y pyllau dŵr hyd yn oed wedi sychu yn y gwres. Syrthiodd ei lygaid ar y god fach ledr yn gorwedd ar gornel y bar a gwyddai fod yr anffodusyn wedi mynd ynghyd â'i enw.

Mae'r tonnau'n fodlon. A'u nerth yn disgyn wrth i'w ffrind y gwynt ganu'n iach, dyna rodd annisgwyl. Roedden nhw wedi bod yn ymfalchïo mewn gwrthwynebydd cyfrwys am flynyddoedd. Roedden nhw wedi'i barchu am hynny ac felly wedi'i arbed wrth basio drwy'i ddrws. Ond rŵan, ei freichiau led y pen, mae o'n 'i roi ei hun i'r tonnau. Ac maen nhw'n ei dynnu i'w mynwes a'i groesawu fel mab afradlon. Nid yw'r tonnau'n poeni am enw da.

Dyfrig

Portreadau o dri chymeriad lleol ar gyfer papur bro

BEIRNIADAETH EMYR LLYWELYN

Mae creu darlun byw o gymeriad mewn geiriau yn dasg sy'n swnio'n hawdd ond, mewn gwirionedd, y mae'n gamp mor anodd â thasg arlunydd yn ceisio cyfleu cymeriad trwy lun ar ganfas.

I mi, prif gamp portread da yw dal hanfod y cymeriad, sef yr ysbryd byw unigryw hwnnw sy'n perthyn i'r person, a llwyddo i gyfleu'r hanfod hwnnw mewn geiriau. Prif wendid y rhan fwyaf o bortreadau yw rhestru'n gatalogaidd ac yn gronolegol hanes bywyd y cymeriad heb ddethol y manylion hanfodol sy'n rhoi darlun byw o'r cymeriad cyfan. Gwendid arall mewn portreadau yw methu manteisio ar yr amrywiaeth o ddulliau gwahanol o ddarlunio cymeriad. Gall disgrifiad corfforol neu hyd yn oed ddisgrifio gwisg neu stafell cymeriad ddweud y cyfan amdano. Gall rhoi darn o ddialog neu hanesyn gogleisiol amdano wneud cymeriad yn fyw. Mae'n rhaid dethol yn ofalus weithredoedd neu ddigwyddiadau o hanes y cymeriad.

Dylai arddull y portread fod yn syml ac yn uniongyrchol – nid dyma'r lle i ddangos clyfrwch geiriol nac ymorchestu mewn arddull addurnedig. Ond mae angen un peth yn fwy na phob dim arall – sef y gallu prin hwnnw i ddal sylw'r darllenydd o'r dechrau i'r diwedd a gwneud i'r cymeriad ymrithio'n fyw o'n blaen. Wrth ddewis y gorau yn y gystadleuaeth hon, mae'n rhaid dweud mai dyna oedd fy mhrif linyn mesur gan fod llawer o bortreadau da yn y gystadleuaeth. Yn y pen draw, y teimlad o gariad at y gwrthrych sy'n gwneud portread yn gofiadwy neu beidio ac nid crefft yr ysgrifennu neu fywyd diddorol y gwrthrych.

Dunstanburgh: Mewnfudwyr i fro'r Friog yw'r cymeriadau diddorol yma. Cymwynaswr dyngarol a dwy wraig ddiwylliedig a bortreadir ac mae'n amlwg fod ynddyn nhw rinweddau y mae'r awdur yn eu parchu. Hoffais y portreadau ond mae'n rhaid dweud bod paragraffau hir o 30 llinell yr un yn feichus i'w darllen; dylid torri'r paragraffau hir a chreu unedau llai sy'n dal diddordeb a sylw'r darllenydd yn well.

Nidan: O Sir Fôn y daw'r cymeriadau hyn. Thomas Williams, 'Brenin Copr', a John Williams, Brynsiencyn, yw dau o'r cymeriadau ond, gwaetha'r modd, mae yma fwy o 'hanes' nag o bortread gan fod adrodd hanes y ddau yn brif ddiddordeb yr awdur. Mae'r trydydd, 'R.R.', yn fwy o bortread ac yn dangos y safon uchel y gallai'r awdur yma fod wedi ei chyrraedd pe na bai wedi rhoi gormod o hanes pur.

Sam: Cymeriadau o ardal Talybont yw Dic (y gwas ffarm), Bili'r Siop, a Julie (y ddysgwraig). Mae'r rhain yn bortreadau addas iawn i bapur bro gan fod yr awdur yn ysgrifennu'n ddiddorol ac yn uniongyrchol ac yn creu darluniau byw. Yr unig wendid oedd tueddu i 'bregethu' weithiau, ac er fy mod i'n cytuno'n llwyr â'r hyn roedd yr awdur yn ei ddweud dylid ceisio osgoi hyn mewn portread a chanolbwyntio ar y cymeriad ei hun.

Cae'r Waun: Dyma gasgliad diddorol o gymeriadau. Mae yma bostmon yn mynd ar gefn ceffyl sy'n neidio dros lidiardau a dau gymeriad diddorol arall, sef Tincer Gwyddelig a Jôs yr Wyau. Does dim amheuaeth nad yw'r awdur wedi dewis cymeriadau difyr y mae llawer o straeon difyr ar gael amdanyn nhw ac, oherwydd hynny, mae'r cyfan yn dal ein sylw.

Depot Road: Hoffais y cymeriadau – Ifor Davies 'a geisiodd warchod y da', Horatio Rees, cenhadwr dros y Gymraeg yn Sydney, Awstralia, ac Ivor Jones, y chwaraewr rygbi enwog. Gwaetha'r modd, aeth yr hanes am Ivor Jones yn faith gan droi'r portread yn hanes (hanes y dylid yn sicr ei gyhoeddi).

Ap Dafydd: Ysgrifennwyd y portreadau hyn mewn tafodiaith. Tasg anodd yw ysgrifennu mewn tafodiaith ac mae'r awduron gorau bob amser wedi llwyddo i gyfuno'r dafodiaith yn gelfydd gyda'r iaith lenyddol heb i'r dafodiaith fynd yn faich ac yn rhwystr. Ofnaf i'r awdur dueddu i drawsgrifio'n slafaidd: 'We'n n'w'mor ffraith ac annisgwl in 'u'ffor' n'h'u hunen, his bo' fi'n dala i gofio' – mae ysgrifennu mor llythrennol dafodieithol â hyn yn cymylu'r dweud ac yn dieithrio'r darllenydd. Wedi dweud hynny, dyma'n sicr y cystadleuydd sydd â'r feistrolaeth orau ar iaith ond collwyd yr uniongyrchedd a'r symlrwydd hwnnw sy'n angenrheidiol mewn portread da.

Tes: Dyma lenor galluog a'i ddiwylliant a'i bersonoliaeth hynaws yn amlwg yn nhynerwch ei bortreadau. Roedd y portread o Ted Huws yn rhoi darlun clir iawn i mi o ddyn cyflawn. Gall yr awdur hwn ddethol gwrthrychau sy'n cyfleu cymeriad eu perchennog, megis y ddwy gath, Iolo Goch a Humphrey Llwyd. Mae dyn sy'n prynu pysgod i fwydo crëyr glas yn sicr yn gymeriad gwerth ei adnabod! Dyma lenor aeddfed yr oedd yn bleser bod yn ei gwmni.

Lara: Awdur sy'n gwybod sut i osgoi adrodd hanes cymeriad mewn ffordd gronolegol ond sy'n adeiladu'r cymeriad drwy wahanol ddulliau gyda phob paragraff wedi'i saernïo'n ofalus a'r portread cyfan yn gyfanwaith syml diwastraff. Ceir yma hanesion a wnaeth i mi chwerthin yn uchel wrth eu darllen ond gall yr awdures hon greu naws difrifol hefyd, 'Wrth sefyll uwchben ei bedd, synnaf fwyfwy fod gro mor ddi-liw yn medru cuddio personoliaeth mor amryliw a bedd mor fychan yn medru dal y fath storm o gnawd'. Er gwaethaf ambell wall iaith yma a thraw, mae'r portreadau'n dda a gallaf ddychmygu darllenwyr papur bro yn cael blas mawr wrth eu darllen.

Cafwyd cystadleuaeth dda iawn gyda nifer o bortreadau cofiadwy ac roedd yn anodd iawn dewis rhwng y ddau ymgeisydd gorau, *Tes* a *Lara*. Rwy'n rhoi'r wobr gyntaf i *Lara* am mai ganddi hi yn fwyaf arbennig yr oedd y peth pwysicaf oll mewn portread – sef cariad at yr un a bortreadir ac, oherwydd hynny, y gallu i weld hanfod y cymeriad. Roedd ganddi hefyd y grefft i roi'r gweld hwnnw mewn geiriau.

Sgwrs rhwng dau ar 'Deg o'm cas bethau' yn null *Room 101*

BEIRNIADAETH HYWEL GWYNFRYN

Daeth tri i'r gystadleuaeth: *Mab Magog, Y Tegell Du,* a *Bryn Awel.* Pe bawn i'n Paul Merton (ac o safbwynt beirniadu'r gystadleuaeth hon – mi ydw i!), fe fuaswn wedi taflu'r tri chystadleuydd ar eu pennau i mewn i fin sbwriel Stafell 101.

Mae *Mab Magog* drwy enau un cymeriad, sef Idris, yn dweud mai'r cyntaf o'i gas bethau ydi 'Areithiau hir. . .'. Dyna a gawsom gan *Mab Magog* – paragraffau anniddorol a diddychymyg eu cynnwys. Fel hen ddyn budr, chwiliais am fflach yn rhywle ond cefais fy siomi.

Ymgais at ddychan sydd yn sgwrs *Y Tegell Du.* Fe ddisgrifiodd rhywun Chaucer, y pen ddychanwr, fel 'un â gwên ar ei wyneb ond â chyllell dan ei glogyn'. Cyllell, sylwch, nid bwyell, nid morthwyl ac, yn sicr, nid gordd. 'Y Bin Sbwriel' ydi is-deitl yr ymgais yma. Oes rhaid imi ddweud mwy! Codwch y caead . . .

Fe aeth *Bryn Awel* ati i recordio'i sgwrs o ar dâp – gwaetha'r modd! Dydw i ddim yn cofio pryd y syrthiais i gysgu ond pan ddeffrois i, bythefnos yn ddiweddarach, roedd *Bryn Awel* a'i ffrind yn dal i gorddi.

Mae'n bwysig ein bod yn gwarchod safonau'r Eisteddfod ac un ffordd o wneud hynny ydi rhoi *Mab Magog, Y Tegell Du* a *Bryn Awel* yn Stafell 101 – efo Anne Robinson! Oes rhaid i mi ddefnyddio gordd? O'r gora – **atalier y wobr**!

Erthygl hyd at 5000 o eiriau: Datblygiad chwyldroadol mewn unrhyw faes o ddechrau'r ugeinfed ganrif ymlaen

BEIRNIADAETH DYFED ELIS-GRUFFYDD

Afraid yw dweud bod disgwyl i bob ymgeisydd, sydd o ddifrif ynglŷn â'i waith, ufuddhau i ofynion ei ddewis gystadleuaeth. Yn achos y gystadleuaeth hon, gofynnwyd am erthygl, sylwer, ac nid ysgrif nac ychwaith ddarn o ffuglen, a honno'n ymdrin â datblygiad chwyldroadol y gellir ei briodoli'n gwbl bendant i'r ugeinfed ganrif ac nid, dyweder, i'r bedwaredd ganrif ar bymtheg. 'Hanfod ysgrif', a dyfynnu Islwyn Ffowc Elis, awdur y bennod 'Creu Ysgrif' yn y gyfrol *Ysgrifennu Creadigol* (Gwasg Gomer, 1972), a olygwyd gan Geraint Bowen, 'yw ei bod hi'n "mynegi ymateb personol yr awdur i'w destun" . . . [ond] Mae erthygl beth yn wahanol. Fel traethawd, fe ddisgwylir iddi hithau gyflwyno ffeithiau a dehongli, ond fe ddisgwylir iddi hefyd ddatgan barn ar y pwnc: mynegi saf-bwynt, cymryd ochr.' Yn sicr ddigon, ni lwyddodd pob un o'r chwe ymgeisydd a fentrodd gystadlu i lunio erthygl ac mae mwy nag un cyfansoddiad, o ran ei naws, yn debycach i ysgrif.

Fodd bynnag, mae'n haws o lawer gennyf faddau'r bai hwnnw nag esgusodi'r sylw a roddid gan ambell gystadleuydd i ddatblygiadau chwyldroadol sy'n perthyn, yn bennaf oll, i'r bedwaredd ganrif ar bymtheg. 'Cymaint yw y nifer o ddatblygiadau rhyfeddol [a nodwedda'r ganrif ddiwethaf] nes ei bod yn anodd iawn dewis maes': cytunaf yn llawen â'r gosodiad hwnnw o eiddo *Nidan* ond, yn eironig ddigon, mae ef ei hun yn euog o roi gormod o sylw i ddatblygiadau a chyfeiriadau hanesyddol nad oes a wnelont ddim oll â'r ugeinfed ganrif. Ac mae'n amlwg i *Ruby*, yntau, gael anhawster i gael hyd i faes a gyffroai'r awen, heb gamu'n ôl i'r 1890au.

C.C. sef Crëwr Caredig: 'Cryfder y Cranc Rhif Saith'. Testun cystadleuaeth y Fedal Ryddiaith yn Eisteddfod Genedlaethol Llanelli a'r Cylch, 2000, oedd 'Dydd-iadur taith' ond cytunodd dau o'r tri beirniad i wobrwyo darn o ffuglen, sef 'Dyddiadur taith dychmygol'. Er fy mod i'n barod i ddiolch i *C.C.* am ddwyn ambell wên i'm hwyneb wrth draethu'n huawdl ar 'Y Crafanc Mowr', dyfais a 'gyflyrwyd i adnabod arogl ci', fe ŵyr ef cystal â minnau, gobeithio, nad yw ei gyfansoddiad ffuglennol yn ateb gofynion y gystadleuaeth hon. Heblaw am y ffaith ei fod yn ddarn o ffuglen, prif wendid *C.C.* yw ei arddull anghynnil, ac ef yn unig a all esbonio pam na fydd cŵn 'yn saff rhag grym dannedd barus y *Crafanc Mowr*' os dyfais ydyw 'a rydd binsied ffiaidd i dinau perchenogion cŵn' sy'n caniatáu i gyfeillion gorau dyn faeddu ein heolydd?

Ruby: 'Rhyfeddod yr Ugeinfed Ganrif'. Ar ddechrau cadwyn o baragraffau byr-ion, hunangofiannol eu cynnwys a geir yng nghorff yr ysgrif hon, cyfeddyf *Ruby* fod ganddo 'ddiddordeb mawr yn y weiarles', diléit a etifeddodd gan ei dad. Nid rhyfedd, felly, iddo ddatgan yn blwmp ac yn blaen ym mrawddeg agoriadol ei gyfansoddiad mai'r 'datblygiad mwyaf chwildroadol [*sic*] o ddechrau'r ugeinfed ganrif ymlaen, yw hwnnw ym maes y Radio a'r Teledu, a'r llu o ddyfeisiadau a ddaeth yn sgil hynny'. Fodd bynnag, yr hyn a gawn gan *Ruby* yw braslun o fywyd a gwaith Guglielmo Marconi (1874-1937) a'i ddyfeisiadau a'i arbrofion ym myd telegraffiaeth. Er gwaethaf teitl yr ysgrif hon, neilltuir bron ei hanner i drafod y cyfnod rhwng 1895, pryd y llwyddodd yr Eidalwr dyfeisgar i anfon signal dros 'bellter o ddwy filltir', a Rhagfyr 1901 pan roes gynnig, am y tro cyntaf, ar anfon neges o Gernyw i Newfoundland yr ochr draw i Gefnfor Iwerydd. Caiff y teledu, dyfais a gysylltir yn bennaf â'r peiriannydd John Logie Baird (1886-1946) ac yn benodol â blynyddoedd yr ugeinfed ganrif, sylw ar dudalen olaf ond un y deipysgrif ac yn y paragraff olaf ond un bodlonir ar restru'n unig y dyfeisiadau diweddarach a fanteisiodd ar 'ddefnyddio tonfeddi'r weiarles'.

Groes-goch: Di-deitl. Cyndyn yw'r cystadleuydd hwn i ddatgelu thema ei gyfansoddiad di-deitl. Dim ond wedi iddo lunio oddeutu 1,000 o eiriau ar y defnydd a wnaed ac a wneir o lo; ar y llygredd, megis glaw asid, a achosir wrth ei losgi; ac ar y cysylltiad sydd rhwng llosgi tanwydd ffosil, nwyon 'tŷ gwydr' a chynhesu byd-eang, y cawn wybod ei destun. Dyfynnaf: '. . . mae'r ymchwiliadau a fu i geisio mathau "newydd" o ynni a'r gwireddiad ohonynt a fu yn ystod ail hanner y ganrif, yn sicr o fod yn un o ddatblygiadau mwyaf chwyldroadol y ganrif trwyddi draw'. Catalogaidd ac arwynebol, braidd, yw gweddill gwaith yr awdur hwn sy'n llawer rhy hoff o godi a chwrso 'sgwarnogod fel y tystia'r dyfyniadau a ganlyn: 'Ac wrth gyfeirio at y pwerdai trydan fel y cyfryw, dylid sôn fan yma am y modd y cynhyrchir trydan yn gyffredinol'; 'Ond cyn myned cam ymhellach, purion ydyw cyfeirio at y tro cyntaf erioed y llwyddwyd i greu holltiad atomig o'r fath'; 'Ac yn sicr, fe ddylid sôn fan hyn am gyfraniad dihafal gwyddonydd o Gymro . . .'. Ac ar gorn nodi cyfraniad Eryl Wynne Williams i'r arbrofion a gyflawnwyd yn Labordy Cavendish, Caergrawnt, dan arweiniad Ernest Rutherford (1871-1937), datgelir mai ei ewythr, John Lloyd Williams, fu'n gyfrifol, ymhlith pethau eraill, 'am gasglu a threfnu Caneuon Gwerin Cymreig'!

Gwir y dywedodd *Groes-goch* mai '. . . [b]raslun o'r gwahanol ddulliau presennol o gynhyrchu ynni â thanwydd ffosil ac â dulliau niwcliar' a geir yn hanner cyntaf ei lawysgrif. Neilltuir yr ail hanner i grybwyll ffynonellau ynni adnewyddadwy, megis y gwynt, llanw a thrai'r môr, tonnau'r môr, pelydredd yr haul, biomàs ac adnoddau geothermol, ynghyd â dulliau o arbed ynni a lleihau llygredd amgylcheddol.

Nidan: 'Arloeswyr Meddygol ym Maes y Microbau'. *Nidan* yn ddi-os yw'r awdur mwyaf rhugl ei barabl er ei fod yntau, megis rhai o'r cystadleuwyr eraill, wedi bod yn rhy barod i ollwng o'i ddwylo deipysgrif a fyddai gymaint â hynny'n well pe cawsai ei chaboli cyn ei chyflwyno i'r gystadleuaeth. Gresyn, hefyd, na fyddai wedi hoelio ei sylw ar 'ddatblygiadau chwyldroadol . . . o ddechrau'r ugeinfed ganrif ymlaen', yn hytrach na chyflwyno ymdriniaeth hanesyddol ar: (i) 'Dofi'r firws'; a (ii) 'Y frwydr yn erbyn bacteria'. Wrth ddilyn hanes y modd y ceisiwyd gorchfygu'r frech wen, er enghraifft, un o'r tri afiechyd '. . . mwyaf peryglus a welwyd yn y wlad hon yn ystod y ganrif ddiwethaf . . .', yn ôl *Nidan*, fe'n tywysir o oes Elisabeth I i gyfnod Edward Jenner (1749-1823), y gwyddonydd a ddarganfu y gallai cowpog amddiffyn rhywun rhag y clefyd. Afiechyd arall a drafodir dan yr is-bennawd cyntaf yw AIDS a chan nad oes iddo feddyginiaeth lwyr nid yw'n syndod na all yr awdur gyfeirio at unrhyw ddarganfyddiad chwyldroadol yn y maes hwn. Ac er difyrred yr hyn a ddywed *Nidan* am 'Y frwydr yn erbyn bacteria', dim ond y paragraffau hynny sy'n dwyn i gof ymchwil Alexander Fleming (1881-1955), darganfyddwr penisilin, sy'n gwbl berthnasol i destun y gystadleuaeth.

Melys Moes Mwy?: 'Trechu'r hen anhwyler [*sic*] diflas'. Pawb â'i fys lle bo'i ddolur a'r dolur dan chwyddwydr *Melys Moes Mwy?* yw'r clefyd siwgwr neu'r clefyd melys, sef *diabetes mellitus*, ac nid *diabetes isipidus*, y clefyd diflas neu'r anhwylder diflas y cyfeirir ato yn nheitl ei erthygl. Nid wyf yn feddyg nac yn fab i feddyg ond mae a wnelo'r cyntaf, fel yr esbonia'r awdur, ag anallu'r pancreas i gynhyrchu digon o inswlin, tra bod yr ail, yn ôl fy nealltwriaeth wantan i, yn glefyd sy'n effeithio ar y chwarren bitwidol. Bid a fo am hynny, mae'r cystadleuydd hwn nid yn unig yn disgrifio symptomau a nodweddion y clefyd melys, ynghyd â'r dulliau diweddaraf o'i drin, ond hefyd yn adrodd mewn modd digon difyr hanes yr arbrofion hynny a gynhaliwyd ar gŵn gan Frederick Grant Banting a Charles H. Best, ym Mhrifysgol Toronto, Canada, wrth iddynt ymdrechu i '. . . gynhyrchu ryw fath o ffisigwriaeth [*sic*] a fyddai'n gwella *diabetes mellitus*'. Nid ofer fu'r ymchwil a oedd wedi cadw'r ddau ymchwilydd yn gaeth i'w labordy am fisoedd bwygilydd. Llwyddwyd i ddeall swyddogaeth inswlin, a'i ynysu. Mae *Melys Moes Mwy?* yn bendant o'r farn y '. . . bu darganfod inswlin yn nau-degau'r [*sic*] ganrif o'r blaen, o fudd a chaffaeliad mawr i filoedd ar filoedd o gleifion [a ddioddefai o'r] Clefyd Melys led-led y byd'. Dw i'n amau dim. Serch hynny, nid erthygl *Melys Moes Mwy?* yw'r ddifyrraf na'r fwyaf caboledig o'r chwech a ddaeth i law.

Ce'nder Bach: 'Tarddiad y Rhyngrwyd'. Siôn Eirian, yn ôl erthygl hynod ddifyr, darllenadwy a dadlennol *Ce'nder Bach*, a haerodd '. . . fod y Rhyngrwyd yn gymaint o chwyldro ag y bu'r gair printiedig gynt . . .'. Wfftio'r fath osodiad beiddgar y mae'r awdur gan hawlio bod y bardd a'r dramodydd yn euog o '[d]anosodiad mwya'r ganrif'! 'Ni hydreiddiodd effaith argraffu y gymdeithas drwyddi ond yn araf iawn, o gymharu â'r Rhyngrwyd', medd *Ce'nder Bach*, gan ychwanegu: 'Dywedir i radio, hyd yn oed, gymryd degau o flynyddoedd i gyrraedd hanner can miliwn o bobl, tra cyrhaeddodd y Rhyngrwyd y nod hwnnw ymhen rhyw dair blynedd o'i chychwyn cyntaf, a chwydda'r nifer yn gyflymach o ddydd i ddydd erbyn heddiw'. Bu dyfodiad y rhyngrwyd, heb os, yn un o chwyldroadau mwyaf syfrdanol chwarter olaf yr ugeinfed ganrif, datblygiad na ellir dweud gair amdano heb grybwyll enw Donald Watts Davies (1924-2000), un o feibion disgleiriaf Cwm Rhondda y croniclir ei hanes yn gytbwys ac yn deg, ynghyd â bendithion a melltithion y cyfrwng, gan neb llai nag aelod o'i dylwyth, sef ei gefnder bach. 'Heb weledigaeth sylfaenol [Donald Watts Davies], ynghyd â'i allu ymenyddol ac ymarferol anhygoel, mae'n amheus a fyddai'r Rhyngrwyd sydd gennym heddiw wedi bod yn ddichonadwy. Yn sicr ni fyddai wedi dod i'r fei mor fuan a hwylus, o bell ffordd.' Gor-ddweud; mynd dros ben llestri? Dim o gwbl. Gan mai *Ce'nder Bach* yw'r unig gystadleuydd a restrodd y ffynonellau y gwnaed defnydd ohonynt wrth lunio'i erthygl, buan y cafwyd hyd i dystiolaeth – drwy gyfrwng y rhyngrwyd, wrth gwrs – a gadarnhâi bopeth a ddywedai amdano.

Ac ystyried ein cyndynrwydd ni'r Cymry i gydnabod gorchestion ein gwyddonwyr, mae'n dda iawn cael ar ddeall bod cynlluniau ar droed yng Nghwm Rhondda i goffáu Donald Watts Davies drwy osod plac ar fur ei hen gartref. Does ond gobeithio, hefyd, y gwelir cyhoeddi ffrwyth llafur *Ce'nder Bach* yn nhudalennau cylchgrawn megis *Y Faner Newydd* fel y gall cynulleidfa ehangach werthfawrogi ac ymfalchïo yng nghamp gwyddonydd o Gymro, y mae ei enw ynghlwm annatod wrth system fyd-eang o rwydweithiau cyfrifiadurol cydgysylltiedig. A chan mai o ogledd sir Benfro yr hanai hynafiaid Donald Watts Davies, yr athrylith ym myd mathemateg, ffiseg, electroneg a chyfrifiadureg, braf, hefyd, yw llongyfarch *Ce'nder Bach* am ei erthygl a'i wobrwyo yn Eisteddfod Genedlaethol Sir Benfro, Tyddewi.

Ysgrif ar ymdeimlad o le

BEIRNIADAETH ISLWYN FFOWC ELIS

Mewn beirniadaeth ar gystadleuaeth yr Ysgrif ar hyd y blynyddoedd, fe draethwyd mwy na digon ar 'natur yr Ysgrif'. Nid wyf am ychwanegu mwy at yr holl draethiadau hynny. Dechreuwn ar unwaith â gair byr am bob un o'r 17 ymgais a dderbyniwyd.

Fe gyflwynwyd gwaith *Drws y Coed* mewn teip anarferol o fras, ac mae'n cynnwys sylwadau ar bentre Rhyd-ddu yn Eryri, lle y ganwyd ac y magwyd brodor enwocaf y fro, Syr Thomas Parry-Williams. Mae'r gwaith wedi ei fritho â geiriau ac ymadroddion y Meistr. Ond mae gwaith *Drws y Coed* yn wag o deimlad. Ni ellir ei alw'n ysgrif, gwaith a ddylai fynegi peth o bersonoliaeth ei awdur a'i agwedd bersonol at ei destun.

Roeddwn i'n gobeithio y byddai gwaith *Glyn Rhosyn* yn ymweliad rhiniol â'r Glyn hwnnw a gysegrwyd gan waith Dewi Sant. Ond llafurus yw'r mynegiant, trwm gan dermau gwyddonol dieithr. Athronyddu a gwirebu a gawn ni, yn hytrach na sgrifennu syml, uniongyrchol y teimlad.

O gymryd un o'r hen nodau clustiau defaid yn ffugenw, mae gwaith *Bwlch Plyg* yn dechrau, yn ddigon priodol, â defaid. Defaid mynydd yw'r arbenigwyr ar ymdeimlo â lle; nhw sy'n adnabod eu cynefin di-ffiniau fel na fynnant grwydro oddi wrtho. Ysywaeth, mae'r ysgrifennwr wedi dewis dadansoddi'r ymdeimlad a'r cofio mewn dull athronyddol trymaidd sy'n gwthio'i waith ymhellach o fyd ysgrif. Dyma golli cyfle rhagorol.

Rwy'n tybio mai'r un cystadleuydd yw *Brynbyrddau* a *Waun*. Mae gwaith y naill, 'Lan y Cwm', yn ddarlun syml a diffuant o'i hen fro, a'i chapeli, 'blychau diweddar ond cysegredig ein doe a'm heddiw ni', yn llygad a chalon i'r cyfan. Mae'r atgofion am bleserau plentyndod tlawd yn cynhesu'r darlun, ac mae'r dweud, yn nhafodiaith yr hen fro, yn rhoi blas i'r cyfan: 'Dos dim ryfadd, os a, mod i'n caru'r hen le'.

Tebyg o ran cywair yw gwaith *Waun*, 'Y Tŷ yn Llawn'. Y tŷ sy'n llawn yw Eglwys Bedyddwyr Mosco, yr ehedodd *Waun* i'w gweld ar yr awyren Aerophlot enfawr ac mewn sawl tacsi wedyn ar draws y ddinas ryfeddol. Ond tasg anodd iawn yw trosglwyddo llawenydd crefyddol i ddarllenydd cyffredin; yn sicr, nid cystadleuaeth lenyddol fel hon yw'r cyfrwng gorau i wneud hynny.

Ymdrech sydd gan *Dewin dŵr* i goffáu Fred Hoyle a'i ddamcaniaethau rhyfeddol. Ond talpiau o athronyddu astrus sydd yma, tameidiau o sgrifennu sy'n 'ymestyn tu hwnt i gyrraedd meddyliau meidrol'. Byddai llyfr ffeithiol eglur ar ddamcaniaethau Hoyle a Wickramasinghe yn debycach o gyrraedd yr amcan sydd gan *Dewin dŵr*.

Dyma ddod yn awr at gyfansoddiadau mwy addawol, tebycach i wir ysgrifau.

Ymdeimlo y mae *Naomi* yn 'Y Ddwy Filltir Sgwâr' â'r fro lle magwyd hi: y darn gwlad rhwng Croes-lan a Thre-groes yng Ngheredigion. Ond disgrifiad ffeithiol go fanwl o'r ardal a'i thai a'i thrigolion a gawn ni yn hytrach na chyflwyniad teimladwy i'r mannau sy'n procio cof *Naomi*, peth a fyddai wedi dod â'i henfro yn fwy byw i ni. Nid hawdd yw cyflwyno ymdeimlad â hoff ardal i ddarllenydd dieithr trwy fanylion tirweddol yn unig. Eto, mae cyflwyniad *Naomi*'n amgenach na'r pethau a drafodwyd o'r blaen.

Mae *Min y Môr* yn cymryd arni wylio angladd yr hen flwyddyn a hel meddyliau am y flwyddyn newydd sy'n dechrau cropian o'i blaen. Mae'n gweithio'n galed i gyfleu inni hyfrydwch y nos ar lan Afon Menai – 'Fy afon i yw hon'. Mae'n gweithio'n *rhy* galed; mae'r orymdrech i eirio a chystrawennu'n drawiadol yn oramlwg.

Lowri: Hiraeth am foncyff hen goeden ar lan Afon Wyre yng Ngheredigion, lle bu hi'n breuddwydio pan oedd yn blentyn. 'Does yma ddim byd anarferol; mae'r atgofion yn gwbl gredadwy, a'r rheini am adolygu gwaith ysgol yng nghôl yr hen foncyff yn gysurus gartrefol. Ysgrif yw hon yn sicr, ond heb fod ynddi unrhyw arbenigrwydd,

O Lethr i Lethr: Bwriad y sgrifennwr hwn oedd gwneud i ni deimlo cyfaredd mynydd Elidir Fawr yn Nyffryn Peris a rhyfeddu at ei hanes trallodus. Gwaetha'r modd, yn hytrach na llunio ysgrif, fe aeth ati'n llafurfawr i weithio traethawd ar hanes y mynydd. Mae ganddo ddyfyniadau addas o gerddi i ddarlunio Elidir a'i bobl; 'rwy'n edmygu ei wybodaeth gefndir a'i ddiwylliant lleol. Ond aeth yr ysgrif ar goll yn y traethawd.

Dyma ddod yn agosach at gyfansoddiadau'r brig gyda gwaith *Shani Bob Man*. Ymweliad arall â bro mebyd. Y tro hwn, Pentir Pencaer yng Ngogledd Sir Benfro yw'r 'Cwilt' 'sy'n estyn ei berci petryal a charegog i asur gwyllt y môr' (ymadrodd a hoffais yn fawr). Er bod y cronicl hwn yn eitha' diddorol, cronicl o daith ydyw yn hytrach nag ysgrif. Buasai'n well o hepgor ei ddau baragraff olaf, nad ydynt, mewn gwirionedd, ond yn ailadrodd yr hyn a ddywedwyd eisoes.

Miriam: Mae'n amlwg fod *Miriam* wedi teithio tipyn ar gyfandir Ewrop. Mae'n cyfeirio at lecyn yng Ngroeg, strydoedd Napoli yn yr Eidal, eglwys fechan yn Awstria. Yn wir, mi garwn fod wedi cael ychydig rhagor am y mannau hyn; hytrach yn orgynnil yw'r darn brawddeg cwta am bob un, heblaw am yr oediad ychydig yn hwy ar heolydd Napoli. Mae'r gwaith hwn yn fwy fel y dylai ysgrif fod; mae'n fyr, a'i fynegiant yn dra dymunol. Ond mae yma un ddyfais nad wyf yn ei hoffi o gwbl: yr ysfa anghymreig i ddodi ansoddair o flaen enw yn hytrach nag fel arall: 'yn llenwi'r tywyllwch â'i hudolus sŵn'; 'â rhyw hynafol ias yn perthyn iddynt'; 'eu hurddasol ddawnsgor'; 'a'u hatmosfferig drydan'; pethau fel yna. Mae hon yn llenor digon da fel nad oes rhaid iddi ddibynnu ar ystrywiau o'r fath.

Mae *Mari*'n ei gweld ei hun mewn encil, sy'n cael ei harwain gan 'esgob'. Mae'r person hwn yn cymell yr encilwyr i gofio'n ôl i ryw brofiad hapus yn eu plentyndod, a hynny'n ffordd i bresenoldeb Duw. Wedi hir ymdrechu, mae hi'n ei gweld ei hun yn cerdded ar hyd yr hen reilffordd tua'i chartref, ac yn nesáu at y tŷ lle bydd y 'te ar y bwrdd a jam i'w roi ar y frechdan'. Cymerwn mai dyma'r cysur hapusaf y medr ei gofio. Mae'r ymgais ôl-fodernaidd hon – mae'n rhaid mai dyna ydyw – yn diweddu'n benagored. Er bod gan *Mari* ddawn ddigamsyniol, nid ysgrif sy ganddi y tro hwn, na stori-ysgrif hyd yn oed.

Mae pedair ymgais yn weddill sy'n gofyn am sylw llawnach, sef gwaith *Ogwenna, O Ddwfn y Galon, Odo a Dergam*.

Mi deimlais fod cynhesrwydd arbennig yn atgof *Ogwenna*: atgof am brynhawn Sadwrn ym Mehefin, 1946, a dreuliodd teulu bach o Ddyffryn Ogwen ar bier Bangor. Mae'r chwaer a'i brawd hŷn, y fam a'r tad a'r taid a'r nain, bob un yn dod yn fyw iawn yn y dalennau hyn, pob un yn 'gymeriad' bach naturiol. Pennaf rhinwedd y gwaith, fodd bynnag, yw ei ddiffuantrwydd hoffus. 'Does yna ddim arlliw o rodres na gorymdrech lenyddol. Mae'n wir fod yma rai gwallau yn yr iaith a'r atalnodi, ond rywsut mae'r naturioldeb deniadol yn gwneud iawn am y rheini.

Fe gyffyrddodd ymgais *O Ddwfn y Galon* â fi mewn ffordd hynod, ac nid oherwydd fy mod mor gyfarwydd â'r man y mae'n sôn amdano. Castell Dinas Brân uwchben Llangollen yw hwnnw. Mae'r sgrifenwraig yn eistedd ar y copa ac yn syllu trwy'i sbienddrych ar Ddyffryn braf Dyfrdwy, gan oedi'n deimladwy ar ambell ryfeddod – rhai ohonynt ymhlith saith rhyfeddod Cymru – ac yn cofio'r mannau a olygodd gymaint iddi ddydd a fu. Fe dreuliodd ddyddiau hapus iawn ar gopa Dinas Brân ond yna daeth siom chwerw, siom cariad. Gadawodd ei chariad hi am un arall. A dyna sy'n rhoi dyfnder i'r ysgrif hon. 'Does dim rhaid i ysgrif adrodd am brofiad melys-melys yn unig. Doedd dim angen y paragraff cyntaf; digon fuasai crybwyll T. H. Parry Williams a'r dyfyniad o'i ysgrif ' Drws y Coed' i wneud y pwynt cychwynnol. Ond dyna'r unig feirniadaeth sydd gennyf, namyn dweud bod yma ychydig o orysgrifennu.

Fe ddywedodd y diweddar Syr Thomas Parry mai stori-ysgrif oedd 'Siop yr Eiarmyngar' J. O. Williams. Os felly, dyna'n sicr yw 'ysgrif ' *Dergam.* Fe roddodd hon gryn ysgytiad i mi, gan mor annisgwyl y tro ar ei diwedd. Ond ei diraddio fyddai dweud ei bod yn orglyfar. Mae ynddi ddigon o ragoriaethau i'w hachub rhag bod yn 'goman'. Y portread o'r hen wraig, er enghraifft, honno a ddaethai o Orllewin Iwerddon flynyddoedd maith yn ôl: mae hwn yn gofiadwy. Dyma'r Fam-gu a ddylanwadodd mor ddwfn ar y cymeriad sy'n dweud yr hanes. Hon o wlad yr hud, y tatws, y potîn a'r tylwyth teg, a blannodd yn ei hwyres y fath hiraeth am ei bro hud. Dilyn o hynny y mae gweddill syndodus y gwaith. Mae'r arddull yn gweddu i'r dim i'r cynnwys, yn ddiwastraff gyflym, heb unrhyw ymdroi i 'lenydda' yn ffuantus. Methais anghofio'r cyfansoddiad hwn hyd yn oed wedi i mi ddarllen y lleill i gyd.

Mae un ymgais yn aros. Mae'n fy nharo i fod *Odo* yn hen law ar sgrifennu, ac wedi arfer beirniadu ei gwaith ei hun. Gwraig gweinidog sy'n ysgrifennu yma, gwraig a dreuliodd saith mlynedd ar Benrhyn Llŷn yn ystod gofalaeth gyntaf ei gŵr yno. Ac ymdeimlo â'r Penrhyn hwnnw pan oedd ei ddiwylliant yn ffynnu y mae hi. Mae'n hael ei chlod i bobl gymwynasgar y Penrhyn, ond heb suddo i ormodedd, ac mae eu hymadroddion yn cyfoethogi'r gwaith. 'Ydach chi'n ymlyfu?'; 'Esgobion Bangor yn eu gwenwisg' am y cymylau gwynion mawr a fyddai'n hel uwch Clip y Gylfinir ar Fynydd Rhiw; y crybwyll gogleisiol ar 'Eisteddfod Hyd y Gannwyll', ac ambell amheuthun arall. Diolch am gael darllen ysgrif gryno sydd, mae'n wir, ychydig yn hen ffasiwn y dyddiau hyn, ond nad yw ronyn gwaeth o hynny. Mae yna geinder yn y mynegi syml, uniongyrchol, ac mae'r eirfa mor addas. Gwaith a roddodd bleser mawr i mi.

Bûm mewn penbleth wirioneddol. Er cryfed y demtasiwn i wobrwyo ymgais *Dergam,* mae'n rhaid i mi gael rhoi ysgrif *Odo* ar y blaen o drwch blewyn. Gwobrwyer *Odo.*

Yr Ysgrif

AR BENRHYN LLŶN

Mae ei enw'n ei ddarlunio i'r dim: Rhoshirwaun. Disgrifiad dwbl, mewn gwirionedd, gan mai cyfystyr yw *rhos* a *gwaun*. A 'does dim amheuaeth am yr ansoddair. Yn ymestyn o gyrion Bryncroes nes dod bron i olwg Aberdaron, mae *yn* ehangder hir. Prin yr haedda'i alw'n bentref, heb ddim ond ambell glwstwr o fythynnod, tyddyn a fferm yma a thraw, dau gapel a phost a garej. Gellir yn hawdd yrru drwodd heb sylweddoli ichi fod yn unlle o bwys.

Roedd yr enw'n un na chlywswn i erioed mohono nes i'm darpar ŵr sôn am y posibilrwydd mai yno y byddem yn ymgartrefu ar ddechrau'n bywyd priodasol. 'Dydi o ddim ymhell o Aberdaron,' meddai. Ac, wrth gwrs, fe wyddwn am y fan honno – creigiau a thonnau gwyllt ac ati. Dyna oedd Llŷn i mi bryd hynny, rhywle y clywais amdano, y tu hwnt i'r Eifl. Nefyn a'i benwaig a'i Fflat Huw Puw. Mynytho a'i neuadd. Llanfihangel Bachellaeth. Abersoch a March Amheirchion. Nant Gwrtheyrn a chwedl y ceubren crin, a Luned Bengoch. Enlli'r saint a'r pererinion. Ond gan nad oedd teithio'n rhan o brofiad plentyndod y rhan fwyaf ohonom yn ystod y pedwar a'r pum degau, 'fûm i ddim nes at y mannau hynny na Phwllheli ar drip dosbarth Ysgol Sul.

'Pam nad ewch chi i Enlli?' awgrymodd y dyn llefrith ychydig ddyddiau wedi inni gyrraedd ein cartref newydd, a hithau'n haf-bach-Mihangel godidog. 'Mae'n dywydd ardderchog i fynd, a'r Swnt fel pwll chwïad.' Ninnau, ar ganol cael trefn ar y tŷ, yn cytuno bod y syniad yn un da ond yn gohirio gweithredu.

'Ydach chi'n ymlyfu?' Dyma gwestiwn a ofynnid inni'n aml yn ystod y blynyddoedd cynnar. Daethom i ddeall mai o fyd amaeth y tarddai'r ymadrodd, ac wrth wylio'r fuwch a'r llo'n anwylo'i gilydd, gwelem addasrwydd y dweud. Nid bod y bobl y daethom i fyw yn eu plith yn rhai am ddangos eu teimladau ond trwy haelioni eu rhannu. Anaml y byddai ein storfa heb sachaid o datws, ynghyd â moron a rwdins, a byddai wyau yn llawnder bob amser, yn enwedig pe digwyddai pwl o waeledd. Yn aml yn ystod yr wythnos neu ddwy cyn y Nadolig, deuai fy ngŵr adref o'i ymweliadau gan gyhoeddi nad oedd awydd fawr o swper. Pam, felly? O, wedi cael sawl paned o de gyda sleisen o bwdin 'Dolig oer – tamaid o bwdin clwt crwn â siwat yn llygadu'n wyn drwyddo!

Gyda threigl y misoedd a'r blynyddoedd, fe'n derbyniwyd, er nad oedd gennym fawr o gysylltiad â'r tir nac o wybodaeth am fyd amaeth. A phan ddaeth yn bryd inni gefnu ar y fro, gyda balchder y cofiaf aml i ddeigryn o'r ddeutu.

Bu ambell air o gyngor yn gymorth i ni 'ymlyfu'. Mewn sgwrs â chyfaill ym Môn oedd yn enedigol o dir ein mabwysiad, soniai fy mhriod am un o'r brodorion wrth ei enw llawn, – John Jones, dyweder. 'Nid *John Jones*,' oedd yr ymateb, 'ond *John Fan-a'r-fan*. Fyddi di byth yn un ohonyn nhw, wsti, nes byddi di'n galw pawb wrth enw'i dŷ!' A phwy a fynnai well teitlau nag enwau hudolus rhai o'r anheddau – Parc y Brenin, Efail Rhos, Bryn Padell, Bodrydd, Llyn Gelod?

Llys Owain oedd yr enw ar ein cartref ni, i goffáu'r cymwynaswr a roddodd lain o dir i'r capel i godi tŷ gweinidog. Gormodiaeth oedd ei alw'n llys. Bychain a chlyd oedd ei ystafelloedd, a diddan fu'n dyddiau rhwng ei furiau. Di-drydan fu'n dwyflwydd cyntaf, pryd nad oedd y botwm oedd yn barod ar y mur ond yn addewid o gysuron i ddod. Roedd 'y letrig' yn destun sgwrs feunyddiol hyd yr ardaloedd – 'Mae o yn Mynytho . . . wedi cyrraedd Botwnnog . . . yn dechra' yn Sarn fory . . .'. Nes o'r diwedd cyrraedd Rhoshirwaun, a diffoddwyd y lamp bres a'i naws gynhesol.

Clywem sôn am rai o gyn-drigolion y tŷ. 'Yn y llofft gefn y byddai'r Parchedig Elwyn Hughes yn ymarfer bocsio hefo'r bêl ddyrnu' (a 'wnaeth hynny ddim drwg iddo fo, gan iddo fyw i'w naw degau, yn dalsyth a ffraeth ei ymadrodd!). Am un o'r llofftydd ym mlaen y tŷ, meddai ein meddyg, 'Hon oedd y *maternity ward* pan anwyd Huw.' Ac o ffenest y llofft ffrynt arall yr edrychem allan i ddüwch y nos a gweld yn aml dylluan yn ei gwyn derwyddol yn clwydo ar y polyn lein, neu stryd fach o oleuadau lle'r ymgasglai'r pryfed tân yng nglaswellt yr ardd (na ellid byth ei galw'n lawnt!).

Liw dydd, ein golygfa oedd clytwaith o gaeau a chloddiau hyd at frig Mynydd Rhiw, a Chlip y Gylfinir yn ei goroni. Hwyliai anferthedd o gymylau gwynion uwchlaw'r copa ar ambell dywydd – 'Esgobion Bangor yn eu gwenwisg', yn ôl y brodorion. Yn ystod yr haf, byddai grwnian cerbydau wrth geg y lôn yn ddi-baid, yn ei gwneud hi am Aberdaron. Ond roedd distawrwydd y nosweithiau'n gyflawn, ac yn gyfeiliant iddo'n aml clywid cri'r gylfinir a'i chymar yn galw ar ei gilydd uwch yr eangderau.

Pan rowliai blancedi o niwl môr o un o dri chyfeiriad, clywid bref corn Enlli'n dolefain ei rybudd amserol. Ni welem olau goleudy'r ynys o'n tŷ ar y rhos ond byddai fflachiadau o Ynys Lawd ar arfordir Môn yn ein cyrraedd, a'u gweld yn codi ambell bwl o hiraeth er mor ddifyr oedd fy myd. Roedd Môn, bryd hynny, yr un mor ddieithr i drigolion Llŷn ag oedd Llŷn i minnau cyn i mi ymgartrefu yno. Yn aml, gofynnid imi a oeddwn yn adnabod rhywun – 'Mae o'n dŵad o Sir Fôn.' A hynny er bod tirwedd ynys fy maboed o faint cymharol â'u cynefin hwythau. Roedd Môn, fel pobman y tu hwnt i'r Eifl, yn perthyn i'r 'draw 'na' dieithr lle na elid ond o reidrwydd, megis ar ymweliad ag ysbyty. Mewn lle felly, yn wir, y byddid wedi cyfarfod â'r 'rhywun o Sir Fôn' hwnnw, yn amlach na heb. Ond ni chyfeirid at bellafoedd byd fel 'draw 'na'. Hwyrach nad oedd Rhuthun nac Aberystwyth, Llangefni na Machynlleth, yn gyfarwydd ond, oherwydd i aelodau gynifer o deuluoedd hwylio'r cefnfor, dygwyd adref ar yr awelon enwau hudolus megis Rio a Melbourne, Vancouver a Hong Kong, a fyddai'n britho aml i sgwrs.

Yng nghynffon cyfnod o ddiwylliant gwerin pur nodedig y bu i ni gyrraedd Pen Llŷn ddechrau'r chwe degau. Roedd cof byw am ambell gerddorfa a fyddai'n gyfeiliant i ganiadaeth sawl cysegr. Sonnid am Eisteddfod Hyd y Gannwyll, y tynnid ei chyfarfodydd i'w terfyn fel y byddai diferion olaf y gwêr yn treiglo dros ymyl y llestr. Clywem am gymeriadau lliwgar a ffraeth, a byddai cryn sôn am Feirdd y Rhos a dyfynnu mynych o'u gwaith – cerddi am droeon trwstan, canu holi ac ateb, englynion a chywyddau. Yn ôl y sôn, byddai rhai o'r beirdd yn sgwrsio â'i gilydd mewn cynghanedd ar un cyfnod! Melys oedd y cof am R. Williams Parry'n cynnal dosbarthiadau W.E.A. yma am dymhorau lawer. Cawsom adnabod un bardd, a oedd yn gyfaill i Fardd yr Haf, ac a allasai fod wedi gwneud enw iddo'i hun oni bai ei fod yn caru'r encilion, ond diolch bod Evan G. Hughes, Y Fachwen, wedi cyhoeddi un gyfrol o'i gynnyrch graenus.

Roedd nifer o sefydliadau'r ardal yn parhau i ffynnu yn y chwe degau, gyda'r hynotaf ohonynt yn dal ei thir hyd heddiw: marathon o Gymanfa Bregethu, pum oedfa-ddwy-bregeth gyda chennad o bob un o'r pum enwad, a hynny mewn cwt sinc enfawr. Dyna yw neuadd Rhoshirwaun, un arall o'r mannau cyfarfod a 'adeiladwyd gan dlodi' – 'Hôl y Rhos' – y cofnodwyd hanes ei chychwyn a'i chynnal mewn cyfrol ar neuaddau Llŷn gan y Parchedig Emlyn Richards. Treuliais lawer orig ag oerni ei llawr concrit yn ymdreiddio i'm cyfansoddiad, ond gwres y gwmnïaeth yn gwneud hynny'n ddibwys, mewn pwyllgor neu gyngerdd neu ymarfer drama. Roedd cryn weithgaredd yn parhau yn ystod ein cyfnod ni, yn bennaf gysylltiedig â'r capeli, ac ar raddfa ardal, a melys yw'r cof am y cydweithio a'r cydfwynhau.

Bellach, mae wedi tawelu, mwyafrif yr ieuenctid wedi mynd 'draw 'na' i ennill eu bara 'menyn, tai yn wag am ran o'r flwyddyn neu'n gartrefi i rai nad yw ymdeimlad ag iaith a diwylliant yn rhan o'u cynhysgaeth. Mae Saron mewn lliwiau ffair, yn annedd i ddieithriaid. Yno'r addolem, lle taenai pedair stôf baraffîn eu harogldarth a'u mymryn gwres, lle'r offrymid gweddïau cynnes gan angerdd a gwreiddioldeb, a lle y bedyddiwyd ein cyntaf-anedig. 'Chaeith Saron byth tra bydda' i', addawodd cyfaill a anrhydeddai'r addoldy â'i bresenoldeb bob Dydd Diolchgarwch. Proffwydodd yn gywir, gan i'r capel bach barhau i groesawu'r dyrnaid ffyddloniaid am lawer blwyddyn wedi ei ymadawiad ef a ninnau i wahanol gyfeiriadau. Bron i ddeugain mlynedd yn ddiweddarach y daeth dydd y glep olaf, ychydig fisoedd wedi i'n merch ieuengaf ymweld â'r lle a dod â darlun inni ohoni ei hun yn sefyll yn y pulpud, a llwydni'n fapiau ar y parwydydd o'i hôl.

'Mi fydd gynnoch chi feddwl o fan'ma tra byddwch chi,' meddai cyfaill wrth inni baratoi i godi pac wedi seithmlwydd diddan a phrysur ar y rhos. A gwir y darogan. Hyd heddiw, mae tynfa'r penrhyn godidog hwn yn dal i'm denu, fel edau hud, a 'does yr un flwyddyn yn gyflawn heb dro neu ddau i'r cyfeiriad. Rhaid cael cerdded ym Mhorth Neigwl yn sŵn y tonnau hirfaith sy'n taranu tua'r traeth gan foddi sgwrs. Troedio llethrau Mynydd Mawr, hyd lwybrau'r defaid, a cherrynt didrugaredd y Swnt islaw rhyngof ac Enlli – Enlli y cymerodd gynifer o flynyddoedd imi ei chyrraedd, a'r ymweliad hwnnw, ar ddiwrnod braf o haf nad oedd modd ei berffeithiach, yn atgof i'w drysori. A dyna drwyn Cilan, a'r milltiroedd o odidowgrwydd yn ymdaenu o'i gylch i bob cyfeiriad. Ydyw, mae'n rhaid cael ymweld â'r mannau hyn o bryd i'w gilydd.

Ond nid arhosaf ar y rhostir. Yn hytrach, gwibio ar hyd y ffordd unionsyth am Aberdaron yw fy hanes innau, gan fwrw ambell gip i dde ac aswy a gweld bod y Capel Bedyddwyr yn dal i ffynnu; gweld y garej a'r bwthyn dros y ffordd lle y cynhaliai ein meddyg ei syrjeri mewn siambar fechan a'r cleifion yn eistedd dan y palis yn y gegin i aros eu tro; gweld Mynydd Ystum ar y dde lle mae olion castell y Brenin Odo. Ond ymlaen â mi tua'r môr, rhag i fy hiraeth fy ngoddiweddyd.

Ac eto, wrth gwrs yr af yn ôl. Bydd edrych o Fôn dros Abermenai, a gweld yr Eifl yn trochi'u traed mewn niwl neu'n ymdoddi i liwiau'r machlud yn ddigon o sbardun i lu o atgofion am ddarn o dir a fwriodd wreiddiau yn fy mod, ers talwm.

Odo

Tywys-daith o amgylch tref neu ddinas

BEIRNIADAETH ROBIN GWYN

Yr her sy'n wynebu unrhyw awdur sydd am fynd i'r afael â sgrifennu tywys-daith i ddinas neu dref, ardal neu fro, yw llunio cyflwyniad sy'n crisialu hynodrwydd ei destun ar gyfer dau fath gwahanol o ddarllenydd.

Y garfan a ddylai gael y flaenoriaeth yw ymwelwyr-tro-cynta' sy'n chwilio am ganllaw i'w harwain o fan i fan yn rhesymegol – naill ai'n ddaearyddol neu'n hanesyddol neu ar lun cyfuniad o'r ddau. Yr ail fath o ddarllenydd yw'r teithiwr-cadair-freichiau sy'n chwilio am bortread difyr a threiddgar o gymeriad a phersonoliaeth y gymuned dan sylw.

Yr hyn sy'n gwneud yr her o lunio tywys-daith ar ffurf taflen neu lyfryn ganmil gwaith yn anoddach y dyddiau hyn yw bod y dechnoleg wybodaeth ddiweddara' yn ei benthyg ei hun yn berffaith i'r broses o arwain syrffwyr y rhyngrwyd o un lle i'r llall mewn modd rhyngweithiol. Neu, heb ddefnyddio'r jargon, y teithiwr sy'n penderfynu ble mae o am fynd ac os ydi o'n dymuno neidio yn ôl ac ymlaen, croesgyfeirio a chloddio am wybodaeth fanylach o sawl ffynhonnell, yna does ddim modd i dywys-daith statig gystadlu.

Neu a oes yna? Efallai nad oes modd bwcio gwesty na llogi car ar-lein wrth bori drwy dywys-daith draddodiadol – ond rwy'n amau bod yna gynulleidfa sy'n dyheu o hyd am ryddiaith greadigol sy'n adrodd stori afaelgar rhwng dau glawr. Gyda hynny mewn golwg y ceisiais gloriannu gwaith y pedwar ymgeisydd a fentrodd ar y gystadleuaeth.

Mae dau o'r pedwar, *Cwasi* a *Pen Cei*, wedi dysgu (dwyn?) o'r we fyd-eang ac mae eu cyflwyniadau o Aberhonddu a Phorthmadog yn dyst i'r ffaith eu bod yn gyhoeddwyr pen-desg profiadol.

Hyd yn oed cyn edrych ar sylwedd ceisiadau'r ddau ymgeisydd arall, *London Row* a *Troi'r Allwedd*, maent o dan anfantais enfawr. Mae un yn ysgrif ddi-lun (mewn sawl ystyr) sy'n cyfleu Aberafan fel lle ynysig a diarffordd. Mae'r llall yn llyfr sgrap anaeddfed o Fachynlleth.

Myfyrio lled hiraethus am 'Brafan' sy'n nodweddu gwaith *London Row*. Ymlwybro hanesyddol heb ddim llawer o emosiwn nac angerdd.

Mae triniaeth *Troi'r Allwedd* o Fachynlleth yn llawer mwy o ganllaw, gyda map ac allwedd sy'n rhifo pob man, neu hanesyn diddorol er mwyn rhoi'r elfennau sy'n dilyn yn eu cyd-destun daearyddol. Ond, ar waetha' bwrlwm a brwdfrydedd yr awdur, mae yna hefyd flerwch a byrbwylledd ar adegau.

Yr hyn sy'n achub *London Row* a *Troi'r Allwedd*, fel ei gilydd, yw ymchwil sylweddol. Yr hyn sy'n eu cadw yn yr ail ddosbarth yw cyfyngiadau dau gyfrwng hen ffasiwn.

Cryfder y ddau ymgeisydd dosbarth cynta', *Pen Cei* a *Cwasi*, yw eu bod yn dilyn strwythur clir a phendant; mae yna ddechrau, canol a diwedd sydd yn tywys yn hytrach na chyflwyno neu amlinellu.

Mae triniaeth *Pen Cei* o Borthmadog a *Cwasi* o Aberhonddu yn debyg iawn eu strwythur, cywair a phroffesiynoldeb. Maen nhw'n gymen, yn eglur ac yn ennyn yr awydd i ymweld â'r ddwy dref.

Os oes rhaid dewis rhwng y ddau, yna *Cwasi* yw'r un sy'n llawn haeddu'r wobr gynta'. Mae *Cwasi* yn dechrau gyda map syml ac yna cyflwyniad hanesyddol sy'n groesawus ac yn annerch y gynulleidfa graidd – twristiaid – yn uniongyrchol a phwrpasol. Yna daw'r daith, gyda phob uchafbwynt yn hawdd i'w ganfod ac wedi ei ddarlunio'n ddeniadol. Yn wyneb yr holl daflenni a llyfrynnau gwybodaeth eilradd sy'n cael eu cynhyrchu ar gyfer y sector twristiaeth, hoffwn weld y gwaith hwn mewn print.

Tair Ymson gan dri unigolyn yn ymateb i'r un sefyllfa ddirdynnol

BEIRNIADAETH HARRI PRITCHARD JONES

Chwe chystadleuydd a gafwyd eleni a'r cynnyrch yn ddigon diddorol, er bod yna dipyn o'r ystrydebol yma. Mae'n debyg ei bod hi'n anochel y caem fersiynau o'r Triongl Tragwyddol wrth ofyn am dair ymson – dynes a dyn a thrydydd person yn ymyrryd â'r berthynas ddeuol; weithiau plentyn ydy'r trydydd. Ond nid dyna a geir ym mhob achos.

Ar y cyfan, mae'r iaith yn ddigon glân a naturiol ond y bai amlwg ydi bod yn rhy ramadegol a chystrawennol gywir. Dydi pobl ddim yn hel meddyliau mewn iaith hollol gywir. Defnyddir rhyw fath o law-fer, fel negesau testun ar ein ffonau symudol. Wedi'r cwbl, dydi pobl ddim yn siarad efo'i gilydd mewn iaith hollol gystrawennol gywir a does dim disgwyl iddyn ddefnyddio'r fath iaith wrth siarad efo nhw'u hunain neu wrth hel meddyliau. Does 'na'r un cystadleuydd wedi cyrraedd yr entrychion ond mae'r ddau orau yn ddigon teilwng o'r wobr. I fanylu:

Hen Rybelwr: Dim ond dwy ymson a dderbyniwyd am 'Dirywiad bro, cymdeithas a iaith', gan gyn-chwarelwr, hen rybelwr a chyn-reolwr chwarel. Er bod yr hyn a welais yn ddigon addawol, does dim cyfanwaith yma, gwaetha'r modd. Ac, a bod yn deg, rwy'n amau'n fawr a fuasai'r gwaith hyd yn oed yn ei gyfanrwydd wedi dod i frig y gystadleuaeth.

Bryn y Parc: Ymateb i'r digwyddiadau yn Efrog Newydd fis Medi diwethaf y mae'r tri sydd yma: Gwyliedydd, Preswylydd yn Efrog Newydd, a Disgybl i al-Qa'ida. Mae'r gwaith ar ffurf adrodd hanes a barn ac yn ystrydebol ar y cyfan, er bod peth bywiogrwydd a newydd-deb yn ymateb y Disgybl. Nid ymsonni sydd gan y cystadleuydd yma.

Drysni: Tair ymson, yn dangos sgîl-effeithiau a hanes carwriaeth frys a phriodas dor, ar ôl geni merch fach, Mari. Mae rhan o 'ymson' Mari yn eiriau sy'n cael eu llefaru a'u hanelu at y tad neu'r fam ac felly heb fod yn ymson. Mae'r ferch yn dangos agwedd y fam drwy ei hymwneud hi'i hunan â'i thedi. Mae'r tad yn gweld y fam yn g'nawes anniolchgar, a'r fam yn teimlo bod y tad â'i holl fryd ar y ferch. Mae yma dair gwedd ar berthynas y tri ond mae yna ddarnau sydd braidd yn ystrydebol.

Mae *Rhiannon, Afryl* a *Maggie* yn ddigon tebyg o ran eu safon. Mae dwy wedi sôn am driongl rhywiol a'r drydedd yn ymwneud â bwriad postfeistres i werthu'r busnes a'r ymateb pan fo hi'n gorfod derbyn cynnig teulu Asiaidd.

Rhiannon: Mae yma ferch yn mynd allan ar nos Wener, mewn dillad eithaf rhywiol, er gofid i'w rhieni. Ceir, wedyn, ymson dyn priod sydd wedi dawnsio gyda hi, cael ei gyffroi ac, yn y diwedd, yn ei threisio a'i lladd. Y drydedd ymson ydi un y ditectif sy'n gorfod trin yr achos ac sy'n gweld y corff fel un merch sy'n debyg i'w ferch ei hun. Mae'n uniaethu â thad honno a gadewir ni gyda'r amheuaeth y gallai'r corff fod yn un ei ferch ei hun.

Afryl: 'Steddfod Ceri': Mae dyn ifanc, Iwan, yn sôn – yn fwy nag ymson, gwaetha'r modd – am garwriaeth wyllt efo merch ysgol o'r enw Ceri, sy'n arwain at feichiogrwydd. Gwenfron ydi mam Ceri, a hithau wedi cael babi, sef Ceri, gan ei hathro piano priod. Ond does neb yn gwybod yr hanes yn iawn. Mae'r fam yn darganfod bod ei merch yn feichiog, ac yn bendant fod rhaid cadw'r babi. Mae hi'n dechrau cael yr awydd i'w fagu fel ei phlentyn hi, er mwyn cael rhywun yn hollol ddibynnol arni eto. Mae Ceri, yn ei thro, yn synhwyro beth ydi agwedd ei mam ac yn ailfeddwl am resymau'i mam dros ei chadw hi. Ond yn y diwedd, mae Ceri'n gwneud ei dewis ei hun.

Maggie: Mae'r arddull yn llawer rhy ramadegol gywir i ymson; yn darllen fel llyfr nid fel sgwrs, heb sôn am hel meddyliau. Ond mae yna wahaniaethu rhwng y tri ymsonydd, a llai o ystrydebau nag sydd yn nifer o'r cynigion. Mae yma wraig ganol oed sydd am werthu'r Post y bu'n ei gadw am oesoedd a chael swydd newydd, gan fod ei dwy ferch wedi mynd dros y nyth. Does neb yn bachu ac yn y diwedd mae'n gorfod gwerthu i deulu o Bacistanis. Mae hi'n gweld gobaith y cryfhan nhw'r pentref a'r ysgol ond mae yna 'Hiliwr' lleol yn casáu'r syniad, tra mae un o'i merched yn cael sioc, ond yn falch o sylweddoli fod ei mam yn mynnu dal i herio bywyd.

Mirain Deml Moriah: Pwnc annisgwyl: tri pherson yn ymateb y bore wedyn i losgi Capel Moriah, Caernarfon, yn ulw yn 1976. Bachgen ysgol ydi un, yn rhythu ar yr adfail myglyd a rhyfeddu at yr holl beth. Un o'r aelodau sydd wedyn, a chanddi'r broblem o ble i fynd i addoli nes ailgodir Moriah – roedd dau gapel Hen Gorff arall yn y dref. Newyddiadurwr ydi'r olaf, yn ceisio edrych yn wrthrychol ar y sefyllfa ond gyda gwybodaeth arbennig a lleol. Chwilio am ogwydd arbennig, personol y mae o. Mae'r tair ymson yn wir yn ymsonau, mewn ieithwedd briodol i'r cymeriadau, ac yn amrywio'n gyfoethog. Mae yma wallau ond ar y cyfan mae'n iaith naturiol a blasus.

Antoria: Cawn yma ŵr yn cofio'i gariad cyntaf, yn un ar ddeg oed, ond nid hi oedd y ferch y bu o'n caru gyda hi gyntaf. Digwyddodd hynny pan ddaeth yn llencyn, ar fin prifio'n ddyn. Mi briododd y ferch honno a chael cyfnod hir o ddedwyddwch, er na ddaeth plant. Mi bylodd y cariad. Ymhen hir a hwyr, a hithau'n ddifrifol sâl heb yn wybod i'w gŵr, mae'r ferch gyntaf, yr un yr ymserchodd o ynddi yn un ar ddeg oed, yn ailymddangos. Maen nhw'n cael carwriaeth ond mae'r wraig yn ymbilio am drugaredd a hithau ond ag ychydig amser i fyw. Mae'n rhaid i mi beidio datgelu'r hyn sy'n digwydd ond does dim yn ystrydebol, ac mae'r tair ymson yn gweu drwy'i gilydd yn gelfydd. Mae'r stori sydd yma yn fwy ystrydebol na chynnwys *Mirain Deml Moriah* ond mae mwy o ddawn disgrifio a chyfleu gan y cystadleuydd hwn. Gwobrwyer *Antoria*.

Y Tair Ymson

Ymson y GŴR

Meddwl amdani hi yw'r unig beth, bellach, sy'n creu unrhyw gynnwrf, sy'n achosi unrhyw wefr. 'Falle mai dyna pam dw i'n treulio oriau bob dydd fel hyn – yn cofio, yn f'atgoffa fy hun o'r hyn a fu.

HI oedd y ferch gyntaf i fi ei charu erioed. Dw i'n gwybod hynny hyd sicrwydd nawr er nad oedd gen i syniad ar y pryd, wrth gwrs. Ond pa reswm arall sydd yna 'mod i'n dal i gofio'n glir y tro cyntaf i fi ei gweld, y patrwm cudd yn nüwch ei gwallt a'r cnu meddal o flew ysgafn a orweddai ar lyfnder ei breichiau?

Roeddwn i'n un ar ddeg. A hithau. Roedd Elvis yn bwysig i fi, a champau Cardiff City, a thrio ymestyn fy mysedd i seinio cordiau cymhleth y gitâr; felly pam ar wyneb daear fod y blew ysgafn ar fraich y ferch wedi aros yn fy nghof? Dydw i ddim yn gallu cofio manylion o'r fath am fy ffrindiau, na'r teulu, na fawr neb arall o'm cydnabod o'r un cyfnod. Felly pam hi? Am mai hi oedd y ferch gyntaf i fi ei charu, mae'n debyg.

Ydw i'n fy nhwyllo fy hun? Nid hi oedd y ferch gyntaf i fi syrthio mewn cariad â hi. Breuddwydion gorfoleddus, colli archwaeth, fy anadl yn cloi yn fy llwnc pan gerddai hi heibio. Merch arall oedd honno, flynyddoedd yn ddiweddarach. Ac fe ges i'r wefr o brofi teimladau dirdynnol glaslencyndod i gyd yn eu tro, a'r torcalon sy'n dilyn y wefr fel cysgod. Ond nid gyda hi. Roeddwn i'n rhy ifanc – yn un ar ddeg.

Waeth i fi gyfaddef, roeddwn i'n gachgi, yntoeddwn! Erbyn i fi sylweddoli fod merched yn fodau meddal, synhwyrus, a'u bod hwythau'n gallu teimlo fflamau cariad cynnar, roedd lletchwithdod yr arddegau wedi gafael yno' i'n dynn! A thra oedd cyfoedion dewrach o'r hanner yn cipio calonnau, a chofleidio'n wrol a chyson yn y parc neu yn rhesi ôl y sinema, roeddwn i'n barotach o lawer i syllu o hirbell a breuddwydio. Roedd hynny'n saffach na chyfaddef wrth neb fod ei gweld hi yn peri poenau melys yn fy mrest. Y poenau. Rydw i'n cofio'r poenau yn fyw hyd heddiw. Rydw i'n teimlo atsain y poenau hynny heddiw hefyd. A dagrau'r peth yw 'mod i'n ormod o gachgi o hyd i ddweud wrth yr un enaid byw.

Welais i erioed mohoni'n agosáu at neb arall, diolch i'r drefn. Fyddwn i ddim wedi gallu dioddef hynny. Ac un waith, un waith yn unig, fe ddaethon ni'n agos. Hi a fi. Yn cofleidio, yn cusanu . . .

Ei hymson HI

Fe ddaethon ni'n agos unwaith, rydw i'n cofio'n iawn. Un ar bymtheg oeddwn i. Un ar bymtheg ac, am oriau, diwrnodau, wythnosau hyd yn oed, roeddwn i'n meddwl mai dyna ni, mai fe oedd yr un, 'mod i wedi syrthio mewn cariad ac y byddai'r cariad hwnnw yn para am byth. Arwr! '*Film Star*'! Tywysog hardd – ar gefn beic! Naïf, wrth gwrs, ond dyna sut ces i fy nghodi, a dyna sut y meddyliai fy ffrindiau hefyd. Roedden ni'n ferched da, gweithgar, ac yn hapus yn yr ysgol. Doedden ni ddim fel y merched hynny fyddai'n treulio'u hamser yn trin gwallt ei gilydd, yn trafod colur, clybiau a pha fechgyn oedd yn mynd â'u ffansi yr wythnos honno. Roeddwn i'n ferch dda – a phan ddaeth e' i sylweddoli 'mod i angen gofal a pharch, a 'mod i'n bwriadu meithrin y berthynas yn araf, ofalus ac ar fy nhelerau i, wel, dyna oedd ei diwedd hi! Doedd cael cariad difrifol ddim yn '*cool . . . man!*'. Doedd canlyn yn hir-dymor ddim yn '*hip*'! Fe alla i chwerthin nawr ond, bryd hynny . . .

Fe lwyddon ni i 'aros yn ffrindiau', fel y gofynnodd, ac fe'i gwylies i e' o hirbell yn tyfu'n ddyn. Aeddfedu. Erbyn i ni gael ein derbyn i'r un Brifysgol, roedd e'n barod am y berthynas hir-dymor yr oeddwn i'n ei chynnig. Ond roedd hi'n rhy hwyr erbyn hynny, wrth gwrs. Doeddwn i ddim yn barod i roi cyfle arall iddo fe fy mrifo. Doeddwn i ddim am gynnig y cyfle hwnnw i neb.

Trwyn ar y maen! 'Ymgolli yn dy waith,' chwedl mam! Canlyniad tair blynedd o chwys a gwaith caled oedd gradd dda a'r cyfle i astudio ymhellach yn Seland Newydd – ymhell o sŵn y 'sesh' a'r protestio diddiwedd! Fe gries i ddigon cyn mynd, ac roedd mwy nag un deigryn o achos ei golli yntau, ond buan y sylweddoles i fod yna gyfandiroedd rhyngon ni ymhell cyn i fi deithio i ben draw'r byd.

A dyna lle'r oeddwn i, yn nyfnderoedd Ynys y De, pan glywes i ei fod e' am briodi. A'r cwestiwn oedd yn troi yn fy mhen am wythnosau oedd: 'Priodi pwy?' . . .

Ymson y WRAIG

Do, fe gawson ni briodas fendigedig, hollol fendigedig, ac roeddwn i'n hapus; yn orfoleddus o hapus. A dyna fel y buodd hi, ar y cyfan, am bron i ugain mlynedd. Roedd yna gyfnodau hapusach na'i gilydd, wrth gwrs, a chyfnodau duon hefyd, waeth i fi gyfaddef, ond, ar y cyfan, roedd hi'n briodas dda, solet. Chawson ni mo'n bendithio â phlant, a dyna oedd prif achos cymylau duon y dyddiau cynnar ond ciliodd poen y realiti hwnnw gydag amser – ac fe dyfodd ein perthynas yn agosach, a'n priodas yn gryfach, o'r herwydd. A thra oedd ein cyfeillion â phlant yn gwahanu, er gwaetha'u haddewidion, fe arhoson ni gyda'n gilydd oherwydd ein cariad – cariad syml y naill at y llall.

Oeddwn, roeddwn i'n grediniol y byddai'r cariad hwnnw yn gallu goroesi unrhyw beth – gan gynnwys y salwch a gamodd yn ddisymwth i fy mywyd ryw brynhawn o wanwyn, a minnau newydd ddathlu fy mhen-blwydd yn ddeugain a dwy. Fe ganfuwyd y drwg yn fuan, roeddwn i'n ifanc ac yn egnïol ac roedd gen i gefnogaeth gŵr i ymladd y gelyn gam wrth gam, law yn llaw, yn glaf ac yn iach. Roeddwn i mor hyderus na fyddai'r gwendid yn cael effaith ar ein bywydau fel na dd'wedes i wrtho'n syth 'mod i wedi bod i weld y meddyg o gwbl. Rhyfedd, wrth edrych nôl, ond doeddwn i ddim am iddo golli'r un noson o gwsg o'm hachos i. Wedi'r cyfan, roedd e'n brysur, yn gweithio'n galed bob awr o'r dydd ac yn teithio oddi cartref yn gyson. Roedd e'n gyfnod pwysig o ran ei yrfa . . .

Dw i'n dal i'w wneud e', hyd yn oed nawr! Dw i'n fy nhwyllo fy hun o hyd! *C'mon*, bydd yn onest! Wyneba'r ffeithiau. O leia rwyt ti'n gwybod y ffeithiau nawr yn lle treulio dy ddyddiau'n hel amheuon anghynnes o gaeau dy ddychymyg.

Roedd y berthynas o dan straen, yntoedd? Pa ddisgwyl cadw rhamant dyddiau cynnar carwriaeth yn fyw, ddydd ar ôl dydd, flwyddyn ar ôl blwyddyn? Dyw bywyd priodasol ddim yn wely blodau, dw i'n gwybod hynny. Ond roedd chwyn go egar yn ein gwely blodau ni! Anghytuno, oerfel, deisyfu pethau gwahanol . . . pellhau oddi wrth ein gilydd. Eto, roedd gen i ffydd na fyddai'r cyfan yn chwalu'n chwilfriw. Roedd y seiliau yn rhy gadarn, yntoedden nhw? Wel, dyna'r oeddwn i'n 'i gredu, nes i mi glywed ei bod hi'n ôl yn y wlad.

Ymson y GŴR

Dydw i ddim yn falch o'r hyn wnes i. Dw i'n gwneud fy ngorau i beidio â meddwl am y peth. A dydi dweud wrthyf fy hun fod cannoedd, miloedd o ddynion, wedi gwneud yr un peth â fi, a miliynau eto i ddod, mae'n siŵr, ddim yn lliniaru fymryn ar yr euogrwydd. Yn enwedig nawr.

Fedrwn i ddim helpu fy hun. Roeddwn i fel pyped, yn cael fy ngorfodi i symud, meddwl, syrthio mewn cariad hyd yn oed, gan law pypedwr cryf a chreulon.

Mae'n rhyfedd, ond pan glywes i ei bod hi'n ôl yn y wlad, wnes i ddim teimlo unrhyw emosiwn arbennig. Cywreinrwydd, efallai. Hynny'n naturiol. Doeddwn i ddim wedi'i gweld hi ers dyddiau coleg. Unrhyw beth arall? Rhyw awydd bach chwareus i'w gweld hi eto a chael sgwrs am yr hen amser. Iawn. Ac efallai i mi obeithio yn dawel, dawel bach, y byddwn i'n gallu teimlo rhyw adlais gwan o'r cariad cynnar hwnnw a ysgogodd hi ddeng mlynedd ynghynt. Ond doeddwn i ddim yn disgwyl corwynt . . .

Roedd gen i fywyd hapus; yn iach, llwyddiannus, cyfforddus ac yn caru 'ngwraig. 'Cyfforddus.' Dyna'r drwg. Pam mae rhyw ddiawlineb yn mynnu bod 'cyfforddus' yn bechod – a bod byw bywyd tawel, bodlon yn peri i ddyn aflonyddu? 'Haws cynnau tân . . .' medden nhw, a phan weles i hi yn annisgwyl y tu allan i'r dafarn honno, fe fflamiodd y goelcerth fu'n mudlosgi ers cyhyd. Coelcerth fu'n mudlosgi mor gynnil, mor dawel nes i mi anghofio'n llwyr amdani.

Ydw i eisiau cofio'r manylion? Wel, ydw, weithiau. Pan fydd dim ond unigrwydd llwyd o'm cwmpas, mae cofio ein cyfarfodydd cynnes yn falm. Cofio'r caru poenus, y cyffro meddwol – angerdd byw y celwydd. Ond, yng ngole dydd, rydw i wedi hen arfer rheoli'r atgofion hynny, eu rhoi'n ddiogel yng nghist y cof a'u cloi gydag allwedd 'edifarhau'.

Fe fyddwn i wedi cyfaddef, pan oedd yr amser yn iawn. Doeddwn i ddim yn mwynhau'r twyll. Doedd y celwydd ddim yn ychwanegu at y wefr. Ond roedd hi i'w gweld mor wan, rywsut. Mor ddiegni, mor ddi-fflach, yn enwedig o'i chymharu . . .

Ond ddaeth yr amser cywir ddim, naddo? Fuodd dim rhaid i fi gyfaddef, pledio am faddeuant, erfyn i gael sychu'r llechen yn lân. Wnaeth hi byth wybod y gwir. A'r ffaith honno sy'n cynnig mymryn o gysur i mi erbyn hyn, nawr fod y cyfan ar ben. Nid fod unrhyw ddiolch am hynny yn perthyn i fi, wrth gwrs. Nid fy mhenderfyniad i oedd dod â'r berthynas i ben. Hi ddiflannodd, heb eglurhad, heb ddweud gair, a hyd y dydd heddiw, er i mi bendroni llawer, dydw i ddim yn deall pam.

Ei hymson HI

Pan ffoniodd hi i drefnu 'ngweld i, roedd gen i fy amheuon. Doedd y celwydd am 'roi'r byd yn ei le' a 'chael hel atgofion' ddim yn taro deuddeg. Roeddwn i wedi fy mharatoi fy hun ar gyfer dagrau a gweiddi. Roeddwn i wedi dychmygu cael slap go egar hyd yn oed ond roedd hyn yn waeth; yn fwy poenus o lawer. Y munud y gweles i hi, roeddwn i'n gwybod bod rhywbeth mawr o'i le. Fe allen i weld yn ei llygaid ei bod hi'n 'gwybod' – ond doeddwn i ddim yn disgwyl ei gweld hi'n edrych mor hen. Ac roedd hi mor rhesymol, mor gyfeillgar hyd yn oed. Roedd hynny'n sioc; yn anodd.

Fe steddon ni'n dwy yn dawel yng nghornel y caffi ac fe dd'wedodd hi'r cyfan wrtha i. Am y salwch, a'r rhagolygon, a sut yr oedd hi angen ei gariad a'i ymroddiad i'w helpu trwy'r misoedd a'r wythnosau olaf. Dim dagrau, dim dicter. Er na ddywedodd hi hynny'n glir yr un waith, roedd hi'n pledio arna i, bron, i deimlo trueni drosti. Pledio arna i i beidio â bod yn hunanol, i beidio â'i ddwyn oddi arni.

Wnes i ddim. Fedrwn i ddim. Roedd yn well gen i ddiflannu na meddwl amdani'n wynebu'r diwedd ar ei phen ei hun.

Ymson y GŴR

Prynhawn Mawrth oedd hi pan fuodd hi farw – ac roeddwn i yno gyda hi. Roeddwn i wedi bod yno, wrth ei hochr bob awr o bob dydd ers iddi gael ei derbyn i'r ysbyty. Doedd y nyrsys erioed wedi gweld gŵr mor deyrngar, mor ymroddedig – dyna dd'wedon nhw. Dw i'n siŵr iddi hi werthfawrogi 'mod i yno hefyd. Yn y diwedd.

Mae bron i flwyddyn wedi pasio ers hynny. Bron i flwyddyn gron. Fuodd yr haul ddim mor llachar na'r awel mor fain eleni. Rhyw fyw mewn niwl ydw i o hyd. Weithiau, mae fy meddwl mor gymylog nes 'mod i'n gweld tarth yn codi yn llythrennol o flaen fy llygaid.

Dydw i ddim eisiau byw yn y cwmwl hwn am byth. Cwmwl y 'methu teimlo'. A dagrau'r sefyllfa yw 'mod i'n gwybod mai dim ond un person all dorri drwy'r niwl. Meddwl amdani hi yw'r unig beth, bellach, sy'n creu unrhyw gynnwrf; sy'n achosi unrhyw wefr. 'Falle mai dyna pam dw i'n treulio oriau bob dydd fel hyn – yn cofio, yn pensynnu am yr hyn a fu. Mae'n brifo ond, ar yr un pryd, mae'n f'atgoffa 'mod i'n dal yn fyw. Fel arall, waeth i fi fod wedi camu i'r bedd gyda hi.

Ond wna i ddim byd ynghylch y peth. Gormod o gachgi, cofio? Beth dd'wedith ein ffrindiau? Beth fydd ei hymateb hi? Maen nhw'n dweud bod amser yn gwella pob cur – ond fy lladd i yn araf y mae amser – a does dim ffenest yn y stafell dywyll sy'n gartref i fi erbyn hyn.

Ei hymson HI

A nawr? Wn i ddim! Dydi cofio a deall y gorffennol ddim yn taflu'r un llygedyn o oleuni ar yr hyn y dylwn ei wneud nawr. Er 'mod i'n treulio gymaint o amser yn cofio, dydw i ddim nes i'r lan. Mae 'nghalon yn dweud y dylwn droi nôl am adref unwaith yn rhagor; i'w weld, i egluro pam y gadawes i mor ddirybudd – ac i weld a oes gobaith adeiladu dyfodol i ni gyda'n gilydd. Ond mae ei hysbryd hi yn fyw o hyd ac, er ei bod hi y tu hwnt i wybod, mae 'mhen yn mynnu y dylwn gadw at f'addewid i gadw draw oddi wrtho. Peidio â chynhyrfu'r dyfroedd ynteu plymio i'r dwfn? Cadw draw ynteu fy nhaflu fy hun yn bendramwnwgl i'r berthynas? Ac, os mynd, pryd?

Ymson y WRAIG

Fi sy'n cael y gair olaf. Dw i'n haeddu hwnnw. Wedi'r cyfan, fi yw'r unig un sy'n gwybod y gwir; y gwir i gyd. Ac fe alla i weld y sefyllfa'n glir, glir o'r fan hon. Ef yn byw yng ngolau dydd tra oedd hitha'n cysgu yn nhywyllwch nos. A'r byd yn troi yn araf bach . . .

Mae'n brofiad rhyfedd. Mae cadw llygad ar y ddau yn byw eu bywydau o ddydd i ddydd yn f'atgoffa i o'r ffordd yr arferwn i wylio cymeriadau opera sebon. Cymeriadau adnabyddus i mi yn rhuthro o un digwyddiad dramatig, o un creisis emosiynol, i'r llall a finne'n gwylio gyda diddordeb, yn llawn cydymdeimlad – ond heb obaith eu cyffwrdd, cynnig gair o gyngor, cael effaith ar eu ffawd.

Fe garwn i gael dychwelyd i sibrwd yn ei glust, 'Cer ati! Dwêd y gwir wrthi! Er mwyn y nefoedd, gwerthfawroga bob un o'r dyddiau, oriau, eiliadau prin sydd ar gael i chi, gyda'ch gilydd, ar y ddaear.'

Fy ngobaith yw y bydd e'n llwyddo, yn fuan, i ddarganfod mymryn o'r hapusrwydd a'r bodlonrwydd sy'n dod i'n rhan ni i gyd yn y pen draw. Mae profi'r tawelwch bendigedig hwnnw yn ein calonnau o fewn ein gafael ni – hyd yn oed pan fyddwn ynghlwm yn ein bywydau ar y ddaear. Dw i'n siarad o brofiad. Fe brofes i orfoledd cariad daearol fy hun – am gyfnod.

Ac rwy'n ddigon pell o'r sefyllfa, erbyn hyn, i sylweddoli mai tro rhywun arall yw hi nawr i gael anelu tuag at y nefoedd fach honno.

Antoria

Cystadleuaeth i rai sydd wedi byw yn y Wladfa ar hyd eu hoes ac yn dal i fyw yn Ariannin. Portread o fywyd tair cenhedlaeth o'r un teulu

BEIRNIADAETH ANGHARAD ROGERS

Braint a phleser o'r mwyaf fu cael beirniadu'r gystadleuaeth hon. Roedd yn ddiddorol gweld mai'r cystadleuwyr oedd menywod yn ysgrifennu am fywydau menywod mewn gwahanol gyfnodau. Yr ydym yn gyfarwydd iawn â hanes nifer o'r dynion blaenllaw a sefydlodd y Wladfa ond, diolch i'r gystadleuaeth hon, y mae ymdrechion arwrol rhai o wragedd y Wladfa wedi'u rhoi ar gof a chadw.

Dyma air am y pum ymgais fel y daethant i'm llaw.

Marged: Cafwyd portread o nain, mam a merch, a gwreiddiau'r tair yng Nghwm Hyfryd. Deallodd *Marged* i'r dim fod mwy i lunio portread na rhoi disgrifiad corfforol yn unig ac, mewn iaith lân ac arddull ddirodres, cawn bortreadau cynnes a difyr iawn. Dywed am ei mam, 'dynes fach o ran corff ond nid felly ei phersonoliaeth'. Yr oedd amgylchiadau'n eu gorfodi i fod yn ddyfeisgar. Gan eu bod ymhell o'r dref, byddai'n rhaid i'w mam ddefnyddio powltris, wermod lwyd a the ysgawen pe bai aelod o'r teulu'n sâl. Ceir arddull gynnil iawn gan *Marged* a medr grynhoi cryfder cymeriad ei mam mewn brawddeg fer, 'roedd hi yn byw bob dydd yn ôl ei chredo'. Mwynheais onestrwydd di-flewyn-ar-dafod *Marged* wrth iddi ddweud amdani ei hun, 'Dw i ddim yn leicio llawer o sŵn, na phobl sydd yn siarad gormod ac nid ydw i'n gwneud ffrindiau yn hawdd iawn, chwaith'. Gwaetha'r modd, mae'n gyndyn i fanylu am ei bywyd gan ddweud, 'gobeithio y bydd gan rywun arall rywbeth go-lew i'w ddweud amdanaf mewn portread rywdro eto!'

Marged Jones: Cafwyd cyflwyniad pwrpasol a osododd y portreadau yn eu cyd-destun hanesyddol. Mae gan y cystadleuydd lygad at y manylion bach sy'n dod â chymeriad yn fyw – er enghraifft, sonia am ei nain, Marged Jones, yn teithio ar y Mimosa â dol fach wedi'i phacio ymhlith ei dillad. Daeth y ddol i'w hwyres ymhen amser ac mae bellach wedi'i chadw'n ofalus yn amgueddfa Rawson ers hanner can mlynedd. Fel yn y pedair ysgrif arall, cyfeirir at y caledi a ddioddefodd y to hŷn ond gwneir hynny heb arlliw o hunandosturi. Wrth sôn am Marged Jones, dywed, 'tlodi a chaledi bywyd fu i'w rhan. Roedd ei phlant fel llawer o rai eraill heb esgidiau am eu traed'. Wrth sôn am Eironwy Jenkins o'r ail genhedlaeth, pwysleisia pa mor grefftus ydoedd yn medru troi ei llaw at goginio a phobi ac, fel ei mam, yn medru plethu gwellt gwenith i wneud basgedi bach a hetiau. Roedd ôl cynllunio manwl a gofalus ar bob un o ysgrifau cynhwysfawr *Marged Jones* ac mae cywirdeb a chyfoeth yr iaith yn golygu ei fod yn waith o safon uchel iawn.

Patagonia: Lizzie Freeman de Roberts, ei merch Lotty Roberts de Hughes, ac Alwina Hughes de Thomas sy'n cael sylw. Byrlyma'r Gymraeg yn rhwydd a diymdrech drwy'r tair ysgrif gan eu gwneud yn hynod ddarllenadwy. Ceir disgrifiad o'r daith anturus yn 1891 o'r dyffryn i Gwm Hyfryd a rhoddir teyrnged i ymdrechion glew a gwaith diflino'r gwragedd a fu'n gweithio 'ysgwydd wrth ysgwydd gyda'r gŵyr i wareiddio'r wlad newydd a gwneud lle diogel a chysurus i fagu teulu'. Mae *Patagonia* yn llenor cryno ac awgrymog – mae'r frawddeg fer 'nid oedd segurdod yn dygymod â Lizzie' yn dweud cyfrolau amdani. Llwydda i grisialu cryfder ei chymeriad mewn brawddeg rymus arall, 'collodd rai o'i phlant yn ifanc ond ni chollodd ei ffydd a daliodd ymlaen yn wrol'. Rwy'n credu bod y disgrifiad o ddycnwch cymeriad Lotty Roberts yn orchestol. Wedi symud gyda'i theulu bach i dir anial Tecka, planna Lotty flodau o gylch ei chartref. Deuai'r gwynt i ddadwreiddio'r blodau ond ail-blannu a wnâi Lotty drosodd a thro. Wrth gloi'r ysgrif amdani, tystia *Patagonia* fod 'y cennin Pedr a blannodd hi yn dal i flodeuo o gwmpas y coed cryfion, mawr'. Ceir portread yn llawn parch ac anwyldeb o Alwina Thomas de Hughes. Gwelir sut y mae genynnau teuluol yn gadwyn sy'n cydio'r cenedlaethau ynghyd – un brysur fu Lizzie ac, yn ôl *Patagonia*, mae Alwina hithau 'yn brysur bob amser fel gwiwer yn cerdded yn gyflym ac yn benderfynol'.

Hen Wraig: Gweithia ar gynfas eang gan blethu digwyddiadau hanesyddol â phrofiadau personol yn gelfydd iawn. Sonia am hanes ei hen nain, ei nain a'i mam, a chawn gipolwg ar arferion yr Indiaid brodorol, y caledi enbyd, a bywyd crefyddol ardal Treorci. Wrth sôn am nain, rhydd ddisgrifiad dramatig o'r llifogydd dinistriol yn 1899 a'u heffaith ar y teulu. Ymddengys i'w mam gael 'ei magu yn wahanol i ferched yr ardal' a chafodd wersi miwsig ac ychydig o Saesneg. Plannodd mam yr *Hen Wraig* goed ynn ar y ffarm ac mae hi'n cloi ei phortread yn wych iawn â'r frawddeg, 'erbyn hyn mae tair cenhedlaeth arall wedi byw ar y fferm ac mae'r coed ynn yn dystion mud o'u taith trwy'r byd hwn'. Nid oedd yn eglur bob tro at bwy y cyfeiriai *Hen Wraig* – roeddwn yn cymysgu ar brydiau rhwng cyfnod y nain a'r hen nain. Mae dawn dweud ddiamheuol gan *Hen Wraig* ac adroddwyd hanes ei theulu yn gelfydd iawn.

Nain: Gan y cystadleuydd yma y ceir y llinell agoriadol hyfrytaf yn fy marn i, sef 'Dechrau gwanwyn ydoedd pan ddaeth y fach i'r byd'. Ceir arddull sgyrsiol, agos-atoch gan *Nain*; wrth iddi ddisgrifio'r dasg o bluo, dywed 'os ydych yn gwybod beth yw hyn, mi fentra i weud bod o yn beth digon di-serch'. Mae'r manylion am y gorchwylion o gylch y tŷ unwaith yn rhagor yn pwysleisio pa mor hanfodol oedd dysgu bod yn llawdda. Mae ysgrif gyntaf *Nain* yn llawn dywediadau ffraeth, bachog. Bu'n rhaid iddi adael yr ysgol yn dair ar ddeg oed am ei bod yn byw 'ymhell o gyrraedd addysg a'r angen yn eang a'r ffordd yn gyfyng'. Y 'cocina', sef y gegin, fu tiriogaeth *Nain* wedyn. Dyfynna eiriau ei mam, sy'n dechneg effeithiol iawn ac yn dadlennu llawer am y ddwy ohonynt. Pan ofynnodd i'w mam, 'Beth wna i i ginio?', yr ateb oedd, 'Mae'n bryd i ti benderfynu drosot dy hun'. Ac meddai *Nain*, 'A chredaf fod yr ateb wedi bod o les mawr i mi nes ymlaen'. Wedi mynnu cael mynd i nyrsio i Buenos Aires, dywed iddi allu ymdopi ar y ward 'achos fy mod yn gwybod beth oedd glanhau a golchi llestri ac ufudd-dod'. Hoffwn fod wedi cael mwy o fanylion am fywyd yn Buenos Aires yn y pum degau.

Wrth ddarllen y portreadau, ceir darlun clir o gryfder a dycnwch diwyro'r gwragedd dan sylw. Mae parch a balchder y rhai fu'n croniclo hanes eu perthnasau yn nodwedd amlwg o'r portreadau oll. Mae'r atgofion yn ennyn ein parch at y to hŷn ac, ar yr un pryd, yn peri i ni edmygu dawn dweud y to presennol. Hoffwn longyfarch pob ymgeisydd a diolch iddynt am fynd ati i gystadlu.

Trwch asgell gwibedyn sy'n gwahanu'r cystadleuwyr. Dyfarnaf y wobr gyntaf i *Patagonia* sy'n cael £80. Yn gydradd ail, ac yn cael £40 yr un, mae *Marged Jones* a *Hen Wraig*. Yn gydradd drydydd, ac yn cael £20 yr un, mae *Nain* a *Marged*.

Y Gystadleuaeth i rai sydd wedi byw yn y Wladfa ar hyd eu hoes ac yn dal i fyw yn Ariannin

PORTREAD O FYWYD TAIR CENHEDLAETH O'R UN TEULU

Dw i am gofio tair gwraig – Lizzie Freeman de Roberts; ei merch, Lotty Roberts de Hughes; a'i merch hithau, Alwina Hughes de Thomas – tair gwraig wrol, gweithgar a charedig.

Lizzie Freeman de Roberts

Daeth Lizzie i Batagonia yn eneth fach iawn yn y flwyddyn 1876 efo'i rhieni a'i dwy chwaer. O Ogledd America yr oeddent yn dod ac ymgartrefodd y teulu yn Nyffryn Camwy. Ganwyd iddynt yno amryw o blant eraill. Yn y flwyddyn 1891, a Lizzie yn 17 mlwydd oed, penderfynodd ei rhieni ymuno â'r rhai oedd yn symud i arloesi'r cwm oedd newydd ei ddarganfod yn yr Andes. Taith anturus iawn oedd honno. Rhaid oedd mynd â'r anifeiliaid efo nhw – gwartheg, defaid, ceffylau, moch, ac ieir. Teithiai'r gwragedd a'r plant bach yn y wagenni a'r dynion a'r plant hŷn ar geffylau yn gyrru'r anifeiliaid. Gan mai Lizzie oedd un o'r rhai hynaf, gallwn ddychmygu fod gwaith a chyfrifoldeb mawr yn disgyn arni hi. Ganwyd chwaer fach iddi ar y daith a galwyd hi yn Mary Paithgan. Ar ôl aros am rai dyddiau i'r fam a'i baban gryfhau, ailgychwynnodd y fintai.

Ymhen rhai wythnosau, pan oeddent o fewn diwrnod o daith o Gwm Hyfryd, daeth amryw o'r hogia' oedd wedi treulio'r gaeaf yn yr Andes i'w cyfarfod a'u croesawu. Un o'r hogia' oedd Benjamin Roberts, yn enedigol o Lanuwchllyn. Cyn bo hir, priododd Lizzie a Benjamin a'u priodas hwy oedd y gyntaf i gael ei chofrestru yn yr ardal newydd. Roedd y ddau yn ifanc iawn a dyma ddechra' gyrfa Lizzie fel gwraig a mam hynod ofalus, trefnus a chynnil. Bwthyn bach oedd eu cartref cyntaf ar lethrau Mynydd Llwyd. Fel sawl gwraig, bu Lizzie yn gweithio ysgwydd wrth ysgwydd efo'i gŵr i wareiddio'r wlad newydd a gwneud lle diogel a chysurus i fagu ei theulu. Heblaw'r brodorion, a oedd yn byw mewn *toldos* (gwersylloedd) ar y paith, doedd neb wedi ymsefydlu yn y rhan yma o Batagonia cyn i'r Cymry hyn ddod yno.

Roedd Lizzie'n hoff iawn o anifeiliaid a gwyddai'n union faint oedd yn pori ym mhob cae o gwmpas y tŷ, a byddai wrth ei bodd yn cerdded allan ac yn gofalu am bob dim. Cafodd un deg pedwar o blant – saith merch a saith bachgen. Nid oedd segurdod yn dygymod â Lizzie ac roedd ei chartref a'i theulu yn batrwm o ddiwydrwydd a threfn.

Fel yr oedd y plant yn tyfu, symudodd y teulu i fyw'n nes at y pentre' lle'r oedd ysgol a chapel erbyn hynny. Bu Lizzie'n ffyddlon i Seion, Esquel, ar hyd ei hoes, ac felly hefyd ei theulu. Pan fyddai pobl o bell yn gorfod ymweld â'r meddyg yn y dre, arhosent yn ei thŷ hi am ddyddiau weithia' tra byddai angen, gan dderbyn gofal ganddi hi a'i gŵr. Bu hefyd yn fydwraig a theithiai o gwmpas mewn cerbyd a cheffyl i wasanaethu ar bob math o dywydd. Ni bu ei bywyd heb brofedigaethau – collodd rai o'i phlant yn ifanc – ond ni chollodd ei ffydd a daliodd ymlaen yn wrol. Hyfryd yw darllen ar ei charreg fedd: 'Yr hyn a allodd, hi a'i gwnaeth'.

Mae ei disgynyddion yn yr ardal yn lluosog.

Lotty Roberts de Hughes

Ganwyd Lotty yn seithfed plentyn i Lizzie Freeman a Benjamin Roberts ar y trydydd o Ragfyr, 1902, yn Bryn Amlwg, sef eu cartref ar y bryn uwchlaw'r pentref. Roedd saith o blant eraill i'w geni ar ei hôl. Cafodd Lotty fywyd gwahanol i'w mam. Erbyn hynny, roedd y wlad newydd wedi datblygu, roedd mwy o boblogaeth, roedd ysgol yno, a meddyg, a gwell cyfleusterau i fyw. Aeth Lotty i'r ysgol y blynyddoedd cyntaf efo'i brodyr a chwiorydd ac yn ei harddegau cafodd fynd i'r Gaiman i'r Ysgol Ganolraddol. Yno, dysgodd Saesneg a phynciau eraill a fu'n help iddi ar ôl dod adre' i gael gwaith mewn siop – rhywbeth nad oedd yn gyffredin o gwbwl yr adeg honno.

Priododd yn ifanc iawn efo Emrys Hughes, bachgen wedi ei eni a'i fagu yn Nyffryn Camwy. Ar ôl blwyddyn o fyw ar ochr Mynydd Llwyd, fel ei mam gynt, symudodd efo'i theulu bach newydd i ymgartrefu yn ardal Tecka – tir sych, heb fawr o goed, bryniau moel o gwmpas, a dim ond eithin yn tyfu arnynt. Doedd y blynyddoedd cynnar hyn ddim yn rhai hawdd, ymhell o bob man, heb gymdogion, na chapel, na meddyg, na gwraig arall i ofyn am gyngor a chael sgwrs. Roedd gwynt cryf yno bron bob amser; byddai Lotty yn plannu blodyn (ei hoff hobi), a'r gwynt yn chwythu, chwythu arno, a'r blodyn bach yn troi ac yn plygu unwaith a chanwaith nes yn y diwedd dadwreiddio. Ond roedd hi'n benderfynol – ailblannodd flodau a choed – laweroedd ohonynt – a diolch am ei dyfalbarhad hi a'i gŵr, daeth y lle gyda'r blynyddoedd, yn fan cysgodol a ffrwythlon.

Cafodd Lotty bedwar o blant – Caeron Llwyd, Ivor Eirion, Elgar ac Alwina – a dysgodd nhw i weithio a gwneud eu dyletswydda' yn ifanc iawn. Cadw defaid a wnâi'r teulu ac, wrth gwrs, roedd ganddynt wartheg godro, ieir a moch. Roedd gwahanol anifeiliaid gwylltion yn Tecka – estrysod, er enghraifft, ac yn y gwanwyn byddai rhywun yn dod ar draws nythaid o wyau ffres o liw gwyrdd golau. Mae ŵy estrys cymaint â deuddeg ŵy iâr a byddai Lotty yn gwneud *tortilla*, hynny yw, ei gymysgu efo tatws a wynwyn a'i ffrio. Tystia ei phlant fod hwnnw yn bryd blasus iawn.

Roedd Lotty, fel ei gŵr, yn groesawgar iawn a byddai rhywun yn aros ar y ffarm yn aml. Wedi i'r plant dyfu, daeth hi a'i gŵr i fyw i dref Esquel. Roedd darn o dir yng nghefn y tŷ lle'r oedd y ddau yn tyfu pob math o lysiau – tatws, pys, ffa, moron, a hefyd mefus. A blodau Lotty, wrth gwrs, o bob lliw a llun, a byddai hi wrth ei bodd yn rhoi tusw ohonynt i'r sawl oedd yn galw heibio. Roedd ei chartref yn gyson agored, yn derbyn ymwelydd o Ddyffryn Camwy, o Buenos Aires, neu o Gymru. Gwraig garedig a chwrtais oedd hi. Mwynhad iddi oedd cwrdd â'i chwiorydd a'i brodyr, ac roedd ganddi gyfeillesau ffyddlon. Byddai ei dwylo'n gyson yn gweu neu grosio ar gyfer ei hwyrion. Bu'n athrawes Ysgol Sul ac yn aelod ffyddlon o'i chapel. Cefnogai hi a'i gŵr bob achos da.

Yn ei blynyddoedd olaf, a'i hiechyd yn fregus, aeth ei merch â hi i fyw'n agos ati yn Buenos Aires. Bu farw yno, Tachwedd 13, 1987, ond cafodd ei chladdu wrth ochr ei gŵr ym Mynwent Esquel.

Ac yn y gwanwyn, ar y ffarm, mae'r cennin Pedr a blannodd hi yn dal i flodeuo o gwmpas y coed cryfion, mawr.

Alwina Hughes de Thomas

Cafodd Alwina ei geni yn Esquel ar Hydref 8, 1928, yn ferch i Lotty Roberts ac Emrys Hughes, a chwaer i Caeron, Ivor ac Elgar. Dwy law ei nain, Lizzie, a'i derbyniodd yn annwyl i'r byd. Treuliodd ei blynyddoedd cynnar efo'i theulu ar y ffarm yn Tecka lle'r oedd prysurdeb ym mhob ffarm a phawb yn cyfrannu efo'r gwaith. Yna, symudodd y teulu i Esquel er mwyn i'r plant gael ysgol. Tyfodd Alwina mewn cylch lle'r oedd teulu a ffrindiau yn gwneud ei bywyd yn ddedwydd a chymdeithasol. Aeth wedyn i ysgol breswyl yn Nhrelew am rai blynyddoedd.

Priododd Alwina gydag Elwy Thomas, bachgen diwylliedig, o gymeriad glân a hoffus, ac aethant i ffwrdd i fyw i wahanol ddinasoedd gan mai gweithio mewn banc oedd Elwy. Roeddent yn gwneud ffrindiau ym mhob man lle buont. Cafodd Alwina dair o ferched – Tilsa, Moira a Vilma – ac un ar ddeg o wyrion. Gofalodd fod ei phlant yn cael y pethau gorau mewn cymdeithas. Mae hi'n byw yn y brifddinas, Buenos Aires, ers dros ddeng mlynedd ar hugain ac, erbyn hyn, yn wraig weddw.

Ond nid tŷ yng nghanol y ddinas fawr ydi tŷ Alwina ond cartref o Batagonia wedi ei drawsblannu yno! Mae'r un arferion yno, yr un ffordd o goginio, arogl bara a jam cartre', arogl glân, cysurus, lle mae'r ymwelydd yn teimlo rhyw groeso naturiol, cynnes. Ac mae llawer yn gallu tystio i hynny.

Un fach o ran corff ydi Alwina, bob amser yn brysur fel gwiwer, yn cerdded yn gyflym, yn benderfynol. Mae'n cofio am bob pen-blwydd a rhydd sylw i bob babi newydd, pob priodas, salwch, marwolaeth, Mae'n gofalu am ei hwyrion, yn mynychu cartrefi henoed ac ysbytai, a byth yn waglaw – mae melysion neu rywbeth tebyg yn ei bag llaw o hyd. Mae'n mwynhau mynd i'r maes awyr i dderbyn pobl o Gymru a'u croesawu'n aml yn ei fflat efo panad o de a sgwrs.

Mae Alwina yn un o'r merched, sydd â'u gwreiddiau yn y Wladfa, sydd yn dod at ei gilydd i wnïo a gweu dillad a'u hanfon i blant ysgolion tlawd yn Chubut. Mae hi hefyd yn ffyddlon i'r cyfarfod Cymraeg sydd yn cael ei gynnal unwaith y mis yn Buenos Aires. Bob bore Sul, mae hi'n teithio mewn bws i'r capel lle mae'n aelod ac yn cymryd rhan ym mhob gweithgarwch yno. Unwaith y flwyddyn, mae hi'n dod i Esquel i weld ei brodyr, ei pherthnasau, a ffrindiau ei hieuenctid. Byr fydd ei harhosiad bob tro ond bydd ei ffyddlondeb a'i hewyllys da, sydd fel chwa o awyr iach, wedi cyffwrdd pawb a fu yno'n disgwyl amdani.

Patagonia

[Cynhwyswyd gyda'r portreadau lungopïau o'r lluniau a ganlyn:

> Teulu Lizzie Freeman de Roberts; ei gŵr, Benjamin Roberts; a'r plant: Mary Ann, Sarah, Jane, William John, Evan, Elvira, Lotty, Alice May, Margaret, Adna, George, Eurig, Dewi, a Lloyd Thomas.
>
> Alwina, Elwy (ei gŵr), ei thair merch, a'i rhieni (Lotty ac Emrys Hughes)
>
> Lotty Roberts de Hughes, Emrys (ei gŵr), a'i phlant, Caeron, Elgar, Alwina ac Ivor.

Gwaetha'r modd, nid yw ansawdd y llungopïau yn ddigon da i'w hatgynhyrchu yma. – Golygydd.]

ADRAN COMISIYNU YR EISTEDDFOD

Nofel antur, dirgelwch neu ffantasi i blant yn eu harddegau cynnar

BEIRNIADAETH ELGAN PHILIP DAVIES

Siom enfawr oedd deall mai dim ond dau ymgeisydd oedd wedi cynnig ar y gystadleuaeth hon, yn enwedig gan fod yr arddegau cynnar yn oedran lle mae angen mawr am lyfrau, ac ar gyfer bechgyn yn arbennig gan mai nhw, yn ôl y gwybodusion, yw prif ddarllenwyr straeon antur, dirgelwch a ffantasi. Ond mae dau yn ddechrau o leiaf ac roeddwn yn edrych ymlaen at ddarllen cynigion *Y Marchog Llon* a'r *Crochenydd.*

Y Marchog Llon: 'Agendas Cudd'. Nofel sy'n adrodd hanes Harry Llywelyn yn darganfod dyddiadur swyddog ar un o longau tanfor yr Almaen yn ystod yr Ail Ryfel Byd yw 'Agendas Cudd'. Adroddir yn y dyddiadur sut, yn ystod misoedd olaf y rhyfel, y cludwyd trysorau o ddwyrain Ewrop i Frasil ac, yn ogystal â hynny, fe noda'r dyddiadur lle'n union y glaniodd y llong danfor a beth oedd ei chynnwys. O'r fan honno ymlaen, roeddwn yn disgwyl nofel fyrlymus, anturus gydag anturiaethwyr eraill yn dod i wybod am fodolaeth y trysor ac yn benderfynol o'i gipio o flaen Harry. Roeddwn hefyd yn disgwyl – os nad oedd y teitl yn un camarweiniol – gariadon twyllodrus, cyfeillion sy'n troi'n elynion, a sawl troad annisgwyl yn y stori cyn cyrraedd y dudalen olaf. Mae nifer o'r elfennau disgwyliedig hyn i'w cael yn y pum pennod gyntaf a dderbyniais ond, gwaetha'r modd, mae'r cyfan wedi ei gynllunio mor llac, ac wedi ei ysgrifennu mor ffwrdd â hi mewn iaith y tu hwnt o wallus, fel bod ei ddarllen yn waith anodd iawn. Gwaetha'r modd, nid yw *Y Marchog Llon* yn ddigon cyfarwydd â gofynion nofel o ran rhediad amser, nodi sgwrs a chreu sefyllfaoedd credadwy ac mae'n gorfod dibynnu ar brofiad a gwybodaeth y darllenydd o nofelau antur i lenwi'r bylchau anferth yn y cynllunio, y cymeriadu a'r traethu. Mae saith pennod arall i'w hysgrifennu cyn y bydd y nofel yn gyflawn ond doedd yna ddim byd yn y brasluniau byr a gafwyd i godi fy nghalon am weddill 'Agendas Cudd'.

Crochenydd: 'Wli-Marwlchi a'r Gwynt'. Un o'r Tylwyth Teg yw Wli-Marwlchi ond, medd yr awdur, nid yr 'hen Dylwyth Teg gwirion rheiny oedd mewn llyfrau ers talwm, efo adenydd a phethau felly, a arferai fyw yng ngwaelod yr ardd, yn eistedd ar gaws llyffant' ydynt. Roedd hyn yn swnio'n addawol. Beth, felly, yw'r 'wli'? Giang o ladron rhyngwladol? Byddin sy'n ymladd brwydr oesol yn erbyn y corachod? Neu warchodwyr diflino na wyddom ni ddim amdanyn nhw a'r gwaith pwysig maen nhw'n ei gyflawni o gadw'r ddaear rhag ffrwydro'n filiynau o ddarnau bob tro mae un ohonom ni bobl yn torri gwynt? Nage, gwaetha'r modd. 'Mae wli yn fodern iawn, ac yn edrych yn union yr un fath â chi a fi' ac 'mae Wli-gymyp, y wlad lle maent yn byw, yn rhywle o dan ein daear ni, ac mae gan yr wlis eu haul eu hunain a phob peth . . .'. Ac i ddangos pa mor fodern a thebyg i ni ydi'r wlis, mae ganddynt hwythau eu pobl ifanc anystywallt ac un o'r rhain yw Wli-Marwlchi. Yn wir, mae e wedi bod yn gymaint o ddraenen yn ystlys brenin Wli-gymyp nes i hwnnw'n ei ysgymuno o'i gartref ac o'i wlad am 'saith mlynedd, saith mis, saith wythnos, saith diwrnod, saith awr, saith munud a saith eiliad'. Ac i ddechrau'i gyfnod o ysgymuniad, mae'r brenin yn ei orchymyn i fynd 'I'r lle mae'r gwynt yn mynd'! Fe ddylai hynny fod yn ddechrau ar gyfnod anturus iawn yn hanes Wli-Marwlchi, cyfnod a fyddai'n dwyn profiadau newydd i'w ran, profiadau a fyddai'n dysgu iddo fwy amdano ef ei hun, ac ar ddiwedd cyfnod ei ysgymuniad byddai'n barod i ddychwelyd i'w gartref fel aelod cyfrifol o gymdeithas – neu byddai'n ymuno â giang o ladron rhyngwladol.

Dwy bennod a ddaeth i law ac yn yr amlinelliad ar gyfer y penodau eraill, gwelir mai dysgu ei wers a dychwelyd i'w gartref yw bwriad *Crochenydd* ar gyfer Wli-Marwlchi. Ac mae am wneud hynny drwy gysylltu Wli-Marwlchi â rhai o'r gwyntoedd sy'n chwythu ar draws y ddaear. Soë Seffyr yw'r gwynt cyntaf y daw Wli-Marwlchi ar ei draws ond cyn diwedd y nofel fe fydd yn cyfarfod â gwyntoedd eraill megis Seimon Sirocco, Charli Chinook, Persi Pampero a Mici Mistral, a'u gwaith nhw fydd dangos iddo'r gwahanol fathau o fywyd sydd i'w cael yn y rhannau o'r byd lle maent yn chwythu.

Pan sonnir am nofelau ffantasi, llyfrau megis *Harry Potter*, neu *Lord of the Rings* – neu hyd yn oed *Artemis Fowl*, sydd *yn* lleidr rhyngwladol – yw'r rhai a ddaw i'r meddwl. Llyfrau llawn dychymyg sy'n codi awydd ar y darllenydd i droi cannoedd o dudalennau i weld beth sy'n digwydd nesaf. Gwaetha'r modd, nid wyf yn gweld llawer yn 'Wli-Marwlchi a'r Gwynt' a fyddai'n denu darllenwyr yn eu harddegau cynnar i'w ddarllen.

Mae 'Agendas Cudd' ac 'Wli-Marwlchi a'r Gwynt' yn dioddef o'r un diffygion: dydyn nhw ddim yn ddigon mentrus; dyw'r storïau ddim yn dod yn fyw yn nwylo'r darllenydd ac yn ei orfodi i ddarllen ymlaen ac anghofio am ei ginio a'i hoff raglen deledu. Mae'n anodd iawn dal sylw darllenwyr ifanc; golygfeydd byr, deialog sy'n gafael, a digwyddiadau cyffrous, sy'n nodweddu ffilmiau, rhaglenni teledu a gemau cyfrifiaduron. Dyna mae'r gynulleidfa'n gyfarwydd â'i gael, a dyna mae'n disgwyl ei gael. Ychydig iawn sy'n gafael yn y ddwy deipysgrif yma ac, oherwydd hynny, mae'n ddrwg gen i ddweud, does dim teilyngdod.

Llyfr o deithiau mewn ardal arbennig

BEIRNIADAETH LYN LEWIS DAFIS

Mae llyfrau taith gwerth chweil yn llwyddo i wneud o leiaf ddau beth yn dda. Byddant yn gymdeithion hwylus i'r sawl sy'n ymweld ag ardal arbennig. Wedyn, mae disgwyl iddynt fod o gymorth ymarferol i'r teithiwr ac yn ffeithiol gywir wrth gyfeirio at yr hyn sydd o ddiddordeb, a rhybuddio hefyd rhag mynd ar gyfeiliorn. Ond, yn ail, mae disgwyl iddynt ddarparu ar gyfer y teithiwr hwnnw nad yw'n crwydro ar droed neu mewn car ond o gyfforddusrwydd diogel a sych y gadair freichiau. Yna, mae gofyn i lyfr taith gael ei ysgrifennu'n dda fel ei fod yn darllen yn esmwyth a rhwydd ac mae 'na ddisgwyl y bydd profiad personol yr awdur o ddarganfod a rhyfeddu yn cael ei rannu gyda'r darllenydd. Er mwyn ateb gofynion, felly, dyna'r ddwy elfen yr oeddwn yn eu cadw mewn cof wrth werthuso ymgeiswyr y gystadleuaeth hon. Gwaetha'r modd, dim ond un cystadleuydd a fentrodd ar y gwaith.

Wybr yr Wylan: Dewisodd ein tywys ar deithiau yn y wlad rhwng Mawddach a Dyfi, sef de Gwynedd a gogledd-orllewin Powys. Mae'n cynnwys manylion llawn chwech o deithiau ac yn rhoi inni amlinelliad o ddwy ar hugain o rai eraill a fyddai'n ffurfio'r llyfr wedi'i gwblhau. Dywed mai ei nod yw tywys y teithiwr ar hyd llwybrau dieithr neu anadnabyddus ond mae'n cyfaddef bod yn rhaid cynnwys y llefydd enwog hynny y byddai unrhyw ymwelydd â'r ardal yn disgwyl cael ei dywys i'w gweld.

Mae'r teithiau'n cynnwys rhai ar droed, mewn car, ar drafnidiaeth gyhoeddus, neu gyfuniad ohonynt. Yn y teithiau a geir yn llawn yn y gyfrol, ymwelwn ag ardal Llwyngwril, Abermaw a Morfa Mawddach, ardal Arthog, eglwysi a chapeli oddeutu afon Mawddach, Cwm Dysynni ac, yn olaf, Abergynolwyn a Nant Gwernol.

Mae'r teithiau'n rhai diddorol ac mae'r cyfuniad o gynnig taith mewn ardal arbennig neu ddilyn thema benodol yn rhoi amrywiaeth i'r gyfrol. Gwelir brwdfrydedd yr awdur tuag at y pwnc yn gyson ar bob tudalen bron ac mae hynny i'w weld hefyd yn y chwilio manwl a'r ffeithiau difyr a gyflwynir. Cawn dystiolaeth arbennig o hynny yn y daith i wahanol eglwysi ar lannau afon Mawddach. Yn y daith honno, mae'n ein cyfeirio at un o hynodion eglwysig yr ardal, sef Capel S. Philip, Caerduon. Cynhwysa ffotograffau amatur, ond digon derbyniol, a braslun o fap nad yw'n llawer o gymorth, mewn gwirionedd.

Gan mai o'm cadair freichiau y bûm yn dilyn y teithiau hyn, ni fedrwn wirio pa mor ddibynadwy oedd cyfeiriadaeth y gwaith o safbwynt pa bryd i droi i'r dde ac i'r chwith – pwynt hynod bwysig ar gyfer y teithiwr go iawn. Ond wrth ddilyn y teithiau yn rhithiol, roeddwn yn dueddol iawn o sylwi ar yr arddull a'r mynegiant. Ceir yr argraff mai person sy'n anghyfarwydd ag ysgrifennu Cymraeg yw'r awdur, neu rywun sydd newydd deimlo'r hyder i wneud hynny am y tro cyntaf.

Mae dewis gwneud hynny yn gam aruthrol fawr i unrhyw awdur ond mae'n rhaid dweud y gall y cyfnod dechreuol fod yn un lle mae'r diffyg profiad yn ei amlygu ei hun yn glir ac mae gofyn gwaith caled iawn ar ran yr awdur ac, yn aml iawn, gymorth gan rywun arall sy'n fwy profiadol. Nid oes disgwyl i broses o'r fath ddigwydd dros nos, ond proses yw hi – ni fydd rhywun yn aros yn ei unfan os yw'n ymroi i wella'i sgiliau o ddifrif, oherwydd trwy ymarfer y mae datblygu hyder yn hyn o beth.

Dyma baragraff yn dangos rhinweddau'r gwaith – brwdfrydedd a diddordeb – a'r pethau hynny y mae'n rhaid gweithio arnynt, arddull a chywirdeb iaith: 'Pan gyrhaeddwch Nant Gwernol neu Abergynolwyn, beth am drip ar hyd y rheilffordd? Sylwch ar yr amserlen yn yr orsaf Nant Gwernol ar ddechrau eich cerdded a chymryd y tren yna neu yng ngorsaf Abergynolwyn ar ddiwedd y daith i Raeadrau Dolgoch, ugain munud i ffwrdd. Mae'r lle yn dlws iawn ac ar ôl awr neu ddwy bydd yn tren yn eich mynd yn ôl a byddwch yn mwynhau profiad un o'r "Trenau Mawrion Bychain Cymru"'. (t.17)

Pe bai rheolau'r Eisteddfod yn caniatáu, byddwn wedi hoffi cydnabod llafur *Wybr yr Wylan*, ond nid oes modd gwneud hynny. Ac am nad wyf yn teimlo bod y gwaith fel y mae yn teilyngu'r wobr, mae'n rhaid atal y wobr.

ADRAN DRAMA

CYFANSODDI

Drama hir agored o leiaf awr a hanner o hyd *neu* **Cyfres o ddramâu** ac iddynt gysylltiad, heb fod yn llai nag awr a hanner o hyd

BEIRNIADAETH BETHAN JONES A SIÂN SUMMERS

Hanes o siom fu hanes y gystadleuaeth hon yn y blynyddoedd diwethaf, gyda hen grafu pen am y rhesymau dros hynny. Mae'r wobr ariannol yn hael a'r gobaith o ddatblygu a chael cynhyrchu'r gwaith o fewn y theatr broffesiynol yn abwyd disglair. Mae'r cwmnïau theatr yn ysu am ganfod a meithrin talentau newydd a bywiog, fel y gwnaethant ers blynyddoedd bellach. Mae ewyllys da o sawl cwr: Cymdeithas Theatr Cymru a'r Eisteddfod ei hun, er enghraifft, er na fu penderfyniad yr olaf i ddarostwng bri'r gystadleuaeth drwy newid ei statws seremonïol yn fawr o gymorth i broffil y ddrama ar y maes. A thrwy'r cyfan, teneuo y mae nifer y cystadleuwyr ac amlhau a wna'r atal. Yn sicr, mae sgriptio teledu yn denu sawl un a fyddai wedi gweithio ym myd y theatr cyn 1982, gan hyfforddi a dysgu crefft yn ymarferol ac yn feunyddiol. Dichon mai'r system yma a fagodd rai o'r dramodwyr theatr a theledu mwyaf dyfeisgar *a* meistrolgar sydd gennym heddiw. Trueni o'r mwyaf yw nad yw'r un cyfleoedd nac amser yn bod i ddysgu a gweithio ar hyn o bryd; a gwae unrhyw sefydliad a anwybydda'r seiliau hynny yn y dyfodol.

Ond efallai mai'r rhwystr pennaf yw maint y gamp. Mae'n rhaid dweud stori, yn sicr, a hynny drwy gyfrwng strwythur tynn ac addas, gyda chymeriadau byw sy'n cyfathrebu mewn modd credadwy. Mae'n rhaid saernïo'r ddeialog yn ofalus gan greu rhythmau sgwrs. Mae'n rhaid dewis arddull briodol i'r dweud ac un sy'n gweddu i'r themâu a archwilir. Ac, yn hanfodol, mae'n rhaid wrth ymwybyddiaeth sicr o fyd y theatr wrth ysgrifennu, o botensial a chyfyngiadau'r cyfrwng, a'r elfennau sy'n gwneud drama lwyfan yn unigryw. Pa ryfedd, efallai, mai prin yw'r cystadleuwyr sy'n mentro mynd i'r afael â chymhlethdod y fath ffurf?

Pleser, felly, oedd derbyn chwe drama eleni, y nifer fwyaf ers tro byd. Mae'r ffaith honno ynddi'i hun yn achos dathlu a hoffem ddiolch i'r chwech am gystadlu, ac i bob un am gynnig rhyw fflach ddiddorol, boed trwy stori, cymeriad neu arddull. Daliwch ati! At ei gilydd, fodd bynnag, deillia'r gwendidau mwyaf ymysg y sgriptwyr o ddiffyg sensitifrwydd neu ddealltwriaeth o anghenion y theatr, o ddiffyg pwysigrwydd gwrthdaro a diffyg ymwybyddiaeth o botensial lluniau llwyfan. Yn ddieithriad, gallai'r dramâu'r gystadleuaeth elwa'n sylweddol o gofio bod delweddaeth y llwyfan yn arf bwysig i unrhyw ddramodydd, ac yn un sy'n gallu ychwanegu sawl haenen at y stori. Anogwn y sgriptwyr, felly, i geisio mynychu amrediad eang o gynyrchiadau sy'n gallu herio'u gwylwyr mewn amryfal ffyrdd.

Von: 'Anwylaf Maria, Anwylaf Dietrich'. Drama fywgraffiadol yn olrhain perthynas Dietrich Bonhoeffer a Maria von Wedemeyer yn ystod y cyfnod pan garcharwyd Bonhoeffer yn ystod yr Ail Ryfel Byd. Dyma ddechreubwynt diddorol, a sefyllfa gyda photensial dramatig. Ond nid yw'r awdur yn dramateiddio nac yn datblygu'r deunydd. Y llyffethair fwyaf yw ffurf y ddrama fel cyfres o lythyrau caru. Er bod posib gwrthgyferbynnu angerdd a hiraeth y naill am y llall, dydi'r driniaeth ddim yn datblygu'r teimladau a chawn dalpiau sy'n undonog a statig o'r herwydd. Clywn adroddiadau am wrthdaro cymeriadau yn hytrach na chael profi'r gwrthdaro hwnnw ac, ar ôl ychydig amser, mae'n anodd canfod drama'r sefyllfa. Teimlem i'r awdur geisio bod yn rhy driw i lythyren y deunydd gwreiddiol ac y byddai dramateiddio mwy, gan ddefnyddio'r monologau fel dechreubwynt, wedi creu drama lawer cyfoethocach, heb aberthu ing y cariadon sydd ar wahân. Dylid, hefyd, anelu at gael mwy o gysondeb yn y dweud, sy'n orffurfiol am yn ail â thafodieithol, tra bod ieithwedd y prif gymeriadau'n tueddu i fod yn rhy debyg. Syniad diddorol sydd angen ei ddramateiddio'n llawer sicrach.

Rolant: 'Dyddiadur Geneth Ifanc'. Rŷn ni ar dir tebyg yma gydag ymdrech i ddramateiddio bywyd Anne Frank o'i dyddiadur enwog. Y mae'r dweud yn ddigon llithrig ar brydiau ond prin yw'r cyffyrddiadau gwreiddiol a does dim byd newydd gan yr awdur i'w ddweud am Anne nac am y cyfnod 'chwaith. Byddem yn annog cystadleuwyr sydd am ddefnyddio darnau o lenyddiaeth fel sail i ddrama i feddwl o ddifri', cyn dechrau, ynglŷn â'u hongl hwy ar y dweud. Er bod *Rolant* yn deialogi'n rhugl ac yn rhwydd, gyda rhythmau naturiol, cyfres o olygfeydd tebyg iawn eu naws sydd yma, mewn patrymau o ddeialog ac ymson. Tueddant i fod yn ailadroddus a heb ddeinameg. Byddai'n rheitiach i'r awdur ddewis pwnc gwreiddiol lle caiff ei allu i greu deialog byw a naturiol le i ffynnu.

Draig Aur: 'Hyddgen'. Drama'n olrhain hynt dau filwr sy'n dychwelyd o faes cad Owain Glyndŵr, y naill yn ifanc a byrbwyll a'r llall yn hŷn a challach. Dilynwn eu taith helbulus tuag adre, gan gwrdd â sawl cymeriad ar y ffordd, a phob un yn cynnig rhyw oleuni neu ongl newydd ar y sefyllfa. Y mae arlliw o dechnegau epig Brecht yn y ddrama, sy'n gweddu efallai i'r ymdrech i greu sefyllfa amlochrog, a sawl ochr i ddadl. Ychwanegir at yr ynysu yma trwy wneud i'r cymeriadau siarad mewn penillion (sy'n odli). Y mae gofyn cryn grefft i saernïo deialog yn y fath fodd a, gwaetha'r modd, mae ymdrechion *Draig Aur* yn frith o fydr bratiog a mynegiant anghyson sy'n gwyro o ffug-ffurfioldeb y Canol Oesoedd i idiomau Seisnig cyfoes wedi'u cyfieithu. Mae'r odli hefyd yn gallu annog teimlad o naïfrwydd sy'n gallu bod yn hoffus ond sydd, dro arall, yn bychanu sefyllfa sydd i fod yn arwrol. Y mae ymdrech lew i greu cymeriadau nad ydynt yn ddim ond cerbydau i ehangu'r wybodaeth am y sefyllfa a rhoi ongl arall ar ddadl. Mae modd gwneud hynny ond mae triniaeth yr awdur yma'n llawer rhy simplistig i lwyddo. Y mae yma gryn egni yn y dweud ac ymdrech, o leia, i greu ffrâm theatrig, a chyda gwaith sylfaenol ar y mynegiant, mireinio cynnwys sgyrsiau'r bobl 'ar y ffordd' ac amrywio'r strwythur, gallai'r ddrama godi i dir uwch.

Glaniwr: 'Yr Ynys'. Drama wedi'i gosod mewn corfforaeth ddarlledu dychmygol, a stori sy'n troi o gwmpas y penderfyniad i ddangos rhaglen ddogfen ddadleuol ai peidio. Mae'r pwnc yn amserol, gydag adleisiau cryf o Thatcher a'r Falklands, ac mae'r themâu'n ceisio olrhain perthynas gymhleth y gwirionedd, cyfrifoldeb cymdeithasol a sensoriaeth. Drama deledol sydd yma, gydag elfen o 'thriller' ynglŷn â hi. Ei gwendid mwyaf, fodd bynnag, yw nad yw ei chymeriadau'n ddigon crwn ac unigryw i gario'r stori. Er creu gwrthdaro ideolegol diddorol, felly, dydi cyfyng-gyngor yr unigolion ddim yn taro deuddeg, a ninnau wedyn mewn perygl o beidio â hidio am y canlyniad. Wedi dechrau addawol, mae adeiladwaith y stori'n tueddu i din-droi, gan golli momentwm a gorffen yn swta, ac mae'r ddeialog, ar y cyfan, yn gwasanaethu'r plot yn rhy wasaidd. Gyda chymeriadau crynion, gallai'r awdur ddatblygu gwreiddyn y stori ac ehangu unig edefyn y plot i gynnig drama gyfoes a pherthnasol.

Carreg Twm: 'Talu'r Pris yn Llawn'. Drama led-naturiolaidd sy'n dilyn cyfeillion – a dry wedyn yn ddau gwpl – o'u llencyndod yn y 70au hyd y presennol. Mae wedi'i gosod yng nghymoedd y de-orllewin a cheisia'r awdur roi blas ar y newidiadau anferthol a ddaeth i ran y dosbarth gweithiol trwy'r cyfnod, gyda Thatcher, Streic y Glowyr a'r Falklands a'u hetifeddiaeth, yn gefnlen. Bwriad gwleidyddol sydd yma a chynfas uchelgeisiol o eang. Mae'r cymeriadau craidd, a'u sefyllfa, yn ddigon realistig, ac ymdrech yr awdur i greu'r cyfnodau gwahanol a blaenoriaethau gwahanol dros amser yn gyson a diffuant. Serch hynny, mae elfennau o'r stori sy'n taro rhywun yn rhy gyfleus ac mae'r ddeialog yn tueddu i leisio barn yr awdur am bethau'n rhy amlwg. Y mae angen tipyn mwy o gynildeb yn y dweud a llai o bwyso ar ddigwyddiadau'r cyfnod ar brydiau. Wedi dweud hynny, mae datblygiad y llanc eofn sy'n graddol droi'n fethiant chwerw yn sgîl cyflafan De'r Iwerydd yn cynnig digon o botensial dramatig. Gallai'r sgript hefyd elwa o gael ei hailstrwythuro a symud i ffwrdd oddi wrth naratif unionlin, er mwyn deffro'i phosibiliadau dramatig a theatrig. Teimlwn y câi'r awdur fudd mawr o gael gweithdy llawn ar ei ddrama a hoffem weld Script Cymru'n gwneud hynny'n fuan.

Tom: 'Cyn Delwyf i Gymru Nôl': Drama sy'n troi o gwmpas dau gwpl o Ogledd Cymru sydd wedi mentro i Dubai ar eu gwyliau fis Medi'r llynedd. Tros gyfnod o ychydig ddyddiau, ac o dan gysgod y digwyddiadau erchyll yn yr Unol Daleithiau, mae'r awdur yn gwau themâu o hiliaeth, o amau dieithryn, a thynged yr iaith, at ei gilydd mewn modd celfydd ac amlochrog. Llwydda i greu cymeriadau byw sy'n cario'r stori yn gwbl gredadwy ac, o'r herwydd, mae elfennau personol a gwleidyddol y stori yn ymblethu'n rhwydd ofnadwy. Mae ing neu ragdybiaeth bersonol y bobl yma'n gweithio'n aml fel trosiad i adlewyrchu'r sefyllfa wleidyddol ryngwladol ond gwneir hynny drwy ymatal, gan adael lle i'r gynulleidfa benderfynu drosti hun. Mae'r deialogi'n rhwydd, â chlec iaith lafar sathredig am yn ail â Chymraeg coeth dosbarth canol a Saesneg bras y gogleddwr rhonc hefyd yn cyfoethogi'r themâu o arwahanrwydd ac amheuaeth. Nid yw'r ddrama heb ei gwallau: ar brydiau, mae'r neges yn rhy amlwg a gellid datblygu cymeriad y gweinydd mwslemaidd, Saeed, a Tony, y Sais (gan ei gymathu â chymeriad Colleen, efallai), a theneuo ambell elfen yn y plot. Ond mae *Tom* wedi llwyddo i ysgrifennu drama amserol a brathog am Gymreictod, gan gyfosod y Cymreictod hwnnw yn realistig a rhwydd â digwyddiadau rhyngwladol y dydd.

Er gwaethaf ein siom ynglŷn â'r diffyg defnydd a wnaed gan bob cystadleuydd o bosibiliadau theatrig, mae ymdrech *Tom* yn gafael yn syth ac yn dal ei gafael hyd ddiwedd y ddrama. Gan awgrymu gwerth gweithdy llawn i awdur 'Talu'r Pris yn Llawn', hoffem ddyfarnu'r wobr yn llawn i 'Cyn Delwyf i Gymru Nôl' am ddrama sy'n aeddfed ei dadl, yn dwyllodrus o ysgafn ei harddull, ac yn gelfydd ei gwead. Gwobrwyer *Tom*.

Drama fer agored 30-40 munud o hyd

BEIRNIADAETH EUROS LEWIS A SERA MOORE WILLIAMS

Onid yw geiriau'n bethau amwys – hyd yn oed gair bach fel 'byr' (neu 'fer', fel y ceir ef yng nghyd-destun y gair 'drama'). Nid o ran hyd; rŷn ni i gyd yn deall mai drama a gymer rywfaint rhwng ugain a deugain munud i'w chwarae yw drama fer. Dyna'r confensiwn, ond nid dyna na swm na sylwedd y confensiwn. Yn sicr, nid fersiwn byr ar 'ddrama hir' yw 'drama fer'. Fel y mae maint y ffrâm yn sylfaenol bwysig i ffocws gweledigaethol yr artist, a ffurf y gynghanedd yn waelodol i fynegiant dewisedig y bardd neu'r cerddor, felly hefyd y mae ffiniau cyfyng y ddrama fer yn gosod sialens greadigol benodol i'r dramodydd uchel-geisiol.

Wrth drafod ffrwyth y gystadleuaeth hon (ac wrth feddwl yn ôl dros gystadlaethau'r blynyddoedd diweddar hyn, hefyd), daethom i'r casgliad nad yw anghenion crefft y ddrama fer wedi eu hadnabod yn yr un modd ag anghenion crefft y stori fer, er enghraifft – *genre* sydd wedi cael cryn sylw cyrsiau sgwennu creadigol yn ogystal â chyfrolau beirniadaeth lenyddol. Yn wir, o edrych ar y pwyslais a roddir ar swyddogaeth meithrin-a-datblygu sgwenwyr newydd yng nghyswllt cystadleuaeth y Ddrama Hir, mae'r diffyg pwyslais cyffelyb o ran y gystadleuaeth hon yn bradychu'r ffaith nad yw'r Eisteddfod ei hun wedi adnabod gwir botensial y confensiwn; ei bod hi'n dueddol o edrych ar y Ddrama Fer fel rhyw fersiwn byr, chwaer-fachol, o'r Ddrama Hir.

Ni fyddai hynny'n ein poeni ryw lawer oni bai ei bod hi'n amlwg – yn arbennig wrth weithio'n agos at darddiannau egnïol ein diwylliant cynhenid – bod yna botensial neilltuol i'r ffurf hon o ran mynegi, ymdrefnu, arbrofi, rhannu, cwestiynu a dyrchafu: yr holl amrediad yna o bethau y mae cyfryngau diwylliant iach-fentrus yn eu cyflawni wrth gwrdd â realiti heddiw a her yfory.

Sgîl-effaith y diffyg datblygu ar y ffurf yw'r duedd gynyddol o ddrysu anghenion gan fenthyg o gyfrwng y teledu, naill ai'n ymwybodol neu'n anymwybodol. (Mae'r dylanwadau hynny yn amlwg yng nghynnyrch y gystadleuaeth hon.) Mae croesffrwythloni ac arbrofi – er mwyn ymestyn gallu'r ffurf i gyfathrebu'n ddilyffethair, yn oesol berthnasol ac yn gyffrous – yn beth iach, wrth gwrs. Ond mae'n rhaid wrth ymwybyddiaeth o'r ffurf gysefin fel sail i'r ymdrech o fentro. Os gwireb (sy'n ymylu ar fod yn ystrydeb, bellach) yw dweud nad yw'r confensiwn theatr yn gweithio ar y cyfrwng teledu, mae'n rhaid dweud yn ddiamwys nad yw confensiynau'r cyfrwng teledu yn gweithio yn y theatr chwaith. Mae sylweddoli a gweithredu er diogelu'r egwyddor hon yn bwysig o ran datblygiad y naill gyfrwng a'r llall. Mae hyn yn arbennig o berthnasol yng nghyddestun y diwylliant Cymreig gan mai gweithgaredd cymdeithasol yw theatr yn ein traddodiad ni. Ac mae swyddogaeth weithredol-gyfannol y gynulleidfa yn yr act o chwarae drama yn galluogi cyfathrach bwerus i ddigwydd, cyfathrach sy'n berthynol i'r egni hwnnw sydd, ar ryw lefel neu'i gilydd, â'r potensial i ddiwygio; i 'wneud gwahaniaeth i bethau'; ac, yn anad dim arall, i fod yn onest. Cyfrwng y theatr (yn nerth ei pherthynas uniongyrchol â'r gymdeithas sy'n ei chynnal) sydd â'r gwir allu a'r grym i arwain. Dilyn a wna'r cyfryngau eraill.

Mae cyfrifoldeb arnom, felly, i sicrhau newid agwedd sylfaenol tuag at anghenion a photensial y Ddrama Fer er mwyn arfogi ein diwylliant ar gyfer brwydr oesol y 'ddeublyg amddiffyn' (chwedl Saunders Lewis), sef 'adeiladu'r' dyfodol a 'chadw'r ffydd'.

Cafwyd chwe ymgais yn y gystadleuaeth hon eleni.

Bwlwirion: 'Rhyw Nos'. Mae'r argraff a wna munudau agoriadol drama ar gynulleidfa yn hollbwysig. Anniddorol yw lleoliad y ddrama hon. Mae cannoedd o filoedd o ddramâu wedi'u gosod mewn lolfa. Bach iawn yw'r argraff a wneir ar y dechrau, felly. Ar waethaf rhwyddineb y ddeialog, a'r defnydd o dafodiaith, does dim ymwybyddiaeth o anghenion theatr o ran y glust. Hyd yn oed pan fydd y cywair yn un naturiolaidd, mae angen saernïo wrth ddeialogi, gyda phob gair wedi'i bwyso a'i fesur. Gan mai ymdrech at greu drama naturiolaidd yw 'Rhyw Nos', mae'r ffaith fod Elwyn yn siarad ag ef ei hun (wrth ymateb i gynnwys y llythyr) braidd yn anghredadwy. Mae angen darganfod dyfais gynilach er mwyn trosglwyddo gwybodaeth angenrheidiol i'r gynulleidfa. Ar y cyfan, mae'r cymeriadu'n eithaf effeithiol, gyda'r ddau ddyn yn amlwg wahanol i'w gilydd. Ac mae'r ymgais i ddefnyddio'r gêm wyddbwyll yn symbol o'r chwarae rhwng y ddau gymeriad yn dynodi bod yr awdur yn ymwybodol bod sgwennu drama yn rhywbeth mwy na dim ond rhoi geiriau yng ngenau'r cymeriadau. Mae potensial mawr ar gyfer datblygu'r tensiwn emosiynol; wedi'r cyfan, dyma ddau ddyn hoyw, un ohonynt wedi gadael gwraig a dau o feibion o'i ôl, a'r ddau ohonynt wedi gadael Cymru er mwyn byw yn ôl eu dymuniad.

Ysywaeth, mae'r dramodydd yn dewis troi un cymeriad yn erbyn y llall ar y foment olaf. Mae'n siŵr mai ymgais i 'wneud i rywbeth ddigwydd' yw hyn – ymgais nad oes ei hangen oherwydd yr hyn sy'n digwydd yw troi'r ddrama yn felodrama. Tybed a fyddai cynulleidfa gyfoes yn gallu edrych ar ddiwedd y ddrama heb chwerthin. Trueni, yn wir, yn enwedig o gofio mai'n anaml y gwelwn ddau ddyn hoyw ar lwyfan yng Nghymru.

Clêr: 'Yncl Tom'. Er mwyn gwireddu'r gobaith o osod drama'n effeithiol gerbron cynulleidfa, mae angen bod yn ymwybodol o'r posibiliadau ynghyd â'r cyfyngderau o ran llwyfannu. Heb os, byddai'n rhaid symleiddio'r gofynion yn aruthrol er mwyn llwyfannu'r ddrama hon. Mae cryn botensial yn y syniad canolog, sef *agony aunt* sy'n siarad ag ef ei hun ynglŷn â'i broblemau ef ei hun. Gwaetha'r modd, nid yw'r potensial yn cael ei wireddu yn yr achos hwn a hynny oherwydd diffyg hygrededd yn y ddau brif gymeriad ynghyd â gor-ymestyn gallu cynulleidfa i dderbyn gweithred ganolog y trydydd cymeriad (Paul). Mae'r deialogi yn anwastad – am gyfnodau da, mae'n rhedeg yn gymharol rhydd a rhwydd; ar adegau eraill, mae'n or-ffurfiol. Mae angen llawer mwy o waith ar sylfaen a chrefft y ddrama hon.

Iorgen: 'Riva Riva'. Dyma gomedi hen ffasiwn. Mae'n amlwg fod y dramodydd yn gyfarwydd â strwythuro llif drama seml. Does dim byd annisgwyl yma. Yn wir, mae'r ffaith ein bod ni, i bob pwrpas, yn gwybod beth i'w ddisgwyl nesaf yn porthi'n boddhad – hyd yn oed os oes galw ar inni elastigeiddio'n gallu i gredu bob hyn a hyn. Mae yma rai llinellau ac iddynt eithaf cic gomedïol – digon i foddhau cynulleidfa sy'n chwilio am noson o chwerthin diofal, diniwed (ar y cyfan), a heb yr un her yn y byd.

Heriwr: 'Ai dyma'r stafell iawn am ddadl'. Nodir ar y dudalen deitl fod y ddrama hon yn seiliedig ar sgets o waith tîm *Monty Python's Flying Circus*. Mi fydd y sawl sy'n gyfarwydd â gwaith comedïol, herfeiddiol y criw hwnnw yn cofio am yr argraff a wnaeth llinellau agoriadol y sgets dan sylw (sydd hefyd yn llinellau agoriadol i'r ddrama):

> A: Ai dyma'r stafell iawn am ddadl?
> B: Rw i wedi dweud wrthot ti unwaith.
> A: Nagwyt ddim.

Rhan o gamp criw *Monty Python* oedd chwyldroi ffurf y sgets gan ddileu'r angen i ddatblygu tuag at ddiweddglo trawiadol. Yn syml, unwaith roedd y syniad gwreiddiol mewn peryg' o redeg allan o wynt, mi fyddai'r sgets yn cael ei lladd, a hynny cyn iddi wywo'n boenus i farwolaeth. Mae *Heriwr* yn heriwr go iawn, felly, wrth iddo feiddio ailgydio yn y syniad gwreiddiol a mentro ceisio'i gynnal a'i ddatblygu ymhell y tu hwnt i'r pwynt tocio gwreiddiol. Elfen herfeiddiol arall ar waith y comedïwyr o Saeson oedd eu gallu i osod gwaith heb gyd-destun, gan beri i'r gynulleidfa weithio. Mae *Heriwr* yn gwneud defnydd da o'r ddyfais hon, yn enwedig ar ddechrau'r ddrama. Yn wir, mae'r gallu i amseru a rheoli faint o wybodaeth a gynigir i gynulleidfa yn ganolog i grefft y dramodydd. Yn raddol yn unig y datgelir i ni dameidiau o wybodaeth sy'n dechrau rhoi lliw a llun a dyfnder i'r adeilad lle digwydd y chwarae ac i bresenoldeb cymeriadau eraill rywle y tu hwnt i'n cylch gweld. Fesul tipyn, hefyd, y down i synhwyro bwriadau a chymhellion posibl y naill gymeriad a'r llall. Mae gan y dramodydd afael dda ar ddeialog chwim a bachog, er bod camgymeriadau yma ac acw (diffyg drafftio, yn anad dim arall) ac er bod y rhythm yn methu o dro i dro. Rhyw lun ar stori Dafydd (y dyn cyffredin – pob dyn) yn erbyn Goliath (y gorfforaeth fawr gyfalafol, annynol) sydd yma, ac mae mynd i'r afael â thema fawr fel hon trwy gyfrwng drama fer bob amser yn anodd (o ran diffyg amser i ddatblygu cymeriadau, plot, ac ati). Felly, mae arddull yn hollbwysig – rhywbeth y mae'r dramodydd hwn wedi'i ddeall. Yn fwy na hynny, mae wedi dewis arddull sy'n adlewyrchu ac yn gwasanaethu'r thema yn dda.

Huwcyn: 'Y Pathew Porffor'. Braf iawn yw dod ar draws dramodydd sy'n ymwybodol o'r ffaith mai cyfrwng gweledol yw theatr. Mae'n gweithio'n galed i greu cynnwrf ar ddechrau'r ddrama gan dorri confensiwn perthynas arferol y llwyfan â'r gynulleidfa wrth i un cymeriad geisio dianc oddi ar y llwyfan yn syth gan achosi i gymeriad arall gerdded drwy'r gynulleidfa i'w hel yn ôl. Mae parodrwydd y dramodydd i feddwl am ddefnyddio golau fel dyfais ddramatig hefyd i'w gymeradwyo. Mae'r ddrama wedi'i rhannu'n daclus yn dair rhan. Efallai fod angen datblygu ychydig yn rhagor ar yr hyn a ddatgelir ym mhob un o'r rhannau hyn. Annisgwyl yw'r sefyllfa ac, felly, mae'n ddiddorol. Dyma fam sy'n benderfynol o gadw'i mab yn y gwely, mam sy'n bwydo tabledi i'w hepil er mwyn ei gadw'n gysglyd – dan ei rheolaeth. O dipyn i beth, datgela'r dramodydd resymau'r fam am ei hymddygiad. Mae'r tad wedi gadael. Bu gan y bachgen gariad. Mae'r fam, mae'n debyg, am gadw'r mab iddi'i hun a hynny am mai dim ond ef sydd ganddi ar ôl. Mae'r ddeialog yn gweithio'n dda (er bod gormod o ailadrodd gwybodaeth, efallai). Tybed nad yw'r ddamwain car (a ddigwydd y tu hwnt i'n golwg) ar ddiwedd y chwarae yn gorlwytho'r ddrama? Tybed na fyddai gorffen â dihangfa'r bachgen – gan adael y fam ar ei phen ei hun ar lwyfan, a'r holl gwestiynau parthed ei dyfodol hi, a'i ddyfodol ef – yn cynnig diweddglo mwy effeithiol? Gall mentro i dir melodrama wanhau, os nad sarnu, drama sydd, fel arall, â photensial i weithio'n dda iawn.

Andros: 'A Wnêl Dwyll'. Dyma ddrama fer hyderus iawn am dad a mab, ac am ferch ifanc sy'n corddi'r dyfroedd. Defnyddir golygfeydd byrion, bachog i'n harwain yn grefftus drwy'r hanes ac mae'r ymdrech at greu iaith theatraidd yn un ddewr (er nad yw'r dramodydd yn llwyddo i gynnal ei arddull drwyddi draw). Ar adegau, mae'r iaith yn farddonol iawn – defnyddir geiriau a rhythmau nad ŷn nhw'n rhan o ymadroddi pob dydd. Yn sicr, mae lle i ddatblygu'r arddull, gan nad yw'n hollol gyson ar hyn o bryd – ffaith sy'n andwyol i lif y cyfanwaith. Does dim digwyddiadau mawr yn y ddrama ond mae'r symud cyflym o un olygfa i'r llall yn cynnal diddordeb cynulleidfa. Diddorol, hefyd, yw perthynas y tad a'r mab, gyda'r mab yn beio'r tad am ymadawiad ei fam, a hynny am ei fod yn ei ystyried yn ferchetwr diegwyddor. Ac er mor naturiol yr olwg yw perthynas y mab a'r ferch ifanc, mae pethau diddorol yn digwydd yn y fan honno hefyd, gyda'r ferch yn araf glosio at y tad (efallai am iddi golli ei rhieni yn ifanc). Yn y pen draw, mae'r mab yn awgrymu mai merched ifainc yw gwendid oesol ei dad. Ond dim ond awgrymu y mae ac mae hynny'n gryfder o ran grym y ddrama. Y tro yng nghynffon y ddrama yw mai'r ferch ifanc sydd wedi cwympo mewn cariad â'r tad, er ei fod yntau'n honni na ddigwyddodd dim rhyngddynt. Ar y diwedd, dŷn ni ddim yn cael gwybod beth yn wir a ddigwyddodd. Drwyddi draw – o ran dawn dweud stori, llunio a datgelu cymeriadau – mae yma ôl saernïo cynnil a chrefftus. Yn wir, mae yma lawer o botensial.

Gosodaf *Heriwr* yn drydydd, *Huwcyn* yn ail ac *Andros* yn gyntaf.

Trosi drama i'r Gymraeg. Trosi un ddrama o blith y rhai a ganlyn: (i) *Kevin's Bed*, Bernard Farrell; (ii) *The Field*, John B. Keane; (iii) *Molly Sweeny*, Brian Friel

BEIRNIADAETH IOAN WILLIAMS

Dewisodd y pedwar ymgeisydd yn y gystadleuaeth hon drosi drama John B. Keane. Ar y cyfan, roedd safon eu gwaith yn foddhaol, er bod rhaid dweud bod un ymgais, sef eiddo *Shigl-Di-Gwt*, yn rhy esgeulus fel cyfieithiad i gael ei hystyried ar gyfer ei gwobrwyo.

Nid yw'n hawdd cyfieithu unrhyw ddrama Wyddelig i'r Gymraeg a hynny'n bennaf oherwydd ei bod bron yn amhosibl dod o hyd i gywair iaith sy'n cyfateb i'r amrywiaethau lliwgar yn yr iaith ddramatig sy'n gyffredin i'r ddrama Wyddelig ers dyddiau Synge.

Y dasg gyntaf a wynebai'r cyfieithwyr oedd dewis tafodiaith sydd yn anffurfiol ac eto, ar yr un pryd, yn ddigon llyfn i gyfleu naws y ddeialog wreiddiol; ar ôl gwneud hynny, roedd yn rhaid cofio, hefyd, am yr elfen grotésg sy'n ffrwydro o gegau cymeriadau fel Bull McCabe pan gyfeiria at y merlyn melltigedig sydd wedi achosi dwy flynedd ar bymtheg o ddieithrwch rhyngddo ef a'i wraig: '*a tinker's pony . . . a hang-gallows piebald pony, a runty get of a gluttonous knacker with one eye*'.

Cwyd anhawster arall o safbwynt y ffordd y mae'r gwahanol draddodiadau crefyddol yn effeithio ar y ddwy iaith. Er enghraifft, mae'r weithred o edifeirwch (sy'n rhan o'r offeren Babyddol) a adroddir gan Bull McCabe dros gorff William, yn dirywio i fod yn gyfieithiad gwan – 'geiriau edifeirwch' – yn nhrosiadau *Nant Sibil* ac *Arbutus*. Mae'r elfen grefyddol yn arbennig o bwysig yn *The Field* oherwydd y mae ei grefydd yn rhan mor gryf o gyfansoddiad Bull McCabe. Cryfder y cymeriad grotésg hwn yw sail llwyddiant y ddrama ac mae'i nerth yn codi o'r egni dinistriol y mae'r tarw hwn o ddyn yn ei dreulio yn y frwydr ddidrugaredd yn erbyn y byd ac yn erbyn ei natur ddynol ei hun. Mae'r Tarw yn rhannu rhywbeth gyda hen ŵr tyddyn Glangors yn *Meini Gwagedd* ac efallai mai dim ond Kitchener Davies a allai fod wedi gwneud cyfiawnder â'r testun hwn.

Mae tri ymgeisydd yn y gystadleuaeth yn haeddu clod am eu hymdrechion. Y gwannaf o'r tri, a hynny'n bennaf o ran iaith, yw *Werin o'r Wern*. Mae'n rhaid dweud bod y ddau arall, sef *Nant Sibil* ac *Arbutus*, wedi creu trosiadau effeithiol iawn o'r ddrama wreiddiol. Mae'r ddau wedi mabwysiadu tafodieithoedd gwahanol ac maent yn eu trin, ar y cyfan, gyda meistrolaeth lefn. Maent hefyd yn dangos ymwybyddiaeth sensitif o naws y gwreiddiol ac wedi llwyddo, i raddau helaeth, i gyfleu'r egni grotésg. Trwch blewyn oedd rhwng y ddau ymgeisydd hyn ond, o ran cysondeb a hyblygrwydd iaith, teimlwn mai *Arbutus* oedd y gorau ac mai ef sy'n haeddu'r wobr. Mae ei drosiad yn darllen yn dda ac rwy'n credu y byddai'n sail i fersiwn a fyddai'n effeithiol ar y llwyfan.

Sgript ar gyfer y teledu

BEIRNIADAETH DELYTH WYN

Pedair drama a gyflwynwyd i'r gystadleuaeth ac rwyf am eu rhannu'n ddau ddosbarth. Yn yr Ail Ddosbarth, gosodaf 'Mae'r Ddraig yn Brathu' gan *Fi Fawr* a 'Y Blaswr' gan *Jac*.

Fi Fawr: Ar yr olwg gyntaf, roedd arddull sgriptio *Fi Fawr* yn chwithig. Nid oedd enwau'r cymeriadau mewn llythrennau bras a chyflwynwyd y ddeialog ar ffurf stori fer yn hytrach nag fel sgript. Roedd dryswch gyda rhifau'r golygfeydd (yn wir, dim ond dwy sydd wedi eu nodi) ac fe ddylai'r cyfarwyddiadau fod wedi bod yn gliriach. Dylid hefyd gynnig *shots* neu greu llun ar bapur – mae'n rhaid cofio'r cyfrwng bob amser a gwneud rhywbeth i helpu'r creadur bach sydd yn gorfod mynd o dan groen y cymeriad. Mae hefyd o fudd i gael crynodeb o bob cymeriad i fod yn ganllaw i'r actor a'r cyfarwyddwr i sefydlu oedran ac yn y blaen; fe ddylid nodi a oes cyfnod arbennig i'r ddrama yn ogystal â dynodi unrhyw leoliad.

Mae stori'r sgriptiwr hwn yn un ddymunol a gwelais debygrwydd i'r gyfres 'Keeping up Appearances' (efallai fod hynny'n fwriadol). Roedd yn dda cael braslun o weddill y gyfres yn gynnil a chlir. Nid yw'r ddeialog yn llyfn ac mae yna gymysgedd o dafodieithoedd sy'n ddryslyd braidd. Dylid sicrhau bod areithiau hir yn cael eu cyflwyno fel un araith yn hytrach nag yn gyfres o frawddegau ar linellau ar wahân. Mae yma hefyd ormod o wallau sillafu. Serch hynny i gyd, mae'r prif gymeriad yn gryf a chredadwy ac yn amlwg yn mynd i gario'r gyfres. Mae'n rhaid rhoi mwy o gig a gwaed i'r cymeriadau ymylol. Dyma, efallai, ymdrech gyntaf *Fi Fawr* i ysgrifennu sgript deledu (maddeued i mi os ydw i'n anghywir). Byddwn yn argymell mwy o ddarllen dramâu, llwyfan a theledu, i fod o gymorth gydag arddull ac ieithwedd.

Jac: Cyflwynwyd sgript glir wedi'i threfnu'n dda. Roedd y cyfarwyddiadau manwl yn creu lluniau eglur. Dim ond un llinell sy'n cael ei llefaru yn yr olygfa gyntaf, y lluniau sydd yn cario'r stori. Mae'n dda hefyd fod sawl lleoliad a chymeriad yn cael eu sefydlu'n sydyn. Mae'r golygfeydd wedi eu rhannu'n dda ac yn torri'n hawdd i'w gilydd. Y broblem fwyaf i mi gyda'r stori hon yw penderfynu ai stori arswyd yw hi ynteu rhyw *spoof* – ynteu cyfuniad o'r ddau. Dw i ddim yn siŵr a ydi'r naill na'r llall yn cydweithio'n gysurus yn y fan hon. Fodd bynnag, mae'r ddeialog yn llifo a cheir llinellau doniol iawn. Mae'r ddrama yn fy nharo fel cyfuniad o 'Touch of Frost' a 'Thin Blue Line', os ydy hynny'n bosib, a'r prif gymeriad, Jac Do, i'w gymharu â Jack Frost. Dw i'n hoffi cymeriad WPC Cosh, hefyd, ac mae'r enwau'n f'arwain at fod o blaid y *spoof*. Hoffwn fod wedi cael crynodeb o'r cymeriadau. Diolch am fanylder crynodeb y rhaglenni sy'n dilyn. Mae nifer fawr o bethau da ynghylch y ddrama hon a mwynheais ei darllen yn fawr iawn. Mae'r sgriptiwr yn sicr ar y trywydd iawn ac, felly, dalier ati.

Gosodais y ddau gynnig arall, y mwynheais eu darllen yn arw iawn, yn y Dosbarth Cyntaf: 'Coes ôl Mam-gu' gan *Pygar* a 'Jacs' gan *Metina* – dwy sgript o safon uchel iawn, rhai gwreiddiol, ffres a doniol tu hwnt a wnaeth i mi chwerthin yn uchel.

Pygar: Roedd y sgript wedi'i chyflwyno'n dda a chafwyd crynodeb o'r cymeriadau ar y dechrau. Darparwyd rhannau da i ferched o bob oedran. Cawn lawer iawn o wybodaeth mewn ffordd gynnil a hawdd i'w darllen. Dw i'n gweld y cymeriadau'n glir o'r dechrau, hyd yn oed eu dillad, ac nid yw *Pygar* yn celu'r ffaith ei fod yn cymharu â'r rhaglen 'The Royle Family'. Ysgrifennwyd cyfarwyddiadau'n glir a manwl ac mae hynny'n ychwanegu at y ffordd y mae'r sgript yn darllen. Mae hon yn ddrama gomedi ddoniol iawn gyda sefyllfaoedd digri' yn datblygu o bethau diniwed, ac mae ambell linell yn eithriadol drawiadol. Mae'r ddeialog yn llifo'n rhwydd iawn yn nhafodiaith Sir Gaerfyrddin (Pontardawe, efallai). Rwyf hefyd yn hoff iawn o'r syniad o ddefnyddio'r radio ac o ddarparu sgript radio i gydredeg â sgript y rhaglen. Cryfderau'r ddrama hon yw ei chymeriadau a'r ddeialog, ac mae yma hiwmor arbennig sy'n apelio ataf yn fawr iawn. Dw i wedi chwerthin siwrne wrth ei darllen ac wedi gweld rhywbeth newydd bob tro. Hoffwn fod wedi cael crynodeb manylach o'r rhaglenni eraill ond ceir union ddigon o wybodaeth i roi darlun o'r gyfres i gyd. Mae *Pygar* yn awdur deallus a gyflwynodd gyfres gomedi y dylid ei chomisiynu.

Metina: Sgript arall wedi ei chyflwyno'n dda, gyda'r syniad a'r cymeriadau wedi eu hamlinellu'n drylwyr ac yn hawdd eu deall. Mae cael drama deledu i'r ifanc yn syniad derbyniol iawn. Cafwyd cyfarwyddiadau pwrpasol ac rwyf bob amser yn falch o gael golygfeydd heb ddeialog – mae'n annog yr actor i ddehongli.

Nodwyd amryw leoliadau – coleg, car, cartref, clwb – a dw i'n hoffi'r ôl-fflachiadau sydd yn helpu'r stori. Ysgrifennwyd deialog fachog gan ddefnyddio tafodiaith yn gelfydd, gyda chymeriadau lliwgar bywiog sydd yn symud y ddrama ymlaen. Mae cael y bennod gyntaf yn iawn bob amser yn her i awdur, ac nid yw'n hawdd cyflwyno'r holl wybodaeth sydd ei hangen ar gynulleidfa a hynny mewn ffordd naturiol. Mae *Metina* (fel *Pygar*) yn llwyddo yn hynny o beth. Hynt a helynt pedair merch ifanc a gawn ac mae problemau ieuenctid yn cael eu cyflwyno'n synhwyrol. Roedd cael cylchgrawn yn ddolen gyswllt rhwng y merched yn syniad da ac rwy'n hoff iawn o'r diwedd. Mae'r iaith a'r ddeialog yn dda a'r cymeriadau, hyd at fanylion eu gwisgoedd, yn glir yn ein meddyliau. Dw i wedi darllen y sgript hon sawl gwaith ac edrychaf ymlaen at weld Pennod 2, sef stori Lisa. Mae hon yn ddrama arall y dylid ei chomisiynu.

Rŷn ni'n ffodus fod dwy ddrama deledu newydd o safon wedi cael eu cyflwyno ac mae hynny'n argoeli'n dda. Yn ôl tystiolaeth y bennod gyntaf, er bod ei amlinelliad o'r penodau sydd i ddilyn yn llai trylwyr nag eiddo *Metina*, hoffwn gynnig y wobr i *Pygar*. Diolch iddo am sgript ddoniol iawn ac am wneud i mi chwerthin yn iach, am ddeialog fachog ac am gymeriadau lliwgar a chredadwy. Edrychaf ymlaen at weld hon ar y sgrîn fach. Diolch i *Metina*, hefyd, am ddod yn ail agos iawn. Daliwch ati, bawb.

Cyfansoddi hyd at bedair sgets, pum munud o hyd yr un, addas ar gyfer noson lawen

BEIRNIADAETH IWAN JOHN WILLIAMS

Dim ond dwy ymgais a dderbyniwyd.

Elgar: Yn ei sgets gyntaf, defnyddiodd ailadrodd bwriadus i greu darlun crwn o'r cymeriadau. Cynhwyswyd nifer o jôcs yn y ddeialog cyn cyrraedd yr ergyd glo ar y diwedd ac mae hynny'n bwysig iawn. Er bod llawer iawn o jôcs cyfarwydd, neu hen rai, yn y sgets, mae'r cystadleuydd wedi llwyddo i beri iddynt fod yn rhan naturiol o ddeialog y cymeriadau. Ambell waith, yn enwedig yn y sgets ola', mae llawer o ddeunydd llanw cyn y cyrhaeddir yr ergyd glo ond, serch hynny, llwyddwyd i gadw diddordeb tan y diweddglo.

Caleb: Gan mor anodd yw creu jôc wreiddiol, roedd angen mwy o gig a gwaed ar y cymeriadau er mwyn atgyfnerthu ambell hen jôc neu jôc sâl. Er hynny, mwynheais yr iaith naturiol, lithrig a gyfleai'n union fel y mae pobl yn siarad yng nghefn gwlad.

Dyfarnaf wobr o £100 i *Elgar* a rhoddaf £50 i *Caleb*.

Cyfansoddi sgript i'w pherfformio gan blant, sydd yn seiliedig ar wersi addysg bersonol a chymdeithasol Cyfnod Allweddol 2

BEIRNIADAETH EIRWEN HOPKINS

Un yn unig oedd yn y ras, sef *Y Llew*. Dameg yw'r ddrama hon, gyda strwythur cryf ac eglur. Dyfais ganolog y ddrama yw patrwm cymesur y ddwy ynys a'r ddau deulu sydd yn un cryf ac yn un y gall plant ei ddeall yn gyflym.

Mae'r ddwy thema, sef anghyfartaledd cyfoeth a gwrthdaro sefydledig mewn cymdeithas, yn berthnasol iawn i heddiw a hefyd yn themâu byd-eang tragwyddol. Mae'r ddau syniad yma yn ddealladwy i blant, sydd yn medru uniaethu'n syth ag anghyfiawnder o unrhyw fath ac sydd hefyd yn ymwybodol iawn o wrthdaro lle bynnag y digwydd. Mae hi'n braf gweld cyfle'n cael ei greu i blant drin a thrafod y ddau bwnc yma, gyda phynciau trafod yn cael eu codi heb fod o fewn cyd-destun na chyfnod pendant. Mae hyn yn caniatáu trafodaeth ddilynol ar y pynciau yna, boed yng nghyd-destun dadlau teuluol, gwrthdaro yng Ngogledd Iwerddon, neu rhwng Israeliaid a Phalestiniaid.

Mae'r swyddogaeth y mae cyfrifoldeb personol yn ei chwarae mewn cymdeithas yn thema bwysig, hefyd, ac yn ddilys iawn i blant oedran cynradd. Dyma'r oed pan ddigwydd datblygiad allweddol yn newrder personol yr unigolyn, a bodlonrwydd sefyll ar wahân i'r dyrfa, cyn i'r plentyn wynebu'r blynyddoedd anodd o dyfiant a datblygiad corfforol. Mae safbwynt moesol y ddrama yn bendant ac yn amlwg.

Rwy'n hoff o ddelwedd ganolog y ddwy ynys, sy'n gofyn am lwyfannu uchelgeisiol ac anghonfensiynol. Mae'n bosib ei dychmygu wedi'i llwyfannu mewn neuadd ysgol wedi'i thywyllu, nid ar lwyfan, ond yng nghanol llawr y neuadd gyda'r gynulleidfa'n eistedd ar bedair ochr. Gan fod y cymeriadau'n aros ar y llwyfan drwy gydol y ddrama, mae hyn yn berffaith bosib i'w wneud ac yn cynnig dull pwerus a chyffrous o berfformio i'r plant sydd yn cymryd rhan.

Mae rhan gyntaf y ddrama'n datblygu mewn ffordd eglur a chyson. Er hynny, mae'r strwythur yn dioddef rhywfaint am fod y digwyddiad canolog yn cyrraedd heb fod yna ddigon o baratoad ar ei gyfer a heb iddi fod yn hollol eglur beth a ddigwyddodd i'r cymeriadau. Mae'r digwyddiad braidd yn or-ddramatig, gan ei fod wedi codi heb gymhelliad digonol, a heb i ddatblygiad y stori a thyndra rhwng y cymeriadau adeiladu tuag ato.

Roedd safbwynt pob cymeriad yn eglur ond teimlaf y gallai'r cymeriadu fod yn gryfach, gyda mwy o hiwmor a stamp mwy unigryw ar y cymeriadau. Byddai hyn yn ysgafnhau'r neges foesol drom sy'n cael ei chario gan y cymeriadau a hefyd yn creu drama a fyddai'n fwy apelgar i'r ifainc. Byddai'n llawer mwy o hwyl i blentyn chwarae cymeriad a chanddo nodweddion pendant yn hytrach na symbol sy'n cynrychioli safbwynt moesol yn unig. Byddai mwy o gymeriadu unigol hefyd yn agor drysau'n well i drafodaeth swyddogaeth bersonol yr unigolyn mewn teulu, o bosib mewn ffordd ysgafn a digri i ddechrau. Byddai hynny, yn ei dro, yn gallu arwain at godi trafodaeth mewn ysgol – a hynny mewn dull haws a mwy pleserus.

Roedd yr iaith yn addas ac yn afaelgar i blant yr oedran yma ond teimlaf y gellid bod wedi defnyddio mwy o liw, a geirfa fwy gwahanol ac annisgwyl. Gan fod y ddrama wedi'i gosod mewn lleoliad haniaethol, mae'n rhaid i'r iaith fod yn lliwgar a chyfoethog, gan ddangos ymwybyddiaeth o botensial awgrymog y geiriau er mwyn codi'r digwydd i dir uwch.

Hefyd, mae neges foesol y ddrama braidd yn drwm yn yr ail hanner, gan ei bod yn cael ei hailadrodd gan sawl gymeriad. O ran crefft ddramatig, byddai'n well gweld canlyniad uniongyrchol y digwyddiad ar fywyd pob un o'r cymeriadau, gan ddangos pŵer moesoldeb er mwyn creu daioni. Byddai llai o angen wedyn i bwysleisio'r neges foesol gymaint, heb symud cymeriad na stori yn eu blaenau.

Mae'r syniad yn un cyffrous ond mae angen datblygu'r grefft theatrig er mwyn creu drama fach sydd yn cyffwrdd â'r emosiynau yn ogystal â throsglwyddo neges bwysig.

O ystyried yr uchod, ni theimlaf fod y gwaith yn cyrraedd y safon ddisgwyliedig i haeddu'r wobr gyntaf. Rwy'n berffaith hapus, fodd bynnag, i'r ymgeisydd dderbyn hanner y wobr ariannol, sef £75.

ADRAN FFILM A THELEDU

Ysgoloriaeth Geraint Morris

BEIRNIADAETH PETER EDWARDS

Ozma: 'Clive'. Mae'n amlwg fod gan yr awdur wybodaeth eang am ffilmiau byrion – ond dyna wendid y sgript. Teimlwn fy mod wedi gweld y ffilm o'r blaen sawl tro. Mae traddodiad wedi datblygu gan wneuthurwyr ffilmiau byrion o greu cymeriadau a sefyllfaoedd od heb unrhyw reswm am hynny – a dyna beth sydd wedi digwydd yn y fan hon. Mae diffyg gwreiddioldeb.

Browning: 'Ffrindiau Gorau'. Ffilm fer a gynlluniwyd yn ofalus. Mae'n amlwg fod gan yr awdur ddealltwriaeth o dechnegau ffilm ac o ysgrifennu. Y broblem fwyaf yw nad oes gen i ddim llawer o ddiddordeb yn y stori y mae o/hi yn ceisio'i dweud. Dydw i ddim yn gallu teimlo dros y cymeriadau ac felly does dim diddordeb gen i yn y stori.

Sarah Ellis: Mae'n amlwg fod gan yr awdur steil a dealltwriaeth ac felly rwy'n siomedig na ddefnyddiwyd y cyfle i ddweud unrhyw beth. Yn y diwedd, wrth ddarllen hwn, a'r ddau arall, rwy'n teimlo'n wag ac yn siomedig. Mae ffilm yn gyfrwng pwysig – dylai gael ei ddefnyddio i ddweud rhywbeth am y natur ddynol ac i ddangos dealltwriaeth ac emosiwn i'r gynulleidfa.

Dw i ddim yn teimlo bod yr un o'r tri chystadleuydd wedi manteisio ar y cyfle i ddweud unrhyw beth gwreiddiol. Ataliaf y wobr.

ADRAN DYSGWYR

CYFANSODDI I DDYSGWYR

Ffurfio brawddeg gyda llythyren gyntaf pob gair yn dechrau gyda'r llythrennau SIR BENFRO. Lefel: 3

BEIRNIADAETH CHRIS REYNOLDS

Daeth saith ymgais i law, pedwar gan yr un person, sef *Alun ap Siarl*.

Gwaetha'r modd, yn enwedig ar ôl ystyried ymdrech a safon y gwaith a oedd yn amlwg y tu ôl i ymgais *Bysedd y Cŵn*, bu'n rhaid diystyru'r cystadleuydd gan iddo ysgrifennu naw o frawddegau, y gyntaf yn dechrau gydag 's', yr ail gydag 'i', y drydedd gydag 'r', ac felly yn y blaen. Fel y gwelir isod, mae amheuon ynglŷn â chywirdeb ymgeiswyr eraill ond mae camddeall gofynion sylfaenol y gystadleuaeth yn golygu nad oes modd ei ystyried.

Mae ymdrechion *Y Fedwen* ac *Alun ap Siarl 1* yn dod â gwen i'r wyneb ond efallai'n rhy ysgafn i gipio'r wobr. Mae *Alun ap Siarl 4* yn cynnig disgrifiad gyda rhestr o ansoddeiriau, gweddol hyblyg o safbwynt rheolau treiglo, ond nid yw'n cyrraedd y brig. Mae *Alun ap Siarl 2* ac *Alun ap Siarl 3* yn seiliedig ar yr un egwyddor ag eiddo *Alun ap Siarl 4* gydag enghraifft o gymhariaeth i orffen a hynny sydd yn cryfhau'r brawddegau. O'r ddau olaf a nodir, mae 'eirias nawr fel rebel olaf' yn taro'r glust yn well. Mae'r *Arad Goch* yn defnyddio 'Sant' fel testun i'r frawddeg, addas iawn ar gyfer Tŷ Ddewi.

Mae'r gystadleuaeth yn agos iawn rhwng *Yr Arad Goch* ac *Alun ap Siarl 2*. O ran cywirdeb, rwy'n hollol fodlon derbyn '**S**ant **I**'*r* **B**yd' a chredaf, felly, y byddai'n bedantig i mi wrthod derbyn 'reit *b*alch'. Mae eiddo *Yr Arad Goch* yn gweithio'n well o'r ddwy fel brawddeg gyfan, er mai *Alun ap Siarl 2* sydd yn gwneud y defnydd gorau o ddelweddaeth. Gan mai creu brawddeg yw teitl y gystadleuaeth, *Yr Arad Goch* sy'n mynd â hi am '**S**ir **i**raidd, **r**eit **b**alch, **e**irias **n**awr **f**el **r**ebel **o**laf'. Hoffwn ddyfarnu £30 i *Yr Arad Goch* ac £20 i *Alun ap Siarl 2*.

Sgwrs mewn Canolfan Groeso. Lefel: 2

BEIRNIADAETH PHYLIP BRAKE

Roedd safon y gystadleuaeth hon yn uchel iawn (er y byddai wedi bod yn braf derbyn rhagor o gyfansoddiadau na'r tri a ddaeth i law). Gan mai am ddeialog y gofynnwyd, roedd yn dda gweld bod pob ymgeisydd wedi defnyddio tafodiaith leol gyhyrog.

Mari Jones: Sgwrs fywiog a chredadwy yn nhafodiaith gyhyrog Meirionnydd ac mae'n amlwg fod ganddi gryn afael ar gystrawennau a phriod-ddulliau'r dafodiaith honno. O ran cywirdeb iaith, dim ond ambell lithriad sydd yma, e.e., does dim angen arddodiad ar ôl y ferf 'cyrraedd'. Pob llwyddiant iddi yn y dyfodol.

Wil Tyfry: Sgwrs fer ddifyr ac iddi ddiweddglo doniol. Serch hynny, mae ambell wall gramadegol a geirfaol, e.e., 'mynediad' yn lle 'mynedfa', 'safiad' yn lle 'eisteddle', 'castellau' yn lle 'cestyll'. Ond, ar y cyfan, gwaith da iawn.

Mama Kerry: Sgwrs naturiol a chredadwy, wedi'i hysgrifennu yn nhafodiaith hyfryd dwyrain Sir Drefaldwyn. Mae'r Gymraeg yn rhywiog heb fod ynddi fawr ddim gwallau. Does dim dwywaith nad yw'r ymgeisydd yma ymhell ar ei ffordd i fod yn Gymraes Gymraeg rugl.

Oherwydd natur fywiog a chredadwy ei sgwrs a hynny mewn tafodiaith gadarn, mae *Mama Kerry* yn llawn haeddu'r wobr eleni. Gosodaf *Mari Jones* yn ail a *Wil Tyfry* yn drydydd.

Llythyr yn gwahodd ffrind i'r Eisteddfod. Lefel: 1

BEIRNIADAETH ALED DAVIES

Cafwyd naw ymgais yn y gystadleuaeth hon, pob un ohonyn nhw i'w llongyfarch ar roi eu Cymraeg ar waith. Doeddwn i ddim yn disgwyl i'r gwaith fod yn berffaith, heb unrhyw wallau iaith, ond roeddwn yn edrych am ddarnau oedd yn dangos bod y cystadleuwyr yn gallu cyfathrebu'n effeithiol yn yr iaith y maent wedi'i dysgu hyd yn hyn. Llongyfarchiadau i *Frank Humphry*, *Grace Morgan*, *Tri Llwyn Abaty*, *Claire* a *Little Bo Peep* am lwyddo i wneud hynny.

Roedd *Martin Heulwen* wedi ysgrifennu darn difyr o safon uchel iawn ond, gwaetha'r modd, nid oedd wedi cyffwrdd â thestun y gystadleuaeth. Mae *Kes*, *Delilah* a *Rosslyn Greenshields* wedi ysgrifennu llythyrau sy'n rhoi blas o'r hyn sy'n digwydd yn yr Eisteddfod ac yn estyn y gwahoddiad i'w ffrind yn gynnes iawn. Llythyr *Rosslyn Greenshields* sy'n sôn am ei phrofiadau yn Eisteddfod Llanelli yw'r un sy'n llifo orau ac felly caiff y wobr gyntaf, gyda *Kes*, yn ail a *Delilah* yn drydydd.

Ysgrif. Testun: Diwrnod Perffaith. Lefel: Agored

BEIRNIADAETH PEDR McMULLEN

Deg ymgeisydd yn unig a roddodd gynnig ar y gystadleuaeth hon ac er i mi deimlo braidd yn siomedig gyda nifer mor fach, ni chefais fy siomi gyda chynnwys a safon y gweithiau. Ces fy siomi ar yr ochr orau! Wrth gwrs, roedd y safon yn amrywio, gyda rhai o'r dysgwyr mwy profiadol yn dangos eu dysg, ac eraill, efallai, yn mentro am y tro cyntaf i ddangos eu dawn yn eu hiaith newydd. Roedd cynnwys y gweithiau i gyd wedi profi i mi fod yr ymgeiswyr wedi cael hwyl arni. Ar y cyfan, roedd y mwyafrif wedi bod mor ffodus â blasu rhyw ddiwrnod perffaith yn y gorffennol neu'n gallu breuddwydio am ryw ddiwrnod arbennig o berffaith. Roedd rhai o'r diwrnodau arbennig yma mor gredadwy fel nad oes amheuaeth yn fy marn i nad ydynt yn wir. Ar y llaw arall, roedd rhai'n gallu dadlau'n gryf yn erbyn bodolaeth unrhyw ddiwrnod perffaith, bod y fath beth yn perthyn i ryw fyd ffantasïol!

Rhannaf yr ysgrifau'n ddau ddosbarth.

YR AIL DDOSBARTH

Bronwenmair Cwmystwyth: Ysgrifennodd am y tro cyntaf iddi fynd allan gyda Chris, a'u plant hefyd, a'r llanast sy'n dilyn!

Lili'r Dyffrynnoedd: Gwaith ar ffurf ddyddiadur – y post yn dod â newyddion drwg ond y diwrnod yn gorffen yn rhamantaidd iawn!

Tess: Mae'n hapus iawn, iawn gyda'i dyn, ond yn gorfod gwylio'r pwysau byth a beunydd.

Muttley: Mae'n dymuno cael iechyd da i fwynhau diwrnod perffaith arall o gwmpas Bae Ceibr.

Penberi: Mwynha'r diwrnod perffeithiaf bosib wrth ddringo yn Ardal y Llynnoedd.

Y DOSBARTH CYNTAF

Y Teithiwr: Amheua'r ysgrifwr y posibilrwydd o gael diwrnod perffaith ond, er gwaetha'r amheuon, llwydda i fynd â ni i fyd credadwy iawn Urdd y Derfisiaid.

Taliesin: Ysgrifennodd yn obeithiol iawn am Gymru'r dyfodol agos – y Gymru lle bydd pawb yn dymuno defnyddio'r iaith Gymraeg. Mae wedi cyflwyno'i achos yn gelfydd iawn.

Llewes: Eir â ni yn ôl i ddyddiau plentyndod yr ymgeisydd, i ddyddiau chwarae plant. Cafwyd disgrifiadau byw iawn.

Martin Heulwen: Ysgrifennir am gyfnod trist yn hanes un teulu ond, er gwaetha'r holl drybini, daeth un diwrnod perffaith i dorri trwy'r cymylau duon. Gwaith llawn emosiwn.

Yr Arad Goch: Mae'r ysgrifwr yn dadlau'n gryf iawn yn erbyn bodolaeth unrhyw ddiwrnod perffaith go iawn – bu bron iddi/iddo fy narbwyllo nes i mi ail-weld y golau! Dadl gref iawn.

Gallai unrhyw un o'r pum cystadleuydd uchod fod wedi ennill y wobr gyntaf ond mae'n rhaid i mi ddewis ac, felly, rhoddaf y wobr o £50 i *Taliesin*, gyda *Y Teithiwr* yn ail a *Llewes* yn drydydd. Llongyfarchiadau i bawb am gystadlu.

Darn o Ryddiaith. Testun: Y Daith. Lefel: Agored

BEIRNIADAETH PHYLIP BRAKE

Roedd safon y gystadleuaeth hon yn uchel iawn a da gweld cynifer o ymgeiswyr. Er mai 'Y Daith' oedd thema'r gystadleuaeth, roedd y storïau'n amrywio'n fawr iawn: taith o gwmpas Efrog Newydd gan ymwelwr haf, gwraig yn ffoi rhag ei gŵr treisgar; cariad mam at ei mab a fu farw o lewcemia, dwy fordaith, a chwrs afon sy'n symbol o lygredd y byd sydd ohoni. Ar y cyfan, roedd safon Cymraeg ysgrifenedig yr ymgeiswyr yn eithriadol o uchel ac mae'n amlwg bod rhai ohonyn nhw â'r potensial i fod yn llenorion o fri. Gobeithio y bydd pob un ohonyn nhw'n dal ati i gyfansoddi yn Gymraeg ar ôl y gystadleuaeth hon. Cyflwynaf ychydig sylwadau ar bob ymgeisydd.

Yr Arad Goch: Disgrifiad manwl o daith o gwmpas canol Efrog Newydd a gawn yma, gan gynnwys ymweliad â'r 'Twin Towers' (cyn Medi 11 y llynedd). Mae'r arddull a fabwysiedir gan yr ysgrifennwr yn arbennig o dda o safbwynt y math hwn o lenyddiaeth a gall y darllenydd yn rhwydd iawn ddychmygu ei fod ef ei hun yn ymweld â'r lleoedd enwog a enwir gan yr awdur – *Central Park*, Amgueddfa Frick ac, yn enwedig, Oriel Guggenheim, a gynlluniwyd gan y pensaer enwog Frank Lloyd Wright, sydd â chysylltiadau Cymreig. Mae safon yr iaith yn arbennig o uchel a hollti blew mân iawn fyddai tynnu sylw at fân lithriadau yma. Ardderchog.

Ismael: Stori am gêm bêl-droed rhwng dwy ganolfan y Llu Awyr Brenhinol yng ngorllewin Lloegr rai blynyddoedd yn ôl neu, a bod yn fwy penodol, stori'r daith i'r gêm ynghyd â'r siwrnai'n ôl. Mae safon y Gymraeg yn dda iawn er nad yw gafael *Ismael* ar briod-ddulliau Cymraeg yn rhy sicr ar brydiau. Ceir enghraifft, hefyd, o'r cymal enwol yn lle'r cymal perthynol anunion. Da iawn, wir.

Bronwenmair Cwmystwyth: Stori am gariad, brad a ffoi sydd yma. Mae'r stori'n dechrau gyda menyw'n edrych ar lun o'i phlant nad yw hi wedi eu gweld ers iddi orfod eu gadael nhw yn yr Aifft amser maith yn ôl. Mae gweld y llun yn dwyn atgofion o sut y gorfu iddi ffoi rhag ei gŵr a gadael y plant ar ôl. Ceir diweddglo hapus i'r stori pan yw'n agor drws y ffrynt i weld dyn ifanc golygus – ei mab – yn sefyll yno. Mae'r stori wedi ei gwau'n fedrus iawn ac, unwaith eto, mae safon y Gymraeg yn ardderchog. Gobeithio y cawn glywed mwy gan yr awdur hwn.

Enfys: Stori rymus am gariad mam at ei mab sydd newydd farw o lewcemia. Mae'r fam yn cofio amdano, a sut y dioddefai, tra ar ei thaith olaf i Leeds, i dŷ ei mab, i roi trefn ar ei bethau ar ôl iddo farw – taith y bu arni lawer gwaith, i'w weld tra oedd e'n derbyn triniaeth yn Ysbyty Leeds. Mae'r stori wedi ei hysgrifennu â'r fath deimlad nes ei bod yn anodd credu nad yw'n stori wir. Mae safon y Gymraeg yn wych.

Gwalia: Yma, clywir am brofiad rhywun yn dysgu'r Gymraeg ar ôl symud i fyw i odre'r Mynydd Du, Sir Gaerfyrddin – i ardal lle y clywir y Gymraeg ymhob man. Mae *Gwalia* yn ei uniaethu ei hun â sut y teimlai Gwenallt pan ysgrifennodd y gerdd 'Sir Gaerfyrddin'. Serch hynny, mae'r cysylltiad rhwng y cyfansoddiad hwn â'r thema, sef 'Y Daith', yn un bregus iawn. Fodd bynnag, mae'r Gymraeg yn ardderchog. Da iawn. Daliwch ati.

Juliani Dewi: Darn byr sy'n sôn am y gwahaniaeth rhwng byw ar un o ynysoedd Dwyrain India a byw yma yng Nghymru. Mae gan y storïwr gryn afael ar briod-ddulliau'r iaith er ei fod yn llithro ambell waith. Mae'n amlwg yn hoff iawn o fywyd yng Nghymru ac yn credu y dylid gwneud popeth i sicrhau na chollir byth mo'n hiaith genedlaethol. Clywch! Clywch!

Y Teithiwr: Dyma stori antur am daith beryglus, drwy stormydd gaeafol, i brynu twrci Nadolig yn Safeway Hwlffordd! Mae'r teithiwr yn cymharu'r daith â theithiau Scott a Shackleton ac mae ei arddull yn cadw'r darllenwr ar bigau'r drain tan y diwedd. Er bod y cyfansoddiad hwn braidd yn fyr o'i gymharu â'r rhai eraill yn y gystadleuaeth, mae'r Gymraeg yn ardderchog ac mae'n amlwg fod yr awdur wedi llwyr feistroli'r iaith erbyn hyn. Campus.

Llansteffan: Dyma ddisgrifiad byr o'r hyn y mae'r storïwr yn ei wneud pan fydd yn mynd i Ynys Bali bob blwyddyn. Mae'n amlwg bod yr awdur ar ei ffordd i feistroli'r Gymraeg ac mae ei afael ar gystrawen yr iaith yn sicr ond mae'r darn yn cynnwys rhai gwallau iaith sylfaenol. Go dda.

Mabli: Mae'n ysgrifennu am ei mis mêl – amser cofiadwy i bawb – ond yn fwy cofiadwy fyth yn ei hachos hi, gan ei bod hi â'i gŵr wedi mynd ar daith i Kenya. Mae'n disgrifio'r daith o Faes Awyr Manceinion ac yna'r dihuno i weld yr haul yn codi dros Fynydd Kilimanjaro. Wedyn, mae'n mynd ymlaen i sôn am yr anturiaethau difyr a gawson nhw yn ystod eu gwyliau. Mae'n amlwg fod y daith wedi gwneud argraff fawr arni ac mae o'r farn mai Kenya yw'r wlad orau yn y byd. Gwaetha'r modd, mae'r darn yn frith o wallau iaith a chamsillafu sy'n amharu ar rediad y stori. Ond, ar y cyfan, da iawn.

Broc Môr: Dyma stori am daith i Ynys Enlli. Mae'n atgoffa dyn o raglen lai gwaedlyd o'r gyfres deledu, 'The X Files'. Mae'r iaith yn arbennig o dda er bod y naratif, ar brydiau, yn rhy hir a chlogyrnaidd. Wedi dweud hynny, mawr obeithiaf y bydd yr ymgeisydd hwn yn dal ati i gynhyrchu rhagor o storïau o'r fath. Go dda.

Ifan Bach: Mae'r cystadleuydd hwn yn gweld dysgu'r iaith Gymraeg fel taith, un a ddechreuodd yn 1987 – ac mae'n dal i deithio! Eleni, bydd yn sefyll Arholiad Defnyddio'r Gymraeg Uwch ac, felly, mae yna lawer o bethau heb eu gwneud yn y tŷ. O ran iaith, dydw i ddim yn credu y dylai *Ifan Bach* boeni'n ormodol – mae hi'n ardderchog. Ond pob lwc gyda'r arholiad, serch hynny!

Jim Chaplin: Dyma hanes dau ŵr ifanc o Fflandrys – dilynwyr John Wycliffe – yn teithio drwy Loegr ar ddiwedd y bymthegfed ganrif ac yn gorffen eu taith, ac yn ymgartrefu, yn Sir Drefaldwyn, lle dysgason nhw'r Gymraeg a chymryd rhan lawn ym mywyd lleol eu gwlad fabwysiedig. Mae yna wallau iaith a gramadeg drwy'r darn ond nid ydynt yn amharu'n ormodol ar yr hanes. Gwaith ardderchog.

Ndarara: Dyma stori drist ond dyrchafus am daith olaf tad annwyl sy'n marw o ganser. Heblaw am ymdrin â'r pwnc mewn ffordd sensitif iawn, mae'r awdur yn llwyddo i gyfleu ei deimladau'n gelfydd dros ben, a hynny yn nhafodiaith gyhyrog gogledd Meirionnydd. Mae rhai gwallau iaith yma ond maen nhw'n rhy brin i dynnu sylw atyn nhw. Ardderchog.

Elin Benarian: Stori swreal am gathod yn dianc o Fôr y Caribî sydd yma. Mae'r Gymraeg yn arbennig o dda ac mae'n amlwg mai gwallau teipio a geir amlaf. Mae'n amlwg i mi fod yr awdur ymhell ar ei ffordd i feistroli'r iaith. Campus.

Ffos y Gerddinen: Mordaith a ddisgrifir yma a hynny gan wirfoddolwyr ar hen gwch hwylio, o'r enw 'Keewaydin', o Gymru i Iwerddon ac yn ôl. Mae'n amlwg fod yr awdur wedi mwynhau'r profiad hwn ma's draw ac mae'n sôn am y ffrindiau newydd a wnaeth, ynghyd â'r cydweithio a'r cymdeithasu. Mae safon yr iaith yn eithriadol o uchel. Ond dylid cofio nad oes treiglad ar ôl berfenw. Daliwch ati.

Seren: Yma disgrifir taith Afon Llyfni – o'i tharddiad mewn ffynnon groyw ar lethrau Mynydd y Caerau, drwy gwm wedi ei lygru gan ddiwydiant a chan ddyn, nes iddi lifo 'yn urddasol' i'r môr. Mae i'r darn hwn neges ecolegol glir, a da iawn hynny. Er ei fod braidd yn fyr, dengys y gwaith hwn fod yr awdur ar ei ffordd i lwyr feistroli'r iaith. Bendigedig.

Fodd bynnag, ymhlith yr holl gyfansoddiadau godidog hyn a ddaeth i law, mae un sy'n sefyll allan a hynny oherwydd ei gynnwys, y ffordd y mae'r stori wedi ei chynllunio, ynghyd â safon ardderchog yr iaith. Am y rhesymau hyn, nid oes gennyf unrhyw amheuaeth nad *Enfys* sy'n llawn haeddu'r Tlws am y gwaith bendigedig hwn. Gosodaf *Y Teithiwr* yn ail, a *Ndarara* yn drydydd.

Y Darn o Ryddiaith

Y DAITH

Wi'n eistedd ar y platfform, yn aros. Mae'r trên yn hwyr eto. Wi mor flinedig ar wneud y daith hon i Leeds. Pedair blynedd o deithio yn ôl ac ymlaen i'r ddinas lle'r oedd fy mab wedi mynd mor sâl. Ac yn aml bydd y trên yn hwyr. Cymaint o aros, aros am ganlyniadau profion, aros i weld a oedd y cemotherapi wedi gweithio. Mae hi wedi bod yn daith hir, anodd. Nid fy nhaith i oedd hi. Ddewisais i moni hi. Taith Anson oedd hi yn y dechrau ac ro'n i, ei fam, yno i gyd-deithio gyda fe. Ond, wrth i mi deithio gyda fe, sylweddolais i taw taith arall, fy nhaith i fy hun, oedd yn digwydd ochr yn ochr â thaith Anson.

Mae'r awyr yn ddu. Mae hi fel 'tasa hi bob amser yr un fath, fel y cysgod dros fy nghalon. Mae llawer o bobl ar y platfform, yn meddwl eu meddyliau eu hunain, heb sylwi arna i. Does neb yn gallu gweld fy mhoen.

Pan mae'r trên yn cyrraedd o'r diwedd, mae'n orlawn. Wi eisiau bod ar fy mhen fy hun gyda fy meddyliau ond mae plant yn crio ac mae oedolion yn siarad ar eu ffonau symudol. Wi eisiau gweiddi a dweud wrthyn nhw fod y byd wedi dod i ben. Neu efallai fy mod i eisiau bod yn un ohonyn nhw, yn saff mewn byd cyffredin, diddigwydd. Mae un fam yn darllen i'w mab bach. Wi'n cofio darllen i Anson, a'r olwg synfyfyriol ar ei wyneb wrth iddo fe wrando'n astud. Pan oedd e'n fach, fe fyddwn i'n poeni am 'i gadw fe'n saff. Ro'n i'n teimlo baich y cyfrifoldeb o'i arwain trwy beryglon bywyd i ddiogelwch oedolaeth. Roedd hi'n teimlo fel ymdrech fawr ond baswn i'n rhoi unrhywbeth nawr i gael yr amser yna'n ôl unwaith eto. Wi'n gwylio'r wlad yn hedfan heibio, fel blynyddoedd ei fywyd. Fasa fe wedi byw'r blynyddoedd hynny mewn ffordd wahanol 'tasa fe wedi gwybod 'i fod e'n mynd i fod yn sâl? Efallai ddim, achos hyd yn oed pan oedd e'n iachach, roedd e'n gohirio pethau o hyd. 'Pan fydda i'n well eto', basa fe'n dweud pan faswn i'n awgrymu iddo fe wneud y pethau'r oedd e eisiau eu gwneud. Roedd e'n awyddus i ymweld â Cheinewydd i weld y dolffiniaid ond gohiriodd e'r daith. Roedd e'n oedi ymweliadau gan ffrindiau. Doedd e ddim eisiau iddyn nhw ei weld e'n sâl.

Mae'r trên yn codi cyflymder, yn ceisio adennill amser.

Mae pobl yn disgyn o'r trên yn raddol, gan adael darnau o sbwriel ar eu holau. Mae'n teimlo fel pe bai'r trên yn anhrefnus. Daeth corff Anson yn anhrefnus. Roedd y lewcemia yn anhrefnu ei waed, tra bod y cemotherapi yn anhrefnu ei gorff. Roedd Anson yn arfer bod yn gryf ac yn ffit. Fe fydde fe'n chwarae pêl-droed a chafodd ei hyfforddi fel dawnsiwr. Trwy ei gorff y basa fe'n 'i fynegi ei hun. Roedd ei gorff yn rhan fawr o'i hunaniaeth. Roedd hi'n anodd iddo fe dystio i'w gorff yn gwanhau, yn colli ei gyhyrau bob yn dipyn. Roedd hi'n anodd i mi wylio nid yn unig ei ddirywiad corfforol ond hefyd yr effaith arno fe'i hun. Er bod rhaid i mi fod yn gryf iddo fe, byddwn i'n ymddatod bob tro y byddwn i'n gadael ei erchwyn. Byddwn i'n teimlo fel 'tasai cefnforoedd o ddagrau y tu ôl i fy llygaid.

Mae hi wedi tawelu yn y trên, felly wi'n penderfynu darllen fy llyfr Cymraeg. Ro'n i wedi dechrau dysgu Cymraeg dim ond ychydig o fisoedd cyn i Anson fynd yn sâl. Wrth i'w salwch gymryd fy mywyd drosodd, roedd rhaid i mi ollwng llawer o bethau ond ro'n i'n dal at ddysgu Cymraeg. Yn y dosbarth, ro'n i'n gallu ymgolli'n llwyr ac anghofio'r boen am ychydig o oriau. Ro'n i'n dysgu iaith arall hefyd, iaith salwch difrifol. Roedd fy ngeirfa bellach yn cynnwys geiriau fel *acute lymphoblastic leukaemia, Hickman line, platelets, T-cells,* a llawer mwy. Fe ddes i'n arbenigwraig amaturaidd.

Wi'n teimlo'n ddiamynedd i gyrraedd Crewe. Fel arfer, bydd y trên yn stopio yno am ychydig, gan adael i mi bicio allan i gael sigarét. Bob tro, fe fydda i'n teimlo'n euog wrth i mi sefyll ar y platfform gyda'r ysmygwyr eraill ond nid yr amser i roi'r gorau iddi ydi hyn. Yn yr ysbyty, fe fyddwn i'n teimlo'n euocach fyth, ar ôl oriau wrth wely Anson, yn picio allan i gael sigarét. Fe fyddwn i'n ymuno ag ymwelwyr eraill a chleifion yn eu gynau llofft, rhai ohonyn nhw hyd yn oed gyda standiau diferion. Fe fydden ni'n rhannu golygon euog ond roedd rhyw frawdoliaeth rhyngon ni. Fe fydden ni wastad yn siarad â'n gilydd. Nhw, yn aml, oedd yr unig bobl i mi siarad â nhw yn ystod fy ymweliadau â Leeds, ar wahân i'r bobl yn y ward. Wedyn, yn ôl at fy ngwyliadwriaeth unig. Yn aml, fe fydde Anson yn cysgu yn ystod fy ymweliadau, achos bydde'r driniaeth yn ei flino. Pan oedd e ar ddihun, fe fydden ni weithiau'n chwarae Scrabble neu wylio'r teledu. Roedd sgyrsiau'n ysgafn gan ein bod ni'n dau yn cadw ein gofidiau o hyd braich. Roedd angen ei holl egni arno fe i frwydro yn erbyn ei salwch ac i ddal gafael ar obaith. Gyda'r nos, yn ôl yn ei dŷ, fe fyddwn i'n beichio crio a thorri fy nghalon.

Wrth i ni nesáu at Fanceinion, wi'n fy nghael fy hun yn dymuno i'r daith orffen yno yn hytrach na'r rhuthro gwallgof ar hyd y platfform, dros y bont ac ymlaen i'r platfform nesa i aros am y cysylltiad i Leeds. Wi'n meddwl yn ôl i'r amser pan o'n i'n credu ac yn gobeithio bod taith Anson ar ben. Roedd e wedi cael trawsblaniad mêr esgyrn yn ystod y flwyddyn gyntaf. Ar ôl misoedd o gemo-therapi, dwedodd y meddygon taw trawsblaniad fasai'r siawns orau iddo fe. Gan fod mêr esgyrn fy merch yn addas, penderfynon nhw fynd ymlaen. Wi'n cofio i Anson a Nikki, ei chwaer, deimlo'i fod yn rhywbeth cyffrous a do'n nhw ddim yn poeni llawer am y peth. Ond ro'n i'n poeni'n ofnadwy. Roedd cymaint o beryglon yn y driniaeth a doedd unrhyw warant y basai'r driniaeth yn gweithio. Cafodd y berthynas rhwng fy mhlant ei chryfhau gan y driniaeth ac ro'n i'n teimlo'n genfigennus o Nikki. Gallai hi wneud rhywbeth i Anson tra oedd rhaid i mi eistedd yno a gweld ei ddioddefaint, gan deimlo'n ddiymadferth. Hunllef oedd hi, pan oedd fy mhlant yn yr ysbyty – ac mewn ysbytai gwahanol, mewn gwirionedd. Roedd rhaid i mi fynd yn ôl ac ymlaen rhwng y ddau ysbyty, yn rhedeg ar adrenalin, gan geisio bod yno i gefnogi'r ddau. Roedd Nikki'n wael yn sgîl yr anesthetig tra oedd Anson yn dioddef o effeithiau'r cemotherapi cryf a'r radiotherapi ar ei gorff cyfan. Roedd y trawsblaniad yn llwyddiannus ond cymerodd e fisoedd i ddod drwyddi.

Mae'r trên yn cyrraedd Manceinion o'r diwedd. Mae e mewn pryd ond mae'r trên i Leeds yn hwyr. Wi'n crwydro o gwmpas yr orsaf ac wedyn wi'n mynd allan, yn mwynhau'r egwyl rhwng y teithio ond mae'n rhaid i mi gadw llygad ar yr amser. Wi'n cofio pan oedd Anson yn ceisio cael gafael ar ei fywyd unwaith eto. Roedd e'n dod yn well ond roedd rhaid iddo fe gael profion gwaed a mêr esgyrn yn rheolaidd. Roedd hi'n anodd iddo fe ymaddasu. Aeth e'n ôl i'r brifysgol ond roedd ei ffrindiau flwyddyn o'i flaen e bellach. Roedd hi wedi bod yn ddigon anodd iddo fe yn y dechrau fel myfyriwr aeddfed tri deg oed ond wedyn roedd rhaid iddo fe ailddechrau gyda grŵp o fyfyrwyr newydd. Ar ôl ychydig o amser, penderfynodd e adael y brifysgol a throi i gyfeiriad newydd. Roedd e'n hapusach o lawer pan ymunodd e â phrosiect oedd yn darparu tai i bobl ddigartre. Gwnaeth e ffrindiau newydd a datblygu sgiliau newydd. Roedd e wedi dechrau cael hwyl unwaith eto. Wi'n gwenu wrth i mi gofio'r amser yna, pan oedd e'n fy ffonio i o'i waith i ofyn am gyngor ynglŷn â'r bas data roedd e'n ei greu. Doedd e ddim fel 'tasai fe'n edrych dros ei ysgwydd. Ond fi oedd yn poeni. Roedd hi'n anodd i mi fynd ymlaen gyda fy mywyd i. Ro'n i'n dal i boeni rhag ofn i'r salwch ddod yn ôl. Roedd fy mherthynas gydag Anson wedi newid. Roedd hi'n anodd i mi ei weld e fel yr oedolyn ro'n i wedi'i nabod cyn iddo fynd yn sâl. Fy mabi oedd e ac ro'n i'n teimlo'n gyfrifol amdano fe, fel pan oedd e'n blentyn bach. Ond fe fyddwn i'n ceisio ymatal rhag ffwdanu a pheidio â dangos iddo fe fy mod i'n poeni.

Wi'n taro i gaffi am baned o goffi. Wi mor bell i ffwrdd yn fy meddyliau fel fy mod i wedi anghofio am yr amser. Mae'n rhaid i mi adael fy nghoffi ar ei hanner a rhuthro'n ôl i'r orsaf i redeg am y trên. Wi jyst mewn pryd. Wi'n teimlo fy mod i wedi treulio'r pedair blynedd diwethaf yn ymateb i amserlenni pobl eraill, yn ogystal ag i ffordd anrhagweladwy salwch Anson. Wi'n cofio'r sioc pan ddaeth y lewcemia yn ôl y llynedd. Gollyngais bopeth a rhuthro i Leeds i fod yno gyda fe.

Mae'r daith yn mynd ymlaen trwy dirlun llwm Swydd Efrog. Mae acenion y teithwyr eraill wedi newid. Mae popeth yn teimlo'n fwy estron. Wi'n teimlo bod fy nghartre ymhell iawn i ffwrdd. Wi'n cofio i fywyd normal stopio unwaith eto flwyddyn yn ôl wrth i'r arfer o deithio i'r ysbyty yn Leeds ailddechrau. Roedd y driniaeth yn waeth y tro yma a doedd Anson ddim yn gallu ei gwrthsefyll cystal ag o'r blaen. Roedd hi'n fy mrifo cymaint i'w weld e'n dioddef, i weld ei gorff hardd yn torri i lawr. Dro ar ôl tro, cafodd gobeithion eu codi ac wedyn eu chwalu wrth i'r salwch ddod yn ôl.

Mae'r awyr yn dod tipyn yn oleuach. Wi'n pwyso'n erbyn ffenestr y trên, gan syllu ar yr awyr, yn annog yr haul i ymddangos. Wi'n cofio'r amser da gawsom ni yn yr haf, dim ond pum mis yn ôl, pan ddaeth Anson i Gymru rhwng cyrsiau o driniaeth. Roedd e'n edrych yn well o lawer ac ro'n ni'n dau'n llawn gobaith. Roedd e'n mynd i gael trawsblaniad arall. Y tro yma, fasai'r rhoddwr ddim yn perthyn iddo fe – ro'n nhw wedi dod o hyd i rywun yn America gyda mêr esgyrn addas. Roedd rhywbeth i ni anelu ato, rhywbeth i ni seilio ein gobeithion arno. Tra oedd e yng Nghymru, cafodd Anson ei ben-blwydd ac aethon ni i'r bale i ddathlu. Roedd e eisiau cael pwysau ar ei ben-blwydd er mwyn cryfhau ei gyhyrau nychlyd. Prynais i'r math sy'n cael eu strapio o gwmpas yr arddyrnau a'r fferau wrth ymarfer. Pan o'n ni'n cerdded o gwmpas y dre, sylweddolais i ei fod e'n gwisgo'r pwysau dan ei jîns yn ddirgel ac roedd e'n gallu cerdded yn gyflymach na fi er hynny. Doedd dim pwynt dweud y drefn wrtho fe a mynnu iddo wneud pethau'n raddol, achos nad oedd e erioed yn gwneud pethau'n araf.

Wi'n meddwl yn ôl i'r tro diwetha i mi wneud y daith hon. Roedd Anson ar fin cael yr ail drawsblaniad ac ro'n i eisiau bod yno gyda fe. Ond yn lle aros am wythnos fel arfer, roedd rhaid i mi aros am saith wythnos. Roedd y clefyd wedi dychwelyd a chafodd y trawsblaniad ei ganslo gan fod rhaid iddo fe fod heb glefyd er mwyn i'r trawsblaniad ddigwydd. Cynigion nhw driniaeth liniarol yn unig. Roedd y newyddion yn dorcalonnus. Cafodd ein gobeithion i gyd eu dwyn i ffwrdd mor sydyn. Roedd y newydd hwn yn ormod o sioc fel na allen ni ei dreulio. 'Dw i ddim eisiau marw', dwedodd e.

Ymhellach ymlaen, dwedodd y meddyg ei fod e'n fodlon trio cwrs arall o gemotherapi. Dwedodd e taw pump y cant yn unig fasai tebygolrwydd llwyddiant. Hefyd basai llawer mwy o beryglon nag o'r blaen achos bod corff Anson wedi'i wenwyno'n barod gan gemotherapi dros y blynyddoedd. Er hynny, penderfynodd Anson roi cynnig arni. Rhoddodd y penderfyniad hwn ychydig o reolaeth yn ôl iddo fe pan oedd e'n teimlo bod popeth yn mynd allan o'i afael. Roedd amser gyda fe nawr i feddwl ac i addasu i'r sefyllfa newydd. Addewais iddo fe y baswn i'n aros gyda fe ac yn anaml iawn y byddwn i'n ei adael dros y saith wythnos nesa. Lawer o weithiau, fe fyddwn i'n aros drwy'r nos yn ystod gwahanol argyfyngau. Fe fydde fe'n goddef y cyfan gyda'r stoiciaeth a ddangosai drwy gydol ei salwch.

Dim ymhell nawr. Fe fydda i'n falch pan fydd y daith drosodd ond, fel arfer, wi'n arswydo rhag bod yn Leeds eto. Bydd y ddinas wastad yn dal atgofion poenus i mi. Wi'n hel fy llyfrau a gweddillion fy nghinio at ei gilydd. Wi'n pacio fy mag yn barod i adael y trên. Wi'n cofio pan roddon nhw ganlyniadau'r driniaeth olaf i mi. Ro'n ni'n fwy parod y tro yma. Doedd y driniaeth ddim wedi gweithio. 'Ych chi'n mynd i farw', dwedodd y meddyg, 'mater o wythnosau ydy hi'. Dros y dyddiau canlynol, crion ni gyda'n gilydd a siarad llawer. 'Wi eisiau mynd yn ôl i Gymru gyda thi', dwedodd Anson. Cofleidiais i fe ac addewais ofalu amdano fe.

Wi'n cofio i newid mawr ddod dros Anson yn ôl yng Nghymru. Roedd e fel 'tasa fe wedi ymlacio a gollwng ei bryderon. Doedd e ddim eisiau gwneud unrhyw beth arbennig, dim ond bod fel y bydde fe fel arfer pan fasa fe'n aros gyda ni. Doedd e ddim eisiau siarad am ei farwolaeth. Roedd e wedi cwblhau hynny yn Leeds.

Ymlaciais innau, hefyd. Dyma'r peth olaf y gallwn i ei wneud i fy mab, ei helpu fe i farw ymhlith cariad, mewn lle ac mewn ffordd roedd e wedi'u dewis. Roedd fy nghalon yn torri ond roedd rhaid i mi roi fy ngalar o'r neilltu – basai digon o amser i hynny wedyn – a cheisio'i helpu i gadw ei annibyniaeth a'i reolaeth ar y sefyllfa.

Dros y pedair wythnos nesa, aeth e'n wannach ac yn wannach ond llwyddodd i godi a mynd allan bob dydd, hyd at y tri diwrnod olaf. Wedyn, doedd e ddim yn gallu gadael ei wely. Buodd e farw'n dyner ac yn heddychol gyda'r bobl roedd e'n eu caru o'i gwmpas. Fy ngeiriau olaf wrtho fe oedd 'Wi'n dy garu di' a'r rheini oedd ei eiriau olaf wrtha i, hefyd.

Cleddais fy mab ym mryniau Cymru. Bydda i'n fy nghysuro fy hun gyda'r syniad y bydd e'n dod yn rhan o'r tirlun hardd hwn yr oedd e a fi'n ei garu. Mae fy nhaith yn dod i ben. Mae'r trên yn cyrraedd Leeds ac mae'r adeiladau cyfarwydd yn tyrru o'm cwmpas i. Wi'n gwybod na fydda i byth yn dod yn ôl i'r ddinas hon eto. Dim ond un peth arall sy gyda fi i'w wneud yma. Mae'n rhaid i mi ymweld â chartre fy mab am y tro olaf a mynd yn ôl â'r pethau personol hynny nad aeth e â nhw i Gymru. Wi eisiau i'r pethau roedd e'n eu trysori fod gyda fi. Wrth i fy nhaith i Leeds ddibennu, mae fy nhaith bersonol i'n dod i ben, hefyd, ond mae taith arall – taith trwy alar – newydd ddechrau.

Enfys

Cerdd. Testun: Ynys neu Ynysoedd. Lefel: Agored

BEIRNIADAETH ELIN MEEK

Daeth naw cerdd i'w hystyried eleni. Roedd hi'n galondid darllen pob un ohonynt ac roedd hi'n anodd credu mai dysgwyr oedd rhai o'r cystadleuwyr, gan mor dda oedd safon eu Cymraeg. Mae dysgu iaith yn ddigon o gamp ond mae barddoni yn yr iaith honno'n orchest a amlygwyd gan bob un o'r ymgeiswyr i ryw raddau. Mae'r lefel 'Agored' yn un 'benagored' iawn ac, yn ôl y disgwyl, roedd amrywiaeth yn safon y Gymraeg. Serch hynny, nid yw adnoddau ieithyddol helaeth bob amser yn golygu bod rhywun yn medru creu cerdd dda, a llwyddodd ymgeiswyr a oedd ag arfau ieithyddol cyfyngedig i lunio cerddi cofiadwy – felly, daliwch ati!

Roedd y cerddi'n ymrannu'n fras yn ddau grŵp: pedwar ymgeisydd a ddehonglodd y testun yn llythrennol gan roi i ni ddisgrifiadau o ynys neu ynysoedd a phump a gymerodd y testun a'i ddehongli'n ffigurol.

Gwylan: Yn y gerdd 'Ysbryd Ynysoedd', dewisodd sôn am nifer o ynysoedd Penfro mewn penillion tair llinell ac roedd hi'n drueni nad aeth i chwilio am enw Cymraeg pob un ohonynt. Serch hynny, llwyddodd i greu darluniau cryno a chofiadwy o bob un – er enghraifft, Sgomer, 'Cartre i'r pâl bach,/Morlo a blodau'.

Nico: Roedd llawer o ddelweddau hyfryd yn y gerdd hon sy'n personoli'r ynys fel hen berson â'i chreigiau 'yn dal y canrifoedd yn eu haenau,/y gorffennol yn gaeth yn y maen'. Llwydda i gwmpasu nifer o agweddau ar yr ynys: ei hogofâu, yr adar, a'r morloi: 'yn llusgo eu hunain i orwedd yma/a lleisio eu hiraeth i'r awyr'. Ar ôl cyflwyno nifer o gymariaethau a throsiadau effeithiol, nid yw'r pennill olaf mor llwyddiannus, wrth i'r bardd sôn am sut y mae'r ynys yn ei ddenu'n ôl.

Nad fi'n angof: Naws fwy telynegol sydd i'r gerdd hon a'r bardd yn edrych ar 'ynys hynafol' gan ddyfalu pa gyfrinachau sydd ganddi. Sonia am y seintiau a fu'n byw arni, am farchogion a morwyr, gan gyfuno hynny â disgrifiadau o fyd natur: 'Pan â'r enfys ddisglair o flodau/Unwaith eto ar goll i fi,/Mae galaeth o sêr yn goleuo/Gwirioneddau amdanat ti'. Erbyn diwedd y gerdd, mae'r bardd yn sôn am ei gariad, Marged, a'i chalon 'anffyddlon a ffôl' ac fel y mae'n eistedd ar ei garreg las 'I glywed dy enaid di'. Safon anwastad Cymraeg y gerdd hon yw'r diffyg, gyda'r bardd wedi meistroli'r presennol cryno a'r dibynnol ar y naill law ond yn gwneud gwallau sylfaenol ar y llaw arall.

Ehedydd y Coed: Ynys Enlli yw'r testun a thrwy gyfrwng pum pennill ei gerdd, llwydda'r bardd i gyflwyno'i harddwch, ei gerwinder, ei hanes Cristnogol a'i mynwent. Mae patrwm y mydr a'r odl yn anghyson ar brydiau ond mae yma nifer o ddarluniau da: 'Ynys Enlli, ynys bell/Trwy'r tymhorau garw gwyllt,/Yn sefyll gyda'i phen i'r gwynt,/Fel morfil llwyd . . .'.

O ran y cerddi a edrychodd ar y testun yn fwy ffigurol, mae 'Ynysoedd dysg' gan *Heather Francis* yn bedwar pennill dwy linell gyda chyseinedd (pennill 1) a chytseinedd (pennill 2-4) yn nodweddion amlwg. Mae rhai o'r penillion yn fwy llwyddiannus na'i gilydd ac rwy'n arbennig o hoff o hwn, y gellid ei gymhwyso i unrhyw brofiad neu sefyllfa: 'Haf heulog, hwylio hawdd;/Hydref hyll, heli helbulus'.

Yr Arad Goch: Yn 'Ynys y Pruddglwyf', mae'r bardd yn sôn am iselder ac yn adleisio 'Stafell Cynddylan' yn y pennill cyntaf: 'Goleudy yr ynys, diffodd i'r nos,/Tywyll heno, dim golau yn dangos'. Gallai'r dweud fod yn fwy cynnil, yn enwedig yn y trydydd pennill ond, ar ei orau, mae'r bardd yn llwyddo i ddelweddu'n dda: 'dŵr dwfn, peryglus o amgylch y fan/Sy'n rhwystro pob teithiwr rhag cyrraedd y lan'.

Ceridwen: 'Môr Mawr o Eirfa' oedd un o'r cerddi mwyaf gwreiddiol a dderbyniwyd. Caiff y profiad o ddysgu Cymraeg ei ddelweddu fel bod ar ynys, sy'n tyfu'n raddol wrth i'r dysgwr ddysgu mwy:

> Wi'n syllu allan ar y môr –
> môr mawr o eirfa.
> Mae e'n llyfu yn erbyn y traeth
> yn dod â geiriau newydd
> yn mynd â geiriau i ffwrdd,
> gyda'r pen llanw.

Gall unrhyw un sydd wedi dysgu iaith uniaethu'n llwyr â'r gerdd hon. Disgrifir tywod 'fy Nghymraeg drylliog' a phob un gronyn 'yn gamgymeriad:/sillafiad sâl/cymalau wedi cam-drin/amserau anghywir.' Ar yr ynys, hefyd, mae 'coedwig o ferfau:/gorffennol, presennol, dyfodol.' ac mae arddodiaid yn tyfu ar lwyni. Gwaetha'r modd, mae'r mynegiant yn troi'n rhyddieithol tua diwedd y gerdd lle mae'r bardd yn dymuno nad ynys mo'r ynys er mwyn gallu siarad Cymraeg â phawb. Mae'r mân wallau'n awgrymu nad yw'r awdur wedi bod yn dysgu Cymraeg am gymaint o amser â rhai o'r ymgeiswyr eraill ond llwyddodd, serch hynny, i greu un o gerddi mwyaf trawiadol y gystadleuaeth.

Bronwenmair Cwmystwyth: Mewnfudo yw'r testun a disgrifir sut y cafodd yr ynys o Gymreictod ei goresgyn yn raddol. Mae'r defnydd o eirfa weithiau'n cymylu'r ystyr ond cryfder y gerdd yw ei phennill olaf a'i neges gref:

> Ers talwm roedd ynys,
> Lle gogoneddus lle'r oedd pobl ddiwylliedig
> A siaradai iaith y nefoedd a gerddai'r ddaear,
> Ac un dydd, heb eiriau,
> Diflannon nhw.

Mae un cystadleuydd ar ôl, sef *Y Fedwen*, a ysgrifennodd gerdd rydd dros gant o linellau o hyd. Roedd hi'n amlwg o'r darlleniad cyntaf fod y gerdd mewn cae arall yn ieithyddol, yn gymaint felly nes fy mod yn poeni i ddechrau mai person â'r Gymraeg yn famiaith iddo, efallai, oedd yr ymgeisydd ond nad oedd wedi sylweddoli bod y gystadleuaeth wedi'i chyfyngu i ddysgwyr.

Yn gyntaf, cyflwynir môr o bobl yn siopa yn y sêls, 'eneidiau colledig' sy'n chwilio am fargen:

> Fel ewyn y don
> Maent yn tyrfo a thorri yn ddidostur
> Ar balmant y glannau.

Mae'r disgrifio'n goeth a'r delweddu'n gywrain gan fod y bardd yn defnyddio'i adnoddau helaeth o ran geirfa a chystrawen. Dyma'r siopwyr yn ymladd â'i gilydd dros fargen:

Maent yn deifio'r awyr
Gyda fflach o adenydd brithion
I lanio a dadlau'n swnllyd dros y nwyddau . . .

Yna, cyflwynir yr ynys, sef merch ifanc sy'n chwarae ffliwt a begera. Mae hon yn gwbl wahanol i'r môr o bobl o'i chwmpas, a'i chi'n gorwedd wrth ei thraed. Ei hanwybyddu a wna'r dyrfa wancus ar y cyfan rhag ei hudo gan y gerddoriaeth ond mae ambell un yn mentro'n nes:

I adael rhodd gloyw wrth ei thraed;
Carreg gron, cragen a olchir i'w glan
Cyn cilio ag ochenaid i'r dyfroedd,
Wedyn i ymsuddo i'r dyfnderoedd tywyll, anghyfeillgar
Lle mae'r llifoedd yn tynnu'n gryf.

Efallai fod y diwedd ychydig yn llai cyhyrog na gweddill y gerdd ond rwy'n sicr fod yr ymgais hon yn llwyr haeddu ennill y gystadleuaeth, a'r bardd i'w longyfarch am feistroli'r iaith.

Y Gerdd

YNYS

Môr o gyrff yn ymdonni,
Yn taranu ac yn penelinio'u ffordd
Trwy ras ddychmygol.

Plygir pob pen,
Troir pob coler i fyny
Rhag y brithlaw sydd yn chwilio am bob un gwendid
Ac yn treiddio pob hollt,
Wedi'i yrru fel y mae gan wynt main.
Dyma'r eneidiau colledig wedi lapio amdanynt yn gynnes
Rhag trais hyrddwyntoedd Ionawr,
Sydd yn gafael yn hetiau diamddiffyn ac yn wynebau tyner,
Gan grafangu'n wyllt ym mroc môr ddoe.
Dyma'r ysbwriel – wedi'i daflu o bocedi di-ri
Sydd heddiw yn chwyrlïo o gwmpas mewn corneli diwarchod.
Mae'n llenwi gyda'r llanw dynol
Ar hyd ei balmant digysgod.

Fe'u gyrrir,
Fe'u teflir
Dan lach dyheadau wedi'u dal am hir
Am fargeinion ac eiddo;
Maent yn codi fel gwenyg brigwynion
Sydd yn dygyfor yn forynnau
Dan orfod cynnwys haeddiannol eu hannwyl waledi,
A'r dyfarniad y daw hapusrwydd o boced ysgafnach;
Fel ewyn y don
Maent yn tyrfo a thorri yn ddidostur
Ar balmant y glannau.

Glannau palmantog, llwydion,
Cyn llwyted â'r wynebau a amddifadir o olau'r haul;
Gwag o unrhyw ddisgleirdeb,
O unrhyw optimistiaeth neu obaith,
Gwên, hyd yn oed.
Dim ond y penderfyniad di-ildio
A ysgythrir ar wynebau gwachul y llanw cynyddol.

Uwchben y baw a'r felan,
Uwchben twrw lleisiau a pheiriannau

Clywir sgrechian cant o wylanod
Sy'n cylchdroi'n rhwydd mewn awyr ddiffrwyth,
Gan chwilio, gan hela;
Yr un mor awyddus am fargen
Maent yn deifio'r awyr
Gyda fflach o adenydd brithion
I lanio a dadlau'n swnllyd dros y nwyddau
A wasgarir wrth eu traed,
Cyn toddi drachefn i'r awyr lwyd.

A phrin i'w glywed,
Uwchben aderyn, creadur a'r elfennau,
Dyna felodi, yn rhyfedd o ansoniarus
Sydd yn drifftio o ffliwt unig.

Wedi'i gwisgo mewn dillad annigonol ar ddiwrnod o'r fath
Mae hi'n siglo.
Nid yw ei llygaid ifainc yn gweld y môr,
Ond delweddau pell,
Gweledigaeth o gynhesrwydd a normalrwydd
A rheswm.
Mae ei throed yn tapio'r maen oer,
Y curiad wedi'i weld ond heb ei glywed;
Mae'n ynyswraig, wedi'i gadael mewn rhyw arwahanrwydd
  gogoneddus,
Yn anymwybodol yn ei byd ynysol.

Ynys wedi'i lleoli yng ngorffwylltra môr chwyrn,
Sy'n cynnig heddwch dros dro
A ysgubir gan y tonnau yn eu difrawder.

Ond mae'r diwn yn ddidrugaredd, didostur,
Mae'n ymgordeddu'n llechwraidd am gorneli
Ac i mewn i gilfachau'r meddwl.
Mae mor ddyfalbarhaol â'r glaw mân,
Cyn daered â'r pŷls o donnau sydd yn lledgyffwrdd ei byd.
Ond anwybyddir gan ei chi goddefgar
Sydd yn gorwedd wrth ei thraed,
Yn ddisymud, hydrin,
Ac yn ddifater ynghylch y gwylltineb o'i chwmpas.

Y tu hwnt i'r dyfroedd bas sy'n ymlusgo i lepian ei thraed
Mae'r tonnau'n cyfuno a rhedeg efo'i gilydd,
Ysgwydd yn ysgwydd;
Unedig, ond nid yn yr ysbryd.

Mae pob un yn wahanol i'w gymydog,
Yn annibynnol, yn ddidaro,
Yr un mor ynysig.

Gan wthio ymlaen, gan gael eu hysgubo ymlaen,
Mae pob un yn brwydro i gadw ei ben yn uwch na'r lleill,
I gadw ei le.
Maent yn mynd ar ras at y lan
– ond nid ei glannau hi.
Does wiw croesi'r atol allanol,
Suddedig, hanner cuddiedig,
Sydd yn amddiffyn tir neb llonydd rhyngddynt.
Does wiw mynd yn rhy agos
Rhag ofn y bydd eu cydwybodau'n eu tynnu'n agosach,
Rhag y camgymerir eu haelioni am wendid,
Rhag cael eu hudo gan y gerddoriaeth.

Ond mae ambell un yn sgrialu'n lladradaidd i fyny'r tywod
I adael rhodd loyw wrth ei thraed;
Carreg gron, cragen a olchir i'w glan
Cyn y cilio ag ochenaid i'r dyfroedd,
Wedyn i ymsuddo i'r dyfndereodd tywyll, anghyfeillgar
Lle mae'r llifoedd yn tynnu'n gryf.

Am ennyd – gwên,
Amnaid.
Rhyw gydnabyddiaeth o ddyniolaeth.
Ond dros dro yw'r olion traed hyn yn y tywod,
A gollir cyn pen hir i safnau môr oer, newynog.

Ac mae alaw anghyfarwydd i'w chlywed o hyd,
Heb ei hysgrifennu, hyd yn oed,
Yn dal i seinio'i hud
Sydd yn hudo'r diarwybod.
Yn ddiddiwedd y mae'n chwarae, nes bydd y llanw'n cilio,
Ac wedi'i ymsefydlu yn ei byd ei hun,
Gwna pob un, y caethion, a'r rhydd
– Oni wyddant ba un ydyn nhw? –
Ddychwelyd i'r lle hwnnw.

(Ffordd Mostyn, Llandudno, Ionawr 2002)

Y Fedwen

YSGOLION

Blwyddyn 7, 8, a 9

Prosiect personol: 'Fy Arwr' neu 'Fy Arwres'

BEIRNIADAETH HYWEL JONES

Un ymgais a dderbyniwyd a diolch i *Bluebell* am honno. Yn sicr, ni ellir rhoi'r bai ar y testun na'r wobr hael am y diffyg cystadlu. Rhoddai'r gystadleuaeth hon nod pendant i'r ysgolion hynny sydd yn addysgu'r Gymraeg fel ail iaith a gresyn na fu iddynt gynnwys y dasg yn eu cynlluniau gwaith am y flwyddyn. Gwn o brofiad nad ar chwarae bach y mae cyflawni holl orchwylion yr ystafell ddosbarth y dyddiau hyn ond mae'n rhaid cydnabod ymdrechion pwyllgorau testun ein heisteddfodau sydd, yn ddieithriad bron, yn gosod tasgau a ddylai ysgogi athrawon i dorri cwysi cyfoes a pherthnasol er mwyn ennyn brwdfrydedd eu disgyblion.

Gwaetha'r modd, mae'n rhaid gwrthsefyll y demtasiwn i wobrwyo'r unig ymgeisydd. Mae'n rhaid wrth ryw fath o safonau, wedi'r cyfan, ac nid yw hanner tudalen o ysgrifennu ac un llun o'r gwrthrych yn gyfystyr â phrosiect yn fy nhyb i.

Blwyddyn 12 ac 13

Prosiect personol: '2052' neu 'Fy mro'

BEIRNIADAETH HYWEL JONES

Mae mwy nag erioed o ddisgyblion chweched dosbarth Cymru yn dilyn y cyrsiau Uwch Gyfrannol/Uwch mewn Cymraeg Ail Iaith y dyddiau hyn. Pam, felly, mai un cystadleuydd yn unig a roddodd gynnig arni yn y gystadleuaeth hon? Does dim eisiau atgoffa'r athrawon hynny sydd yn addysgu'r Gymraeg fel ail iaith mai'r cyfan yr oedd angen ei wneud, mewn gwirionedd, oedd llungopïo prosiectau pawb a oedd wedi dewis ysgrifennu am eu broydd ar gyfer eu gwaith ffolio Uwch Gyfrannol a'u cyflwyno i'r gystadleuaeth hon. Mentraf ailadrodd y sylwadau a wnaed ar gystadleuaeth Blynyddoedd 7, 8, a 9, ac awgrymaf fod yr Eisteddfod o hyn allan yn anfon copïau o'r cystadlaethau ar gyfer dysgwyr yn uniongyrchol i bob ysgol sy'n dysgu Cymraeg fel ail iaith. Mae'n rhaid i'n hieuenctid ni – sydd yn byw mewn ardaloedd lle nad yw'r Gymraeg i'w chlywed, efallai, y tu allan i ystafelloedd yr adran Gymraeg – fod yn ymwybodol bod amgenach diben i astudio'r Gymraeg na sefyll arholiadau yn unig.

Dymunaf longyfarch *Siwan* ar ei phrosiect diddorol ar *Clwb Ffermwyr Ifanc Llysyfran* – mae'n llwyr deilyngu'r wobr gyntaf. Dyma brosiect yng ngwir ystyr y gair, yn cynnwys nifer helaeth o ffurfiau ysgrifennu – ysgrif hanesyddol, tudalen flaen papur bro, dyddiadur, deunydd cyhoeddusrwydd, llythyr, holiadur, sgript, a stori fach i orffen – campus! Ac roedd y cyflwyniad yn brawf ei bod wedi meistroli technoleg gwybodaeth yn ogystal. Beth am yr wyth gant arall oedd yn sefyll yr arholiad Uwch Gyfrannol mewn Cymraeg Ail iaith eleni?

PARATOI DEUNYDD AR GYFER DYSGWYR

Agored i ddysgwyr a siaradwyr Cymraeg

Pecyn o adnoddau ar gyfer oedolion yn seiliedig ar Chwedlau Cymreig

BEIRNIADAETH HEINI GRUFFUDD

Dau becyn yn unig a ddaeth i law. O ystyried mai dysgwyr yw maes twf y Gymraeg, a'i gobaith am y dyfodol, trueni na chafwyd hyd yn oed dri phecyn adnoddau.

Wrth baratoi pecyn adnoddau i ddysgwyr, dylid bod wedi rhoi rhyw gymaint o bwyslais ar gyflwyno ac ategu patrymau gramadegol, yn gymysg â chyflwyno elfennau ieithyddol eraill yn drefnus. Yr un pryd, mae angen cadw diddordeb trwy amrywiaeth a dyfeisgarwch.

Lan y Cwm: Cyflwynwyd casgliad o 'storïau dirgelwch' o fro Morgannwg. Mae rhyw ddeg o eitemau ar ffurf stori ganddo, a'r storïau ar bapur ac ar dâp. Cryfder y deunydd yw bod yma ymdrech i gadw storïau gwerin yn fyw. Mae yma, ymhlith eraill, hanes corff Tŷ Sully, y Foneddiges o Eweni [sic], y Diafol yn Sir Forgannwg, Dynes Wen Castell Ogwr, Trysor Afon Ogwr, a chyfrinachau Cap Coch, perchennog tafarn y New Inn. Cyfieithiad, mae'n debyg, yw'r mwyafrif o'r storïau o *Tales of Old Glamorgan*, Wendy Hughes. Mae yma undod thema, a gallai'r deunydd fod o ddefnydd yn arbennig i ddysgwyr Bro Ogwr a Bro Morgannwg. Wedi dweud hynny, mae'r storïau wedi eu hadrodd mewn arddull ffurfiol iawn, (e.e., cafodd un wraig 'ei hamddifadu o gladdedigaeth Gristnogol'). Defnyddir ffurfiau amhersonol y ferf yn gyson (iawn, os cyflwyno a dysgu hynny yw'r nod). Mae yma rai gwallau (e.e., 'lledeunwyd', 'adgyweiriwyd', 'sulphur', methiant i nodi'r acen grom), a pheth cyfieithu llythrennol (e.e., 'ofnai pobl i ddringo').

Mae tudalen o ymarferion a chwestiynau gyda phob stori. Mae rhai'n gwestiynau darllen a deall neu wrando a deall. Mae eraill yn cynnig gwaith ysgrifennu neu siarad pellach, a gallai rhai o'r rhain fod yn ddefnyddiol mewn dosbarth. Gwaetha'r modd, does yma ddim ymgais amlwg i ymdrin â nodweddion iaith y stori o dan sylw (e.e., caiff ffurf amhersonol y ferf ei defnyddio 11 o weithiau yn 'Tŷ Sully' ond does dim nodiadau ar hynny, nac ymarferion). Ar ddiwedd pob 'pennod', mae nodiadau gramadegol. Mae'r rhain yn Saesneg, a braidd yn gymhleth, a'r enghreifftiau'n ddryslyd weithiau, yn enwedig pan na chaiff yr acen grom ei nodi, a chyda gwallau teipio hefyd o bryd i'w gilydd.

At ei gilydd, felly, mae yma ymdrech i gyflwyno deunydd diddorol. Fy nghyngor fyddai symleiddio'r iaith yn y storïau, gan ganolbwyntio ar rai patrymau iaith ym mhob stori, a llunio ymarferion sy'n dwyn sylw at y rhain.

Nola: Mae'r pecyn hwn wedi ei seilio yn bennaf ar lyfr T. Llew Jones, *Lleuad yn Olau*. Casgliad ydyw o hen storïau, a'r mwyafrif ohonyn nhw eto'n storïau gwerin, gan gynnwys Gelert, Morwyn Llyn y Fan, a rhai hen chwedlau, gan gynnwys Gwion Bach a'r Wrach a Culhwch ac Olwen. Dewisodd *Nola* lunio'i phecyn adnoddau ar ddwsin o'r rhain. (Os caiff *Nola*'r wobr, mae angen iddi ystyried faint ohoni i'w roi i T. Llew Jones!) Mantais y deunydd yma i'r lluniwr adnoddau yw ei fod yn atyniadol a bod safon yr iaith yn addas i ddysgwyr sydd wedi meistroli'r ddwy flynedd gyntaf.

Mae'r ymarferion yn amrywiol ac mae llyfryn wedi ei lunio i egluro sut i'w defnyddio, ac yn awgrymu gweithgareddau llafar pellach. Gwnaed ymdrech i roi nifer helaeth o'r ymarferion ar gardiau, sydd wedi eu torri i'w ffurf briodol, a'u gosod mewn amlenni.

Mae nifer o'r ymarferion yn ddigon defnyddiol. Dyma rai enghreifftiau. Ceir 'ymchwilair ansoddeiriau' gyda 'Lleuad yn Olau', sy'n cynnwys 22 o'r ansoddeiriau yn y stori. (Nodir bod yma hefyd eiriau eraill ond dyw'r rhain ddim yn cryfhau'r ymarfer.) Mae yma hefyd ddarlun (braidd yn anghelfydd) o gorff, ac ymarfer defnyddiol i wybod rhannau'r corff yn Gymraeg. Ymhlith ymarferion eraill, mae croeseiriau a gwahanol fathau o lenwi blychau a chysylltu geiriau, ffurfio parau o eiriau cyferbyniol, anagramau, ac ati. Gallai rhai o'r ymarferion hyn arwain at dipyn o sgwrsio a hwyl mewn dosbarth, a byddai hynny'n rhoi budd ieithyddol, wrth reswm. Mae'n ddefnyddiol bod atebion yn cael eu rhoi.

Un gwendid yw bod llawer o'r ymarferion papur, o ran lefel iaith, yn gallu bod dipyn yn is na'r deunydd yn y storïau. Gwendid arall yw bod llawer iawn o'r ymarferion hyn yn ymwneud â geirfa yn hytrach na chystrawen a'r gamp yn aml gyda dysgwyr ar y lefel yma yw cryfhau cystrawen. Wedi dweud hynny, mae hefyd nifer o ymarferion sgwrsio i'w defnyddio yn y dosbarth. Mae rhai'n gosod sefyllfa (trueni bod yma rai gwallau, e.e., 'mynd trwy caeau') ac eraill yn rhoi syniadau am gemau iaith. Weithiau, awgrymir cystrawen i'w defnyddio yn y sgwrsio (eto weithiau'n fwy elfennol na lefel iaith y stori), ond bryd arall caiff pynciau sgwrs eu codi, gyda rhai cwestiynau cychwynnol yn cael eu cynnig. Mae nifer o'r ymarferion hyn yn sicr o ddenu sgwrsio bywiog. Ar y cyfan, byddai'n ddefnyddiol rhoi mwy o bwyslais ar gystrawen, a rhoi mwy o arweiniad ar yr elfennau sgwrsio, fel y gallai oedolion mewn grwpiau fynd ati'n lled annibynnol i drafod maes.

Yn y gystadleuaeth hon, mae *Nola* yn rhagori ar *Lan y Cwm.* Wrth estyn yr ymarferion llafar, a rhoi mwy o ganllaw iaith a chyfeiriad i'r sgwrsio, gallai'r defnydd fod yn ddefnyddiol iawn. Mae *Nola,* fel y mae'r gwaith yn awr, yn haeddu hanner y wobr. Wn i ddim a oes trefniant i roi'r ail hanner i T. Llew Jones!

ADRAN CERDDORIAETH

CYFANSODDI

Emyn-dôn i eiriau Idwal Lloyd

BEIRNIADAETH R. ALLAN FEWSTER

Derbyniwyd 41 o emyn-donau i'w gosod ar eiriau bendigedig Idwal Lloyd. Mae'r mesur 9898D ynghyd â chynnwys yr emyn cynhwysfawr a chyfoes hwn yn rhoi digon o gyfle i'r cyfansoddwyr ddangos eu medr.

Mae gofynion emyn-dôn lwyddiannus yn ddigon amlwg: a) alaw a chynghanedd sy'n bartneriaeth glòs ac yn adlewyrchu cynnwys a neges y farddoniaeth i greu cyfanwaith gorffenedig; b) er ei bod yn dasg anodd, mae'n rhaid anelu at greu alaw gofiadwy sy'n cyrraedd uchafbwyntiau trawiadol ac yn dangos newydd-deb yn yr ymdriniaeth; c) fe ddylid rhoi ystyriaeth fanwl i gywirdeb y gynghanedd. (Gwaetha'r modd, fe gafwyd nifer o gyfansoddiadau a oedd yn frith o gamgymeriadau elfennol ac roedd hynny'n amharu ar safon y gystadleuaeth); ch) mae'n bwysig cofio bod cysondeb a naws briodol yn ffactor hanfodol yng ngwneuthuriad emyn-dôn – nid darn corawl soffistigedig mohono ond yn hytrach gwir foliant cynulleidfaoedd wrth addoli. Does dim lle i gymhlethdod harmonig a dyfeisiadau annaturiol yn y cyfrwng yma. Mae symlrwydd y dweud yn rhan annatod o'r ymdrech i sicrhau priodas berffaith rhwng emyn a thôn.

Da oedd sylwi bod y patrymau mydryddol wedi eu seilio ar y crosiet – dull llawer mwy naturiol nag yw'r arfer. Fel sy'n draddodiadol bellach, rwyf wedi rhannu'r cyfansoddiadau yn dri dosbarth.

DOSBARTH 3

Cefais gryn fwynhad wrth ddarllen a chwarae'r holl donau ac, ar y cyfan, roedd y safon yn ddigon derbyniol. Gwendid mwyaf y trydydd dosbarth oedd diffyg cywirdeb harmonig amlwg ynghyd ag alawon statig anniddorol. Eto i gyd, dangoswyd tipyn o ddychymyg yn rhai o'r dehongliadau er bod yna dueddiad i orliwio a goracennu geiriau dibwys. Gyda llawer o waith egnïol a hunanddisgyblaeth, fe ellid gwella ymdrechion y canlynol: *Edgar, Trefor, Dedwyddwch, Gat, Blaengarw, Ifan, O'r Comin, Cail, Rahel, Ben Cae Van, Glan Afon, Y Felin, Tregroes, Henfaes, Gelert, Morbryn.*

DOSBARTH 2

Y mae nifer o emyn-donau chwaethus eu gwneuthuriad yn y dosbarth hwn. Cafwyd ymdriniaeth lawer mwy cerddorol o'r cyfanwaith er i rai fod yn rhy draddodiadol eu harddull gyda chamgymeriadau amlwg heb eu cywiro. Da oedd cael trawsdoriadau diddorol o gyweirnodau, gan gynnwys rhai yng nghywair y lleddf. Roedd safon y dosbarth hwn yn deilwng a byddai nifer o'r tonau'n addas i'w cynnwys yng ngwasanaethau'r Sul ac mewn Cymanfaoedd Canu. Mae'n amlwg fod y cyfansoddwyr wedi astudio ac wedi deall nodweddion hollbwysig y cyfrwng hwn, sef cyfuniad gorffenedig o eiriau a cherddoriaeth sy'n bartneriaeth glòs. Dyma restr o gyfansoddwyr yr ail ddosbarth: *Garth, Rachel, Di-el, Rhosyn, Meleri, Margaret, Tegeirian, Emrys 1, Emrys 2, Emrys 3, Ioan, Morgan, Trem y Graig, Maestegfryn, Sonia.*

DOSBARTH 1

Da yw cael deg o emyn-donau yn y dosbarth cyntaf, sef: *Rhos y Gelli, Myrddin, Siencyn, Rhys Bach, Iwan, Cadog, Godre'r Grogwy, Cwm Mawr, Natasha,* a *Bodlondeb* – pob un ohonynt yn cyrraedd safon uchel er bod ambell nam amlwg hyd yn oed ar y goreuon. Maent i gyd yn dangos gweledigaeth a dealltwriaeth o'r farddoniaeth ac maent wedi llwyddo i greu alawon newydd a chynghanedd gofiadwy.

Ceir ffresni rhythmig yn emyn-dôn *Siencyn* – yn cyrraedd uchafbwynt drwy ddefnyddio sbectrwm o gordiau diddorol; alaw grefftus ond ychydig o wallau yn y gynghanedd. Hoffais y driniaeth ofalus a chynnil yn emyn-donau *Iwan, Rhys Bach, Cadog, Myrddin, Natasha, Rhos y Gelli* a *Bodlondeb*. Byddwn wedi bod yn hapus i wobrwyo nifer o'r rhain gan fod diffuantrwydd y cyfansoddiadau yn gweddu'n berffaith i ofynion yr emyn.

Mae'n amlwg fod *Cwm Mawr* wedi rhoi ystyriaeth fanwl i neges yr emyn ac wedi portreadu mewn dull soffistigedig a chlyfar. Er f'edmygedd o'r cyflwyniad hwn, rwy'n amau a fyddai cynulleidfaoedd yn gwbl gartrefol gydag arddull or-gromatig yr emyn-dôn hon.

Mae emyn-dôn *Godre'r Grogwy* wedi apelio o'r cychwyn cyntaf gan fod cynildeb yr adeiladwaith yn llunio partneriaeth naturiol â'r geiriau. Mae'r cyfan yn grefftus heb fod yn ordeimladol. Mae'n emyn-dôn sy'n llifo'n naturiol gyda thrawsgyweiriadau effeithiol, gan gyrraedd uchafbwynt trawiadol a'r cyfan o fewn cwmpawd naturiol y pedwar llais. Gobeithiaf y daw'r cyfuniad yma o emyn a thôn yn rhan o'n haddoliad ac y caiff le teilwng yng Nghaniadaeth y Cysegr. Gwobrwyer *Godre'r Grogwy.*

Yr Emyn-dôn Fuddugol 2002
(i eiriau Idwal Lloyd)

Godre'r Grogwy

MAWL I'R IÔR

Cynllunydd y maith eangderau
A chrëwr pob dim sydd yn bod,
Yw'r Un roes i'r gofod yr heuliau
A'u rhwymo yn gyfrin i'r rhod.
Mae'n llywio i bawb y tymhorau,
Rheoli'r cawodydd a'r gwynt,
Yn rhoddi i'r môr ei derfynau
Ac i'r llu afonydd eu hynt.

Efe rydd y bywyd i'r hadau
A'r gwres i aeddfedu y grawn,
A rhodd Ei anfeidrol haelioni
Yw'r plisgyn a'r eisin sy'n llawn.
Pan ddelo yn amser cynhaeaf
Ni lenwi'i ysgubor ag ŷd
Ond rhannu'r ystôr at y gaeaf
I dorf creaduriaid y byd.

Gŵyr rifau y sêr sy'n tywynnu
O'r awyr ddiderfyn uwchben,
A'u golau bob nos yn cyfrannu
I gain berorama y nen.
O weled Ei weithiau a'u rhamant
Cydganwn, yn unol ein llef,
Rhown Iddo'r holl glod a'r gogoniant
Cans Ceidwad y cread yw Ef.

Darn i Biano

BEIRNIADAETH ROGER OWENS

Roedd safon y cystadleuwyr i gyd yn gyffredinol dda ac roedd rhywbeth i'w ganmol ym mhob cyfansoddiad. Tybiaf mai'r un cystadleuydd yw *Peter*, *Teilo*, *Paul* a *Dyfrig*. Cyflwynaf yn awr ychydig eiriau am bob cystadleuydd.

Gobeithiol: Mae hwn yn ddarn effeithiol, tebyg i *toccata*, gyda gwead pigog, a bwysleisir gyda phum curiad yn y bar. Nid yw'r cysyniad yn arbennig o wreiddiol ac mae i adeiladwaith y cordiau sain gyfarwydd, ond mae'r gwaith yn argyhoeddi. Hoffais y darn *cantabile* yn yr adran ganol, sy'n debygol o fod dan ryw gymaint o ddylanwad y byd jazz (yn y cordiau llaw chwith). Efallai y gallai'r adran hon fod wedi bod yn ehangach; gellid bod wedi ystyried ehangu hyd yn oed fwy ar y cwmpawd, gan ei bod yn ymddangos bod y gerddoriaeth wedi'i chanoli'n bennaf o gwmpas rhan ganol y piano. Serch hynny, dyma waith a fwynheais, ac fe'i canmolaf.

Shoni Bach: Mae'r gwaith hwn yn llifo'n hyfryd ac fel pe bai'n gyfuniad o ddylanwad Chopin gydag ychydig o ddylanwad cerddoriaeth gwerin gyfoes (e.e., Christopher Norton). Mae'r melodi'n llifo'n braf, yn delynegol ac yn fynegiannol iawn. Fodd bynnag, mae'r marciau pedal braidd yn drafferthus; yn sicr, mae mwy o bosibiliadau yma (e.e., gellid chwarae bar 6 bron heb newid pedal o gwbl, gan gymryd bod y pianydd yn medru canu'r darn gyda 'lleisio' gofalus. Tybed a yw'r curiad terfynol i fod yn 'sych' ym mar 13?). Mae'r holl waith yn ymddangos fel pe bai wedi'i selio ar yr un pytiau thematig ac efallai y byddai wedi bod yn fwy effeithiol o gynnwys deunydd mwy cyferbyniol oddi mewn i adran ganol y darn. Er hynny, mae hwn yn gyfansoddiad meddylgar, llawn o bethau hyfryd.

Y Gylfinir: Mae awyrgylch arbennig ar ddechrau'r gwaith hwn, a hynny wedi'i gyfoethogi gan soniarusrwydd y pedal cynnal. Ymddengys fel pe bai yma wybodaeth sicr o harmoni ac mae rhai o'r dilyniannau'n effeithiol iawn. Mae yna berygl bod y syniad o ailadrodd rhai rhannau wythfed yn uwch wedi'i orddefnyddio braidd ond nid yw hynny'n tynnu dim oddi ar lwyddiant cyffredinol y darn.

Peter: Mae'r darn hwn yn arddangos synnwyr rhythmig da a siarp, ac mae'n dechnegol heriol i'r pianydd (ond yn llawn deilwng o'r ymdrech!). Does dim ond dau farc deinamig yn y sgôr, er bod y nodiadau dechreuol yn esbonio'r syniadau y tu ôl i hynny (a'r marciau pedal). Gadewir llawer i chwaeth bersonol y perfformiwr. Mae hwn yn waith sy'n gwneud argraff, er y byddai print o faint mwy wedi'i wneud yn llawer haws i ddeall y nodau.

Teilo: Dyma gyfansoddi aeddfed iawn ac er nad yw rhai effeithiau a syniadau yn hollol wreiddiol, mae'r darn yn cynnwys gwrthgyferbyniadau rhagorol o ran rhythm, cyflymder, deinameg ac awyrgylch. Mae ffurf y brawddegau'n argyhoeddi a hoffais yn arbennig y gweadau a grëir o far 17 ymlaen. Mae'r gerddoriaeth yn awgrymu cymysgedd o arddulliau gan gynnwys Scriabin, Webern, heb sôn am argraffiadaeth, ac eto, mae'r darnau wedi'u plethu'n hyfryd a mwynheais berfformio'r darn yn arw iawn.

Paul: Mae'r gwaith hwn yn arddangos synnwyr da o awyrgylch, a gyfoethogir gan y defnydd effeithiol a wneir o'r pedal cynnal, sy'n dal soniarusrwydd nodau isel y bas ac yn cyfuno'r seiniau hyn yn llwyddiannus gyda gweadau uwch y sgôr. Mae i'r darn adeiladwaith da wedi'i gyfuno â lliwio deinamig cynnil a harmonïau diddorol. Fodd bynnag, mae'n anodd ei ddarllen a byddai'n werth ystyried printio'r gwaith, pe na bai ond i wneud bywyd yn haws i'r pianydd sy'n gorfod dysgu'r nodau.

Dyfrig: Mae hwn yn waith effeithiol, gyda rhai cyffyrddiadau gwreiddiol. Mwynheais y syniad o gylchdroi nifer y cwaferi bob yn dri bar (5-6-7), er bod y rhythm yn ailadroddol (e.e., a ellid bod wedi amrywio hyn er mwyn cynnwys pum cwafer yn y llaw dde yn erbyn tri chwafer yn y llaw chwith, a.y.b.?). Mae'r gweadau'n ein hatgoffa o waith Webern ac mae'r diweddglo yn arbennig o atmosfferig. Mae hwn yn waith technegol anodd a buasai'n rhaid i'r pianydd fod yn fedrus wrth ddefnyddio'r pedal (gan ei adael, i raddau helaeth, i 'chwaeth y perfformiwr', fel yr amlinellir ar y dechrau) er mwyn chwarae'n llwyddiannus gymhlethdodau'r gerddoriaeth.

Capten Crosied: Dyma ddarn atmosfferig iawn, lle ceir peth ysgrifennu cordiol gwreiddiol gyda rhai gwrthgyferbyniadau pendant yn y gwead. Hoffais y rhannau unsain yn enwedig, a'm hatgoffai i ryw raddau o waith rhai cyfansoddwyr cyfoes Cymreig, ac, yn arbennig, o gerddoriaeth Alun Hoddinott. Fy mhrif amheuaeth oedd gyda'r gwaith pedal. Doeddwn i ddim yn sicr iawn ai'r bwriad oedd cynnwys y darnau unsain (e.e., barrau 7-8 ymlaen) o fewn cwmpas un pedal ai peidio. Rhoddir rhai arwyddion pendant ynglŷn â lle mae'r gwaith pedal yn gorffen (gydag arwydd seren) ond, yn gyffredinol, gellid bod wedi gwneud hynny'n gliriach mewn mannau pwysig eraill. Er hynny, mwynheais y gwaith sy'n dangos ansawdd dramatig diffuant.

Welsh Fred: Mae i'r gwaith hwn ymdeimlad da o gynnal momentwm ynghyd â gwrthgyferbyniadau dynamig effeithiol. Nid oeddwn wedi f'argyhoeddi'n llwyr gan y newidiadau cromatig yn yr harmoni (e.e., barrau 43-46) ac mae'r ail atgan (o far 64 ymlaen) yn weddol anaddas i'r piano os disgwylir i'r holl nodau gael eu chwarae fel yr ysgrifennwyd hwy tra'n cynnal y cwafer a hanner yn y llaw chwith. Efallai y byddai rhai arwyddion pedal wedi bod o gymorth yma. Mae'r diweddglo'n wreiddiol er ei fod yn swnio fel pe bai angen adfer y cordiau (byddai ychwanegu nodau'r nawfed neu'r trydydd ar ddeg o help). Er hynny, mae'n waith calonogol – trueni na fyddai ychydig yn hwy (efallai y gellid ychwanegu atgan arall ymhen amser?). Mwynheais y gwaith.

Credaf fod *Gobeithiol*, *Shoni Bach*, *Y Gylfinir*, *Capten Crosied* a *Welsh Fred* i gyd yn haeddu eu canmol, gyda chanmoliaeth uchel i *Peter*, *Paul* a *Dyfrig*, ond dyfarnaf y wobr gyntaf eleni i *Teilo*.

Triawd i biano, ffliwt a cello

BEIRNIADAETH JOHN HYWEL

Derbyniwyd dwy ymgais.

Capten Crosied: Mae'r triawd hwn yn ddarn mynegiannol a chryf a'r cyfansoddwr yn dangos trwy gydol y darn wybodaeth feistrolgar o'r offerynnau unigol ac o'r cyfrwng diddorol a lliwgar hwn. Mae rhannau pob offeryn yn hollol idiomatig ac yn defnyddio palet cyfoethog o liwiau cyferbyniol. Llawn mor effeithiol yw'r ffordd y mae'r cyfansoddwr yn datblygu ei syniadau cerddorol trwy ddefnyddio'r cyfrwng yn gwbl addas, gyda ffliwt a cello yn dadlau gyda'r piano mewn cyfres o weadau amryliw. Mae cynllun y ffurf yn fedrus dros ben, y motifau cerddorol cofiadwy yn datblygu'n organig o fewn yr adrannau A B A C A cyferbyniol; yr A araf a theimladwy a'r B ac C cyflym a rhythmig.

Welsh Fred: Mae'r triawd hwn wedi ei gyfansoddi yn arddull y lleiafsymydd. Nid yw'r triawd yn addas iawn ar gyfer y cyfrwng dewisedig oherwydd nad yw'r rhannau ar gyfer yr offerynnau unigol bob amser yn idiomatig – er enghraifft, y ffigur ailadrodd anodd dros ben i biano (bron yn amhosibl i'w chwarae yn y *tempo* a osodir) – a hefyd yn niffyg unrhyw fwanodi *legato* i'r cello. Ailadroddir y motifau cerddorol yn arddull y lleiafsymydd trwy gydol y darn gyda rhywfaint o newid ond teimlaf fod angen dyfeisio siâp lawer mwy diddorol i'r cyfanwaith a chael dealltwriaeth fwy ymarferol o idiomau'r offerynnau a'r cyfrwng er mwyn gallu creu darn llwyddiannus yn yr arddull arbennig hon.

Mae triawd *Capten Crosied* yn dangos dawn greadigol arbennig ac mae'n wir deilwng i ennill y gystadleuaeth hon.

Amrywiadau ar Emyn-dôn Gymreig allan o *Caneuon Ffydd* ar gyfer organ

BEIRNIADAETH GEORGE GUEST

Gresyn na fentrodd ond un cystadleuydd, sef *Capten Crosied.* Ond cafwyd cyfansoddiad sylweddol ganddo – casgliad o saith amrywiad ar gyfer organ ar yr emyn-dôn adnabyddus a phoblogaidd 'Lledrod', tôn a gafodd nifer o enwau yn ystod ei hanes hir.

Braidd yn fodern yw'r arddull harmonig (er nad oedd yn hollol gyson) ac mae'r darn ei hun yn ddyledus yn ei ffurf i'r 'Variations on Braint' gan William Mathias. Dewiswyd y stopiau gyda dychymyg ond mae'n ymddangos bod y *tremulant* yn cael ei orddefnyddio o dro i dro. Mae'r alaw ei hun yn cael ei thrin mewn amrywiaeth o ffyrdd, a'r darn yn arwain at uchafbwynt effeithiol a chyffrous. Heb amheuaeth, mae'r darn hwn yn hollol deilwng o'r wobr.

Cylch o dair o ganeuon ar gyfer unrhyw lais

BEIRNIADAETH J. EIRIAN JONES

Nid tasg hawdd yw cyfansoddi cân lwyddiannus ac, yn naturiol, mae cyfansoddi cylch ohonynt yn gofyn am gryn fedrusrwydd. Mae'n rhaid cael amrywiaeth a gwrthgyferbyniadau o fewn cylch ond eto mae'n rhaid iddynt uno i greu cyfanwaith. Dau ymgeisydd yn unig a fentrodd i'r gystadleuaeth hon – roeddwn yn dra siomedig yn hynny o beth ond diolch i'r ddau am eu hymdrechion. Dyma air byr am y ddau.

Alltud: Cafwyd cylch o ganeuon ar gyfer llais bas ar eiriau'r cyfansoddwr ei hun: 'Gorllewin', 'Defaid y Ddinas' a ''Mhlentyn i'. Gwelir cryn amrywiaeth o safbwynt arddull o fewn y cylch gyda'r ysgrifennu lleisiol bob amser yn gorwedd yn ddigon cyffyrddus i lais bas. Mae'r llawysgrifen yn daclus gyda phob dim yn hawdd ei ddarllen ac fe roddwyd sylw manwl i'r marciau mynegiant. Dyma gyfansoddwr sydd yn hoffi arbrofi gyda rhythmau cymhleth, trawsacennog – yn sicr, mi fyddai perfformio'r cylch hwn yn gryn sialens i unrhyw faswr. Mae'r rhythmau cyffrous yma yn amlwg iawn yng nghân gyntaf y cylch. Mae'r gosodiad o ''Mhlentyn i' yn wrthgyferbyniad llwyr i'r ddwy gân arall ond mentraf ofyn tybed a fyddai'n well gosod hon yn ail yn y cylch? Ond dyma gylch sy'n dangos ôl cynllunio manwl ac arddull gwbl gadarn ac argyhoeddedig.

Tafwys: Gosodiadau o dair o gerddi Alan Llwyd i lais tenor, gyda thema serch yn ddolen gyswllt amlwg rhyngddynt. Cyflwynwyd y caneuon mewn llawysgrifen sydd heb fod mor daclus ag y dymunem gyda'r canlyniad ei bod yn anodd darllen y nodiant mewn ambell fan. Gwelir digon o wrthgyferbyniad rhwng y caneuon er eu bod i gyd wedi'u seilio ar yr un thema gyffredin. Mae'r iaith harmonig yn llawer mwy confensiynol yma nag a welwyd yng ngwaith *Alltud*, gyda ffigurau pianistig digon llwyddiannus. Mae yma hefyd gyffyrddiadau cerddorol a chrefftus ynghyd â strwythur eglur a chyfeiriad pendant er bod gofyn yn y fan hon eto am denor telynegol i berfformio'r cylch yn dda.

Mae cynnyrch y ddau gystadleuydd yn gwbl wahanol i'w gilydd ac yn gyfansoddiadau i'w canmol. Hoffwn rannu'r wobr yn gyfartal rhyngddynt.

Agorawd ar gyfer cerddorfa ieuenctid a gymer 8-10 munud i'w berfformio

BEIRNIADAETH JOHN HARDY

Gair am y ddau gystadleuydd:

Alarch: 'Castell Brân'. Mae'r darn hwn yn dangos llawer o addewid. Mae'n llawn syniadau ac yn ddramatig iawn gyda newidiadau mewn cyflymder, awyrgylch a lliw, ynghyd â themâu ac effeithiau diddorol. Fodd bynnag, un gair o gyngor:

os ydych yn dymuno cyfansoddi ar gyfer perfformiad byw, mae'n rhaid i chi ddechrau ar y broses o ddysgu am yr offerynnau unigol, gwybod yr hyn y gallant ei gyflawni, a sut i ysgrifennu darnau ar eu cyfer er mwyn iddynt swnio'n dda ac fel bod modd chwarae'r rhannau offerynnol. Ar hyn o bryd, nid yw'r sgôr hwn, sy'n amlwg wedi'i gyfansoddi ar raglen gyfrifiadur, megis Cubase, Logic neu Finale, yn addas i'w berfformio'n fyw. Mae'r gwaith wedi'i ysgrifennu y tu hwnt i gwmpawd a gallu amryw o'r offerynnau ac mae nifer o'r rhannau nad ydynt yn gorffwys yn naturiol a nodweddiadol o safbwynt yr offerynnau. Gobeithir y bydd y cystadleuydd hwn yn bwrw ymlaen i ailgyfansoddi'r darn fel bod modd iddo gael ei berfformio'n fyw. Dylai edrych ar sgoriau ei hoff gerddoriaeth, siarad â cherddorion ac, yn bennaf oll, dylai barhau i gyfansoddi a chreu syniadau cerddorol uchelgeisiol, eu chwarae, a dysgu'r triciau wrth arbrofi.

Euddogwy: 'Agorawd Dathliad'. Mae'n hyfryd gweld sgôr wedi'i gyflwyno mor wych, mor glywadwy, ac wedi'i gynllunio mor drylwyr. Mae'n ddarn egnïol a cheir gwrthgyferbyniadau gwych o ran cyflymder, amseriad a lliw. Mae'r trefniant i'r gerddorfa yn hyderus iawn, yn gymwys, yn effeithiol ac, mewn gwirionedd, yn feistrolgar. Nid oes lle yn y gyfrol hon i ddadansoddi'r gwaith yn fanwl, er ei fod yn llawn haeddu cael ei ddisgrifio a'i ganmol mewn manylder ac, wrth gwrs, yn haeddu cael ei glywed gan gynulleidfaoedd. Byddai cerddorfa dda yn gallu cynhyrchu hyd yn oed fwy o gynnwrf yn yr agoriad drwy fabwysiadu *tempo* ychydig cyflymach. Yn sicr, fe ddylid anfon y gwaith hwn i Gerddorfa Genedlaethol Gymreig y BBC, heb sôn am gerddorfeydd eraill, a gobeithiaf gael clywed y gwaith yn cael ei berfformio yn yr Eisteddfod Genedlaethol y flwyddyn nesaf!

Dyfarnaf y wobr gyntaf i *Euddogwy*.

Un symudiad ar gyfer pedwarawd llinynnol

BEIRNIADAETH TREVOR ROBERTS

Derbyniwyd pum symudiad.

Gilo ap John: 'Diwrnod Helbulus yn yr Ysgol'. Cafwyd cyffyrddiad ysgafn braf yn y darn yma. Mae cerddoriaeth ysgafn o ddiddordeb arbennig i mi a chefais y trefniant hwn yn ffres iawn. Mae'r darn hefyd yn dangos hiwmor sydd yn rhywbeth anodd i'w gyfleu mewn cerddoriaeth – roedd Walton, Rossini, a Satie ymhlith y nifer fechan a wnaeth hynny'n llwyddiannus. Mae'r ysgrifennu llinynnol yn effeithiol ac mae gwybodaeth dda gan y cyfansoddwr ynglŷn â sut i ddefnyddio effeithiau llinynnol nodweddiadol. Hoffwn weld ychydig mwy o gyferbyniad harmonig – er enghraifft, ym mar 25, lle mae'r prif syniad yn dychwelyd, gellid bod wedi newid y cywair yn B Meddalnod mwyaf, yn B fwyaf neu hyd yn oed yn E Meddalnod mwyaf. Fe ellid bod wedi gwneud hynny'n eithaf hawdd ac fe fyddai wedi creu cyferbyniad trawiadol i'r glust. Yn y cord terfynol, fe ellid bod wedi defnyddio stopiau dwbwl a thriphlyg ym mhob un o'r pedwar offeryn ac nid yn rhan y feiolín cyntaf yn unig, ac fe fyddai hynny wedi ychwanegu'n arw at y sain. Fe fyddai hefyd yn ymddangos yn fwy meistrolgar mewn perfformiad. Ond da iawn!

Hayley Strung: Cefais y darn hwn yn hynod o ddiddorol. Mae'n arddangos cryn dipyn o ansawdd deallus, sydd wedi'i gadw a'i ddatblygu'n dda. Mae'r gerddoriaeth yn fewnblyg a thywyll ac, i raddau, yn adleisio Katchaturyan a Shostakovitch. Dydw i ddim yn siŵr a ydi'r naws yma ychydig yn rhy drwm wrth i'r symudiad fynd yn ei flaen ond, ar ôl dweud hynny, nid yw'n arddull hawdd a chyrhaedda'r gerddoriaeth uchafbwynt pwerus. Rwy'n arbennig o hoff o'r diweddglo tawel sydd yn gorffen gyda dychweliad thema'r cello. O safbwynt cerddorol (heb ystyried gofynion y gystadleuaeth am eiliad), credaf y byddai'r darn yma yn elwa'n sylweddol trwy gael ychydig o symudiadau cyferbyniol i fynd gydag ef – efallai symudiad telynegol araf ac yna diweddglo llachar ysgafn. Ond mae eisoes yn drawiadol. Da iawn.

Ffred: Rwy'n arbennig o hoff o sut y dechreuwyd y darn – mor syml – ac mae hynny'n rhywbeth beiddgar i'w wneud. Mae'n amlwg fod clust dda iawn gan y cyfansoddwr at 'awyrgylch'. Rwyf bron â meddwl y byddai'r agoriad wedi bod yn well o ddefnyddio mudydd (*con sordini*). Rwy'n pryderu braidd am y cysyniad sydd ganddo o beth yw ysgrifennu llinynnol effeithiol. Er enghraifft, gallai rhan helaeth o'r gwaith fod ar gyfer dau glarinét a dau fasŵn. Credaf hefyd fod rhaid bod yn wyliadwrus rhag gorddefnydd ac mae'n rhaid i mi ddweud i mi gael y darn yma yn rhy hir. Dylai'r cyfansoddwr fod wedi bod ychydig mwy penodol yn ei gyfeiriadau at amseriad. O safbwynt ei ddull o farcio'r sgôr, gallai'r ffordd y mae Debussy yn marcio darnau fod o gymorth mawr iddo (er enghraifft, yn y ddwy gyfres o Piano Preludes: Rhif 7 yn Llyfr 1 a Rhif 10 yn Llyfr 2). Cefais y darn cyntaf ychydig yn rhy amwys ond hoffais y ffordd y defnyddiwyd y dripled a'r hanner-cwaferi yn yr adran tri pedwar ac, i mi, dyna oedd un o'r adrannau mwyaf effeithiol mewn darn ardderchog o greu awyrgylch a allai fod wedi bod yn well o'i gwtogi fymryn.

Welsh Fred: Fe fydd chwaraewyr llinynnol yn elwa yn fawr o chwarae'r darn yma, yn enwedig o far 55 ymlaen. Mae'r syniad gwreiddiol yn gryf ac yn gofiadwy ac wedi ei ymestyn yn greadigol, yn enwedig trwy far pump-wyth a bar saith-wyth. Hoffaf hefyd yr effaith *passacaglia* sy'n dechrau ym mar 22. Fel yn achos un o'r cynigion eraill, teimlaf y gallai'r darn hwn elwa'n fawr o ychwanegu symudiad arall neu adran gyferbyniol (pe bai'r gystadleuaeth wedi caniatáu hynny, wrth gwrs!). Yn y darn yma, byddai ychwanegu cyflwyniad araf a ganolbwyntia ar harmoni diddorol yn gwella effaith y darn yn arw. Ar ôl dweud hynny, mae'r ysgrifennu'n fywiog ac yn economaidd ac rwy'n llawn canmoliaeth iddo.

Capten Crosied: O'r holl gynigion, dyma'r symudiad sydd wedi'i ysgrifennu gliriaf a'i gyflwyno yn y modd mwyaf proffesiynol. Yn anad dim, mae'n dangos ymwybyddiaeth glir o sut y mae modd gwneud i weadau weithio'n effeithiol. Mae'r ysgrifennu'n llachar ac yn feistrolgar ac mae'r dull harmonig yn gymhleth ac yn ddiddorol bob amser – mae Szymanowski a Bartok yn dod i'r cof. Efallai y gallai fod hyd yn oed yn fwy effeithiol trwy gael ychydig eiliadau o symlrwydd a distawrwydd fel sydd gan Wagner yn 'Tristan ac Isolde'. Dw i ddim wedi f'argyhoeddi'n gyfan gwbl gyda'r ffigur rhythmig bychan o dri hanner-cwafer sydd, fe deimlaf, wedi cael eu gorddefnyddio. Beth bynnag, fe'i achubwyd gyda symudiad prydferth tua diwedd y *Vivace* – y feiolín a'r cello dri wythfed ar wahân yn erbyn *tremolando* syml a oedd yn angenrheidiol yn y darn ar y funud honno. Darn o waith ardderchog, ac fe ddyfarnaf *Capten Crosied* yn fuddugol.

Tlws y Cerddor: Cyfansoddiad gwreiddiol i bedwar llais SATB neu TTBB, gyda chyfeiliant piano neu organ, a fyddai'n addas i gôr amatur

BEIRNIADAETH ERIC JONES A ROBAT ARWYN

Roeddem ni'n dau yn chwilio am gyfansoddiadau corawl a fyddai'n cyfathrebu â chynulleidfa, yn rhoi her a sialens (o fewn rheswm) i gorau amatur, ac yn cynnwys y fflach angenrheidiol o ysbrydoliaeth a fyddai'n gwneud y darn yn ychwanegiad teilwng a thrawiadol i *repertoire* unrhyw gôr, beth bynnag fo'r arddull. Derbyniwyd saith o gyfansoddiadau i'r gystadleuaeth. Siom oedd derbyn cyn lleied a siomedig, hefyd, oedd y safon drwyddi draw.

Llwyneos: Gosodiad o'r 'Magnificat' i gôr SATB gyda chyfeiliant. Nid yw'r sgôr yn egluro i ba offeryn y bwriedir y cyfeiliant ond mae'r ysgrifennu yn awgrymu piano, er byddai cyfeiliant i organ yn fwy addas ar gyfer gosodiad o'r 'Magnificat'. Crwydro braidd yn ddigyfeiriad y mae'r adran agoriadol. Mae'r syniad o ddefnyddio brawddeg blaengan ragarweiniol yn un da ynddo'i hun ond nid oes unrhyw ymdrech i'w phlethu na'i hefelychu yng nghorff y darn. Mae'r ysgrifennu lleisiol yn ddigon cyffyrddus ac o fewn cwmpawd unrhyw gôr amatur ond nid oes yma ddim diddorol i ysgogi côr i ychwanegu'r darn at ei *repertoire*. Yr adran fwyaf effeithiol yw'r adran ganol ond mae'n benthyca'n drwm iawn o osodiad clasurol arall.

Alltud: Gosodiad o gerdd Hedd Wyn, 'Rhyfel', ar gyfer côr meibion, TTBB, gyda chyfeiliant piano. Dyma ddarn syml, telynegol yn agor gyda harmonïau tywyll sy'n adlewyrchu dwyster y geiriau. Mae'r gwrthbwynt ar ddechrau'r ail adran hefyd yn addawol ac mae'r ysgrifennu lleisiol yn parhau'n gyffyrddus ac yn ganadwy iawn. Serch hynny, mae tueddiad i ogor-droi'n ormodol o gwmpas yr un cyweiredd a'r un math o gordiau, a'r weledigaeth braidd yn rhy gyfyng ei syniadau i gyflwyno gwewyr, ofn a naws y testun. Ceir ambell ymgais i liwio geiriau – er enghraifft, gyda'r llinell 'a gwaedd y bechgyn lond y gwynt' – ond, hyd yn oed yno, mae tuedd i'r iaith gerddorol droi'n orgeidwadol ac mae'r brawddegau ystrydebol dilynol yn gwanhau effeithiolrwydd y darn.

Garron: 'Cododd Crist o'i Fedd yn fyw', i gôr SATB gyda chyfeiliant piano. Anodd iawn yw cyflwyno gwedd newydd i eiriau mor adnabyddus. Er hynny, mae'r agoriad bywiog i'r piano gyda'i liwiau harmonig diddorol yn addawol nes i'r gerddoriaeth droi'n siomedig cyn mynediad y lleisiau oherwydd yr awydd dianghenraid i gyrraedd llywydd traddodiadol sydd, yma, yn tanseilio effaith ddeniadol y seithfed meddal. Mae'r cyfeiliant yn parhau'n ddiddorol iawn gan lwyddo i gynnal ei fywyd ei hun yng ngwead y darn a cheir ymdrech dda i ystwytho'r mynegiant lleisiol o bryd i'w gilydd. Siomedig yw'r adran ganol, yn enwedig y gosodiad o'r llinell, 'Aeth drwy'r bedd i'n hachub ni'. Yma, mae'r idiom gromataidd sydyn, er yn ceisio adlewyrchu neges y geiriau, braidd yn anghydweddol yng nghyd-destun y darn cyfan. Mae'n ymdrech dda ond nid yw'r syniadau na'r gwahanol arddulliau yn gwau i'w gilydd yn ddigon argyhoeddiadol. Tybiwn mai cyfansoddwr ifanc a chymharol ddibrofiad sydd yma, gan iddo ysgrifennu llinellau'r tenor ar erwydd y bas yn hytrach na'r trebl sy'n fwy confensiynol mewn sgôr agored.

Pwy ydi Hon?: Gosodiad o drosiad Cynan o waith Henry Vaughan, 'Hedd', i gôr meibion gyda chyfeiliant i'r piano. Er yn gonfensiynol ei iaith gerddorol, mae'r gosodiad hwn yn llwyddo i greu naws arallfydol gyda llyfnder priodol yn y rhannau lleisiol a chyfeiliant pwrpasol anymwthgar. Caiff hyd y brawddegau ei amrywio'n gelfydd hefyd, gyda'r newid amseriad cyson yn ychwanegu at yr awyrgylch breuddwydiol. Gwaetha'r modd, ceir enghreifftiau o gamacennu wrth osod y geiriau ac mae ambell hapnod ar goll yn y cyfeiliant. Er i'r gwaith gael ei gyflwyno fel darn i gôr meibion, mae llais Bas 1 yn crwydro'n gyson uwchben Tenor 2 ac, ar adegau, uwchben Tenor 1, heb wir angen. Mae'r cyfeiliant yn addas iawn ac yn llawn amrywiaeth, gan ddangos y cyfansoddwr ar ei orau. Ond, ar y cyfan, ychydig o liw a dychymyg sydd yma.

Magw: Gosodiad o gerdd Gwyn Thomas, 'Mae gen i freuddwyd', i gôr SATB gyda chyfeiliant piano. Dyma ymgais i edrych am syniadau ffres a gwahanol, lle mae'r arddull yn gyfoes, er yn gyfarwydd, ac yn syml a chanadwy iawn. Llwydda'r cyfansoddwr i greu seiniau diddorol ar brydiau ac mae'r cyfeiliant yn effeithiol dros ben. Addas iawn yw awyrgylch breuddwydiol y frawddeg agoriadol a'r modd y caiff ei hailgyflwyno o dro i dro yn ystod y darn a hynny ar ffurf wahanol. Nid ydym yn gwbl argyhoeddedig o'r defnydd cyson o'r cord a awgryma seithfed y llywydd, sydd braidd yn anghydnaws â gweddill y darn. Cyfyng yw canfas y cyfansoddwr, fel pe bai'n gosod pob llinell yn ei thro yn hytrach nag yn datblygu cyfanwaith gorffenedig. Ond, yn sicr, mae yma botensial, dyfeisgarwch a chrebwyll cerddorol. Er hynny, dylai'r cyfansoddwr roi sylw i'r confensiynau o argraffu geiriau o dan y nodau.

Paul Reichsmauer: 'Dychwelwch i'ch amddiffynfa, chwi garcharorion hyderus', i gôr SATB gyda chyfeiliant organ. Clamp o destun yw hwn, a byddai'r gosodiad yn gweddu'n well i'r bedwaredd ganrif ar bymtheg o ran naws os nad bob amser o ran arddull. Er bod yma ddigon o syniadau, ac i ambell adran ymddangos yn llai traddodiadol na'i gilydd, tueddu at fod yn fympwyol y mae'r cyfan, heb lwyddo i greu undod cerddorol naturiol a gorffenedig. Syrth y cyfansoddwr yn ôl ar yr ystrydebol – er enghraifft, gyda'i ddefnydd o'r seithfed cywasg wrth gyflwyno'r storm. Braidd yn feichus yw'r cyfeiliant i'r organ ar brydiau gan dynnu gormod o sylw ato'i hun. Nid yw'r ysgrifennu bob amser yn idiomatig a byddai'n elwa o gyfarwyddiadau cofrestru manylach, fel bod y gwead cyflawn sydd ym meddwl y cyfansoddwr yn gliriach.

Aberbach: Gosodiad o gerdd Gwyn Thomas, 'Y Llyw Olaf', i gôr SATB a chyfeiliant piano. Mae'r agoriad trawiadol i'r piano ynghyd â'r gwrthgyferbyniad tawel sydyn gyda mynediad y lleisiau yn adlewyrchu meddwl cerddorol craff. Wedi goresgyn y broblem o ddarllen llawysgrif sydd braidd yn aflêr, canfyddir syniadau sy'n fodd i greu awyrgylch priodol, ac iaith harmonig argraffiadol addas i'r gerdd. Mae'r cyfansoddwr yn ymwybodol o'r grefft o liwio'r geiriau yn ei osodiad heb fynd yn ystrydebol. Er yr addewid, try'r ddadl gerddorol yn statig wrth gylchdroi o gwmpas yr un dilyniad cordiau fwy neu lai, ac er bod hyn i raddau yn adlewyrchu'r geiriau, y canlyniad yw cerddoriaeth ddi-fflach.

Siomedig yw canfod darnau digyfeiriad, a darnau hefyd nad ydynt yn cynnig unrhyw her arbennig. Yn hyn o beth, efallai fod y gair 'amatur' yng ngeiriad y gystadleuaeth wedi cael ei gamddehongli a'i ystyried yn elfen eilradd. Mae ein corau amatur heddiw yn dra awyddus i ymateb i gerddoriaeth sydd yn fwy heriol a newydd nag a ganfyddir yng nghynnyrch y gystadleuaeth hon. I raddau helaeth, gwelir diffyg ymwybyddiaeth ar ran y cyfansoddwyr o'r math o ddeunydd amrywiol ei natur a genir gan ein corau y dyddiau hyn. Nodwn hefyd ein siom fod mwy nag un o'r darnau wedi ymddangos mewn cystadlaethau yn eisteddfodau'r gorffennol. Cawn ein digalonni bod cyfansoddwyr mor ddiddychymyg ac, mae'n rhaid dweud hefyd, mor llugoer, fel na allant ymdrafferthu i gyfansoddi darn newydd ar gyfer cystadleuaeth mor bwysig â hon. Rydym ni'n dau o'r farn, felly, heb unrhyw amheuaeth o gwbl, er y siom, y dylid atal y wobr eleni yng nghystadleuaeth Tlws y Cerddor.

IEUENCTID

Ffolio o waith amrywiol

BEIRNIADAETH J. EIRIAN JONES

Derbyniwyd saith ffolio ac mae'n dda cael dweud bod y safon yn gyffredinol dda, gyda rhinweddau'n perthyn iddynt oll. Gwelwyd amrywiaeth, yn ôl y disgwyl, o fewn y rhan fwyaf o'r ffolios a defnyddiol iawn oedd cael recordiad o'r gwaith yn ogystal â nodiadau gan rai cystadleuwyr. Cafwyd amrediad eang o wahanol arddulliau, gyda'r ymgeiswyr, bron yn ddieithriad, wedi nodi eu cyfansoddiadau ar bapur.

Y Delynores Dwt: Cafwyd pum darn o fewn y ffolio ac fe gofnodwyd y cyfan yn ddestlus iawn ar raglen gyfrifiadurol. Er bod amrediad eang o safbwynt arddulliau cerddorol o fewn y ffolio, teimlwyd mai buddiol iawn fyddai cynnwys mwy o amrywiaeth offerynnol gan fod y darnau i gyd wedi eu cyfansoddi ar gyfer naill ai'r delyn neu'r piano. Er hynny, fe sylwyd ar ysgrifennu idiomatig iawn ar gyfer y delyn – mae'n amlwg fod y gyfansoddwraig yn deall ei chyfrwng yn dda. Cafwyd ffurfiau clir a phendant o fewn y darnau er bod lle eto i ddatblygu ac ehangu arnynt ac i gyfoethogi'r iaith harmonig.

Gilo ap John: Dau gyfansoddiad a gynigiwyd yn y ffolio yma ac, o gymharu cyflwyniad y gwaith ag eiddo *Y Delynores Dwt*, mae'n bosibl mai'r un person a fu wrthi'n cyfansoddi. Ni dderbyniwyd recordiad nac ychwaith nodyn o eglurhad am y broses gyfansoddi. Mae'r 'Thema ac Amrywiadau' ar gyfer ffidil, baswn, piano ac offer taro yn gweithio'n ddigon llwyddiannus ar y cyfan gyda'r thema'n symud o gwmpas y gwahanol offerynnau yn llyfn. Mae yma ddefnydd diddorol iawn o gyweiredd. Mae'r ysgrifennu i'r llinynnau yn 'Diwrnod Prysur yn yr Ysgol' yn ddigon cywir er bod y dewis o gordiau mewn ambell fan ychydig yn amheus.

Charles Montgomery Burns: Pedwar cyfansoddiad a gynhwyswyd yn y ffolio; ni dderbyniwyd recordiad o'r gwaith nac ychwaith unrhyw nodiadau esboniadol. Mae'r ymdrech i gofnodi'r gwaith gan ddefnyddio rhaglen gyfrifiadurol i'w chanmol ac mae'r ysgrifennu i'r cello yn dangos adnabyddiaeth dda o dechnegau'r offeryn. Efallai mai prif wendid y cystadleuydd yma yw diffyg amrywiaeth o safbwynt offerynnau o fewn y ffolio. Ar wahân i'r pedwarawd llinynnol, 'Il n'est jamais', mae'r cyfansoddiadau eraill i gyd ar gyfer cello gyda chyfeiliant piano. Bydded yn ofalus hefyd o wallau sylfaenol megis wythfedi dilynol (yn y pedwarawd llinynnol), safle amheus i ambell gord a gwallau wrth nodi rhythmau (yn 'L'Adieu'). Teimlwyd hefyd fod gorddibyniaeth ar y ffigur sy'n seiliedig ar gord C leiaf yn 'Fantasie'.

Zo Yang Ching: Mae'n rhaid llongyfarch y cystadleuydd yma ar gyflwyniad ei ffolio a chanmolaf hefyd safon y recordiad yn enwedig y ddeuawd 'Enigma', ynghyd â'r amrywiaeth o fewn y ffolio. Croesawyd y nodyn o eglurhad ar y darn cyntaf ond trueni na allai hyn fod wedi bod yn bolisi gyda'r darnau eraill hefyd ac, yn arbennig, gyda'r ddeuawd offerynnol lle na chafwyd sgôr cerddorol. Clywyd digon o amrywiaeth a chyffyrddiadau moddawl effeithiol yn y gosodiad o 'Sanctus Virgine' er bod y darn efallai'n ailadrodd gormod. Cynigiwyd syniadau digon cyffrous yn 'Yr Ynys Goch' gyda gofal mawr i'r manylion perfformio. Mae lle yma yn sicr i ffrwyno ychydig eto ar y syniadau cerddorol a'u datblygu'n well. Y ddeuawd i'r ffidil a'r cello, 'Enigma', yw uchafbwynt y ffolio; pe bai'r ddau gyfansoddiad arall cystal â safon hwn, byddai *Zo Yang Ching* wedi bod yn gystadleuydd peryglus iawn.

Llygad yr Haul: Cyflwynwyd y cyfansoddiadau i gyd mewn llawysgrifen. Ni chafwyd recordiad o'r cynnyrch ond da oedd derbyn nodiadau am gefndir y darnau. Mae'r ddeuawd i'r ffidil a'r piano yn gweithio'n ddigon llwyddiannus ar y cyfan gyda'r ffurf gerddorol yn glir er bod tueddiad i'r cyfeiliant piano ddyblu rhan y ffidil yn ormodol. Mae adlais pendant o'r emyn-dôn 'Garthowen' yn y brawddegau agoriadol. Canmolaf y defnydd o ohiriannau yn y gosodiad o'r geiriau 'Bydd yn fy ymyl' i gôr SATB ac organ. Da gweld bod y geiriau wedi eu gosod yn gywir a'u nodi'n glir o dan y nodau. Nid wyf, serch hynny, yn gwbl argyhoeddedig ynghylch y dewis o gordiau bob tro yn y trydydd pennill. Cyfansoddiad gorau'r ffolio yn ddi-os yw'r 'Thema ac Amrywiadau' i'r delyn. Mae arddull John Thomas yn gryf yma ac fe welwyd digon o amrywiaeth o fewn y gwahanol amrywiadau. Hoffwyd yn arbennig y newid i amseriad y walts yn Amrywiad 4. Seiliwyd y cyfan ar thema gref a chyfoethog ei chordiau ac y mae'r ysgrifennu i'r offeryn bob amser yn idiomatig iawn.

Gwenynen: Cafwyd nodiadau cynhwysfawr a fu o gymorth mawr gan ei bod yn anodd, os nad yn amhosib, darllen y nodiant o'r rhaglen gyfrifiadurol ar brydiau! Mae amrywiaeth hyfryd o fewn y ffolio yma ac mae'n rhaid canmol safon y recordiad hefyd. Defnyddiwyd amrediad eang o ffurfiau cerddorol yn ymestyn o Grwndfas y Cyfnod Baroc i iaith gerddorol a ffurfiau mwy cyfoes. Roedd offeryniaeth 'Y Seren' yn apelio'n fawr er bod adlais cryf o gytgan yr emyn 'Fel yr Hydd' (Martin Nystrom) yn britho'r gwaith. Deniadol iawn hefyd oedd y darn a ddisgrifia'r daith i'r gofod; cafwyd yma seiniau ac effeithiau trawiadol gyda holl fanylion y daith yn cael eu portreadu'n fyw yn y gerddoriaeth. Dyma gyfansoddwr addawol eto gyda digon o syniadau a dychymyg byw.

Mefus: Cafwyd ffolio swmpus a chynhwysfawr ac fe deimlwyd yn syth fod yma gyfansoddwr hyderus a gwreiddiol ei syniadau, gyda phob dim wedi'i nodi'n glir ac yn hawdd ei ddarllen. Roedd cael clywed y cyfansoddiadau ar dâp yn fonws; roedd safon y recordio yn dda. Byddai wedi bod yn braf cael nodyn am gefndir y darnau hefyd. Cafwyd cryn amrywiaeth o fewn y ffolio, gan ddechrau gyda deuawd piano mewn tri symudiad yn dangos meistrolaeth arbennig ar ddatblygu motifau rhythmig. Gwelwyd yma iaith harmonig fentrus iawn. Hoffwyd yn arbennig y gwrthgyferbyniadau a gafwyd o fewn y darn 'Castell Brân' i gerddorfa, gyda'r sgorio i'r gwahanol offerynnau yn dangos ymwybyddiaeth ddeallus. Dychwelyd at un o brif ffurfiau'r Baroc a wna'r trydydd darn, sef 'Preliwd a Ffiwg i Biano'. Mae'r iaith gerddorol yma eto yn gyfoes ond gydag ambell gyffyrddiad Bachaidd megis cordiau cywasg y seithfed fel sydd yn y ffiwg. Dyma ffolio uchelgeisiol, a dweud y lleiaf, yn fwrlwm o syniadau gwreiddiol llawn dychymyg, ac yn dangos addewid fawr i'r dyfodol.

Diolch i'r holl gyfansoddwyr am fentro cystadlu a diolch yn arbennig iddynt am y pleser o gael bwrw llinyn mesur dros eu gwaith. Dymunaf rannu'r wobr fel a ganlyn: £30 i *Zo Yang Ching*; £40 i *Llygad yr Haul*; £50 i *Gwenynen*, ond y safle cyntaf, ynghyd ag £80, i *Mefus*.

ADRAN CERDD DANT

CYFANSODDI

Cyfansoddi Agored: Cainc 6 bar, 5 curiad i'r bar, a 4 pennill i'r cylch

BEIRNIADAETH NAN ELIS

Unwaith eto eleni, hynod o siomedig fu'r ymateb i'r cystadlaethau cyfansoddi yn yr Adran Cerdd Dant, gyda dim ond un ymgeisydd wedi anfon cainc i'r gystadleuaeth hon.

Cyflwynodd *Isaac* ei waith yn lân a thaclus tu hwnt. Does gen i ddim amheuaeth nad oes yma gerddor profiadol sy'n adnabod ei gyfrwng yn drylwyr. Mae hanner cyntaf ei gainc yn syml a hyfryd a'r ymdriniaeth o amseriad 5/4 yn ddeheuig a chwbl naturiol. Gwaetha'r modd, nid yw'r ail hanner yn yr un cae o gwbl: nid yw fel pe bai'n perthyn i'r 'pen' cyntaf o ran naws ac y mae'r cord annisgwyl ar ddechrau bar 10 (cord a fyddai'n talu'n iawn am ei le mewn dwsinau o geinciau eraill) yn merwino'r glust yn hon. Ceir gorddefnydd o ddilyniannau hefyd: astudied *Isaac* linell olaf cainc 'Llety'r Bugail' gan Eleri Owen i weld pa mor bell y gellir mynd â'r syniad o ddilyniant mewn cainc fer heb i'r ailadrodd ymddangos yn ddim amgenach na methiant ar ran y cyfansoddwr i chwilio am ddeunydd ffres i lenwi dau neu dri bar!

Awgrymaf i *Isaac* fynd yn ôl at y gainc hon gan ailfeddwl yn gyfan gwbl am yr ail ben a chadw'r pen cyntaf fel y mae. Cefais fy nhemtio i roi ceiniog neu ddwy iddo i'w ysgogi i wneud hynny (ac i ddiolch iddo am hyfrydwch y pen cyntaf) ond penderfynais mai gwneud cam fyddai hynny â llunwyr ceinciau gorffenedig y gystadleuaeth hon yn y gorffennol. Felly, mae'n rhaid, ysywaeth, atal y wobr.

ADRAN DAWNS

CYFANSODDI

Cyfansoddi dawns llys i'w henwi yn 'Dawns Eglwys Gadeiriol Tyddewi'

BEIRNIADAETH OWEN HUW ROBERTS

Nid gwaith hawdd yw cynllunio dawns dda ar unrhyw adeg ond mae'n llawer anos gwneud hynny pan roddir testun neu thema benodol iddi. Fodd bynnag, mentrodd pump i'r maes.

Non-Non: 'Yr Eglwys Gadeiriol'. Oes 'na unrhyw arwyddocâd i'r ffugenw, tybed? Anfonodd ddau gopi o'r ddawns – un ar gyfer y llwyfan ac un arall gyda'r dechrau a'r diwedd wedi eu haddasu ar gyfer perfformiad mewn eglwys. Dawns i chwe chwpl yw hon ac fe'i rhannwyd yn bedair rhan sydd i'w dawnsio i dair gwahanol alaw a phob un ar y mesur 6/8 – 'Dydd Gŵyl Dewi' i'r rhan gyntaf a'r rhan olaf, 'Pont Cleddau' ar gyfer yr ail ran, ac 'Aberdaugleddau' ar gyfer y drydedd. Tair alaw yw'r rhain sydd â'u henwau'n dod o Sir Benfro ond sydd eisoes yn gysylltiedig â dawnsiau eraill. Nid bod hynny o wahaniaeth, mae'n debyg, ond fe fyddai'n well gen i fod wedi cael alawon eraill. Mae ôl llawer o fyfyrio a chynllunio manwl ar y cyfansoddiad hwn – hyd yn oed o ran yr is-deitlau i'r gwahanol rannau, megis 'Gorymdaith i'r eglwys', 'Pawb â'i gyfraniad', 'Allan drwy'r porth cyfyng', 'Lledaenu'r neges ymysg ein gilydd', 'Llawenhewch yn yr Arglwydd' ac 'Ewch i'r holl fyd', etc. Yr argraff a geir yw fod y cyfansoddwr wedi meddwl am yr is-deitlau hyn gyntaf ac yna wedi defnyddio dychymyg i gyfleu'r syniadau mewn symudiadau. Ceir yn y ddawns nifer helaeth o ffigurau diddorol a hollol newydd i ddawnsiau gwerin Cymreig a'r rheini wedi eu disgrifio'n drylwyr a chyda manylder. Roedd nifer o ddiagramau wedi eu cynnwys hefyd a'r rheini i gyd yn help i hyfforddwr wybod ei fod yn dehongli'r cyfarwyddiadau'n gywir. Mae'n amlwg fod y cystadleuydd yn gyfansoddwr profiadol ond hoffwn pe bai'n edrych eto ar Ran 2(a), 'Pawb â'i gyfraniad', lle mae pawb yn ei dro yn dawnsio rhif wyth rhwng dau ddawnsiwr arall. Mae'n amheus gen i a yw pedwar bar o gerddoriaeth yn ddigon i wneud y symudiad yma a'i wneud yn 'osgeiddig urddasol' yn ôl y cyfarwyddiadau.

Glyn Dewi: Mae 'Dawns Eglwys Tyddewi' i'w dawnsio i alaw hyfryd (a newydd i mi!), sef 'La Cecchina' gan Edward Jones (Bardd y Brenin). Dawns orymdeithiol i bedwar cwpl yw hon i'w pherfformio mewn gwahanol rannau o'r gadeirlan ar y llwybr o'r drws at yr allor ac yna allan, ac ychwanegwyd nodiadau ar sut i'w haddasu ar gyfer perfformiad llwyfan hefyd. Hoffais y ffordd y newidiwyd ffurf y ddawns o uned hir i sgwâr ar ddiwedd B2 a chafwyd nifer o ffigurau newydd diddorol yn C1 a 2 a D1 a 2, a'r rhain i gyd yn llifo'n rhwydd i'w gilydd ond teimlwn fod naws y ddawns wedi newid ychydig tua'r diwedd (ar dudalen 4) a'r ffigurau'n mynd yn fwy cyffredin, bron yn debyg i ddawns dwmpath, yn hytrach na chodi i uchafbwynt. A oedd ôl brys yma, tybed? Mae angen mwy o gyfarwyddiadau yn A2 1-8 ar dudalen 3 (lle chwaraeir yr alaw drwyddi am yr ail dro). Nid yw dweud 'Ailadrodd gyda'r cyplau gwastadrif yn arwain' yn ddigon, gan fod rhifau'r dawnswyr sy'n symud o anghenraid yn wahanol i'r rhai a symudai yn A1 3-6. Os ailadroddir ffigur, oni fyddai'n well gwneud hynny i'r un gerddoriaeth? Ceir seren llaw dde yn B1 5-8 (tudalen 3) ond mae'r seren llaw chwith yn digwydd i gerddoriaeth B2 1-4. Roedd y diagramau'n ddefnyddiol iawn – ac yn hollol angenrheidiol, debygwn i, gyda'r holl newid ffurf oedd yn digwydd – ond yr argraff a gawn oedd fod y cyfan wedi ei wneud ar frys.

Yr Elyrch: Ar gyfer uned hir o bedwar cwpl yr ysgrifennwyd 'Dawns Eglwys Gadeiriol Tyddewi' a chyfansoddwyd alaw wreiddiol o'r enw 'Ffynnon Dewi' hefyd. Yr amseriad yw 4/4. Dywed yr awdur(on) y 'plethir ffigurau traddodiadol gyda'i gilydd i greu dawns urddasol sy'n adlewyrchu croesau Celtaidd cynnar a bwâu Normanaidd yr eglwys gadeiriol' – a dyna'n union a gawn, sef cyfuniad o ffigurau cyffredin ynghyd â rhai newydd, a'r cyfan yn llifo'n ddidrafferth o'r naill un i'r llall. Mae'r cyfarwyddiadau'n glir a'r ddawns wedi ei gosod allan yn ddestlus gyda thoriad amlwg yn dangos pryd yr ailddefnyddir yr alaw. Buasai ychwanegu'r gair 'croesi' yn B3 1-4 a dweud 'Cyplau pen *yn croesi* ac yn newid lle' yn gwneud y cyfarwyddiadau'n eglurach. Dylid cywiro mân frychau iaith fel 'setio' a 'set', hefyd, gan fod geiriau fel 'cyfarch' ac 'uned' yn ddigon cyfarwydd bellach. Ond dyma ddawns fer, seml a dirodres y gellid ei chyflwyno'n effeithiol iawn yn y gadeirlan.

Tara: 'Dawns Eglwys Gadeiriol Tyddewi'. Dawns i bedwar cwpl mewn uned hir yw hon i'w pherfformio i'r alaw 'Dydd Gŵyl Dewi' ac 'awgrymir cerdded y rhan fwyaf o'r patrymau' ond ni fynegir pa rai. Dyma ddawns seml ddigon dymunol gyda chydbwysedd da yn y gwahanol rannau ac rwy'n siŵr yr edrychai'n urddasol wrth ei pherfformio, ond mae ynddi lawer o sefyll yn llonydd ac fe fyddai hynny'n tarfu ar lif y ddawns. Er enghraifft, yn B3 a B4, dim ond dau gwpl sydd yn gweithio – a'r ddau gwpl arall yn segur. Gwendid pennaf y ddawns hon yw bod gormod yn cael ei gymryd yn ganiataol ar brydiau a rhywun yn gorfod dibynnu ar ddiagramau i wybod yn union beth ddylai'r symudiad fod – e.e., B6 5-8: buasai 'i newid lle' yn fanylach nag 'i gyrraedd safle newydd'. Mae angen cywiro'r iaith, hefyd (e.e., 'ochr gwreiddiol', 'troi sengl', 'clapio at eu cymar' a 'clapio i'w hun').

Maggs: 'Dawns Eglwys Gadeiriol Tyddewi'. Trefnwyd i'w dawnsio i'r alaw 'Breuddwyd y Frenhines' neu unrhyw walts 32 bar. Braidd yn annisgwyl, a dweud y lleiaf, oedd cael amseriad walts yn y gystadleuaeth hon er, mae'n rhaid cyfaddef, fod yr alaw 'Breuddwyd y Frenhines' yn rhoi rhyw urddas i'r symudiadau. Y broblem yw nad walts mohoni ond cerddoriaeth gorymdaith a 2/4 yw'r amseriad yn

Blodau'r Grug – y llyfr y cyfeiria'r awdur ein sylw ato. Anodd gwybod, felly, i ba amseriad yn hollol y bwriedir i'r ddawns gael ei pherfformio. A dawns i *ddau* gwpl? Teimlwn fod y nifer yn rhy fychan i greu llawer o argraff ac y buasai dau gwpl 'ar goll' mewn adeilad mawr. Roedd ôl brys a diffyg gofal yma ac acw (e.e., B1 (1-4): ceir 'Cwpl' yn lle 'Cwpl *un*'). Nid oedd y cyfarwyddiadau'n hollol glir bob amser ychwaith – e.e., B2 (1-2) a (3-4): Mae tro llaw *dde* yn golygu bod y symudiad o reidrwydd yn mynd gyda'r cloc, felly nid yw'r eglurhad sydd mewn cromfachau ar ôl B2 (1-2) yn gwneud synnwyr. Ymddengys mai pleth hanner y ffordd o amgylch y sgwâr a ddisgrifir. Mae geirfa dawnsio gwerin yn ddigon cyfarwydd bellach, felly nid oes esgus dros gael enghreifftiau fel 'cefn yng nghefn', 'odditano'r bont', 'castio'n ôl i'w lle', heb sôn am 'clapio i'w hun', 'troi unigolyn' ac 'ail ddawnsi*wyd* eto'. Ond, er bod angen tacluso a chywiro'r iaith mewn mannau, roedd hon yn ddawns arddangos a fyddai'n dderbyniol ac yn gaffaeliad i grwpiau bychain (a rhai mawr hefyd) ac yn haeddu cael ei chyhoeddi.

Braf yw cael dweud bod llawer mwy i'w ganmol nag i'w gondemnio yn yr holl ymdrechion eleni a llongyfarchwn bawb ar eu gwaith. Ond, oherwydd bod 'Yr Eglwys Gadeiriol' yn gyfanwaith celfydd gyda thyfiant naturiol a dechrau a diweddglo pendant iddi, ac yn amlwg yn waith rhywun sydd wedi'i drwytho ym myd dawnsio gwerin, mae'r wobr yn mynd i *Non-Non*.

ADRAN GWYDDONIAETH A THECHNOLEG

Cystadleuaeth i unigolion neu grŵp yn oedran Cyfnod Allweddol 2: Astudiaeth o anifeiliaid di-asgwrn cefn mewn unrhyw gynefin

BEIRNIADAETH ALAN WALTERS

Calonogol oedd gweld bod pum ymgeisydd wedi cystadlu. Roedd hi'n amlwg oddi wrth y ffeiliau fod llawer o waith gwyddonol, addysgol a gwaith ymchwil wedi'i gyflawni a bod y plant wedi mwynhau'r gwaith. Dangoswyd hefyd fod safonau da mewn addysg wyddonol yng Nghyfnod Allweddol 2.

Roedd pob un o'r pum ffeil wedi'u cyflwyno'n dda, a'r rhai gorau'n cynnwys mynegai a arweiniai'r darllenwr at wahanol adrannau o fewn y ffeil. Roedd cyflwyno cefndir i'r prosiectau a sôn am yr ardaloedd cadwraeth lle gwnaethpwyd y gwaith yn agwedd gadarnhaol ar y gwaith fel, yn wir, y defnydd a wnaed o dechnoleg gwybodaeth gan bob cystadleuydd.

Mae'n rhaid llongyfarch *Dysgwyr y dŵr* yn arbennig am gyflwyno'r gwaith yn y Gymraeg, gan gofio mai gweithio yn eu hail-iaith yr oedden nhw. Rwy'n siŵr fod dod o hyd i'r enwau gwyddonol cywir am rai o'r anifeiliaid di-asgwrn cefn wedi bod yn sialens fawr!

Roedd safon y gwaith ysgrifenedig a graffig yn dda yn y rhan fwyaf o'r prosiectau, gyda chyfuniad effeithiol o gyflwyno gwaith drwy ddefnyddio prosesu geiriau a thrin data ar ffurf graff ochr yn ochr â chynnwys nodiadau a lluniau'r disgyblion (yn enwedig ym mhrosiectau *Brynconin* a *Pwyll a Rhiannon*). Cafwyd enghreifftiau rhagorol o ddefnyddio camera'n effeithiol iawn i recordio'r gwaith ac i ddatblygu'r project gan *Castell Haidd, Pwyll a Rhiannon,* a *Brynconin.*

Roedd elfennau trawsgwricwlaidd yng ngwaith pawb (agwedd bositif arall). Defnyddiwyd chwileiriau, gemau mathemategol a gemau gwyddonol yn dda gan *Trychfilod Teg, Brynconin* a *Castell Haidd.* Yn wir, ysgrifennwyd 'rap' gan *Pwyll a Rhiannon* am yr anifeiliaid di-asgwrn cefn. Defnyddiwyd Allweddau Darganfod gan bawb i adnabod ac enwi'r anifeiliaid di-asgwrn cefn a chafwyd enghreifftiau gwych o hynny yn y prosiectau gorau.

Yn y gwaith gorau, pwysleisiwyd pwysigrwydd anifeiliaid di-asgwrn cefn yn y gadwyn fwyd. Dangosodd y disgyblion enghreifftiau ymarferol o hynny – enghreifftiau wedi'u selio ar eu gwaith ymchwil eu hunain yn eu cynefin eu hunain. Roedd *Pwyll a Rhiannon* a *Brynconin* wedi ymgymryd â nifer o ymchwiliadau penagored i'r maes, gyda thablau'n llawn o ganlyniadau a chasgliadau – ymchwiliadau o safon uchel – ac mae'n rhaid cymeradwyo'r ddau brosiect yn hynny o beth. Mae'n amlwg fod llawer o waith meddwl y tu ôl i'r cynllunio a'r ymchwilio. Cryfder arall *Pwyll a Rhiannon* a *Brynconin* oedd eu bod wedi ystyried effaith y newid a wneir gan ddynolryw ar yr anifeiliaid di-asgwrn cefn a'u cynefin. Roedd y ddau brosiect wedi ystyried yr effaith ar newid yn yr amgylchfyd gan adeiladu neu drwy ollwng sbwriel.

Fodd bynnag, dim ond *Brynconin* oedd wedi cynnal asesiad o'r gwaith a gyflawnwyd ac wedi edrych ar y ffordd ymlaen i'w prosiect yn eu gardd a'u hamgylchedd. Roedden nhw hefyd wedi gwneud hunanwerthusaid o'u gwaith gan gynnig syniadau i'r dyfodol. Wedi dwys ystyried, rhoddaf y wobr gyntaf o £100 i *Brynconin*, gyda £30 i *Pwyll a Rhiannon* ac £20 i *Trychfilod Teg*.

Cystadleuaeth i unigolion neu grŵp yn oedran Cyfnod Allweddol 2: Cynllunio a chreu model 3D o unrhyw anifail di-asgwrn-cefn

BEIRNIADAETH TERWYN THOMAS

Derbyniwyd naw o fodelau i'r gystadleuaeth, pob un ohonynt yn ateb y gofynion yn llawn – rhai yn fwy na'i gilydd. Yn gyffredinol, roedd y modelau a grëwyd yn amrywiol, yn ddiddorol, ac yn ddeniadol. Lluniwyd pob un i safon foddhaol ac roedd ôl gofal arnynt i gyd. Ar y cyfan, nid oedd y gwaith cynllunio cystal; y cyfan a gafwyd oedd rhestr o ddeunyddiau (diolch byth am boteli plastig!) a darlun o'r model gorffenedig. Prin iawn, iawn oedd unrhyw dystiolaeth o waith ymchwil ac o gynllunio ymlaen llaw ynghylch sut i osod y gwahanol ddarnau at ei gilydd.

Yn unol â'r gofynion, yr oedd pob model yn gwneud rhywbeth – nifer yn goleuo, un yn chwistrellu inc, ac un yn siarad! Llongyfarchiadau i bob un am y gofal, y gwaith manwl a'r dyfeisgarwch. Dyma ychydig sylwadau ar bob cystadleuydd, heb fod mewn unrhyw drefn teilyngdod.

Octapws: Model mawr ac effeithiol o'r anifail tanddwr, a wnaed o falŵn a mwydion papur yn bennaf, ond oedd yn cynnwys teits a darnau o fat gwaelod bath hefyd i greu'r breichiau. Roedd chwistrellydd a thiwbyn, o'i lanw gyda dŵr glas, yn galluogi'r octopws i chwistrellu inc.

Iâr Fach Las: Pili-pala deniadol yn hongian ar sbring mewn bocs. Defnyddiwyd potel blastig, darnau amrywiol o ddefnydd, a chardfwrdd i'w greu, ac fe'i paentiwyd yn hynod o liwgar. Edrychai'n fyw iawn wrth fownsio yn ei focs.

Slefren Fôr: Defnyddiwyd rhyw fath o fasn o blastig tryloyw a darnau o edafedd yn hongian oddi wrtho i greu'r slefren ac roedd hon eto'n hongian ar gortyn mewn bocs. O wasgu switsh, roedd mân oleuadau'n fflachio y tu mewn i gorff y creadur – tlws iawn.

Praying Mantis: Potel blastig, glanhawyr pibell, tâp masgio – dyna oedd y prif ddeunyddiau yn y creadur effeithiol hwn. Gwnaed ei lygaid o ddau fwlb trydan a phan oedd y ddau deimlydd (a wnaed o wifrau copr) yn cyffwrdd â'i gilydd, roedd y bylbiau'n goleuo.

Chwilen Ddu: Dyma'r creadur oedd yn siarad gyda fi. Roedd switsh bychan a ymatebai i symudiad neu sŵn ar gefn y creadur a phan es i ato i'w astudio, fe'i cyflwynodd ei hun i mi! Y deunyddiau arferol a ddefnyddiwyd, ac fe'i gorffennwyd yn dda. Roedd y cynllun yma'n well na'r rhelyw, gan ei fod wedi ychwanegu diagramau a oedd yn dangos sut i roi'r holl ddarnau at ei gilydd.

Buwch Goch Gota: Fel pob un o'r modelau, roedd hwn yn ddrych effeithiol o'r creadur go iawn. Defnyddiwyd balŵn a mwydion papur i greu corff yr anifail ac fe gynhwyswyd bylbiau trydan yn y llygaid a'r rheini'n fflachio o droi'r switsh ymlaen.

Cleren Werdd: Model hynod ddeniadol – diolch byth nad oes clêr go iawn o'r maint yma o gwmpas! Roedd ôl ychydig o ymchwil ynglŷn â'r model hwn oherwydd cynhwyswyd cyfres o ddarluniau o wahanol glêr gyda'r cynllun. Defnyddiwyd darnau o blastig, glanhawyr pibell, papur a phaent yn ddeheuig iawn i'w greu. Yn y llygaid y tro hwn, roedd clwstwr o fylbiau bach lliwgar a fflachiai o'u troi ymlaen.

Sgorpion: Roedd y creadur hwn yn edrych yn ffyrnig – roedd y gynffon yn arbennig o effeithiol, wedi ei gwneud o ddarnau o blastig yn nythu i'w gilydd. Paentiwyd y cyfan yn effeithiol i greu anifail peryglus iawn yr olwg. Llygaid amryliw a fflachiai oedd y darn symudol.

Ystifflog: Creadur dieithr iawn i mi, rhywbeth rhwng slefren fôr ac octopws – ond, ar ôl ychydig ymchwil, cefais ei fod yn greadur go iawn. Gwnaed y corff yn bennaf o botel blastig dryloyw wedi ei gorchuddio gyda phapur swigod (papur a ddefnyddir i bacio pethau bregus, fel arfer) a defnyddiwyd mat rwber o'r bath i greu'r mân freichiau. Roedd nifer o fylbiau lliw bychain wedi eu cynnwys yng nghanol y papur swigod ac, o wasgu cefn y creadur, fe fflachiai'r holl beth yn ddeniadol iawn. Roedd gan y creadur gartref, hefyd – bocs wedi ei baentio'n las i gynrychioli'r môr.

Mae rhai o'r cystadleuwyr wedi cynnwys y darnau symudol fel rhan annatod a gwead corff eu modelau, a dyna'r rhai sydd, yn fy marn i, yn deilwng o gael eu gwobrwyo. Rhanner y wobr fel a ganlyn: £60 i *Ystifflog*, gyda £30 yr un i *Octapws*, *Slefren Fôr*, a *Praying Mantis*.

Cystadleuaeth i unigolion neu grŵp yn oedran Cyfnod Allweddol 3: Cynllunio a chreu model 3D o unrhyw anifail di-asgwrn-cefn

BEIRNIADAETH NAN RICHARDS

Mae hwn yn destun da i gystadleuaeth ar gyfer plant oedran CA3 gan ei fod yn rhoi cyfle i gyfuno gwybodaeth a dealltwriaeth, sgiliau dylunio a sgiliau gwneud. Byddai wedi bod yn dda gweld trafodaeth a gwerthusiadau gan bob ymgeisydd yn ymwneud â'r syniadau dylunio ac effeithiolrwydd y modelau gorffenedig.

Daeth saith ymgais i law.

Mach 1: Mae'r model, 'Rhiain y dŵr', yn un uchelgeisiol iawn. Serch hynny, er bod yma gyfarwyddiadau eglur ar sut y gellir defnyddio mecanweithiau syml i gynhyrchu math o symudiad, ni lwyddais i gael y propelor i droi na'r model i symud. Er bod y syniad yn wreiddiol ac yn ddychmygus, roedd eisiau gwerthuso'r model gorffenedig a'i addasu ychydig.

Osama B: Mae'r 'Seren fôr' yma yn cael ei phweru gan ager. Mae'r syniad yn un unigryw a rhoddir amlinelliad derbyniol o'r broses gynllunio. Gwaetha'r modd, pan ddodwyd y model ar brawf, nid oedd y 'Seren fôr' yn symud. Dylid bod wedi profi'r model i sicrhau diogelwch a dibynadwyaeth cyn gwerthuso a chynnig gwelliannau.

Chwilen Brengast: Defnyddiwyd galluoedd dylunio a gwneud a oedd yn tynnu ar ystod helaeth o ffynonellau gwybodaeth i greu'r model yma o'r 'Chwilen Brengast'. Amlygwyd dealltwriaeth o ffurf a swyddogaeth cynhyrchion cyfarwydd eithaf llwyddiannus i greu corff y Chwilen gan roi ystyriaeth i ymddangosiad. Defnyddiwyd cylchedau trydanol a mecanyddol priodol i greu model a ddylai symud yn ôl ac ymlaen. Gwaetha'r modd, roedd corff y chwilen yn ymddangos yn rhy drwm i'r olwynion ac, o ganlyniad, nid oedd y chwilen yn symud fel y dylai.

Rodney Mullen: Roedd y Cranc oren yma yn edrych yn ddeniadol ac yn symud yn rhwydd ar draws y llawr. Defnyddiodd yr ymgeisydd rannau peiriannol allan o gar gwifren reoli a oedd wedi torri, gwifren deleffon, goleuadau a batris, i greu cranc sydd yn symud o'r naill ochr i'r llall. Crëwyd y corff a'r crafangau allan o fwydion papur sydd yn rhoi gorffeniad priodol i'r model.

Kerrie: Nid oedd cyfarwyddiadau gyda'r model yma o slefren fôr. Credaf mai'r bwriad oedd defnyddio cannwyll i wneud i'r slefren fôr symud ac, os felly, dylai'r ymgeisydd fod wedi ystyried y peryglon a'r risgiau o wneud hynny. Nid oedd y defnydd a ddefnyddiwyd i wneud y slefren yn addas i fod yn agos i fflam cannwyll.

Adam Cheng: Hoffais yn fawr y deunydd a ddewiswyd i wneud 'Joe-Jeli', y slefren fôr. Cyflwynwyd y slefren fôr mewn bocs a murlun tanfor ar ei gefn. Er mai dyluniad syml oedd i'r model, da oedd gweld bod y cydrannau trydanol i gyd yn gweithio'n llwyddiannus. Dewiswyd defnyddiau, offer, cyfarpar a thechnegau priodol i greu model esthetig i'r llygad. Defnyddiwyd cylchedau trydanol gan gynnwys switshis syml i sicrhau canlyniad syml ond effeithiol i'r model hwn.

Dyfarnaf mai *Rodney Mullen* sy'n haeddu'r wobr gyntaf (£80), gyda *Rosoph* yn ail (£45) a *Chwilen Brengast* yn drydydd (£25).

Cystadleuaeth i unigolyn neu grŵp yn yr oedran rhwng 14 ac 19 oed: Ymchwiliad i ddefnydd lliw naturiol planhigion

BEIRNIADAETH ERYL PARRY

Siom oedd derbyn dim ond un ymgais. Efallai fod hynny'n adlewyrchu'r ffaith fod y gystadleuaeth yn agored i rychwant eang o oedrannau – o flwyddyn olaf Cam Allweddol 3 y Cwricwlwm Cenedlaethol i flwyddyn gyntaf cwrs gradd yn y brifysgol. Roedd hynny'n creu problem i'r beirniad wrth ystyried teilyngdod am y wobr.

Gwyddonwyr Gwallgof: Anelwyd yn union at y dasg a osodwyd. Defnyddir rheolau cemegol yn gywir a chyflwynir y canlyniadau ar CD-ROM ac yn ysgrifenedig. Mae'r gwaith yn gymharol sylfaenol ond mae hefyd yn ddiddorol. Mae ei gyflwyniad mewn dull sydd yn rhesymegol iawn ac yn hawdd ei ddeall – yn wir, byddai'n anodd cael gwell cyflwyniad. Esbonnir yn gyntaf beth yw sylfaen lliw mewn planhigyn ac mae hynny'n arwain at set o arbrofion i dynnu lliw allan o ffrwyth, o flodyn ac o wreiddyn crwn. Wedyn, defnyddir y tri sudd i adnabod yn llwyddiannus y gwahaniaeth rhwng asid ac alcali. Ail ran y prosiect yw defnyddio'r un suddion ag o'r blaen, fel lliwiau staen ar ddau ddefnydd naturiol, sef cotwm a gwlân, gyda dau gynnig ar y broses o lifo ar y ddau ddefnydd. Mae'r cynnig cyntaf yn cynnwys cemegyn mordant i rwymo'r lliw i'r defnydd a'r ail gynnig heb y mordant. Darperir enghreifftiau o'r defnyddiau ar ôl eu lliwio a hefyd dangosir lluniau o'r canlyniadau. Awgrymir o fewn y prosiect syniadau am waith estynedig i ddilyn yr ymchwil.

A chofio fy sylwadau yn y paragraff cyntaf uchod, barnaf fod y prosiect a gyflwynwyd yn ddarn o waith gwyddonol o safon ganmoladwy. Mae'r gwaith yn gyflawn ynddo'i hun ac mae'r cyflwyniad yn gryf. Mae *Gwyddonwyr Gwallgof* yn deilwng o'r wobr.

AGORED

Erthygl hyd at 5000 o eiriau: 'Ffermio Organig – y ffordd ymlaen'

BEIRNIADAETH PHIL WILLIAMS

Un erthygl yn unig, sef eiddo *Nidan*, a dderbyniwyd.

Cyflwynodd ef achos yn erbyn ffermio organig gyda rhestr o bynciau perthnasol sy'n dangos bod yr awdur yn hyddysg iawn yn y maes. Ysgrifennodd draethawd clir, mewn arddull dda.

Gwaetha'r modd, gofynnwyd am erthygl o hyd at 5000 o eiriau; dim ond 1500 o eiriau a ysgrifennodd *Nidan*. At hynny, er ei fod wedi cyflwyno achos cryf yn erbyn ffermio organig, does dim ymgais i ystyried yn llawn yr achos *dros* ffermio organig – hyd yn oed pe bai wedyn yn dinistrio'r achos hwnnw!

Ni allaf wobrwyo *Nidan*.

ADRAN PENFROC

CYFANSODDI

Cyfansoddi cân

BEIRNIADAETH GORKY'S ZYGOTIC MYNCI

Hoffem i ddechrau esbonio ar ba sail yr ydym wedi beirniadu'r gystadleuaeth hon. I ni, mae rhinweddau cân yn rhywbeth goddrychol iawn, hynny yw, does dim ffordd gywir neu anghywir i gyfansoddi cân, ac os ceir pleser a bodlonrwydd wrth greu a chwarae, mae hynny'n ddigon i'r cyfansoddwr. Mae tri pherson/band wedi anfon eu caneuon i'r gystadleuaeth, ac rydyn ni wedi mynd ati gyda rhychwant beirniadol hollol bersonol i weld pa un o'r caneuon rydyn ni'n ei hoffi.

Wrth wneud hyn, yr ydym wedi canolbwyntio ar y gân ei hun, rhinweddau'r alaw, strwythur, geiriau, darnau cerddoriaeth, a medrusrwydd technegol neu ansawdd y recordiad, gan edrych a yw'r cyfansoddwyr wedi llwyddo i dynnu'r elfennau yma i gyd at ei gilydd i gyfleu a throsglwyddo teimlad mewn ffordd sydd yn mynd y tu hwnt i'r perfformiad ei hun. Rydyn wedi rhoi llawer o bwyslais ar bwysigrwydd alaw gref gan mai tair cân eithaf confensiynol eu cyfansoddiad a gafwyd (h.y., geiriau ac ystyr clir gyda cherddoriaeth yn mynd gydag alaw'r llais, er bod y tri ymgeisydd yn wahanol iawn eu harddull).

Igwana: 'Dim Cywilydd'. Recordiad slic (band cyfan, efallai) yn creu awyrgylch drwy ddefnyddio offerynnau heb fod yn llwyr ddibynnol ar felodi'r llais neu'r geiriau. Cân wedi ei gweithio i fand cyfan yw hon ac ar y lefel honno mae'n creu mwy o awyrgylch, ac mae'n ddarn mwy teimladwy na'r lleill. Gwaetha'r modd, ni chawsom y geiriau ond o'r teitl a geiriau'r pennill mae'n gân eithaf pesimistaidd gyda'r bas yn gweithio'n dda iawn i yrru'r holl beth a chreu teimlad pruddglwyfus. Mae'n ein hatgoffa ni o arddull y Beta Band ar adegau ond, gwaetha'r modd, mae'r alaw'n dueddol o fod yn gyffredin iawn yn enwedig alaw'r llais ac ni chaiff yr emosiwn ei gyfleu mewn ffordd afaelgar. Hefyd, er bod riff y gitâr yn bwysig i'r holl ddarn a bod yma *hook* da, mae'n cael ei ailadrodd ormod ac mae hynny'n tanseilio ergyd y gân. Mae hynny hefyd yn wir am yr unawd offerynnol ar y diwedd sy'n ddianghenraid.

Tapioca Tundra: 'Tafod Las'. Cân fer a bywiog gyda llais a phiano yn unig. Recordiad syml, clir ond da. Mae'n amlwg fod gallu cerddorol sylweddol gan y cyfansoddwr a'i fod wedi rhoi llawer o sylw ac amser i'r geiriau a strwythur y gân. O'r tri, dyma'r llais gorau gyda chanu piano yn dda iawn, yn dangos llawer o hyder a medrusrwydd cyfansoddi. Mae partneriaeth y llais a'r offeryn yn rhedeg yn dda gyda'i gilydd mewn rhythm bywiog a bachog. Hefyd, mae'r alaw bigog yn gweddu i'r geiriau ymosodol. Er bod gwaith caled wedi mynd at lunio'r gân yma, gan fod y llais yn dilyn rhythm y piano mor agos, dydi'r alaw ei hun ddim yn ddigon cyffrous ar adegau ac weithiau ceir yr argraff fod dewisiad y geiriau wedi'i seilio ar bwysigrwydd odli a rhythm yn unig, felly mae'r alaw ac ystyr y gân yn eilradd i'r geiriau. Efallai fod hyn yn fwriadol gan mai cân am ddiffyg cyfathrebu yw hon ond i ni dydi'r alaw ddim yn ddigon cryf i ymdopi â natur gor-eiriog y gân.

Efflwfiws: 'Pan cwrddais a ti'. Baled wedi'i recordio ar bedwar trac gyda llais, organ, peiriant drymiau, bas a gitâr drydan, gyda'r llais yn bwysig iawn yng nghyfansoddiad y darn. Cân eithaf syml ydyw o ran strwythur, geiriau, alaw a recordiad, gyda'r corws yn ddi-eiriau – dim ond w-la-la. Baled am y broses o golli cariad heb lawer o ddelweddu ond yn canolbwyntio ar undonedd o ddydd i ddydd: cerdded i lawr y stryd, derbyn llythyr, ac ati. Ond mae'r cyfansoddwr wedi meistroli'r grefft o gael alaw a cherddoriaeth i gyfleu'r teimladau yma mewn ffordd uniongyrchol. Mae datblygiad y stori yn y penillion yn cael ei adlewyrchu'n dda gyda'r gitâr drydan yn cael ei hychwanegu i greu mwy o liw ac yn adeiladu at gorws gyda melodi dda iawn sy'n llawn harmonïau lleisiau diddorol ac effeithiol. Mae 'r cordiau ar yr organ yn helpu hefyd i greu teimlad o anhapusrwydd mewn ffordd syml ond sy'n gweithio'n gerddorol. Fel gyda chân *Igwana*, yma eto mae'r darn gitâr unawdol a'r organ tua'r diwedd yn tanseilio'r gân, ac mae braidd yn ddigyfeiriad (h.y., mae'r gân yn ddigon effeithiol heb yr elfen hon).

Felly *Efflwfiws* sy'n ennill y wobr am fod y gân yn llwyddo i gyfleu teimlad gydag alaw a cherddoriaeth gref, gyda *Tapioca Tundra* yn ail ac *Igwana* yn drydydd (er bod rhinweddau a gallu'r ddau olaf yn amlwg ond yn wahanol ac felly yn anodd i'w cymharu).

Cynllun ar gyfer cefnlen i lwyfan y Babell Ieuenctid

BEIRNIADAETH EIFION GRIFFITHS

Ymddengys mai'r un cystadleuydd sydd piau'r pum ymgais a ddaeth i law. Gan na welodd yn dda i roi ffugenw ar yr un o'i ymdrechion, nodir hwy â rhifau.

Rhif 1: Delwedd wreiddiol iawn sydd hefyd yn defnyddio delweddau traddodiadol Cymreig mewn dull modern. Mae'r ffigur paentiedig yn f'atgoffa o gefnogwr rygbi gyda'i wyneb wedi'i baentio a dillad i gydweddu. Mae hon yn ddelwedd lawer mwy diddorol na defnyddio'r ddelwedd draddodiadol o ddraig ond mae'n adlewyrchu mwy o ddelweddau'r Gymru fodern yn hytrach na cherddoriaeth. Mae'r teip sydd yn cael ei defnyddio yn wreiddiol a hwyliog. Yr hyn sy'n difetha'r cynllun yw'r genhinen Pedr, sydd yn hollol aflwyddiannus oddi mewn i'r cynllun. Gwell o lawer fyddai ei symleiddio neu'i hepgor yn gyfan gwbl.

Rhif 2: Delwedd graffig syml, cryf ac effeithiol. Mae'r cynllun yn defnyddio delweddau traddodiadol o Gymru, y ddraig a lliwiau coch a gwyrdd, ac yn eu defnyddio'n effeithiol. Er hynny, credaf fod delwedd y ddraig erbyn hyn yn ddelwedd ystrydebol nad oes a wnelo hi ddim byd pendant â cherddoriaeth na diwylliant ieuenctid Cymru. Ydyn ni'n dal i ddefnyddio'r ddraig mewn delweddau Cymreig am nad oes gynnon ni ddim byd newydd i'w ddweud am Gymru? Oni ddylen ni fod yn edrych am ddelweddau newydd sydd yn adlewyrchu cenedl fodern?

Rhif 3: Y ddraig eto a honno'n rhy fawr o lawer. Nid yw'r cynllun hwn yn un derbyniol.

Rhif 4: Cynllun rhy uchelgeisiol, na roddwyd digon o amser i'w gwblhau. Byddai cynllun symlach, mwy arddulliedig wedi helpu.

Rhif 5: Y cynllun mwyaf gwreiddiol o bell ffordd. Mae'n gynllun graffig cryf gyda defnydd da o elfennau ailadroddol (h.y., wynebau, sbectol a chefndir). Mae'n defnyddio lliw ac ailadroddiad i glymu'r elfennau yma at ei gilydd. Ar y cyfan, mae'r cynllun yn cyfuno'r elfennau gwahanol ac yn gweithio'n dda gyda'i gilydd. Ni ellid tynnu unrhyw elfen ohono heb golli rhywfaint o'r effaith orffenedig. Mae'r teip a ddefnyddiwyd hefyd yn ddiddorol ac yn creu teimlad *retro* sydd yn gweddu i'r testun. Fy unig feirniadaeth yw fod y teitl yn cael ei rannu rhwng dwy linell. Dw i'n ffyddiog y bydd modd chwyddo'r cynllun i'r mesuriadau sydd yn angenrheidiol ar gyfer y gefnlen. Mae hefyd yn gynllun sydd yn creu delwedd fodern o gerddoriaeth.

Rhif 6 a 7: Dw i ddim yn gwahaniaethu rhwng y ddau gynllun yma gan mai'r un un ydynt ond mewn gwahanol liwiau. Mae delweddau traddodiadol yn ail-ddangos yma hefyd ond heb gael eu hintegreiddio mor dda â'r delweddau yng nghynllun *Rhif 2*. Mae'r lliwiau'n drawiadol ond nid ydynt yn cyfuno'n dda. Mae defnydd o ffigur ar y chwith yn gamgymeriad gan nad yw'n cyferbynnu â gweddill y cynllun.

Rhif 5 sy'n ennill y wobr.

cultural dive

Cultural Diversity Guide

MERIDIAN

Published by Meridian Broadcasting Limited
Television Centre
Southampton SO14 0PX

Telephone: 023 8022 2555
Web site: www.meridiantv.com
Email: community@meridiantv.com

Editor Elaine Johnson

Design and production
The Design Unit, Southampton www.thedesignunit.com

Printed and bound in Great Britain by
Broglia Press, Poole

A catalogue record for this book is available from the British Library

Mixed Race image taken from the film 'Caste in Half'
Produced and Directed by Tina Attoh, 1996

ISBN 0-9541017-0-7

contents

Contents

Foreword

Welcome to diversity! And congratulations to Meridian and all who have helped it in this venture, opening the door on modern Britain that is rich in cultures, faiths and peoples.

There is something about Britain at the moment which tells of an inner confidence. We are tackling issues of hatred and intolerance with a new vigour and effectiveness. Discrimination is coming under the hammer more than ever before. New programmes of action are being put underway.

This renewed Britain is not one which wants to forget or abandon its past. Quite the contrary. It is one which has the self confidence to bring this past into partnership with the future, to celebrate diversity, not as a threat but as an opportunity. Britain has always been plural and diverse. What is new about the diversity in modern Britain is the richness and the global reach of the multiculturalism we now possess.

For any of us to be able to explore this society and be at ease with all its variety we need a guide. That is what this publication sets out to be, to enable us to have a clearer understanding of how and why others live their lives as they do.

At the end of the Millennium year, the Commission for Racial Equality launched a new public education campaign based around a TV and film advertisement. It brought together some of the country's leading celebrities with some of its leading advertising brains and the expertise of teams developed by the likes of Ridley Scott, the creator of award winning films.

It made the simple, but so powerful, point that, in the face of human diversity challenged by intolerance and prejudice, 'the only thing we need to change is the way we think.'

We should put fact in the place of fear, understanding in the place of incomprehension, an open hand of friendship in place of the closed mind of hatred.

What makes that message so strong is not the way that public figures at the height of their fame or technicians of modern culture at the zenith of the careers have crafted it.

No, its real strength is gathered from the echo it secures in the hearts and minds of people of all backgrounds across Britain today.

Gurbux Singh, Chair, Commission for Racial Equality

Introduction

cultural

Introduction

This concise guide to some of the many cultures and faiths that play such an important role in the rich and diverse community that is the United Kingdom does not claim to answer all the questions, nor does it seek to explain all the differences. What it does aim to do is unravel some mysteries and to explode some myths to enable the reader to have a clearer understanding of how the beliefs of others impact on the way they live their lives. It aims to help people from diverse faiths and cultures to live and work together without causing offence through ignorance and to nurture tolerance and respect through understanding. It has been researched and written by members of the various faith communities and as such represents their views. This guide is only a starting point.

african caribbean

African Caribbean

The African Caribbean (Black) community embraces many faiths including Islam, Buddhism, Rastafarianism and Christianity. The latter includes many denominations such as the Methodists, Seventh Day Adventists, Spiritual Baptists, Baptists, the Church of England, and a range of Pentecostal denominations.

The most notable is Rastafarianism, not because of the level of participation, but because it is a faith specific to the African Caribbean (Black) community.

A Rastafarian is a person who believes in the divinity of the descendant of King Solomon, His Imperial Majesty Haile Selassie I of Ethiopia as the reincarnation of Christ as well as the embodiment of the Godhead.

Ras means *head*, Tafari means *God*. Ras Tafari (Amharic) means *Head Creator*.

An introduction to the faith

To outsiders, the Rastafari faith is still a cultural enigma at the dawn of the new millennium.

"In the space of 70 years since it's inception, Rastafari has outgrown its cult status in Jamaica to become one of the most influential contemporary religious movements." (The Centenary Committee for Rastafari)

World membership of the Rastafari faith is now several million. In the last three decades Rastafari graduated from the traumas of persecution and attempted genocide in Jamaica during 1930 – 1960 to attracting a world audience in the 70's, mainly through the music of mega-stars like Bob Marley who took the Rastafari message to a global audience.

'Marley's theology continues to live in the appropriations of Black Diaspora Music; it is highly significant that, for many weeks in the charts, the number one song was 'Killing Me Softly' by The Fugees who claim Bob Marley as their primary musical influence... they rework his social, and political critique and religious orientation' [Beckford 1998:129][1]

In health, diet, music, fashion, sport and youth culture, Rastafari ideology, outlook and colours have been 'adopted' by a world generation seeking a new and positive moral order. The dreadlocked image and lifestyle, once rejected and vilified by polite society has now become not just acceptable but a much emulated and admired style in the UK and beyond.

On the premise of the divinity of H.I.M. Haile Selassie, the Bible is the source of the Rastafarian way of life and faith. The Old Testament book of Leviticus defines living codes such as diet, conduct and lifestyle.

Hair in both men and women and beards are left uncut, the uncut locks being a sign of strength representing breaking away from the 'Babylonian' system of Western society. The uncut locks also represent the mane of the lion, the symbol of African strength and emancipation, and are kept covered by certain Rastas.

Nyabinghi reasoning sessions are a focal meeting point of Rasta communities involving drumming, reasoning

[1] Beckford, Robert (1998)
Jesus is Dread
Darton Longman & Todd, London

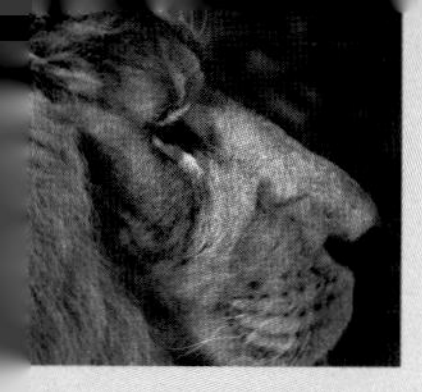

(discussions) and the smoking of the holy sacrament – ganga – a spiritual herb used for worship.

Many Rastas identify with the main guiding principles: "Peace & Love", "Truth & Rights".

Festivals

Many Rastas celebrate the Sabbath according to the Bible.

7th January is the Ethiopian Christmas popularly known as Rasmus.

The earthday (birthday) of His Imperial Majesty Emperor Haile Selassie on 23rd July 1892 is generally celebrated, as is his coronation as Emperor on 2nd November 1930.

Black liberation civil rights activist Marcus Garvey is considered an important figure for Rastafarians and his birthday on 17th August is widely celebrated.

Other significant religious events

Shashamane in Ethiopia is the sacred land granted by His Imperial Majesty Emperor Haile Selassie to the people of the African Diaspora to acknowledge support of the Motherland (Africa). Black people from the Western hemisphere could repatriate to build a secure Utopia for future generations.

Organisations who have helped to stamp the emergence of Rastafari in the new Millennium include the Ethiopian World Federation (EWF), a Rastafarian organisation that works to raise funds for pilgrimages to Shashamane. The London based

Centenary Committee for Rastafari (CCR) organised the first international assembly in Ethiopia in 1992. This historic event celebrated the 100th anniversary of the birth of Emperor Haile Selassie I and the task of building a Tabernacle with the support of the inter-national community which today stands as a beacon on a hill calling the Rastafari faithful home to Mount Zion.

Birth customs

Babies born to Rastafarians are offered up to Jah (God) at birth. The child will be encouraged to follow the 'livity' (way of life) of Rasta.

Death customs and funeral rites

'Dead' and 'Death' are words considered negative and are rarely used by Rastafarians who follow the more widely believed positive concept of 'ever-living'. 'Passed' or 'passing' is used instead reinforcing the Rasta belief that life is eternal through the spirit. Rastafarians spend this life preparing for continuation into the next stating "I'n'I live on itinually" meaning life is eternal.

Diet

The term used as a model for idealised lifestyles of Rastafarians is 'Ital' meaning a saltless, vegetarian diet. 'Ital' also means natural food. Rastafarians shun eating the 'flesh of scavengers' like pork or shellfish, yet fish & fowl (chicken) are acceptable with many. Alcohol is discouraged. Those attending Nyabinghi ceremonies are expected to observe a strict ital diet for the duration, which can last up to a week.

Dress

Festivals and celebrations usually require women to cover their heads and to wear long dresses in earthy Rasta colours. Trousers are not acceptable and makeup is not encouraged.

The uncombed, uncut locks are the symbol of the devout Rasta and are seen as a sacrament, which many always have covered with a 'tam' (a large hat) or 'wrap' (a cloth wrapped into a turban).

African attire is encouraged especially in the red, gold and green colours of the Ethiopian flag. Mudcloth and Kente designs from Africa are popular.

Visitors may be asked to remove their shoes when entering a Rastafarian household.

Giving of gifts

Greetings

Traditionally Rastafarians greet each other with respect even if strangers. Globally Rastas will 'hail' each other by saying "Greetings", "Hail Ras" as a mark of respect.

Gifts

Afro-centric gifts are appreciated by Rastafarians. Crafted wood, Rasta imagery and colours which symbolise Rastafarian roots; red for the colour of the blood of man, gold for the sun and the wealth and green for nature and the land of Africa, are welcomed, as are the traditional fruit and flowers.

Main languages spoken

Amharic, the ancient language of Ethiopia, plays an important part in Rastafarian Liturgy

Patois – the language of the African Diaspora.

The reasoning language of Rastafari is the I'n'I, which eliminates all negative sounds replacing them with positive. The term 'I' represents God and therefore your people, your family and your beliefs.

Medical treatment

Some orthodox Rastafarians may refuse medical treatment of blood transfusions although more liberal Rastas may take all forms of treatment.

Rastas tend to be herbalists using natural methods of self-healing.

Homeopathy and African traditional cures are widely used.

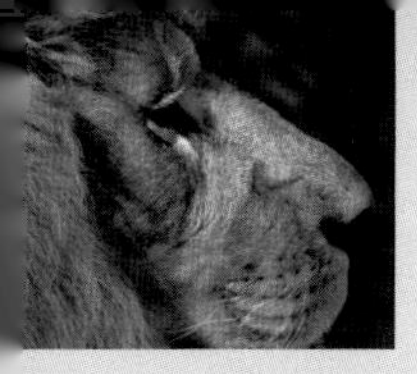

Naming & naming ceremonies

A child is usually given an African or Biblical name at birth. This takes place at a naming ceremony when the child is a few months old. According to your Rasta tribe a child may be given a name according to the month of birth. This can be adopted later for the converted. The list starts with April, as this is the month Reuben – the first son of Jacob, father of Israel – was born.

Naming Table

Colour	Tribe	Month
Silver	Reuben	April
Gold	Simeon	May
Purple	Levi	June
Brown	Judah	July
Yellow	Issacher	August
Pink	Zebulon	September
Blue	Dan	October
Red	Gad	November
Grey	Asher	December
Green	Naphtali	January
White	Joseph	February
Black	Benjamin	March

Other

Rastafarians are divided into several different groups including The Nyabinghi Order, Twelve Tribes of Israel, Ethiopian World Federation, Bobo Dreads, Orthodox and more.

Ethiopian World Federation (EWF)	These Rastafarians only recognise the divinity of His Imperial Majesty, Emperor Haile Selassie I and will only accept those of African descent as true Rastas.
Twelve Tribes of Israel	Recognise the divinity of H.I.M. but also acknowledge his son as a descendent of King Solomon. All races are welcome as Rastas.
Bobo / Bubba Dread	Very strict orthodox Rastas whose philosophy stems from the preachings of the prophet Emmanuel. Heads are *always* covered with a white turban and codes of Rasta are stringently observed.
Ethiopian Orthodox Church	The state church of Ethiopia and the oldest Christian religion in the world has most Rastafarian members.

Glossary

Amharic	The language of the royal Ethiopian dynasty since the 13th century.
Babylon	From a Rastafari perspective, Babylon is the historically white – European colonial and imperialist power structure, which has oppressed Blacks and other peoples of colour.

Diaspora	The African Diaspora began in the early 16th century and displaced tens of millions of Africans from their ancestral continent (dispersion; a migration, the dispersion of an originally homogeneous people)
Elder	The term given to individuals of long-standing commitment in the Rasta Movement.
I'n'I	Me & mine, we.
Ital	Vital – meaning 'pure', 'natural', 'organic', Ital is a term for a saltless and vegetarian diet.
I-ses	Praises.
Iration	Creation.
Jah	In Rasta speech, this term is used as a synonym for Emperor Haile Selassie as the manifestation of the Godhead. The term derives from the Old Testament where it appears as an archaic form of "Jehovah" *(see Psalm 68:4)*.
Nyabinghi	Derived from an African secret society, which operated in the Congo and Rwanda during the last quarter of 19th century, Nyabinghi refers to religious gatherings of Rasta brethren (men) and sistren (women) where dancing and drumming are commonplace.

Ras Tafari	The pre-coronation name of Emperor Haile Selassie I. Ras is an Amharic term meaning equivalent to Duke or Lord. Tafari Makonnen was the family name of Emperor Selassie.
Reasoning	An important recognition of the oral tradition of Rastafarian culture. Reasoning offers an opportunity for the exchange of ideas and information, religious teachings, history and story telling.
Reggae	Reflecting the basic rhythmic influences of Nyabinghi drumming as well as that of other African Jamaican musical traditions, reggae is the Rasta-inspired music of black protest originating in Jamaica in the 1960's and spreading the message of Rasta internationally to this day.
Spiritual Baptists	A religion based on a fusion of Christianity and African ritual beliefs developed by African slaves in the Caribbean.
Zion	Zion refers broadly to Africa and more specifically to Ethiopia as the ancestral homeland of all black peoples.

References

Beckford, R. (1998) *'Jesus is Dread'* London: Darton Longman & Todd

Owens, J. (1982) *'Dread Rastafarians of Jamaica'* Heinemann

The Centenary Committee for Rastafari
PO Box 8337, London W12 9WE

BOOM Publishing
PO Box 2766, Reading RG30 1RF

Special thanks to:

Mr & Mrs Carlos Holder
Mr A Guy
Mr S Taylor
Aqua Livi
Don John, Cultural Diversity Advisory Group to the Media (CDAG)
Godfrey Brandt

Compiled by Mary Genis (CDAG, Reading)

Bahá'í

Bahá'í

A Bahá'í is a member of the Bahá'í Faith who believe in the Prophet founder Bahá'u'lláh.

An introduction to the faith

The Bahá'í Faith is an independent world religion with approximately six million members world wide coming from virtually every nationality, religious background, ethnic group and social class.

The Prophet Founder of the Bahá'í Faith was Bahá'u'lláh, a Persian nobleman who suffered 40 years of imprisonment and exile. Bahá'ís believe that he was the latest in a line of Messengers from God that includes Abraham, Krishna, Moses, Buddha, Zoroaster, Christ and Muhammad.

The main theme of Bahá'u'lláh's message is unity. He taught that there is only one God, that all the world's religions represent one changeless and eternal Faith of God, and that all humanity is one race, destined to live in peace and harmony.

Bahá'ís work towards the creation of an ever-advancing, sustainable world civilisation, based on the principles of the oneness of humankind, equality of women and men; the elimination of all forms of prejudice, economic justice; universal education and the harmony of science and religion.

With significant communities in at least 233 countries and dependent territories, the Bahá'í Faith has become, in only a century, the second most widespread religion after Christianity and is among the fastest growing religions in the world.

Bahá'í Writings

Bahá'u'lláh himself wrote voluminously and Bahá'ís should read every morning and evening from His writings. Bahá'u'lláh's son and successor, 'Abdu'l-Bahá, was also the interpreter of Bahá'u'lláh's writings and wrote many volumes of books and tablets. Further Bahá'í writings came from 'Abdu'l-Bahá's grandson and Guardian of the Bahá'í Faith, Shoghi Effendi, who was the head of the Bahá'í world community after the passing of his grandfather in 1921 until his own death in London in 1957.

The Covenant

Bahá'u'lláh appointed 'Abdu'l-Bahá as his successor, making him the Centre of his Covenant and the head of the Bahá'í Community. By this appointment Bahá'u'lláh safeguarded and protected the religion against differences and schisms, making it impossible for anyone to create a new sect or faction or belief. This Covenant of Bahá'u'lláh is unique in religious history.

Festivals/holy days

The Bahá'í calendar is made up of 19 months consisting of 19 days in each month with the remaining days called the Intercalary Days, and celebrated as Ayyám-i-yá, a time for spiritual preparation for the fast, hospitality, feasting, charity and giving gifts.

The feast or festival of Ridván is a twelve-day festival commemorating Bahá'u'lláh's declaration of His mission to His companions and celebrated annually from 21st April until 2nd May. Bahá'u'lláh acclaimed Ridván as the 'Most Great Festival' and has referred to it as the Day whereon 'the breezes of forgiveness were wafted over the entire creation'.

The first, ninth and twelfth days of Ridván are celebrated as Holy Days on which work is suspended. Local Assemblies are elected on the first day of Ridván while national assemblies are elected during the Ridván period.

Naw-Rúz – literally, New Day – is the Bahá'í New Year which is celebrated on 21st March. In the Bahá'í calendar, Naw-Rúz falls on the day of Bahá of the month of Bahá. The festival of Naw-Rúz marks the end of the month of fasting and is a joyous time of celebration. It is a Bahá'í Holy Day on which work is suspended.

The anniversary of the birth of Bahá'u'lláh is on 12th November. Born Mírzá Husayn-'Alí in 1817 in Mázindarán, Persia (Iran) Bahá'í communities come together for celebration and fellowship.

There are no prescribed ceremonies for the commemoration of Holy Days, but many Bahá'í communities combine a devotional programme with fellowship or appropriate social activities.

Other significant religious events

Declaration of the Báb	23rd May
Ascension of Bahá'u'lláh	29th May
Martyrdom of the Báb	9th July
Birth of the Báb	20th October
Day of the Covenant	26th November
Ascension of 'Abdu'l-Bahá	28th November

Fasting (2 – 20 March) requires the abstinence from food and drink between sunrise and sunset. This is a period of meditation, prayer, spiritual recuperation and a symbolic reminder of abstinence from selfish and carnal desires. Fasting is only undertaken by those of the age of maturity (15 years).

Pilgrimage to the Bahá'í Holy Places in Haifa, Israel is obligatory for Bahá'ís if one can afford it and is able to do so.

Nineteen Day Feast. This marks the first day of the Bahá'í month, bringing together the Bahá'í community of the locality for worship, consultation and fellowship.

Birth customs

Bahá'ís have very few, if any, rituals. However, there is no objection to the giving of gifts on happy occasions in accordance with the traditions of the relevant culture of the country, as long as they adhere to certain dietary restrictions *(see Diet)*.

Death customs and funeral rites

Bahá'ís believe that the body is the temple of the spirit and must be respected and treated with honour. In Bahá'í law cremation is forbidden and the body must not be transported more than one hour's journey from the place of death. The body is wrapped in a shroud of silk or cotton and a ring, bearing a specific inscription is placed on the deceased's finger. The body is placed in a coffin made of crystal, stone or hard, fine wood. A specific Prayer for the Dead is said before internment. Bahá'ís are instructed to write a will and are free to dispose of their wealth in any way they wish.

Diet

There are no dietary requirements for Bahá'ís to follow but Bahá'ís would have to decline any invitations of food or drink during the fasting period (March 2 – 20 between sunrise and sunset). It is not appropriate to give or offer Bahá'ís a gift of, or any foods containing, alcohol as it is a Bahá'í law to abstain from alcohol and from the use of non-medicinal drugs as they believe both practices are harmful to physical and spiritual health.

Dress

Bahá'ís do not have any form of dress requirements other than to practice moderation and modesty.

Giving of gifts

There are no particular customs or rituals in the Bahá'í faith regarding giving gifts or greetings (other than those mentioned above), just appropriate social behaviour for the relevant event or for the customs of the culture of the country of residence.

Main languages spoken

The main language for Bahá'ís is the spoken language of the country of residence.

Medical treatment

The Bahá'í teachings see human beings as both physical and spiritual in nature and believe that health is achieved when there is well-being and balance in both those aspects of a person's life. When ill Bahá'ís seek medical treatment from a qualified physician. The use of contraception is restricted to methods that do not terminate the pregnancy after conception as Bahá'ís believe that the soul comes into being at conception.

Names and naming ceremonies

The Bahá'í teachings do not provide for any formal naming and there is no baptismal service. However there is no objection to Bahá'ís coming together to celebrate such happy occasions, provided they do not hold an official public ceremony.

There are no religious titles. Bahá'ís follow the customs of their country of residence as to the taking of a name at marriage and in the form of address appropriate for introduction, for example in the UK: Mr., Mrs., Miss., Ms., Dr., etc.

Other

In a Bahá'í marriage each partner must freely choose the other and once the choice is made, the consent of the living, natural parents of both parties is needed to help create unity between the two families.

Bahá'ís do not have pictures of Bahá'u'lláh. It would be inappropriate to try to represent Bahá'u'lláh in any form, artistic or otherwise.

Bahá'ís are required to obey the government and abstain from partisan politics as it is believed partisan politics create disunity in the community. Backbiting and gossiping are forbidden because they cause division.

At present, Bahá'ís in most localities have no special place of worship, they meet either in each other's homes or at a Bahá'i centre. It is envisaged, however, that in the future there will be a House of Worship (Bahá'i temple) in each town.

The Bahá'í House of Worship is open to people of different races, religious backgrounds and nationalities, not just Bahá'ís, in accordance with the Bahá'í aim of fostering unity. At present there are seven Houses of Worship around the world, close to Chicago USA; Kampala, Uganda; Sydney, Australia; Frankfurt, Germany; Panama City, Panama; Apia, Samoa; and in New Delhi, India.

Bahá'í Words

Please take note of the spelling of Bahá'í words. Often the words are Persian in origin and thus have unusual accents, for example in the word Bahá'í. Where possible do use the correct spelling.

Glossary

Bahá'í Word	Translation	Explanation
'Abdu'l-Bahá	Servant of Bahá	Eldest surviving Son of Bahá'u'lláh and His designated successor (1844 – 1921).
The Báb	The Gate	Forerunner of Bahá'u'lláh and Prophet Founder of the Bábi Faith (1819 – 1850).
Bahá'í		A follower of Bahá'u'llah.
Bahá'í World Centre		Spiritual and Administrative centre of the Bahá'í Faith in Haifa, Israel, comprising the Holy Places in Haifa and Akká and the administrative buildings on Mount Carmel.
Bahá'í International Community		The official name of the world wide Bahá'í community in its relations to outside organisations with offices at the United Nations in New York City, USA and in Geneva, Switzerland.
Bahá'u'lláh	Glory of God	Prophet Founder of Bahá'í Faith and the Manifestation of God for this Day (1817 – 1892).
Fireside		A meeting held in one's home for the purpose of teaching the Bahá'í Faith.

Bahá'í Word	**Translation**	**Explanation**
Funds		Money is voluntarily contributed by the Bahá'ís to the different institutions of the Faith. Contributions are not accepted from non-Bahá'ís.
Guardian, The		Shoghi Effendi, Grandson of 'Abdu'l-Bahá and head of the Bahá'í World from 1921 to his passing in 1957.
Kitábi-i-Aqdas	Most Holy Book	Bahá'u'lláh's book of laws, revealed in Akká in 1873. It sets forth ordinances of Bahá'u'lláh's Dispensation, but is much more than a mere code of laws.
Local Spiritual Assembly		The local administrative body of the Bahá'í Faith elected annually from among the body of believers in a community.
Manifestation/ Messenger of God		The Great Prophets of God, God's chosen messengers, who appear in each age.
National Spiritual Assembly		The National Administrative body of the Bahá'í Faith. Elected annually by delegate representatives of the local communities. Responsible for the affairs of the national Bahá'í community.

Bahá'í Word	Translation	Explanation
Obligatory Prayer		The daily recital of one of three specific prayers revealed by Bahá'u'lláh is binding on Bahá'ís from the age of maturity, which is fifteen years.
Universal House of Justice		Supreme administrative body of the Bahá'í Faith, elected every five years by member of the National Spiritual Assemblies.

Further information

National Spiritual Assembly of the
Bahá'ís of the United Kingdom

27 Rutland Gate
London SW7 1PD
Tel: 020 7584 2566
Fax: 020 7584 9402
Email: oea@bahai.org.uk
Website: www.bahai.org.uk

For local Bahá'í Communities visit the above website, look in Yellow Pages or call the Bahá'í Information Office on 01732 373759.

Further reading

Bahá'í Publishing Trust

6 Mount Pleasant
Oakham
Leicestershire LE15 6HU
Tel: 01572 722780
Fax: 01572 724 280
Email: sales@bahaibooks.co.uk

Compiled by the Bahá'í Community of the United Kingdom.

Buddhism

Buddhism

A Buddhist is a person who accepts a) the Buddha, b) the Buddha's teaching and c) the Buddha's followers who have achieved enlightenment. These are known as the "Three Jewels", or three main guides through life. Buddhism, like most of the great religions of the world, is divided into a number of different traditions and there are two main schools of Buddhism: The Theravada, or "Teaching of The Elders", and Mahayana, or "Greater Vehicle".

An introduction to the faith

The Buddha was an Indian prince who around 2500 years ago, after many years of searching for a way to free himself and those he loved from the suffering of old age, sickness and death; discovered enlightenment. For the next forty-five years he instructed those who were willing to listen in the method to achieve enlightenment for themselves.

He taught what he called The Four Noble Truths: first, that all life is unsatisfactory, second that this springs from our craving. Complete happiness can be gained by the third, which is the absolute elimination of craving. This is achieved by the fourth Noble Truth, which comprises following what Buddhists refer to as The Noble Eightfold Path i.e. the path of right understanding, right thought, right speech, right action, right livelihood, right effort, right mindfulness and right concentration. All eight components of this path are required to be developed together in order to achieve full enlightenment.

From India, the teaching spread throughout the East taking on different characteristics according to the country in which it took root. Although the practices of the Buddhist religion appear so different (Zen, Tibetan, Theravada etc.) the same principle underlies them all: learn to do good; cease to do evil; purify your own mind. A Buddhist has to purify his or her own mind; the Buddha only showed the way. One has to rely on ones' own efforts; Buddhists know of no god or creator that can do the work for them.

Festivals

Buddhist holy days are determined according to the phases of the moon. Instead of a particular day of the week being designated as a holy day, the quarter moon days are used. Lay Buddhists in Western countries try to at least celebrate the full moon day; however, due to the exigencies of their employment generally these days are celebrated on the nearest Sunday.

Each Buddhist school has its own festival days and to enumerate them all is beyond the scope of this publication.

Generally at a feast day the lay supporters will bring food for the participants to share, the monks being fed first followed by the lay supporters. Although vegetarianism is highly regarded, and in some Mahayanan schools compulsory for the monks, this is not universal. Before offering food it is wise to ask what will be acceptable. If one is a vegetarian, asking what is contained in any dish one intends to sample will not cause any offence. A visitor, guest or non-Buddhist would not be expected to offer food unless specifically requested to do so.

Lay Buddhists

Buddhists come from many different cultures and should one be visiting a Buddhist household, the particular customs will, in general, be those of the occupant's racial origins; Eastern, Western, English, Japanese, Thai, ...whatever.

As many Buddhists in the U.K. meditate, some of their time is spent sitting on the floor. Many Western Buddhist families have adopted the Eastern habit of leaving their shoes in the entrance hall of their houses in order to keep their carpets clean enough to sit on, should any one so wish.

Some families have a special room set aside as a shrine room for meditation and study. Should one be invited into this room, shoes should never be worn and it is well to remember that to be invited into such a room is a compliment.

Lay Buddhists do not touch any figurine of the Buddha unless invited to. Although a figurine has no intrinsic religious value it nevertheless represents and is used to focus the mind on the highest values in the Buddhist religion. Therefore any lack of respect to a figure, statue or picture of the Buddha, or even a book containing Buddhist Dhamma (teaching), represents lack of respect to the Buddhist religion.

Monks and Nuns (mendicants)

The relationship between the laity and those mendicants who have 'gone forth' to follow a path of renunciation is mutually supportive. The laity providing the material requisites for the mendicants, which gives them time to focus on the cultivation of the mind; the mendicants in turn providing the spiritual guidance for the laity.

All Theravadin and most Mahayanan mendicants are celibate and any kind of intentional erotic behaviour is forbidden. This includes even suggestive speech, or physical contact with immoral intent. If arranging to meet a Buddhist mendicant it is a good idea to ask if there is anything that needs to be borne in mind to avoid embarrassment. Should one be unexpectedly confronted with a situation involving a Buddhist mendicant, then as long as one acts respectfully and refrains from physically touching him or her, unless contact is initiated by the mendicant, there should be no misunderstandings.

In some schools of Buddhism it is a breach of rules for mendicants to ask for refreshments. It is therefore a kindness to ask if any refreshments are required.

Birth, naming and wedding customs

These ceremonies are very much tied in with the cultural background of the main participants, for example: Western-born Theravadin Buddhists would participate in a different naming ceremony for their children than would Western-born Zen Buddhists; however, they would probably appreciate the same type of presents for their child. To attempt to give advice to cover all exigencies is impractical.

In the various schools of Buddhism the attitude to both the mind and emotions are very similar; however, the outward forms used to express this attitude could vary even from temple to temple within the same school in the same country.

Death customs and funeral rites

Buddhist funeral customs differ according to the country of origin of the deceased. It should be borne in mind that to a Buddhist, death is considered to be a normal inevitable part of life, not surprising or shocking. While it is understood that the bereaved may suffer due to the loss of a loved one, it is recognised that grief helps neither the deceased nor the bereaved; funerals therefore, can be rather matter of fact occasions and very uplifting if the deceased has lived a full, worthwhile, life.

The actual form of the funeral depends again on the school of Buddhism and the ethnic origins of the deceased. It is not practical in this publication to attempt to describe the various procedures.

Diet

Many Buddhists are vegetarian, but it is a personal preference. However, some Mahayanan schools require their mendicants to refrain from eating meat or fish.

Dress

Dress varies according to the customs of the ethnic group represented. When visiting a Buddhist monastery, bear in mind that one may be required to sit on the floor. If there is no way to find out what the arrangements are within the particular establishment it is intended to visit, it is advisable to wear something smart but casual, loose enough to permit one to sit on the floor without stopping one's circulation. Never wear shoes in a Buddhist place of worship.

In the East it would be frowned on for members of either sex to wear shorts into a temple and in most Western establishments this would still apply. Men are expected to at least cover their torso and wear long trousers and women are asked to refrain from wearing any skimpy attire, at least a partial sleeve to the top and skirt to the knee or loose trousers are fine.

Customarily the head is uncovered by both sexes within temples and monasteries; however, if one's custom is to cover the head, as with Sikhs for example, then that is perfectly acceptable.

Main languages spoken

The main language for Buddhists is the spoken language of the country of residence, but depending on the particular school of Buddhism the teachings have been written in either the Pali or Sanskrit language.

Medical treatment

In general the preferences for a Buddhist with regard to medical treatment follow those of the ethnic community to which he or she belongs. There are a few details, however, that should be taken into consideration. It is one of the precepts for many Buddhists that they take no drugs or drink that may cloud the mind. Although the obvious reference is

taking substances for recreational use, a Buddhist should be informed of the effects of painkillers and other medicines if they are likely to cause drowsiness or unconsciousness.

Meditation

In all schools of Buddhism meditation is practiced in one form or another. If one is in area where other people are practising meditation, it is polite to keep as quiet as possible.

Other

In the East a great deal of notice is paid to body language and many Western Buddhists have adopted this attention to body language for very practical reasons. The Buddha's teaching emphasizes awareness. By paying attention to how gestures and movements are used awareness is increased and respect is consciously shown.

Therefore it is not acceptable to stand over mendicants when offering them something or speaking to them but better to try to approach them on the level at which they are sitting.

Buddhists try not to point their feet at a shrine or Buddha image, or lie down in a shrine room.

Buddhists place their hands together in front of the chest with the fingers pointing upwards in the Eastern gesture called "anjali". This is used as a means of greeting and saying goodbye, generally to a mendicant. It is also used as a gesture of respect during a religious service.

Buddhists also prostrate themselves before a shrine and/or a mendicant but would not expect a non-Buddhist to do likewise.

Glossary

As Buddhism spread throughout the East, it came to be expressed in many different languages. Terms in the Sanskrit and Pali of India are in most common use in the West, although Japanese and Tibetan terms also occur frequently. Pali is the language of the texts of the Theravada school, whilst Sanskrit is used for general Mahayana. Zen Buddhism uses terms expressed in Japanese, and Tibetan Buddhism, Tibetan. There is no preferred form.

Pali	Sanskrit	Explanation
	Amitabha Amitayus	Also, Amida (Japanese). Buddhas having unlimited light and life respectively.
Anatta	Anatman	*No self; no soul (trans).* Insubstantiality; denial of a real or permanent self.
Anicca	Anitya	*Impermanence; transience (trans).* Instability of all things, including the self.
Arahat, Arahant	Arhat	*Enlightened disciple (trans).* The fourth and highest stage of Realisation recognised by the Theravada tradition. One whose mind is free from all greed, hatred and ignorance.
Bhikkhu	Bhikshu	Fully ordained Buddhist monk.

Pali	Sanskrit	Explanation
Bhikkhuni	Bhikshuni	Fully ordained Buddhist nun.
Bodhi Tree		The tree *(fiscus religiosa)* under which the Buddha realised Enlightenment. It is known as the tree of Wisdom.
Bodhisatta		*A Wisdom Being (trans).* One intent on becoming, or destined to become, a Buddha. Gotama, before his Enlightenment as the historical Buddha.
	Bodhisattva	A being destined for Enlightenment, who postpones final attainment of Buddhahood in order to help living beings (see Mahayana).
Brahma Viharas		The four sublime states: loving kindness, compassion, sympathetic joy, and evenness of mind.
Dalai Lama (Tibetan)		*Great Ocean (trans).* Spiritual and temporal leader of the Tibetan people.
Dana	Dana	*Generosity; giving; gift (trans).*
Dhamma	Dharma	*Universal law; ultimate truth (trans).* The teachings of the Buddha. A key Buddhist term.
Dhammapada	Dharmapada	Famous scripture of 423 verses.
Dukkha	Duhkha	*Suffering, ill; unsatisfactoriness; imperfection. (trans).* The nature of existence according to the first Noble Truth.

Pali	Sanskrit	Explanation
Gompa (Tibetan)		Monastery, place of meditation.
Gotama	Gautama	Family name of the Buddha.
Jhana	Dhyana	Advanced meditation. Also Ch'an (Chinese) and Zen (Japanese).
Kamma	Karma	*Action (trans)*. Intentional actions that affect one's circumstances in this and future lives. The Buddha's insistence that the effect depends on volition marks the Buddhist treatment of kamma as different from the Hindu understanding of karma.
Kesa (Japanese)		The robe of a Buddhist monk, nun or priest.
Lama (Tibetan)		*Teacher (trans)*. One who is revered.
Magga	Marga	*Path (trans)*. Leading to cessation of suffering. The fourth Noble Truth.
	Mahayana	*Great Way* or *Vehicle (trans)*. Teachings that spread from India into Tibet, parts of Asia and the Far East, characterised by the Bodhisattva Ideal and the prominence given to the development of both compassion and wisdom.
Mala		String of 108 beads used in Buddhist practice (like a rosary). Also, Juzu (Japanese).

Pali	Sanskrit	Explanation
Nibbana	Nirvana	*Blowing out* of the fires of greed, hatred and ignorance, and the state of secure perfect peace that follows. A key Buddhist term.
Nirodha	Nirodha	*Cessation* (of suffering). The third Noble Truth.
Sakyamuni	Shakyamuni	*Sage of the Shakyas (trans).* The tribe of the Buddha). Title of the historical Buddha.
Samsara	Samsara	*Everyday life (trans).* The continual round of birth, sickness, old age and death which can be transcended by following the Eightfold Path and Buddhist teaching.
Sangha	Sangha	*Community, assembly (trans).* Often used for the order of bhikkhus and bhikkunis in Theravadin countries. In the Mahayana countries, the Sangha includes lay devotees and priests i.e. Japan.
Satori (Japanese)		*Awakening (trans).* A term used in Zen Buddhism.
Siddattha	Siddhartha	*Wish-fulfilled (trans).* The personal name of the historical Buddha.
Sila	Sila	*Morality (trans).*

Pali	Sanskrit	Explanation
Sutta	Sutra	*Text (trans)*. The word of the Buddha.
Tanha	Trishna	*Thirst; craving; desire (trans)*, (rooted in ignorance). Desire as the cause of suffering. The second Noble Truth.
Tathagata	Tathagata	Another epithet for the Buddha.
Theravada	Sthaviravada	*Way of the elders' (trans.)*. A principal school of Buddhism, established in Sri Lanka and South East Asia. Also found in the West.
Thupa/Cetiya	Stupa	*Reliquary (trans.)*, including Pagodas.
Tulku (Tibetan)		Reincarnated Lama.
Vihara		*Dwelling place; monastery (trans.)*.
Vinaya		The rules of discipline of monastic life.
Vipassana	Vipashyana	Insight into the true nature of things. A particular form of meditation.
Wesak or Vesak (Sinhalese)	Wesak	Buddha Day. Name of a festival and a month. On the full moon of Wesak (in May or June), the birth, Enlightenment and passing away of the Buddha took place, although some schools celebrate only the birth at this time.
Zen		*Meditation (Japanese)*. Derived from the Sanskrit 'dhyana'. A school of Mahayana Buddhism that developed in China and Japan.

References

One of the best sources of general information on subjects pertaining to any Buddhist school is:

The Buddhist Society
58 Eccleston Square
London SW1V 1PH
Tel: 0207 834 5858
www.buddsoc.org.uk

Compiled by Anthony Millett, Kent.

chinese

Chinese

In many ways the modern Chinese outlook can be traced back to the ancient civilisations of the ChangJiang (Yangtze) and HuangHe (Hwangho) river basins in Central China. Nowadays, when Chinese go to look for their roots they will claim them from here. Those civilisations have, of course, received outside influences over the years with Buddhism, for example, entering China around 65CE. Over the last few hundred years, influences have come from Western nations and after many years of rejection, these influences are now being welcomed. Starbucks and McDonald's restaurants, for example, have opened in Mainland China and global trade continues to grow.

The People's Republic of China (PRC or "mainland" China) represents what most people nowadays think of as China. However, it is to the other three major self-governed Chinese regions – Hong Kong, Singapore, Taiwan – that we should look to understand the communities of "overseas" Chinese *(hua qiao or hai wai tong bao)*. This is because most overseas Chinese – in UK, Europe, US, Canada, Australia and elsewhere – come from (or at least via) these regions.

In the UK, the Chinese community originates mostly from Hong Kong but there are also Chinese from Singapore, Malaysia, Vietnam, Mainland China and elsewhere. In the US there may be a similar mix, but the influence of those from Taiwan may be more evident. Increasingly, though, we find Chinese born in the country of residence. Hence, there are British Born Chinese (BBC), American Born Chinese (ABC) and many other kinds of "resident" born Chinese.

Faith and Belief

Confucianism

Confucianism is based on the teachings and writings of the philosopher Confucius (551 – 479BCE). It is an ethical belief system rather than a religion and is based upon the concept of relationships. In Confucianism every relationship – between mother and child, husband and wife, brother and sister – has the dual aspect of responsibility and obligation. However, Confucianism goes beyond the family, and incorporates the relationship of individuals with the state, subject and ruler, bureaucrat and civilian. According to Confucianism, if these responsibilities and obligations are observed then society will be a just and harmonious one.

However, because individuals' roles and boundaries of behaviour were strictly and inflexibly defined, there are continuing conflicts about the role of Confucianism in modern times that still need resolving.

Daoism

Daoism (Taoism), like Confucianism, seeks harmony but through a reality beyond the material, that is ultimately beyond name or description. This alternative reality is called the *Dao* (the Way). Harmony is sought between the material and the *Dao*, but it is only achieved through the *Dao*, through natural and spontaneous actions, without set purpose or preference. Daoism is in opposition to Confucianism, in that it encourages action by "gut feeling" rather than by explicit rules or manipulation.

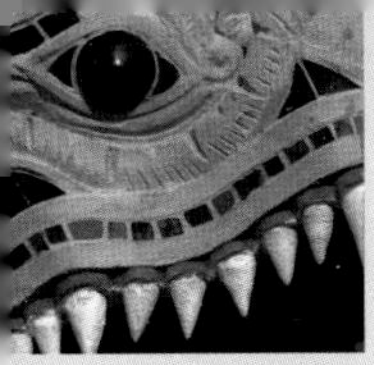

Buddhism

The origins of Buddhism are to be found in India, entering China in the reign of Emperor Han Ming Di in about 65 CE. It did not gain any mass following, though, until around 290 CE. Its popularity arose during a time of social disorder and barbarian invasion. Buddhism's promise of personal salvation, although very much against the norms of Chinese collectivism and emphasis on family and society, attracted many during a time of great uncertainty.

Buddhism was established by Siddhartha Gautama, the Buddha or "enlightened one". Siddhartha Gautama was a prince of the Sakya kingdom on the borders of what are now India and Nepal and was a contemporary of Confucius. Although living in luxury, Siddhartha Gautama was exposed one day to the sufferings of the masses. This greatly affected the prince and he began a search to find relief for human suffering. This he found when he received a moment of enlightenment after which he became the Buddha – the enlightened one.

Buddhism split into two major branches early in its development: Mahayana and Hinayana. The Buddhism of China stems mainly from the former, which incorporates practices like repetitive prayer and belief in re-birth.

Folk Religion

Localised folk religions have been common throughout China, in particular before 1949. Although they have incorporated elements of Buddhism and Taoism, they are often based on local gods. Since ancient times, infused within traditional Chinese belief has been the notion of spirits, in particular those of the dead. Hence, ancestor worship has been a part of folk religion. This is reflected in the popular QingMing festival and in folk customs about birth, marriage and death.

Christianity

Christians have been active in China since the 17th century when Jesuit missionaries of the Roman Catholic Church went to China and when Cossacks serving in the Imperial guard brought Christian Orthodoxy with them. Protestant missionaries first appeared in the early 19th century. By 1949 there were only 3 or 4 million Christians in China, less than 1 percent of the total population. There may be as many as 50 million Christians in China today – still a tiny minority in a country of 1,200 million people – but Christian groups flourish amongst the overseas Chinese.

Other Religions

Islam came to China via the Silk Route, mainly from Central Asia where it was practiced by many of the Turkish peoples. Today there are believed to be about 4 million Chinese Muslims.

Judaism has also been associated with China, through the KaiFung Jews. Their origins (and subsequent disappearance) have been something of a mystery, but it has been reported that several hundred people claimed Jewish ancestry in the 1952 census of ethnic minorities.

Many Chinese are now atheist and agnostic, following the influences of both communism and western capitalism.

Birth, Death and Marriage

Birth

Is traditionally followed by one month of confinement for the mother, after which a celebration takes place. Since boys were traditionally preferred, the celebration might be bigger when a son was born. Naming in Chinese consists of the family name followed by one or two personal names. The name is chosen to have a favourable meaning and to sound pleasant when spoken. One of the two personal names may be shared between brothers or between sisters, or occasionally with cousins: siblings can sometimes be recognised in this way.

Marriage

In China (as elsewhere) used to be arranged. The wife used to live within the husband's extended family and was considered the property of that family. Nowadays, courting is open and free, but often parents get involved introducing marriage customs and tradition once the couple have decided to tie the knot.

As elsewhere, special dress is worn at the wedding, usually red. On the day, the groom visits the bride's house. A ritual of worshipping the ancestors may occur, to be followed by a tea ceremony. Firstly tea is served to the parents by the couple and then it is served to the elder siblings. The couple bow, as a sign of respect, as they serve. Then the couple travels to the groom's house, where the tea ceremony is performed again, after which the bride is considered part of the groom's family. Naturally, a wedding banquet follows.

Traditionally, the wife takes on the family name of the husband, but nowadays the wife may retain her family name.

Death

Is traditionally handled carefully, to enable the souls of the dead to pass peacefully into the afterlife. In Buddhist funerals, replica money (and replicas of other worldly goods) may be burnt so that the dead may take something with them. Traditional, burial locations are chosen with good *feng shui* (e.g. on hillsides with a view) but this is becoming less important. Mourning lasts for 100 days, with black armbands worn by family members. White decorations are worn by the deceased's children and blue by the grandchildren.

Food and Drink

Food is central to the Chinese, in particular to family life. Meal times have been the time for socialising both within the nuclear family and within the extended family. Large banquets are often served at times of celebration (e.g. marriage, New Year) but also as a token of welcome (e.g. for visiting dignitaries and for relatives returning from overseas).

Food and taste is much appreciated in China, in much the same way that wine tasting is appreciated in the West. Food is judged on its colour, bouquet (aroma), flavour and body – the same dimensions that are used for appreciating wine.

Few Chinese dishes have only one ingredient, as this would offer no contrast and therefore no opportunity to harmonise. So usually, there will be a main ingredient and a number of supplementary ingredients. Take pork for example. Its colour is pink and texture tender. It is most likely to be found with a green vegetable, which is either crispy or crunchy such as celery (crunchy) or green peppers (crispy).

Not unexpectedly, tea (a corruption of the Chinese word *cha*) is the main drink in China. It is impossible to go anywhere in China without encountering people drinking tea. Tea is drunk all day – at work, at home, before and after (but not usually during) meals, alone or in company.

Nowadays, the predominance of tea as the major drink is being challenged by popular modern beverages, including coffee and beer. The presence of Starbucks coffee shop in Beijing is a symbol, often mentioned by European and American reporters, of the changing times in that city. Excellent beer has been brewed in China for many decades, in particular in the north eastern provinces.

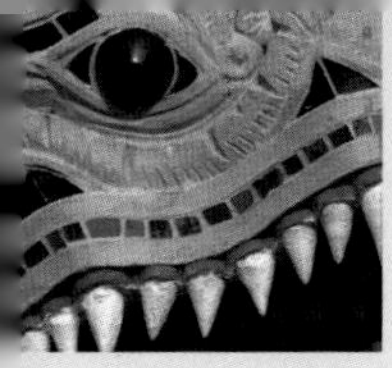

Festivals

The Chinese New Year

The oldest and most important festival to Chinese people is the Spring Festival, more commonly known in the West as Chinese New Year. Like all traditional Chinese festivals, the date is determined by the Chinese (lunar) calendar, rather than the Western (Gregorian) calendar, so the date of the holiday varies from late January to mid February.

The Spring festival celebrates the earth coming back to life, and the start of ploughing and sowing. In the past, feudal rulers of dynasties placed great importance on this occasion, and ceremonies to usher in the season were performed.

Traditionally, preparations for the New Year festival have started during the last few days of the last moon. Houses are thoroughly cleaned, debts repaid, hair cut and new clothes are bought. Doors are decorated with vertical scrolls, with texts that seek good luck and praise. Incense is burned in temples, and sometimes in homes, as a mark of respect to ancestors.

On New Year's Eve houses are brightly lit and a large family dinner is served. In the south of China sticky-sweet glutinous rice pudding *(nian gao)* is served, while in the north steamed dumplings *(jiao zi)* are popular. Celebrations can last till midnight, when fireworks are lit to drive away evil spirits. New Years day is often spent visiting neighbours, family and friends.

In China the public holiday lasts three days, but the festival traditionally lasts till the 15th day of the lunar month and ends with the 'Lantern Festival'. Houses are decorated with colourful lanterns and a sweet or savoury fried or boiled dumpling made of glutinous rice flour *(yuan xiao)* is eaten.

QingMing Festival

The QingMing festival (meaning "clear light") usually falls on or around 5 April each year. Its origin is in ancestor worship and is traditionally the day when families visit and clean their ancestors' graves. It needn't be a day of sadness – with many tombs in China on mountaintops, it can be an enjoyable walk and picnic for many families.

This is by no means the only day for visits, with some families making regular visits on other days and overseas Chinese making visits to coincide with their trips. It is, however, a commonly recognised day for visits, if not a public holiday.

The Dragon Boat Festival

This festival (DuanYang or DuanWuJie) is a major festival, which takes place on the fifth day of the fifth lunar month, usually in June or July. Dragon Boat races are a feature of this festival, which commemorates the sacrifice and death by drowning of a Chinese poet and high-ranking official, QuYuan. The dragon boats are long and narrow, paddled by teams of men and women to the beat of a drum.

The Mid-Autumn Festival

This festival (ZhongQiu) celebrates the appearance of the full moon and falls on the fifteenth day of the eighth lunar month (usually in September). Moon cakes are eaten during this festival, which consist of egg yolk in almond paste, covered in a rich pastry.

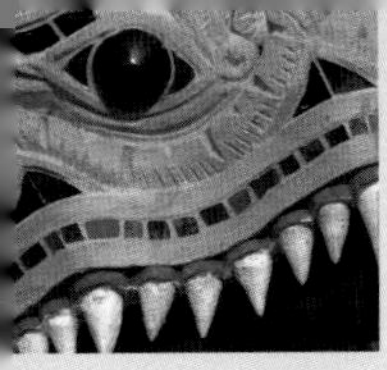

Language

Chinese is one of a small group of languages whose written form does not vary across a wide variety of spoken forms. Hence a Cantonese speaker listening to a Mandarin speaker might not understand anything that was said, but would read with ease the most complex and technical of what was written. There are eight major spoken language groups in China with some 600 dialects. All share the same written form, which nowadays may be written in an abbreviated script.

In total there are over 45,000 Chinese characters; however, a vocabulary of 4,000 would be good and a vocabulary of 9,000 unlikely to anyone without a university degree. All Chinese languages use tones to distinguish different words, with four common tones in PuTongHua (Mandarin), the official national language, and nine (quite different) tones in Cantonese, the language commonly spoken in south eastern China.

Because intonation is part of meaning, it cannot easily be used to express emotion. Take the word "what" in English; disbelief can be inferred within it when a rise tone is added (what!), while the basic meaning remains the same. In Chinese, a change of tone can result in a totally different meaning, so that *mai* can mean buy or sell depending on the tone.

Chinese is also a monosyllabic language, in that each character is no more than a syllable and contains meaning (or at least connotation) independent of characters that precede or follow. With so many meanings and connotations within a given speech or passage of text, this could be confusing, so characters tend to come in pairs. Hence notification of "danger" usually consists of two characters (*wei xian)*, both of which mean "danger". Combinations like these clarify meaning.

Medicine

Traditional Chinese Medicine (TCM) is a system of medicine dating back four thousand years. The principles of TCM are based upon the flow of *chi*, a vital force or energy, which, among other things, controls the workings of the human body and mind. *Chi* flows through the body through channels – the 12 'meridians' which correspond to twelve systems such as those of the liver, bladder or spleen. *Chi* may be over- or under-active in a particular system and cause illness. These imbalances can be corrected by a variety of means, the most common being diets and corrective or prophylactic exercises such as "meditation in movement".

There are many ways of diagnosing in TCM, the most important being the pulse (where the energy of the meridians is assessed by the strength, rhythm and quality), the colour of the tongue and the general appearance and demeanour of the person. Thus a patient diagnosed by conventional medicine as having a particular skin disease might be seen as having "excess heat in the liver".

There are a variety of treatments in TCM, including acupuncture and herbal medicine. Acupuncture involves the insertion of extremely fine needles through the skin at particular points along the paths of the meridians in order to balance the chi and stimulate healing. Herbal medicine involves the use of formulae, derived from up to six thousand herbs. There are some standard formulas, but each patient will also be given a unique formula to match his/her unique state and constitution. Herbal medicine has registered a number of spectacular successes in recent years, in particular in the cure of skin diseases. Recently the first Chinese herbal clinic in a National Health Service hospital opened in London.

The continuing practice of TCM does not in any way imply the rejection of Western medicine by Chinese people. Chinese people will in general go to see their general practitioner first, and only resort to TCM when the GP cannot help.

Martial Arts

Despite the name, the Chinese martial arts do not concentrate exclusively on fighting and subduing an opponent. Fundamental to all Chinese martial arts are the concepts of respect, self-discipline, courtesy and inner strength; it is these areas that must be mastered, by the true martial artist.

The popular term for martial arts is *gong fu* (kung fu), but this actually means “great skill”. The term that should be used is *wu shu*. *Wu shu* comes in many forms. One famous form originated in the famous ShaoLin Temple of HeNan province. Built in 495 CE in a remote part of the province, the temple was home to Boddhidarma, the founder of Zen. The monks of ShaoLin originally spent the majority of their time in prayer and meditation, an immobile activity, and to counteract stiffness they developed a series of exercises which were modelled on their observations of the natural world – for example the monkey’s rapid movements, or the snake’s crawling.

Being remote, and often between the spheres of influence of competing warlords, the monks of ShaoLin found that they were often the target of attacks, and so developed their exercises into a form of self defence. Great dedication in training was developed, with body (muscles, flexibility and reflexes) developed alongside the spirit and mind.

Most of the world's martial arts – judo, karate and kendo, for example – trace their origins to *wu shu* including tai ji quan *(tai chi chuan)*. *Tai ji quan* (or just *tai ji*) is an ancient form of gentle movement exercise. It straddles the boundaries between martial arts, exercise and meditation, and can be practiced solo, or in groups. There are many forms of *tai ji*, though all consist of exercises following a precise pattern, learned and refined in concert with a *tai ji* teacher.

Tai ji is graceful both to watch and to perform, and is based on the Daoist philosophy that life is lived most effectively if a person refrains from fighting against the nature. Each movement in tai ji is "created" by its predecessor, so that effort is minimised and so that movement is flowing and liquid. *Tai ji* is therefore "martial" only in the sense that it promotes health and physical well being, that is the basis of any combat activity.

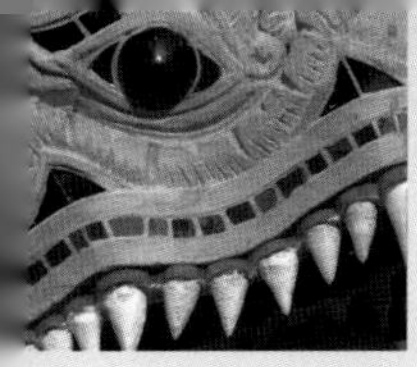

Music and the Performing Arts

Western music and performing arts find equivalents in Chinese form. There are Chinese forms of instruments like the violin *(er hu)* and the flute (bamboo flute), and these may combine to form distinctively Chinese musical groups and orchestras. There are many operatic forms in China, the most famous being the Beijing and the Cantonese.

While Chinese (and even Western) operatic forms are an acquired taste, Chinese music can be more readily appreciated by all. At the recent Oscar ceremonies of the American Academy of Motion Picture Arts and Sciences, the Chinese movie Crouching Tiger, Hidden Dragon won the music award with a modern Chinese score.

Tradition in a Modern World

The latter decades of the 20th century saw spectacular growth in the Asian "tiger" economies, including Hong Kong, Taiwan and Singapore. More recently, those rates of growth have spread to parts of Mainland China. Changing economic structures have inevitably led to cultural change. Just as Britain has left behind many practices of the Victorian period, so China and its people will leave behind some – but not all – of its traditional practices.

Acknowledgements

Special thanks to ChinaTown Online for permission to use material from their website: www.chinatown-online.co.uk in the production of this chapter. This non-political, non-religious and non-partisan site provides information about China, the Chinese community in the UK, Chinese businesses and business involved in trade/commerce with China.

Thanks are also due to:

Portsmouth College

Portsmouth Chinese Association

Portsmouth Chinese School

School of Chinese Language and Culture, Beijing

Mr M Cheung

Mrs L Ma

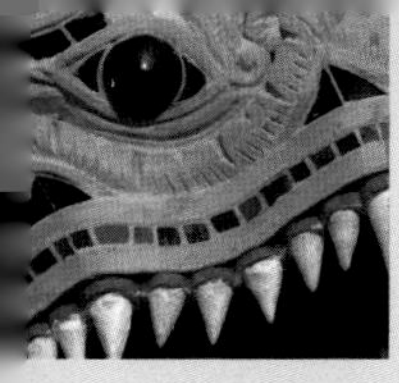

References

Shi, Su (1994) Elementary Knowledge of Chinese Culture, School of Chinese Language and Culture, Beijing.

Moyse, Sarah (1996) Chinese New Year, Wayland

Tan, Gill (1994) Ethnic Diversity in the Making of Hackney, Hackney Council

The University College of St Martin's Philtar
website: www.philtar.ucsm.ac.uk

Compiled by:

George Parks M.B.E, H.C.R, Kut-O Chinese Association, Chatham
He Guo Zhen (Jane Ho), Portsmouth Chinese Association
Denis Wong, Chinese Association of Southampton

christianity

Christianity

A Christian is a follower of Jesus Christ. In the United Kingdom the assumption has been that being British means being Christian. This changed during the second half of the 20th century, partly as a result of people of other faiths becoming British, and partly as a result of modern secularism.

Nonetheless for most British people whose British ancestry goes back for several generations, the lines of cultural identity between "Britishness" and "Christianity" are very closely interwoven. There are, therefore, two general types of Christian in Britain (leaving on one side for the moment the denominational differences): the Christian who positively tries to follow the way of Jesus and to a greater or lesser extent is a church-goer; and the Christian who has a much vaguer idea of what that means, but nonetheless would describe him or herself as a Christian and whose way of life is unconsciously infused with Christian culture and values.

An introduction to the faith

Christianity believes – in common with Judaism and Islam – that there is one God who caused all creation to happen, and that he remains involved with the life of his world. It believes that the world was created good, and that evil and suffering have entered it because of humanity's tendency to turn away from God. It believes that, particularly through his calling of a Chosen People and the witness of many individuals, He continually tried to bring his world back to himself.

Christians also believe that God came down to earth in the person Jesus of Nazareth. Jesus was born to a Jewish family at the beginning of the first millennium. After what we presume was a normal childhood and the beginnings of a working career, Jesus began a short but extraordinary ministry.

He proclaimed that God's Kingdom had already arrived and was to be found in the way people led their lives: in the qualities of forgiveness, self-denying sacrifice and love. These are the hallmarks of God, and therefore of his Kingdom.

As he travelled round his small country proclaiming this teaching, he gathered a group of disciples and other followers, bringing healing and wholeness to many people. He attracted enthusiastic followers, but he also made enemies. He was arrested and put to death. His followers dispersed, confused and frightened. Then, very quickly, they became convinced that God had brought Jesus back to life. This conviction led them to worship Jesus and they called him Son of God.

They then experienced a surge of divine power that gave them the courage to start telling people about their new conviction, and about what they had seen God do in Jesus. This power they called the Spirit – God at work in them.

Over the next two or three hundred years these convictions were gradually turned into agreed teachings about the nature of God. They wanted to hold on to the Jewish conviction that there is only one God, but they also wanted to do justice to their Christian experiences.

They held these together in what is called the Doctrine of the Trinity – the teaching that the one God is experienced in three distinct ways – as Creator and Father, as the Son, and as the Holy Spirit. These three Natures or Persons are yet One God.

A practising, church-going Christian sees his or her religion involving belief about God's showing of himself in Jesus, belonging to the community of other Christians, and an attempt to behave according to the rules of the kingdom. Jesus summarised those rules as:

Love of God.
Love (meaning care and concern) for others.

These are the golden rules of Christian life-style, and everything else is subordinate to them. They are more like guiding principles therefore many ethical dilemmas today are not precisely legislated for. Churches and individual Christians applying these rules to similar problems may come up with different answers.

There is no clear Christian position on issues such as euthanasia, abortion, nuclear warfare, pacifism or homosexuality to which all denominations adhere. Some denominations will put greater emphasis on the opinion of a central authority; others will rely on the freedom of the individual Christian conscience. All would agree that any proposed answer should be covered by the golden rules.

Almost all Churches will have their main services on Sundays – the day of the week on which the Resurrection happened. A few, e.g. the Seventh Day Adventists, worship on Saturdays – the Old Testament Sabbath day.

Christians are also encouraged to say prayers privately in the morning and at night. The main prayer is called The Lord's Prayer following a pattern Jesus gave to his disciples. Christians living in community together, called monks or nuns, will pray together several times a day.

Denominational Differences

The Christian church had differences of opinion from very early days. These related either to Christian teaching or standards of Christian behaviour or to styles of worship. Gradually the church as a whole developed an orthodox, or commonly agreed, position. Serious divergences from this were called 'heretical'.

As a result of the barbarian invasions in Western Europe and the so-called Dark Ages, the two halves of 'orthodox' Christianity lost touch with each other. They began to develop differently as the Orthodox East and the Catholic West. This resulted in a final split in the year 1201 that has never been reconciled. A number of Eastern Orthodox Christians live in the United Kingdom.

A second split within the Catholic West occurred as a result of the Protestant Reformation in the 16th Century. This led to a number of denominations scattered across Western Europe.

In England and Wales, under King Henry VIII, the church was separated from the authority of Rome, but the teaching and worship remained Catholic. Under his son Edward VI the teaching and worship were turned in a strongly protestant direction. Then under Queen Mary the country returned to Roman authority. Elizabeth I re-established a church separate from Rome and attempted to combine teaching and worship from both Catholic and Protestant traditions. The Church of Scotland adopted the form of Protestantism known as Presbyterian.

The other main Protestant churches in this country are the United Reformed Church (formed from Presbyterians and Congregationalists), churches of the Baptist Union, Methodist

churches (which separated from the Church of England in the 18th century) and Pentecostal churches (a movement which has grown in the second half of the 20th century).

Salvationists (founded by William and Catherine Booth in the 19th century) and Quakers (also known as the Religious Society of Friends, established through the work of George Fox in the 17th century) are two denominations, which are acknowledged as having had strong social impact.

Roman Catholics have continued to maintain a presence in this country since the 16th century, and have had an organised church structure since the 19th century.

The twentieth century has seen a substantial growth in the ecumenical movement. This is a process that has sought to bring the Christian denominations closer together.

It is correct to say of any Christian that the religion is Christianity, though the denomination may be Anglican or Roman Catholic or Methodist etc.

Religious Books

The chief religious book for all Christians is The Bible. The word literally means 'Library' and the book is actually a collection of books divided into three sections: the Old Testament, the Apocrypha and the New Testament.

The Old Testament books were written over a period of 800 years by many different people using many different literary styles. Law, legend, history, prophecy, poetry; they all stem from the religious experiences of the people of Ancient Israel who became the Jewish people.

The books of the Apocrypha are from the later period of Israel's history before Christ. Some versions of the Bible include them in the Old Testament whilst others keep them separate.

The books of the New Testament relate to the early Christian period and consist of Gospels (accounts of Jesus' ministry, death and resurrection); one man's version of the story of early church; and letters from early Christian leaders. They date from about 20 years after Jesus' death and the contents were finally fixed in the 4th century. Christians have continued to write and think about aspects of the faith ever since.

Many other works have helped to develop Christian thinking and practice. However the Bible, and particularly the New Testament books, remains the chief inspiration and guide.

Festivals

The main Christian festivals are centred round the key moments of Jesus' life.

Christmas

Celebrates Jesus' birth and God's giving of himself to all humanity, hence the emphasis on the giving of presents. December 25th became the accepted date for this celebration during the 4th century.

Easter

Celebrates Jesus' resurrection from the dead. Christians lead up to it with an annual remembrance of the last week of his life and his death culminating in:

Maundy Thursday – his last meal with his disciples, his betrayal and arrest.

Good Friday – the day of his crucifixion.

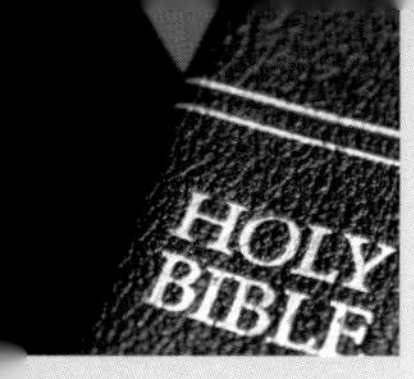

Easter Eve – a day of waiting.

Easter Sunday – the day of his resurrection.

The date fluctuates from year to year because the original events took place at the time of the Jewish Passover festival. This was dated according to the moon's cycle. Easter therefore falls on the first Sunday after the first full moon after the Spring Equinox.

Whitsun or Pentecost

Marks the day when the disciples felt the power of the Holy Spirit in them. That came seven weeks after Easter, also on a Jewish festival day.

Other significant religious events

Other dates that relate to the Christian story include Advent, Epiphany and Lent *(see Glossary)*.

There are other annual events which are usually celebrated in Christian churches, but which have an importance for others outside the normal worshipping community:

Harvest Festivals

Celebrate the fruits of creation and usually happen in September or October. Some churches in rural areas may also celebrate other days relating to the agricultural year:

Plough Sunday (January) & **Rogation Day (May)** ask for God's blessing on the work of the farming industry.

Lammas Day (August) is a thanksgiving like Harvest Festival.

Remembrance Sunday

The Sunday closest to November 11th, remembers those who died in the wars of the 20th Century.

Birth customs and naming ceremonies

A child is given a first name, or 'Christian' name, at birth. It is not uncommon for second, third or more 'Christian' names to also be given to the child. These precede the 'surname' or 'family' name.

In almost all Christian denominations, a new Christian is made a member of the church's community by Baptism. Where the new Christian is a baby or young child, the declarations about faith and following the Christian way are made by those who bring the child to be baptised – parents and godparents. Baptism is often also called Christening after the white robe babies were traditionally dressed in for their baptism. At Baptism the child's given names are formalised in the eyes of God.

Death customs and funeral rites

Funerals normally take place within a week or two of a death. Christians may be either buried or cremated. A burial would normally be preceded by a service in church. A cremation may sometimes be preceded by a church service; frequently however the cremation is followed by a later service in church and the burial of ashes.

A Christian funeral service combines thanksgiving for the life of the deceased with prayer for those who grieve and a commendation of the deceased into God's everlasting mercy. Black is no longer worn exclusively, but clothing would normally keep a sombre note. A Memorial Service may follow some months after a death. The purpose will be to give thanks for the deceased's life in a more public context.

Diet

There are no food prohibitions, though Christians in some traditions will voluntarily abstain from eating certain things at certain times – in Lent or on Fridays when some Christians do not eat meat. In some traditions, the drinking of alcohol is discouraged.

Dress

Until relatively recently, people attending church would dress in 'Sunday best'. Except on special occasions this has now changed. Women will sometimes wear hats; men should never wear hats inside a church.

The giving of gifts

Gifts in general	Flowers are always acceptable.
Gifts for a newborn child	Congratulations cards are available from many outlets. Flower arrangements and baby clothes are appropriate.
Gifts at Baptism	Traditionally, presents at a Baptism would only be expected from godparents or close relatives although it is not unusual for other guests to also bring gifts.
Wedding gifts	People invited to attend marriages would be expected to bring a present. Often the bride and groom will arrange to leave a list of suggested gifts with a department store of their choice from which guests invited to the wedding can make their selection.

Main languages spoken

All across the world, Christians mostly use their native language for worship and for religious study. Until recently the Western Roman Catholic Church used Latin as the main language for worship. In the Orthodox East, Greek was used in a similar way.

In some developing countries, Christians will use the language in which Christianity was brought to them. In the Church of England, most churches worship in Modern English, but many churches will have some services using the language of the 17th century Prayer Book; a few churches will only use the 17th century book.

Marriage

Marriage is seen by Christians to be part of God's intention for all mankind. The Bible shows that Jesus considered marriage to be a life-long commitment. Many Christians have therefore considered the remarriage of divorcees in church to be wrong. Others have placed greater emphasis on Jesus' command to forgive. Different denominations, and even different clergy within the same denomination, will make different responses. Many clergy who will not re-marry in church may nonetheless offer a service after a civil wedding that both offers a second chance and yet also makes a distinction.

Traditionally a wife takes her husband's surname on marriage although increasingly women are in favour of retaining their own surnames after marriage.

Medical treatment

A few Christian denominations have reservations about blood transfusions, but most think that life-enhancing medical treatment is right. Serious reservations are emerging about genetic cloning, however.

Glossary

Unlike some of the glossaries in other chapters of this guide, most of the terms given below are in English and will be familiar to many people. The historic languages of the Christian scriptures are Hebrew, Greek and Latin. The Old Testament was written largely in Hebrew, with some texts in Aramaic and Greek (Acrocrypha). The whole of the Old Testament was translated into Greek, although many words and passages have their origin in Aramaic. The New Testament was first written in Greek. Latin became increasingly the language of the Western Church from the 5th century AD when the Bible was translated into Latin.

Preferred Form	Main Variants	Explanation
AD	Anno Domini	*In the Year of our Lord (trans).* The Christian calendar dates from the estimated date of the birth of Jesus Christ. Known as CE (Common Era) by other faith communities.
Advent		*Coming (trans).* The period beginning on the fourth Sunday before Christmas (40 days before Christmas in the Eastern Orthodox tradition). A time of spiritual preparation for Christmas.
Altar	Communion Table Holy Table	Table used for Eucharist, Mass, Lord's Supper.
BC	Before Christ	Period of history before the estimated birth of Jesus Christ. Known as BCE (Before the Common Era) by other faith communities.
Baptism	Christening	Rite of initiation involving immersion in, with sprinkling or pouring of, water.

Preferred Form	Main Variants	Explanation
Christ	Messiah	*The anointed one (trans)*. Messiah is used in the Jewish tradition to refer to the expected leader sent by God, who will bring salvation to God's people. Jesus' followers applied this title to him, and its Greek equivalent, Christ, is the source of the words Christian and Christianity.
Christmas		Festival commemorating the birth of Jesus Christ (25 December in most Churches).
Church		(i) The whole community of Christians. (ii) The building in which Christians worship (iii) a particular denomination.
Easter		Central Christian festival that celebrates the resurrection of Jesus Christ from the dead.
Epiphany		January 6th. Marks the coming of the Wise Men to Bethlehem after Jesus' birth. In some parts of the Eastern Church this is kept as Christmas.

Preferred Form	Main Variants	Explanation
Eucharist		*Thanksgiving (trans)*. A service celebrating the sacrificial death and resurrection of Jesus Christ, using elements of bread and wine *(see Holy Communion)*.
Godparents		Should themselves be members of the Christian community. They undertake both a spiritual responsibility for the child's growth in the faith, and usually a social responsibility for the child's general welfare.
Heaven		The place, or state, in which souls will be united with God after death.
Hell		The place, or state, in which souls will be separated from God after death.
Holy Communion		Central liturgical service observed by most Churches. Recalls the last meal of Jesus, and celebrates his sacrificial and saving death.
Holy Spirit		The third person of the Holy Trinity. Active as a divine presence and power in the world, and in dwelling in believers to make them like Christ and empower them to do God's will.

Preferred Form	Main Variants	Explanation
Jesus Christ		The central figure of Christian history and devotion. The second person of the Trinity.
Lent		Penitential season. The 40 days leading up to Easter.
Mass		Term for the Eucharist, used by Roman Catholics and other Churches.
Trinity		The three persons in one God: doctrine of the three-fold nature of God – Father, Son and Holy Spirit.

Compiled by Canon Jonathan Meyrick, Canon Pastor of Rochester Cathedral.

Hinduism

Hinduism

Faith / Culture

The word 'Hinduism' is a collective term for the religious beliefs and practices of the Hindus, although it is not generally used by them. They call it *Sanatana dharma* – the eternal cosmic order, and distinguish it from *Brahmanisn*[1] or *Vedic Dharma*, which is essentially monotheistic, and that part of the religion that has come from the early Indo-European times. The authoritative basis for Hinduism are the *Vedas*[2] (knowledge), literature that was allegedly brought into the Indian subcontinent. Hinduism is characterised by not having a founder.[3]

The terms 'Hindu' and 'Hinduism' were coined by nations outside of India to designate the people and religion of the country to the east of the River Sindhu or Indus. Ironically, the River Indus after which India is named is now in Pakistan.

Modern Hinduism, as practised today, probably goes back to between fifteen hundred and a thousand years. Actively promoted at the time presumably to stem the popularity of other religions such as Buddhism, Islam and Christianity.

Hinduism is not evangelical and one must be born a Hindu to be one – although recent reform movements allow the possibility.

Main languages spoken

Whilst Hinduism stems from India and acknowledges its Vedic origins, it has evolved as it moved with Hindu people to various parts of the world including Britain, South East Asia, Nepal, Africa and North America. India itself has

1 The word Brahmanism pertains to Brahman – the absolute entity which is the ultimate reality in Hinduism, and should not be confused with Brahmin – a man of the Brahmin caste, one of the four heredity castes, or Brahma, who with Vishnu and Shiva are depicted as the three aspects of God. See also a description of the caste system under 'Other.'

2 The Vedas (four in all) were composed in a language similar to old Persian. They pre-date the Indo-European venture into the Indian subcontinent. In it society had a high ethics and culture. Science was a central concern and technology pursued. These were the people that produced the Iron Age.

3 See A Simple Guide to Hinduism, Global Books Limited 1997, for a more comprehensive treatment of the subject.

something like 16 major languages and an estimated 874 regional dialects. The official Indian languages are: Hindi, Urdu, Bengali, Marathi, Gujarathi, Oriya, Assamese, Punjabi, Tamil, Telegu, Malyalam, Karnataka, Konkini, Kashmiri, Sindhi and Sanskrit plus English. Hindus in this country will speak one or more of the above languages depending on their place of origin. The religious language is Sanskrit.

An introduction to the faith

Hindus believe in an indescribable, all encompassing oneness, an ultimate reality, referred to as Brahman, which English speaking people would call God. However when it comes to conceptualising it, it takes on many forms with attributes. Brahman is depicted as having three aspects – Brahma – the creator, Vishnu – the sustainer and Mahesh – the completer. Hindus conceive God in many forms depending on the specific traditions of individuals from different geographical locations. For example, Mahesh is also called Shiva. The female aspect is not forgotten and Shiva's female complement is called Shakti who has given rise to mother goddesses and female cults. She is also known as Kali and Durga. Vishnu is fully manifested (also known as an avatar) as Krishna, the dark god, and the great appeal of Hanuman – the monkey god is a recognition of the ultimate oneness.

A central belief is in the existence of a cosmic or natural order, a balanced way of living, physically, socially, ethically and spiritually. These are interpreted as the four human achievements: Dharma – cosmic order which is maintained by righteousness and observing social and religious law, Artha –

acceptance of wealth, possession and power, the creation of a sustainable society. Kama – achieving quality and enjoyment of life in a balanced way, not to be confused with hedonism. Moksha – the ultimate goal, liberation from the cycle of births and deaths. Fundamental to the notion of Dharma is a duty to others and the requirement to be responsible for one's actions, failure to do so results in a price to pay and this is called karma. However life is enduring and if something does not arise here and now it will manifest itself in reincarnation.

There are three plus one stages in life. These are: brahmachari – a student, grihastha – a householder, vanaprastha – one who has retired from active life and starts to give back to society. Sannyasin – a person who has renounced worldly things is the fourth stage.

Festivals

Living in harmony with the cosmos is one of the main tenets of Hinduism and astrology is part of the ongoing approach to ecological time. Festivals are used to structure the year and express oneself in meaningful thought. There are cultural and geographical differences and not everyone celebrates the same festival.

Holi

The festival Holi is held on the last full moon day at the beginning of Spring. It is a fresh start transcending barriers. Members of all classes (and often from other religions) and sexes mingle, sprinkling one another with cascades of coloured powders and liquids. It is a day when grievances are forgotten. People embrace each other and get together to eat, drink, sing and dance.

Divali

A family festival of lights in late October/early November, symbolising the victory of righteousness and the lifting of spiritual darkness. The word Divali literally means rows of diyas (oil lamps made of clay). It celebrates the family as a microcosm of the universe, where men and women have equality of status, with each playing to their own strengths. Family, relatives and friends gather to offer prayers, celebrate and distribute sweets to the less fortunate.

Other significant religious events

Akhand Path

The major epics are sometimes recited uninterruptedly over a period of days to mark a significant event or as a gesture of thanksgiving.

Tirtha Yatra

Pilgrimages are an essential aspect of Hinduism and are undertaken periodically. Reasons vary, from taking the ashes of ancestors to be submerged in the holy River Ganges or in order to ask for a boon in fulfilment of some desire.

Festivals need not always be dedicated to a god or goddess. The delightful festival of Raksha (protection) Bandhan (to tie) for example is held in August. Girls and married women tie a rakhi – made from a twisted gold or yellow and red thread on the right wrist of their brother and feed him with Indian sweets. He in turn promises to protect his sister and gives her a gift in return. Sometimes the gesture is extended to a brother-in-law and if the brother happens to be out of town, the rakhi arrives by post.

There are different stories about the origins of Raksha Bandhan. But one charming story relates how a Hindu queen, Padmini, sought protection from the Mughal Emperor by sending him a rakhi after she was threatened by a minor Muslim king. The Emperor respected the rakhi and defended the honour of Padmini. In the same way, even today, a rakhi in Hindu communities all over the world is usually honoured, even when the recipient is not a Hindu.

Diet

The importance of a good diet, its effects on the body and the hygiene requirements for proper preparation is well accepted although interpreted ritualistically. A central belief is that 'a healthy diet produces a healthy body and a healthy body produces a healthy mind'.

Food is categorised according to its effects. These are described as three gunas[4] (properties). Firstly, sattvic foods which are generally light and nutritious. This group consists of dairy products, some legumes, cereals, fruits and vegetables, but little or no spices. Rajasic foods are those that cause heat and stimulation in the body. They include the same food groups and the difference lies mainly in the liberal use of spices and herbs in their preparation. The third kind of foods, the tamasic group, also includes fish and meat. Such food is characterised by hot, spicy, bitter and fermented foods, which have a dulling effect. Stale or foods past their use-by date are considered tamasic. Many Hindus practice vegetarianism as a mark of respect for all life, however it is not universal. The diet of the Vedic people, which included

4 It is believed that all phenomena are composed of gunas. For example these properties can be applied to food as here, or people.

fish, meat, cereals, fruit, vegetables, dairy products and liquor is still enjoyed by many. Even in families where meat is eaten quite often the women of the house are vegetarians.

All Hindus generally avoid beef, as the cow is considered sacred. Traditional families, particularly Brahmins, prefer to remain vegetarian and will avoid onion, garlic and alcohol. Food prepared for use in temples must not be polluted by these ingredients. The cook must not taste the food after cooking, as that would make it impure. Generally food is offered to the gods before it is consumed.

Customs and courtesies

Hindus generally greet each other and say goodbye with palms held together as if saying prayers, and say Namaste – which literally means – 'I recognise the god in you.

Traditional concepts of purity and pollution may be rejected by intellectual Hindus but are adhered to unconsciously. Anything other than fresh water for cleansing is considered unhygienic. For example, the Hindu as a rule, in India anyway, does not use toilet paper, and even when it is used, the left hand and water are used to complete cleansing. Therefore even though hands are scrupulously cleaned with soap and water the left hand is considered impure. Food must only be eaten with the right hand, and if given a gift, elders might well insist that it be accepted in the right hand.

Gifts of fruits and flowers are generally acceptable both in the place of worship and by Hindus themselves. For everything else it is wise to check with your acquaintance, as Hindu customs are so very diverse.

Medical treatment

Hindus have no problems accepting medical treatment as they respect life and health. In India there is a history of sophisticated indigenous Ayurvedic medicine going back at least two thousand years. It distinguishes between environmental, organic and psychosomatic causes. It is holistic, contextual and recognises that different medicines serve different purposes and flourishes side by side with modern Western medicine.

Birth customs

Hinduism is a way of life and everything evolves around scripture-based rites. These are very specific and include details on prayers and various preparations to suit every occasion. Children are important, particularly sons to perpetuate the family and necessary to perform the funeral rites for ancestors. Rites associated with the birth of a child include:

Garbhadana A ceremony performed as a thanksgiving after a woman has conceived.

Jatakarma After childbirth to welcome the child into the family and thanksgiving for the health of both the mother and child.

Annaprasana Celebrated when the first solid food, rice cooked in milk, is given to the child when it is six months old.

Rites associated with the first haircut or mundan, introduction to formal education and puberty are also important.

Names and naming ceremonies

Namakarna

The rite of naming the child is usually carried out by the family priest on the 11th day after the birth according to the horoscope. Names are generally suggestive of divine qualities of the vedic deities.

No more than a name is sufficient to put anybody in his or her place. And that place is never, as it is supposed to be in the West, designed for the personality of a single individual. It positions the individual in a specific community whose attributes are assumed in advance. So for example, the family name of a Brahmin might be Divedi – this would mean they were from a community where two Vedas, or Trivedi – where three Vedas, or Chaturvedi – where four Vedas, were studied. Certain groups have an intricate system consisting of a personal name, and initials denoting the name of the ancestral village and father.

Situated in a family a person is at the hub and intimately aware of relationships which are made specific with an elaborated set of names. For example – Dada – Paternal grandfather, Dadi – paternal grandmother, Nana – maternal grandfather, Nani – maternal grandmother, Chacha – father's younger brother, chachi – his wife;

Taya – father's older brother, Tayi – his wife. Devar – husband's younger brother, Devarani – his wife and the list goes on.

Death customs and funeral rites

Death is seen as liberation and the bodies of Hindus are generally cremated. After being ritually bathed the body is placed on an open wooden pyre[5] facing either north or south. After some scriptural chants and worship rituals, the eldest son (or other relative) lights some kindling and walks around the pyre chanting a prayer for the well being of the departed soul before lighting the pyre. If possible, ashes are sprinkled into a holy river such as the Ganges. Hindus carry Ganges water around the world because it should be the last thing that is put into the mouth when a Hindu dies. Dead ancestors are remembered with respect and yearly offerings include a mixture of rice and sesame seeds offered by the eldest male child.

Dress code

Women are generally dressed modestly, and even modern young Hindu women would rather wear trousers or a long skirt, particularly on traditional occasions. Hinduism is communal rather than congregational and people come together to worship in temples – mandir. One is expected to remove shoes and leave them outside before entering. Men, and particularly women, keep their heads covered whilst offering prayers.

5 In India, however in this country and increasingly in India, crematoria are used

Literature

Apart from the Veda, which seek to reveal the mystery of the universe with an incomparable richness and diversity, Hinduism has a vast collection of literature spanning many centuries. They contain practical summaries of Hinduism and feature specialised traditions of learning. They provide instructions for the proper pursuit of living including religious law, government, economics and the conduct of domestic ceremonies (marriage and funeral rituals) etc.
The two major epics which dominate are:

Ramayana

Its surviving text runs to 24,000 couplets celebrating the birth, education and adventures of Rama, the ideal man and king and his ideal wife Sita.

Mahabharata

This vast work of early Indian literature, running to 100,000 couplets, relates the struggle between two families. It also incorporates a mass of other romantic, legendary, philosophic and religious material. It includes the Bhagavad Gita – The Lord's Song, probably Hinduism's most important single text.

Other

Much of the adaptive development of Hinduism was crystallised in a hereditary caste system. The word 'caste' comes from the Portuguese and the correct term is varna (societal groupings). These are kshatriya – kings, warriors and technologists; brahmin – historians, educators, priests and vaishya – agriculturists and artisans, (now extended to include traders of goods and finance), Shudras – those that served. They were not originally hereditary. Nor were there

any rules limiting social interaction or marriage between these classes. Traditional Hindus observe these divisions even today all around the world.

At its core, Hinduism is one of the greatest and most profound 'religions' of the world, but there is a huge gap which separates its highest spiritual understanding from localised superstitious practices. It is hoped that the reader will continue the journey of discovery to deepen their understanding of Hinduism from where the above brief account must leave off.

Glossary

The main references are to Sanskrit terminology, although variants are found and used in other Indian languages. Lakshmi, Laksmi, Vishnu or Vis Visnu type variants are not always included because of their frequency. Many of these terms will also be found in books on Buddhism and Sikhism, but with somewhat different meanings.

Preferred Form	Main Variants	Explanation
Akhand Path		Uninterrupted recitation
Annaprasana		Celebrated when the first solid food is given to a child
Artha		Economic development. The second aim of life

Preferred Form	Main Variants	Explanation
Avatar	Avatara Avtara	*One who descends (trans).* Refers to the descent of a deity, most commonly Vishnu. Sometimes it is translated as *incarnation* which, although inaccurate, may be the best English word available.
Ayurvedic		Ancient indigenous medicine
BCE		Before the Common Era. Equivalent to BC in Christianity.
Bhagavad Gita	Bhagwad Gita	*The Song of the Lord (trans).* Spoken by Krishna, this is the most important scripture for most Hindus. Tradition dates it back to 3,000 years BCE, though most scholars attribute it to the first millennium BCE. Considered an Upanishad.
Brahma		A Hindu deity, considered one of the Trimuti, and in charge of creative power; not to be confused with Brahman or Brahmin.
Brahmachari	Brahmacari Brahmacharin Brahmacarin	One in the first stage of life. A celibate student of Vedic knowledge.
Brahman		The ultimate reality, all the all-pervading reality; that from which everything emanates, in which it rests and into which it is ultimately dissolved.

Preferred Form	Main Variants	Explanation
Brahmin	Brahman Brahmana	The first of the four varnas, the principal social groupings from which priests are drawn. Some writers, rather confusingly, use the spelling 'brahman', and the meaning only becomes clear in the context of a few sentences (see also Brahman and Brahma).
CE		Common Era. Equivalent of AD in Christianity.
Dharma		*Religion or religious duty* is the usual translation into English, but literally it means *the intrinsic quality of the self or that which sustains one's existence*.
Dhoti		A garment made of natural fibre (usually cotton or silk), worn by males, which covers the lower body and legs.
Divali	Diwali Dipavali Deepavali calendar.	Festival of lights at the end of one year and the beginning of the new year, according to one Hindu
Durga		Female deity. A form of the goddess Parvati; wife of Shiva.
Ganesha	Ganesh Ganapati Ganaputi	A Hindu deity portrayed with an elephant's head – a sign of strength. The deity who removes obstacles.

Preferred Form	Main Variants	Explanation
Ganga		*The Ganges (trans)*. Most famous of all the sacred rivers of India.
Grihastha	Gristhi Grhastha	The second stage of Hindu life; one who belongs to that stage, i.e. the householder (grihasti).
Guna		*Rope; quality (trans)*. Specifically refers to the three qualities of sattva (goodness), rajas (passion) and tamas (ignorance), which permeate and control matter.
Guru		Spiritual teacher, preceptor or enlightener.
Hanuman		The monkey warrior who faithfully served Rama and Sita. Also called Pavansuta – *son of the wind of God (trans)*.
Holi		The festival of colours, celebrated in Spring.
Kali	Kaali	Name given to that power of God which delivers justice – often represented by the Goddess Kali (a form of Durga).
Kali yuga		The fourth of the ages; the iron age or the age of quarrelling and hypocrisy.
Kama		The third of the four aims of life – regulated sense of enjoyment.

Preferred Form	Main Variants	Explanation
Karma		*Action (trans)*. Used of work to refer to the law of cause and effect.
Kirtan		Songs of praise; corporate devotional singing, usually accompanied by musical instruments.
Krishna		Usually considered an avatar of Vishnu. One of the most popular of all Hindu deities in contemporary Britain.
Kshatriya	Khatri	Second of the four varnas of traditional Hindu society, the ruling or warrior class.
Mahabharata		The Hindu epic that relates the story of the five Pandava princes. It includes the Bhagavad Gita.
Mahesh		The completer, one of the Hindu trinity.
Mandir		*Temple (trans)*.
Mantra		That which delivers the mind. Refers to a short sacred text or prayer, often repeated repetitiously.
Moksha	Moksa	Ultimate liberation from the process of transmigration, the continuous cycle of birth and death.
Mundan		The head-shaving ceremony. Performed in the first or third year of life.

Preferred Form	Main Variants	Explanation
Murti	Moorti	*Form (trans).* The image or deity used as a focus of worship. 'Idol' should definitely not be used, and 'statue' may also cause offence.
Namaste		A greeting that literally means 'I recognise the god in you'.
Nirvana		The cessation of material existence.
Parvati		The consort of Shiva, also known by other names such as Durga, Devi etc.
Prashad	Prasad Prasada Prashada	Sacred or sanctified food.
Puja	Pooja	*Worship (trans).* A general term referring to a variety of practices in the home or mandir.
Rama		The incarnation of the Lord, and hero of the Ramayana (avoid using the variant 'Ram' for obvious reasons.
Ramayana	Ramayan	The Hindu epic that relates to the story of Rama and Sita, composed by the sage Valmiki thousands of years ago.
Sadhu	Saddhu	Holy man, ascetic.

Preferred Form	Main Variants	Explanation
Sannyasin	Samyasin Samnyasin	A renunciate who, having given up worldly affairs and attachments, has entered the fourth stage of life, often as a mendicant.
Sanskrit		Sacred language of the Hindu scriptures.
Shakti	Sakti	Energy or power, especially of a Hindu feminine deity.
Shiva	Siva (many variants, even Civa, have been found)	A Hindu god. The name means *Kindly (trans)*. or auspicious.
Sita	Seeta	The divine consort of Rama.
Swastika	Svastika	From the Sanskrit for well-being; a mark of good fortune. The four arms signify the four directions (space), the four Vedas (knowledge), and the four stages (time) in the life cycle. Not to be confused with the Nazi symbol.
Trimurti		*The Three Deities (trans)*. Refers to Brahma, Vishnu and Shiva, who personify and control the three gunas. They represent and control the three functions of creation, preservation and destruction. "Trinity" should be avoided.

Preferred Form	Main Variants	Explanation
Upanishad	Upanisad	*To sit down near (trans).* A sacred text based on the teaching of a guru to a disciple. The Upanishads explain the teachings of the Vedas.
Vanaprastha		The third stage of life, typified by retirement and asceticism.
Varna		*Colour (trans).* The four principal divisions of Hindu society. It is important to note that the word 'caste' refers strictly to sub-divisions within each varna, not to varnas themselves.
Vishnu	Visnu	A Hindu god. With Brahma and Shiva forms the Trimurti.
Yatra	Jatra	*Pilgrimage (trans).* Usually to important sacred places in India.

References/further reading

Venika Kingsland, (1997) *Simple Guide to Hinduism*, Global Books Ltd.

Venika Kingsland, (1999) *Simple Guide to India: Customs & Etiquette*, Global Books Ltd. 2nd ed.

Romila Thapar, (1990) *A History of India, Volume One*, Penguin

Percival Spear, (1990) *A History of India, Volume Two*, Penguin

Karel Werner, (1994) *A Popular Dictionary of Hinduism*, Curzon Press

Kamala Subramaniam, (1988) *Mahabharata*, Bharata Vidya Bhavan

N.Raghunathan, (1981) *Shrimad Valmiki Ramayana*, Vighneshwar

S. Radhakrishnan, (1953) *The Principal Upanishads*, George Allen & Unwin

Raimundo Pannikar, (1977) *The Vedic Experience*, University of California Press

A.L.Basham, (1959) *The Wonder That Was India*, New York

Swami Venkatesananda, (1989) *The Concise Srimad Bhagavatam*, State University of New York Press

About the Author

Venika Mehra Kingsland works for Hampshire Training & Enterprise Council. A Chartered Marketer, past appointments include Managing Director of a Computing & Communications plc, a Training & Enterprise Council Director, and National Councillor of the Chartered Institute of Marketing. Appointed Magistrate in 1991, she is a Board Member of Hampshire Probation Services and Governor of Sparsholt College. A published author, her recent books include "India: Customs & Etiquette" and "A Simple Guide to Hinduism".

islam

Islam

صلى الله عليه وسلم

This Arabic 'logo type' is composed of the words 'Salla-llahu alaihi was sallam' – peace and blessings of Allah upon him. They are used every time the Prophet Muhammad ﷺ is mentioned. Similar respect is accorded to the other Prophets. Alternatively the phrase 'peace be upon him' (pbuh) may be used as can be seen in this chapter.

The religion of Islam is based on the revelations given to the Prophet Muhammad (pbuh) in Arabia during the seventh century CE.

An introduction to the faith

Islam means 'submission to the will of Allah'. Its creed – "There No God but Allah and the Prophet Muhammad (pbuh) is His Messenger" – decrees twin absolutes; i.e. Allah, as One and only Creator, with no family or partners and Muhammad (pbuh) as his last and final prophet and true messenger.

Belief in Allah makes it obligatory on Muslims also to believe in:

All His Prophets – from Adam to Jesus then Muhammad (pbuh).

All His Four Books – the Torah, Zabur, Enjeel (Bible) and the Qur'an.

All His Angels & Jinns.

In life after death and in the day of judgement.

Belief in the Prophet Muhammad (pbuh) makes it obligatory on Muslims to believe in his finality and on his Tradition, i.e. his Sunnah – his pronouncements, his interpretations of the Qur'an, his practices and the examples he set, as well as Supremacy of the Divine Will and predestination.

Muslim culture is based on the above faith.

Islam insists on total equality of nations and races. The indigenous culture of people living in different geographic regions of the Muslim world can only be preserved in the overall framework of Islam. There is just as much affinity between the Muslims of the west coast of America and those of the east coast of China as there is diversity.

The famous five pillars of Islam are the foundation of belief and practices in Islam as much as they are the arch stones of its culture. They are:

The Shahadah	The declaration of faith, which consists of the statement. 'There is no god except Allah, Muhammad (pbuh) is the Messenger of Allah'.
The Salah	Prayers, five times a day, based on the timing of the sun in a locality.
The Sawm	Fasting – obligatory in the month of Ramadan, otherwise voluntary.
The Zakah	Giving a percentage value of unused assets (money, jewellery, land etc.) in charity each year to the deserving, so that it reaches the needy individual rather going than to a group of people or to an institution.
The Hajj	Pilgrimage to Makkah (Mecca) once in a lifetime.

All the above are obligatory to every Muslim (with minor exceptions) except that the Zakah and Hajj are only obligatory to those who can afford them.

Hence Islam is a society of people in prayer. Salah is offered five times a day either at home or in a local mosque, on Fridays in the central mosque of a locality or township, twice a year on the festival days of two Ids in stadium-type enclosures in big cities and finally, once in a lifetime in the pilgrimage at Makkah.

Islamic belief is that all creatures and humans are born Muslims. Also, that a Muslim is in a state of 'prayer' throughout his or her life. This explains why a Muslim's life is lead in complete submission to the will of Allah. A Muslim must live a clean and pious life but not as a hermit. He must live it according to the Sunnah – model practices, customs and traditions of the Prophet Muhammad (pbuh).

Significant religious events

There are no festivals in Islam, only thanks-giving prayers, as Islam forbids demonstrative 'festivity' and processions etc. Neither are there birthday celebrations of any prophet or apostle in Islam. However, some Muslims do interpret this less literally and may regard some important days, such as Id as festivals, such as important days in other faiths are celebrated.

In The Mosque

All religious prayers are strictly separate gender affairs because the postures of Salah are different for men and women. The rule of segregation is based on the principle of Mehram – Na Mehram (close relative – stranger) as well as immense respect to women. Mehram is the one with whom a girl or woman is most closely related, e.g. her husband, father, brother, grandparents, etc, with whom she cannot enter into marriage. All others, including first cousins, uncles, and the in-laws etc are Na Mehrams. A Muslim woman must observe purdah or wear a hijab (scarf) in front of a Na Mehram. Most Muslim gatherings are segregated (in Muslim countries even airports have segregated entry points though this rule is observed less and less).

Women have their own area of the mosque in which to pray. If they join in with the general congregation they must be right at the back so that men do not see them posturing etc. The only relaxation to this rule is at the Ka'bah itself (the main mosque in Makkah) where men and women are allowed to mix. Shoes are not worn in mosques or on places where prayers take place, such as prayer mats. This is to ensure that such places remain clean for the postures of Salah, which include touching the ground with the forehead. If a disability prevents a Muslim from praying in the accepted style then he or she is permitted to pray sitting on a chair.

Birth customs & naming ceremonies

Marriages within 'The People of the Book' (Muslims, Jews and Christians) are permissible, as long as they are practising. The laws of Islam state that every child is born as a Muslim (as are all creatures). The family line starts from the male and if a Muslim woman marries a Christian or a Jew, then any children from the union must be brought up as Muslims. It is the duty of both parents to bring up a child in Islam, even if only one of them is a Muslim.

The luxury of 'let the child choose' is not affordable in Islam as the child will not be able to exercise that choice till adulthood and he or she cannot be left to lead a non-religious life until then.

At birth the adhan (call to prayer) is said in the baby's ears. The baby's head is normally shaved on the seventh day. It is Sunnah to sacrifice a halal animal but it is not obligatory. However, if this is done then the meat should be distributed among the relatives and the poor. Muslim residents in the West usually send money to their native lands or to other Muslim countries where there is a need.

The naming of the child traditionally happens at the moment of the sacrifice and it is the duty of the parents to give the child a proper and meaningful name. Male children are circumcised as soon as possible. The naming and sacrificial ceremony is called the Aqiqah.

When the child is able to recognise the alphabet he or she begins formal learning with a ceremony called Bismillah when the child recites the first Qur'anic verse: "Begin in the name of Allah, the most Beneficent, the most Merciful". This ceremony can be performed in a social gathering anywhere, preferably in a mosque.

Birth outside Islamic marriage is a cardinal sin. There can never be a marriage between a Muslim and any other religion, other than Christianity and Judaism. There cannot be a marriage with a non-believer either. Co-habitation and adultery are haram (forbidden) and both are capital crimes in Islamic countries and punishable by death by stoning. However, Muslims are advised to abide by the laws of the land if they are living in a non-Islamic country.

Death customs and funeral rites

Death brings out (or should bring about) the best of all the grace the occasion demands in Islam. It is treated as the start of real life – the eternal life. Mourning is allowed only as long as it is full of prayers and with no audible crying. It is paramount that the body is cleansed, bathed, prepared and buried immediately. One should not even wait for the arrival of the closest of relatives if they cannot arrive in time. It is, therefore, possible to bury a father without the son present. The coffin is only an unstitched white shroud.

On the death of the wife the marriage is instantly terminated and the husband becomes a Na Mehram (as explained earlier) which means he is no longer allowed to see his wife's face, even in death. This is to ensure respect for the deceased. Kissing the deceased is not permitted.

If the husband dies first, the marriage is not terminated. The wife still remains married for forty days (to determine that she is not carrying the deceased's child). If the cash dowry promised at the time of marriage has still not been paid by the time the husband dies there are two options. The dowry should either be paid before burial or the wife must declare that she has set her husband free from that bond. If she does not and the husband has died insolvent, then the son or any child or any immediate relative of the deceased must pay the dowry to the widow immediately, or as soon as is practically possible.

There are traditionally no mourning days, remembrance days or anniversaries for someone who has died.

Diet

Muslims, like Jews, are very particular in what they are allowed to eat. The food is either halal or haram. Haram food is generally all food that is not earned by permissible activities in Islam. Therefore, any food that is stolen or bought using haram money is forbidden. Some earnings e.g. interest and gambling winnings are haram, and so any food bought from such earnings is also haram.

Halal food also means righteous food that has been provided and made edible in the name of Allah. All vegetarian food, dairy produce and seafood are generally permissible, as is game and poultry. But mammals, either land-based or sea-based have to be slaughtered only in the name of Allah (halal) and only certain kinds of animals can be slaughtered.

All carnivorous animals and birds of prey, mammals and birds of reproductive age are haram (cannot be eaten). Beasts of burden that are useful to man, and creatures too small or too young are also forbidden as are all dead animals or birds, but fresh fish (that is dead out of water but not slaughtered) is allowed. Pets should not be slaughtered either. Animals such as pigs, dogs, and members of the cat family are haram.

You cannot mix haram ingredients with halal food either. So, a loaf of bread containing lard combined with a portion of cheese will also become haram. A Muslim can happily eat at a Jewish table but not at one belonging to a Christian, because of these rules.

Slaughtering the animals is a current and emotive issue with the animal welfare lobby. Muslims try to explain that what is haram is the blood of any animal. For blood letting a precise, surgical technique is necessary. Muslims argue that if carried out properly this method is less painful and more humane than other methods such as stunning etc.

Dress

Men, women and children are all are expected to cover their heads for religious acts and ceremonies, although it is only as a mark of respect and is not obligatory. The men wear caps, turbans or anything to cover their heads. Women use a hijab or any other form of head covering to hide their hair. There are no rules as to what clothes or dresses should be worn but there are strict rules for both men and women as to how much of the body must remain covered at all times. Men must cover themselves from their waist to ankles at all times.

Women must cover their hair and all their body, from the neck to the ankles. Tight dresses must be avoided. Men are not allowed to wear silk or gold etc., while women can, but only in moderation.

Make up is considered an abuse of natural skin but women are allowed to wear henna patterns on their hands etc. Men can use henna to colour their grey hair. Wearing perfumes is Sunnah, but they should be halal and therefore no alcoholic ingredients are allowed. Tattoos are forbidden.

Muslim men and women must be pure and clean at all times. It is not possible to perform daily prayers five times a day if the body is not clean. There are also rules for bathing and include the stipulation that a Muslim must take at least one shower every day.

Giving of gifts

General

Fruit and flowers are welcome. Cash can be given as a gift to younger people. Gifts ranging from a copy of the Qur'an to a box of chocolates are always welcome but a gift of erotic art, or something that contains images of nudity or any other non-Islamic gift would not be accepted and would cause great offence.

When visiting

It is common for guests to give a gift to their host. This can be anything from flowers to calligraphic writings although it is not a good idea to take food or drink and never take a bottle of wine as any form of alcohol is strictly forbidden. It would be very wrong to talk about pigs or dogs at the dinner table. Presents should always be modest and should never show excessive indulgence.

Gifts for a new born child	Whatever the mother usually needs on this occasion is acceptable.
Wedding gifts	Gifts such as household and electrical goods are welcome as they help young couples start a home and modern practices such as wedding lists are gaining greater credibility. Cash gifts are also acceptable on special occasions such as marriages, births etc. but are always only given by elder relatives to younger ones.
Greetings	Id Mubarak cards are popular and are becoming more easily available in card shops. Muslims in the UK have also begun to follow the custom of giving cards on anniversaries, birthdays, Fathers' Day and Mothers' Day and even Valentine's Day.

Medical treatment

Doctors of the same sex are preferred. Muslim ladies may request a female doctor for certain treatments and would be very offended if a male doctor were to be involved in delivering their babies.

Although there are several exceptions to the established rules of Islam on drugs etc. (for example alcohol is a permitted ingredient in medicines), on matters of transplants or blood transfusions orthodox Muslims may give doctors hard time. However, as the preservation of life is paramount in Islam, these practices should be acceptable. As in Judaism, Islam allows abortions only in certain serious conditions. Euthanasia is totally forbidden in Islam. The use of Muslim corpses in medical schools for teaching purposes is opposed but post mortems to determine the cause of death is acceptable. Generally, in all special circumstances in medicine or otherwise, Islamic laws are very flexible.

Main languages spoken

Arabic is the language of both the Holy Qur'an and all Salah. For all other Islamic activities the language used is the spoken language of the country of residence. Translations of the Qur'an are available in all languages.

Other

There is no caste or class system in Islam. Equality is paramount. An emperor and a slave both stand shoulder to shoulder in prayers and eat from the same plate. There are two main schools of thought in Islam – Sunnis and Shias – but they are all part of one Muslim community. Some extreme forms of Shiaism are not recognised by Sunni Muslims.

There is no priesthood in Islam. Any one who knows how to recite the Qur'an and knows his Salah (which even a child knows) can lead the prayers. In several families, young sons lead the prayers while the father stands behind his son in the jammat (the straight line of praying people behind the Imam).

Women cannot lead the prayers. There are no monks, nuns or hermits. There may be scholars and pious people, but not saints as such. One can obtain the status of a great Scholar (Imam, Sufi, Wali etc.) by leading a most pious life.

It is recognised that though the prophethood ended with Muhammad (pbuh), the vilyat (sainthood) still continues. This is only an affair between Man and God. Nobody ordains this sainthood. The people themselves realise the piousness and scholarship of such a person and he gets the status by his own piety and intensity of worship. You recognise a saint when you see one.

Homosexual relationships are strictly forbidden in Islam.

Glossary

The Qur'an was revealed in Arabic, therefore Arabic is the language of Islam, Islamic worship, theology, ethics and jurisprudence. Islam is inextricably linked with the Arabic language despite the variety of languages spoken by the believers.

For readers who have not encountered Islamic terms, this transliteration is a simplified version of that used by contemporary scholars. An apostrophe is used to indicate a pause. Note that the words Salah and Zakah end in 'h' when they appear alone. When part of a phrase these words are written with a 't' at the end, e.g. Salat-ul-Zuhr, Zakat-ul-Fitr, as a guide to pronunciation.

Term	Explanation
Adhan	Call to prayer. From the same root, Mu'adhin (one who makes the call to prayer).
Allah	The Islamic name for God in the Arabic language. Used in preference to the word God, this Arabic term is singular, has no plural, nor is it associated with masculine, feminine characteristics.
Angels	Being created by Allah from light. They have no free will and are completely obedient to Allah.
BCE	Before the Common Era. Equivalent to BC in Christianity.
CE	Common Era. Equivalent to AD in Christianity.
Fatwa	The legal guidance of a pious, just, knowledgeable Muslim scholar and jurist, based on the Qur'an, Sunnah and Islamic Shari'ah.
Hajj	Annual pilgrimage to Makkah, which each Muslim must undertake at least once in a lifetime if he or she has the health and wealth. A Muslim male who has completed Hajj is called Hajji and a female Hajjah.

Term	Explanation
Halal	Any action or thing which is permitted or lawful.
Haram	Anything unlawful or not permitted.
Hijab	*Veil (trans.)*. Often used to describe the head scarf or modest dress worn by women, who are required to cover everything except the face and hands in the sight of anyone other than the immediate family.
Id	*Recurring happiness (trans.)*. A religious holiday, a feast for thanking Allah and celebrating a happy occasion. Sometimes spelt Eid.
Id Mubarak	Id blessings! Greeting exchanged during Islamic celebrations.
Id-ul-Adha	Celebration of the sacrifice. Also known as Id-ul-Kabir – *the Greater Id* – and Qurban Bayram (Turkish) *feast of sacrifice*.
Id-ul-Fitr	Celebration of breaking the fast on the tenth day after Ramadam ends, which is also the first day of Shawal, the tenth Islamic month. Also known as Id-ul-Saghir – *the Lesser Id* – and Sheker Bayram (Turkish) – *sugar feast*.

Term	Explanation
Imam	*Leader (trans.)*. A person who leads the communal prayer, or a founder of an Islamic school of jurisprudence.
Iman	Faith.
Islam	Peace attained through willing obedience to Allah's divine guidance.
Jihad	Personal individual struggle against evil in the way of Allah. It can also be collective defence of the Muslim community.
Jinn	Being created by Allah from fire.
Ka'bah	A cube-shaped structure in the centre of the grand mosque in Makkah. The first house of worship for the One True God.
Laylat-ul-Qadr	The Night of Power, when the first revelation of the Qur'an was made to Prophet Muhammad (pbuh).
Makkah	City where the Prophet Muhammad (pbuh) was born, and where the Ka'bah is located. Also known as Mecca.
Mi'raj	The ascent through the heavens of the Prophet Muhammad (pbuh).
Mu'adhin	Caller to prayer. Known in English as 'muezzin'.

Term	Explanation
Muhammad	*Praised*. Name of the final prophet Sometimes spelt as Mohammed or Muhammed (pbuh).
Muslim	One who claims to have accepted Islam by professing the Shahadah.
Qur'an	That which is read or recited. The Divine Book revealed to the Prophet Muhammad (pbuh). Allah's final revelation to humankind.
Ramadan	The ninth month of the Islamic calendar, during which fasting is required from just before dawn until sunset, as ordered by Allah in the Qur'an.
Salah	Prescribed communication with, and worship of, Allah, performed under specific conditions, in the manner taught by the Prophet Muhammad (pbuh), and recited in the Arabic language. The five daily times of Salah are fixed by Allah.
Sawm	Fasting from just before dawn until sunset. Abstinence is required from all food and drink (including water) as well as smoking and conjugal relations.

Term	Explanation
Shahadah	Declaration of faith, which consists of the statement, 'There is no god except Allah, Muhammad (pbuh) is the Messenger of Allah'.
Shari'ah	Islamic law based on the Qur'an and Sunnah.
Sunnah	Model practices, customs and traditions of the Prophet Muhammad (pbuh).
Ummah	Community. Worldwide community of Muslims, the nation of Islam.
Zakah	Purification of wealth by payment of annual welfare due. An obligatory act of worship.
Zatat-ul-Fitr	Welfare payment at the end of Ramadam.

Compiled by S. Ikram Ali, J.P, Trustee,
Kent Muslim Welfare Association

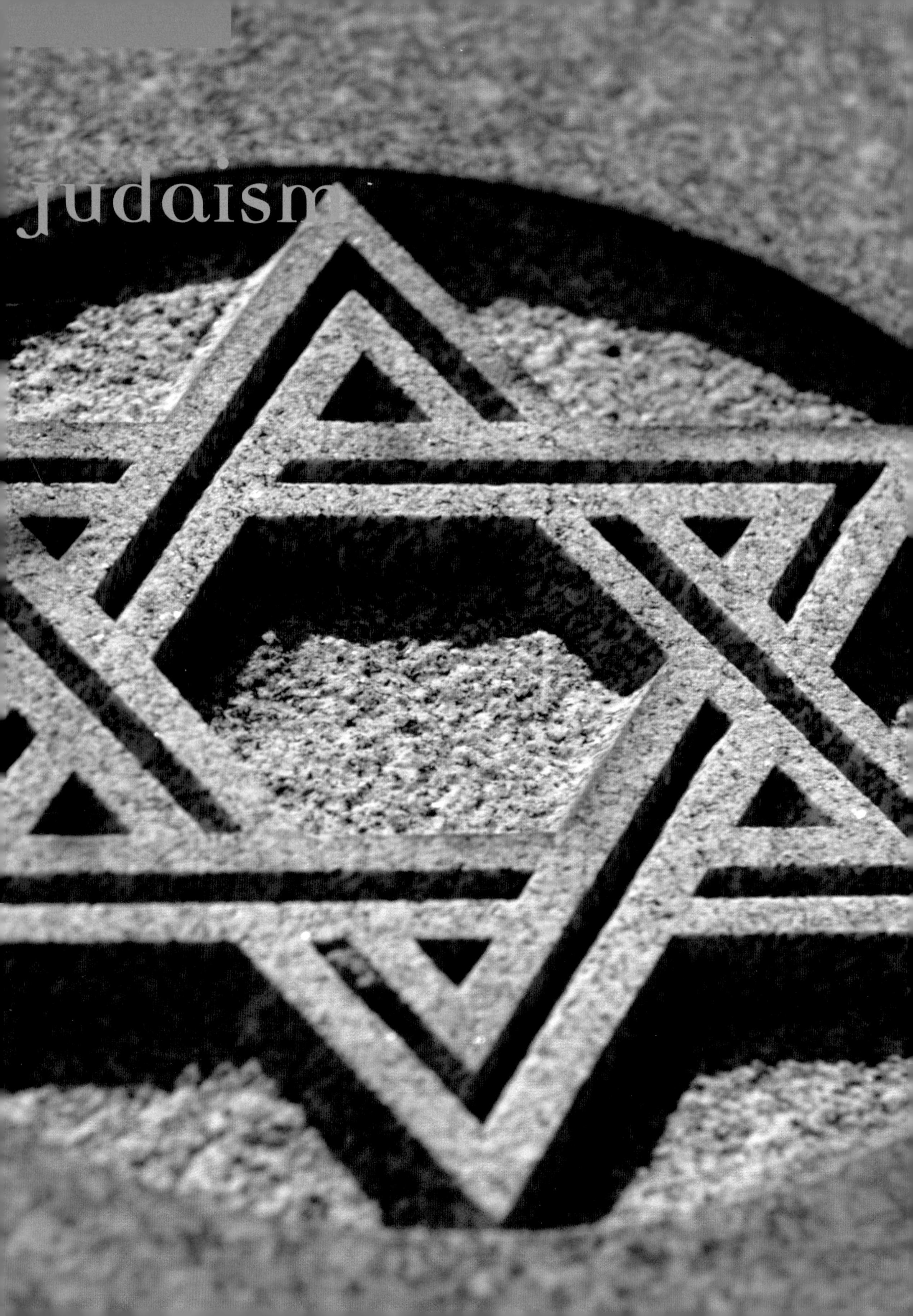
judaism

Judaism

Jew – a person of Hebrew descent or whose religion is Judaism.

An introduction to the faith

Judaism cannot be separated from Jewish life as a whole. According to Jewish belief the 'Torah', containing the laws and commandments by which the Jewish people live, was given directly by one indivisible God to Moses, who in turn handed it down to the Jewish people.

Judaism presents a unique expression of a history, culture and faith united by a desire to lead a constructive and spiritual life in accordance with God's will. It is a way of life maintained by the Jewish people throughout thousands of years, which has in turn kept them alive and fulfilled; living in the present, mindful of the past, but hopeful for the future.

Festivals

Shabbat (Sabbath) is the most important day of the week for Jews, on which Jews are commanded to rest and to keep the day holy. God created the world in six days and rested on the seventh, and the fourth commandment tells us "Remember the Sabbath day to keep it holy." It begins just before sundown on Friday night and ends after dark on Saturday night. Shabbat runs from sundown of the 'previous' day because of the wording of the opening verses of the Torah "And there was evening and there was morning, one day"

(Gen.1: 5). Friday night is a customarily 'special' evening with traditional Jewish food and rituals. There are services at many synagogues on Friday nights and Saturday mornings.

Festival dates vary due to the Jewish calendar.

Jewish months are lunar months. Each is 29 or 30 days long and a Jewish year can be between 353 and 385 days long. Accordingly it is necessary to add a full extra 'leap' month seven times in every nineteen civil years in order to align the two calendars.

Whereas the civil calendar year commences in January, the Jewish calendar year begins in September/October and dates from 5761 BCE.

Rosh Hashana

In September or October this is the Jewish New Year and the beginning of a ten-day period of repentance, which ends on 'Yom Kippur'. The Synagogue service starts just before sundown, with a further service the following morning. It is distinguished from all other holy days by the blowing of the 'Shofar', a ram's horn. At the conclusion of the service it is the custom for congregants to wish each other "Shana Tova" – meaning a good year.

One of the customs at Rosh Hashana includes eating an apple dipped in honey to indicate the hope that the coming year will be a sweet one.

Yom Kippur

Usually in October means the Day of Atonement, i.e. the expiation of sin on the part of the sinner and pardon by God. Atonement is made through fasting and prayer. Yom Kippur is a twenty-five hour fast for the purposes of purifying thoughts and of increasing the intensity of repentance. The Yom Kippur fast commences shortly before sundown, and at the end of the following day the fast is over and the service finishes with the sound of the Shofar.

Pesach (Passover)

In March or April. This Festival commemorates the most important event in the history of the Jewish people, namely its rescue from slavery in Egypt. Families and friends gather together to celebrate that deliverance. There are three essential things which distinguish the Passover: (a) The prohibition of eating, drinking or having in one's possession any food made of 'leavened' (fermented) grain, (b) the obligation to eat 'matza' (unleavened bread) and (c) the celebration of the 'seder' (the ceremony held in the home) at which time the story of Passover is recited.

It is customary for spring cleaning to take place before Passover and the larder must be replenished with new items of food, which are kosher for Passover. Special kosher for Passover dishes and utensils must be used at this time. All the old stock of food is disposed of or given away. All types of flour are prohibited apart from matzo and potato flour, which are used instead. Meat, vegetables and fruit are permissible.

Other significant religious events

T'u B'Shvat	New Year for Trees.
Purim	A Festival when the Book of Esther in scroll form is read in synagogues.
Yom HaShoah	'Holocaust Memorial Day' referring to events that led to the brutal elimination, dispossession, exile or orphaning of several million Jews in the years 1933 – 1945.
Yom Ha'Atzmut	Israel Independence Day.
Shavuot	Commemorating the giving of the Torah and the first Harvest Festival.
Tisha B'Av	The destruction of the Temple and other sad memories.
Sukkot	Temporary dwellings to commemorate the exodus from Egypt. Harvest Festival.
Simchat Torah	The end of Torah readings for the year. The cycle is recommenced with the reading of the first chapter of Genesis.
Chanukah	Commemorating the rededication of the Temple in Jerusalem in 165 BCE.

Birth customs

In traditional belief a child born of a Jewish mother is Jewish by birth. In mixed marriages, if the mother is Jewish and the father is not, the children are still born Jews.

Different customs welcome new babies but the main commandment is circumcision ('Brit Mila' or 'Briss'),on the eighth day after a boy's birth. If a woman's first child is a boy, her husband must redeem the child on the thirty-first day after his birth. The ceremony is called 'Pidyon Ha-Ben' – Redemption of the firstborn son.

Death customs and funeral rites

An appropriate undertaker will take charge of the body and prepare for it burial. Jewish tradition requires funerals to take place as soon as possible but not on the Sabbath. It is not encouraged for mourners to wear totally black clothes or to buy new clothes especially for the occasion. By custom, the mourners put the first spadefuls of earth into the grave and others generally follow suit. It is not customary to send flowers to a funeral. Jewish law stipulates burial as distinct from cremation.

'Shiva' is the seven-day period of mourning. Traditionally, a short prayer service is held at the house of mourning each evening of this period. During a Shiva, family, friends and acquaintances visit the mourners and on leaving, visitors wish each mourner 'long life'. Food, cakes or biscuits with a 'kosher' label are taken to a house of mourning, thus ensuring that there is enough food for mourners in the house. Close friends may provide more substantial meals.

There are many customs and traditions, including the mourners sitting on low stools during the period of Shiva, the covering over of mirrors and the making by mourners of tears or a cut in an item of their clothing to signify their grief. The mourning period is generally for a period of one year after the death during which time a memorial stone is placed on the grave.

Diet

The subject of what foods may be eaten by observant Jews is called 'Kashrut'. The word 'kosher' means fit, acceptable or ritually useable. The opposite is 'tref' or 'trefa', meaning not edible by Jews.

There are three classifications of food, namely meat and meat-containing food ('fleishig'), milk and milk-containing foods ('milchig') and foods containing neither meat nor milk ('parev'). Fleishig and milchig may not be eaten together, but parev may be eaten with either.

The only meat that Jews are allowed to eat is that which comes from animals that both chew the cud and have split hooves. Jews are permitted to eat farmyard fowl, including chickens, turkeys and ducks. The permissible animals must be slaughtered only by a 'Schochet' (a specially qualified person).

Meat must be koshered, i.e. soaked in water and then salted, before consumption, to remove all the blood. The only kinds of fish which Jews are permitted to eat are those which have both fins and scales.

Refreshments

After a Synagogue service refreshments are usually provided, more elaborately so if it is a special occasion. You will not cause offence by declining. However, Jews enjoy food, are enthusiastic hosts and may be quite persistent with their offerings!

Dress code

Head coverings

During synagogue services, all men must keep their heads covered. Most use a headcovering called a 'Kippah' or 'Yarmulka', and married women are expected to wear hats or headscarves. Many orthodox married Jewish women either wear a 'Sheitel' (a wig) or keep their natural hair covered at all times.

Clothes

During a synagogue service congregants should be 'decently' attired. Women should not wear sleeveless dresses, skirts above the knee, trousers or shorts. During a Sabbath service, Jewish men wear a 'Tallit' (prayer shawl), but many Jews also wear 'Tsitsit' (a small garment with fringes) under their shirts every day. Chasidic Jews maintain their traditional black clothing, which is of Eastern European origin. Many observant people do not wear clothing in which wool and linen are mixed – 'shaatnez'.

Shoes

It is traditional not to wear shoes made of leather during Yom Kippur and Tisha B'Av and leather shoes should not be worn by mourners during the first week of mourning.

Tattoos

The Torah forbids tattooing but there are many Jewish survivors who have a number tattooed on their arm by the Nazis.

The giving of gifts

Gifts in general	Fruit and flowers are always acceptable gifts.
Guest gifts	Flowers or a plant is always acceptable, alternatively, a bottle of wine.
Gifts for a newborn child	If in doubt, ask the advice of the new mother.
Wedding gifts	Most couples today have a 'wedding list' or it is quite traditional to give money. If you prefer, ask the hostess for advice.
Greetings	There are Jewish cards available from many outlets and most synagogues have facilities where you can buy such cards and also gifts with a Jewish flavour.

Main languages spoken

The main language for Jews is the spoken language of the country of residence, but Hebrew is the language of prayer in almost all synagogues, being and having been the preferred language for religious writing since Biblical times.

Medical treatment

Preference of the sex of a doctor is usually the choice of each individual but the very Orthodox patient may prefer to be treated by a doctor of the same sex.

Jewish laws on contraception are based on the sanctity of human life and a wife may use contraception if her life may be endangered by pregnancy.

As the preservation of human life is paramount, blood transfusions and necessary donation of organs are considered acceptable.

In Jewish law, therapeutic abortion where the life of a pregnant woman is endangered and also abortion within the first three months of pregnancy, to prevent the birth of a severely deformed child are both permitted.

Euthanasia, or 'mercy killing,' is absolutely prohibited by Jewish law, being considered equivalent to murder.

The use of Jewish corpses in medical schools for teaching purposes is opposed but post mortems, to determine the cause of death, are viewed more leniently.

Names and naming ceremonies

A girl may be given a name in the Synagogue during her first week of life and a boy is given a name at the time of his circumcision.

In addition to its civil name, a child will be given a Hebrew name, followed by 'ben' (son of) or 'bat' (daughter of) his or her father's Hebrew name.

Other

Things that are acceptable	Jewish people find it perfectly reasonable to accept visitors' lack of knowledge about Judaism.
Things that are not acceptable	Forms of anti-Semitism, even in a joking fashion, from someone who is not Jewish.

Jews are divided into three main religious groups, namely Orthodox, Reform and Liberal (Progressive).

Traditional/Orthodox Jews

Accept the revelation of the entire Torah, both written and oral, by God to Moses.

In a traditional Orthodox synagogue, men and women sit separately, the women usually upstairs or behind a 'Mechitza' – a panel or curtain or even a symbolic division separating men from women.

Occasionally at ultra-Orthodox functions, men and women may sit together for a meal but the dancing area is divided by a Mechitza, and the men dance with men and the women with women.

Reform/Liberal (Progressive)

The most immediately noticeable differences between Reform and Orthodox congregations are that men and women sit together in Reform congregations and that services are shorter, parts thereof being in English.

Glossary

Most of the terms included in this glossary are Hebrew in origin. However, since the Jewish Diaspora, many terms reflect the different countries where Jews have settled. For example, many words are in Yiddish, a common language (a mixture of German, Russian and Hebrew) developed by the Jews throughout Central and Eastern Europe.

The preferred form of this glossary uses the Sephardic pronunciation, which is equivalent to Modern Hebrew as spoken in Israel today. As with all transliterations, there may be acceptable differences in the ways in which words are spelt.

Preferred Form	Main Variables	Explanation
Aliyah		*To go up (trans).* (i) being called to read the Sefer Torah in the synagogue. (ii) the migration of the Jews to Israel.
Aron Hakodesh		*Holy Ark (trans).* The focal point of the synagogue, containing the Torah scrolls
Bar Mitzvah		*Son of Commandment (trans).* A boy's coming of age at the age of 13, usually marked by a Synagogue ceremony and family celebration.
BCE		Before the Common Era. Equivalent to BC in Christianity.

Preferred Form	Main Variables	Explanation
Bimah		*Dais (trans)*. Raised platform primarily for reading the Torah in the Synagogue.
CE		Common Era. Equivalent to AD in Christianity.
Challah	Hallah	Enriched bread used particularly on Shabbat and during festivals.
Chazan	Hazan Cantor	Leader of reading, singing and chanting in the services of some Synagogues.
Cheder		Hebrew lessons, usually held on a Sunday morning.
Gefilte fish		A dish of chopped fish, boiled or fried.
Get		A Jewish divorce.
Hagadah	Haggadah	*Telling (trans)*. A book used at Seder (q.v.).
Halakhah	Halacha	*The Way (trans)*. The code of conduct encompassing all aspects of Jewish life.
Hanukiah	Chanukiah	Nine-branched Hanukkah lamp used at the Festival of Hanukkah.
Hanukkah	Chanukah	*Dedication (trans)*. An eight-day "Festival of Lights" to celebrate the re-dedication of the Temple following the Maccabean victory over the Greeks.

Preferred Form	Main Variables	Explanation
Kashrut		Laws relating to keeping a kosher home and lifestyle.
Kibbutz	Kibbutzim (pl.)	Israeli collective village based on Socialist principles.
Kosher	Kasher	*Fit; proper (trans).* Foods permitted by Jewish dietary laws.
Latkes		Fried potato cakes traditionally eaten on Hanukkah.
L'chaim		*To Life! (trans).* A toast given before taking an alcoholic drink.
Mazeltov		Congratulations! Good Luck!
Menorah		A seven-branched candlestick, which was lit daily in the Temple.
Ner Tamid		*Eternal light (trans).* The perpetual light above the Aron Hakodesh.
Parev	Parveh	Neutral foods, which are neither milk nor meat, e.g. vegetables, eggs, fish.
Pesach	Passover	Festival commemorating the Exodus from Egypt. One of the three Biblical pilgrim festivals. Pesach is celebrated in the Spring.
Pogrom		Organised attack on Jews, especially frequent in 19th and early 20th century Eastern Europe.

Preferred Form	Main Variables	Explanation
Rabbi		*My teacher (trans)*. An ordained Jewish teacher. Often the religious leader of a Jewish community.
Rosh Hashanah	Rosh Ha-Shanah	*Head of the Year (trans)*. Jewish New Year.
Seder		*Order (trans)*. A home-based ceremonial meal during Pesach, at which the Exodus from Egypt is recounted using the Hagadah.
Sefer Torah		Torah scroll. The five books of Moses handwritten on parchment and rolled to form a scroll.
Sephardim	Sefardim	Jews originating from Mediterranean countries, especially Spain, North Africa and the Middle East.
Shabbat	Shabbos Sabbath	Day of spiritual renewal and rest commencing at sunset on Friday, terminating at nightfall on Saturday.
Siddur		*Order (trans)*. Daily prayer book.
Synagogue	Shul Bet Haknesset Bet Hamidrash	Building for Jewish public prayer, study and assembly.
Torah		*Law; teaching*. The five books of Moses.

Preferred Form	Main Variables	Explanation
Yiddish		Language used predominately by Jews of Central and Eastern European origin. Some Yiddish words have found their way into common English usage, particularly in the United States.
Zionism		Political movement advocating the return of the Jews to the Land of Israel.

Further reading

Wouk, H., 1959 *'This is My God'*, by Herman Wouk, Dell

Hayim Halevy Donin, 1991 *'To Be A Jew'*, Basic Books

Special thanks to:

Rabbi Vivian Silverman,
Rabbi of the Hove Hebrew Congregation

Penny Phillips,
a member of the Brighton & Hove New Synagogue

Edited by Doris Levinson, Editor of Sussex Jewish News,
and by Clive Levinson.

sikhism

Sikhism

Faith / Culture

Sikhism is based on the teachings of the first Sikh Guru, Guru Nanak, who was born in the Punjab in India in 1469 CE. His outspoken call and his personal initiatives for equality across class gender, race and faith were revolutionary.

Nine other Gurus followed Guru Nanak as leaders of the faith, the tenth being Guru Gobind Singh. He decreed that after his death the line of human Gurus should end and that instead the Holy Book of the Sikhs, the Guru Granth Sahib, should become the Guru for all Sikhs. Because this scripture has taken the place of the living Guru, it is treated with utmost respect, enjoys the full and highest authority amongst Sikhs and is central to the Sikh way of life, its ceremonies, festivals and code of conduct.

Main languages spoken

Punjabi is the main language for Sikhs although the language of the country of residence is also widely spoken. Altogether in the UK 800,000 Sikhs, Punjabi Hindus and Punjabi Muslims speak Punjabi as their first language.

An introduction to the faith

Sikhs believe:

In one God who created the universe.

In the oneness of humanity, equality of all people, the family of God. This means that God is not interested in what religion people follow but He is concerned with their conduct.

From this follows the belief that God is not exclusive to any one religion, but that different religions are following different paths to the same Reality. Sikhs believe that any one person has the right to follow their chosen path and that everyone should respect other faiths.

Equality of women. Since the time of Guru Nanak Sikh women have enjoyed complete equality with men.

Service to the wider community (Sewa). Sikhs are expected to participate in community service and to share some of their earnings with others, not just other Sikhs.

In leading his or her life in three dimensions, all of which have equal importance. These are: nam japna (to worship only the almighty), kirat karna (earning one's livelihood by one's own efforts) and vand chakna (sharing one's time, talents and earnings with the less fortunate).

Festivals

The main festivals celebrated by Sikhs are:

The birthdays of Guru Nanak and Guru Gobind Singh.

The martyrdom of Guru Arjan and Guru Tegh Bahadur.

Baisakhi.

Diwali.

These significant religious events in the Sikh calendar are observed in the gurdwara (Sikh temple) when prayers are offered and kirtan (hymns) are recited. The story of the event is narrated and in some cities where there is a large Sikh population there may be street processions. Sikhs do not believe that any one day is any more holy than any other but on the actual date of the anniversary in the UK a special service will be held in the gurdwara with the main celebration being held the weekend following.

All the above events are preceded by an akhand path, a continuous reading of the Guru Granth Sahib, which takes around 48 hours and which is timed to reach its conclusion on the morning of the festival day. The martyrdom anniversaries are not treated as days of grief but of inspiration.

Baisakhi

Is celebrated in April and commemorates the birth of the Khalsa. It is at this festival that new Sikhs are initiated. It also signifies the harvest festival in the Punjab and marks the first day of the Sikh year. Processions and feasting follow the reading of the Guru Granth Sahib.

Diwali

The festival of light, which is also celebrated by Hindus, is important to Sikhs because it commemorates the freedom from Mughal captivity of the sixth Guru, Guru Har Gobind. Gurdwaras and homes are illuminated with coloured lights and small oil lamps called 'divas' and gifts are exchanged between family members and friends.

The Birth of Khalsa (The Sikh Identity)

The word 'Khalsa' means the community of the pure and its membership is made up of Sikhs who have undergone the sacred Amrit Panth ceremony. Guru Gobind Singh initiated this on Baisaiki Day in 1699 when he instituted the first five Sikhs into the Khalsa Panth, the community of initiated Sikhs.

The ceremony involves the drinking of amrit (a sanctified liquid of sugar crystals and water) in the presence of five Khalsa Sikhs as well as the Guru Granth Sahib.

The physical symbols that denote a Khalsa Sikh are known as the 5 Ks of Sikhism, each of which is of spiritual and practical significance. They are known as the 5 Ks because the Punjabi for each word (kakka) begins with the 'k' sound. They are:

The Kesh

Long, uncut hair that is a symbol of spirituality. The Kesh reminds a Khalsa to behave like the Gurus and shows acceptance of God's will.

The Khanga

A comb which is a symbol of cleanliness and orderliness.

The Kara

A steel bracelet worn on the right wrist as a reminder of the need for restraint in deed and in remembrance of God at all times.

The Kirpan

The double-edged ceremonial sword as a symbol of dignity and the Sikh struggle against injustice. It is worn purely as a religious symbol and not as a weapon.

The Kachera

Knee-length undershorts worn as a symbol of self-control and chastity.

Keshdhari is the name given to Sikhs who do not cut any of their body hair and wear a turban whether or not they have taken Amrit. Those who believe in Sikhism but have not yet been initiated or who have let their practice lapse are sometimes known as Sahajdhari (literally, 'slow adopters').

Birth customs

Although there is no religious ceremony when a baby is born, the child is taken to the gurdwara by its parents for prayers and a blessing. Usually Amrit is prepared and a few drops of this holy water are poured into the mouth of the child, the remainder being taken by the mother. This ceremony can also take place in the family home.

At the time of the visit to the gurdwara a prayer of thanksgiving is offered and hymns of thanksgiving are sung. Sometimes akhand path is held. A personal name for the child is also chosen *(see Names and naming ceremonies)*.

Death customs and funeral rites

At the deathbed of a Sikh, the relatives and friends console themselves and the departing soul by reading from the Guru Granth Sahib especially Sukhmani, the Psalm of Peace. When death occurs no loud lamentations are allowed. Instead Sikhs chant Waheguru, Waheguru (Wonderful Lord). On death close family relatives wash the body of the deceased. Sikhs are cremated (with the five Ks, if possible). Men are cremated wearing the turban. Following a laying-in period at the family home the coffin is closed and then taken briefly to the gurdwara before going on to the crematorium.

In the UK, where there are modern crematoria with electric or gas furnaces, it is usual practice for the deceased to be taken to the crematorium for cremation. After the prayers, the eldest son and some close relatives of the deceased are allowed to have the last touch, according to tradition, by pushing the coffin into the furnace, witnessed by close family members.

The bereaved family, for the comfort of their own souls as well as for the peace of the departed, start a reading of the Guru Granth Sahib, which may be at their own house or at a neighbouring gurdwara. Friends and relations also take part. After a week or so they again come together when the reading is finished. The usual prayer is offered and karah parshad (holy sweet pudding made from flour, butter and sugar) is distributed.

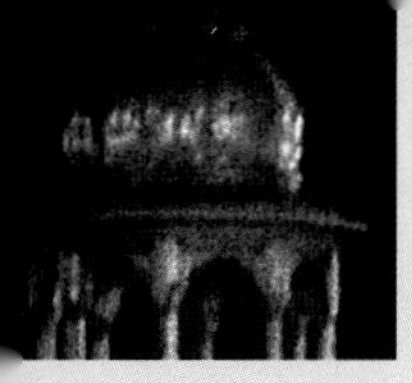

The remains of deceased Sikhs in the UK are often taken to Kiratpur in Punjab (India) and scattered into the Sirsa Nadi river. However, some Sikhs do scatter the remains in an area of river especially designated for this purpose.

It is forbidden to erect monuments over the remains of the dead, although suitable monuments in their honour at any other place would be quite permissible.

Diet

Dietary restrictions are a matter of conscience and religious belief for each individual Sikh. However, no Sikh is permitted to eat halal meat (meat that has been killed in the Muslim way) and consumption of beef is forbidden, since the cow is a sacred animal. The majority of Sikhs are vegetarian.

Sikhs who are initiated as members of the Khalsa are not allowed to partake in the use of alcohol, tobacco, drugs, or other intoxicants and should not eat any meat, fish or eggs. However they are permitted to eat dairy products.

When a ceremony is held in the gurdwara the food, which is always vegetarian, is prepared in the communal kitchen, the langar, and served to anyone who wishes to eat.

Dress

Both Sikh men and women dress modestly and to some Sikhs any exposure can cause offence.

Sikh men mainly wear Western dress but are advised to keep the turban and kachera. A long, loose shirt known as a kurta is mainly worn at home along with loose trousers known as pyjamas, and a turban.

Sikh women always cover their whole bodies. Traditional dress is the shalwar (a trouser-like garment for the legs) and a kameez (tunic) with a chunni or dupatta (headscarf). The shalwar and kameez is often worn as day and nightwear. The wearing of a traditional Western nightdress when in hospital could cause embarrassment when being visited by relatives and so the patient should be allowed to continue wearing traditional dress.

The wearing of the Kirpan (sword) by Sikh women and men signifies that they are initiated Sikhs, and this should not be removed. Sikh women in hospital would be very keen to continue wearing their Kirpan and so every effort should be made to allow them to do so.

When visiting the gurdwara a non-Sikh should ensure his or her head is covered. Shoes must be removed and placed in the racks provided. It is also advisable to cover the legs.

At religious events, the congregation traditionally wears orange, dark blue or yellow clothing.

The traditional dress for a Sikh bride is a red bridal gown with gold or silver jewellery, whilst the groom wears Western dress and a turban, and is veiled in flowers.

White is the colour of mourning.

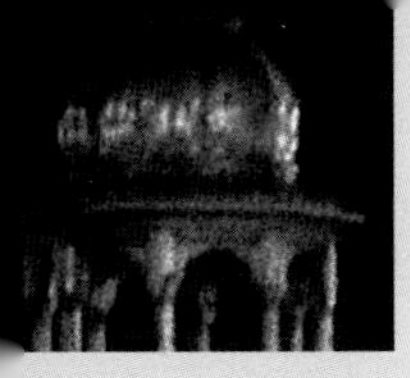

Giving of gifts

Gifts in general	Fruit and flowers are always acceptable as is a gift of money
Gift for a newborn baby	Generally gift vouchers, clothes or money.
Wedding gifts	It is traditional to give money (or ask the family for advice).
Greetings	Normal cards for the occasion (i.e. birthday cards, wedding day cards etc as available in all card shops).
	A Sikh should greet other Sikhs with the salutation "Waheguru Ji Ka Khalsa, Waheguru Ji Ke Fateh (Hail Khalsa of the Wonderful Lord who is always victorious) or Sat Sri Akal (God is Truth).
Accepting an invitation	It is permissible for Sikhs to accept an invitation even if it involves him or her going to a place of worship different from that which he or she normally attends as long as a belief in the Sikh faith is maintained.

In the gurdwara

It is a tradition that men and women sit separately in the main hall (diwan or darbar) and in the dining hall (langar), but it is not essential. At weddings men and women sit together. After services in the gurdwara everybody is offered karah parshad. It is very rude not to accept it.

Medical treatment

Treatment by a male or female doctor is a personal choice but some Sikh ladies may prefer a lady doctor for certain treatments.

Sikhism promotes family planning through self-control. Abortion is against Sikh ethics.

Sikhs consider the saving of human life to be a priority so blood transfusions and necessary donations of organs are usually considered acceptable.

Names and naming ceremonies

Traditionally the name of a new baby is chosen at the gurdwara by opening the Guru Granth Sahib at random and reciting the first paragraph on the opened page. The first letter of the first word is given to the family and then a name beginning with that letter is chosen and announced to the whole congregation.

The tradition of using family names was dropped at the time of Guru Gobind Singh because it identified the caste structure, which Sikhs do not recognise. However, in the UK many Sikhs add on their family name to fall in line with the British system that allows the identification and retrieval of records via the family surname.

As well as their personal and family names all Sikh men have the religious name of Singh, which means lion, whilst Sikh women have the religious name of Kaur, which means

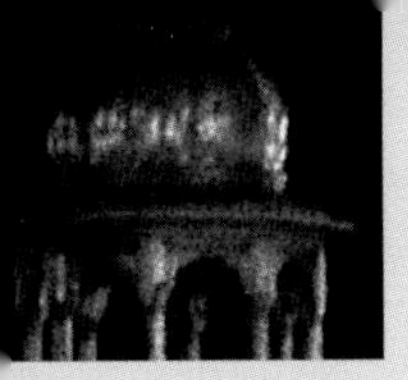

princess. An example of a Sikh family using a family name as well as a personal name and religious name would be as follows, with the family name following Singh or Kaur i.e.

Husband	Satvinder Singh Toor
Wife	Beljeet Kaur Toor
Son	Indirjeet Singh Toor
Daughter	Kuldeep Kaur Toor

However, Sikhs do not have to take their father's or husband's name but are individuals in their own right. An example of a family using its traditional naming system would be:

Husband	Satvinder Singh
Wife	Beljeet Kaur
Son	Indirjeet Singh
Daughter	Kuldeep Kaur

When traditional names are used it is important that records are kept to maintain identification by using the system in the Punjab i.e. when referring to the wife the registration would be: Mrs Beljeet Kaur (wife of) Mr Satvinder Singh.

Glossary

Sikh terms are drawn from the Punjabi language, and the versions below are based upon that language. Many of these terms will also be found in books on Hinduism and Buddhism but with somewhat different meanings. As with all translations, there are problems that are difficult to resolve.

This is particularly true when moving from the Gurmukhi script, which has an alphabet of 35 letters, to the Roman alphabet, which has only 26 letters. Names of persons and places are only included in this list if variant forms are commonly used.

Preferred Form	Main Variants	Explanation
Akhand Path		Continuous reading of the Guru Granth Sahib from beginning to end.
Amrit		Nectar (trans.) sanctified liquid made of sugar and water, used in initiation ceremonies.
Amrit ceremony	Amrit Sanskar, Amrit Pahul, Khande di Pahul. Sometimes just 'Amrit' or 'Taking Amrit' ('Amrit Chhakna')	The Sikh rite of initiation into the Khalsa. 'Baptism' should not be used.

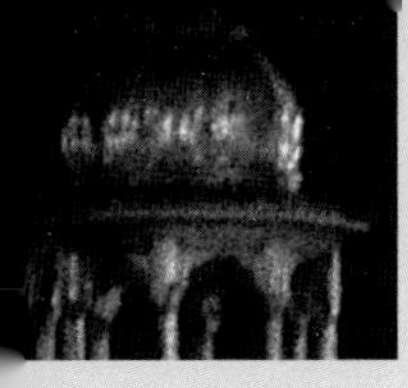

Preferred Form	Main Variants	Explanation
Anand karaj	Anand Sanskar	*Ceremony of bliss (trans.)* Wedding ceremony.
Ardas		*Prayer (trans.)* The formal prayer offered at most religious acts.
Baisakhi	Vaisakhi	A major Sikh festival celebrating the formation of the Khalsa, 1699 CE.
BCE		Before the Common Era. Equivalent to BC in Christianity.
CE		Common Era. Equivalent to AD in Christianity
Chanani	Chandni	Canopy over the scriptures, used as a mark of respect.
Chauri	Chaur	Symbol of the authority of the Guru Granth Sahib. Fan waved over the scriptures, made of yak hairs or nylon. It should not be called a 'fly whisk'.
Granthi		Reader of the Guru Granth Sahib, who officiates at ceremonies.
Gurbani	Bani, Vani	Divine word revealed by the Gurus. The Shabads contained in the Guru Granth Sahib.
Gurdwara	Gurudwara	Sikh place of worship. Literally the 'doorway to the Guru'.

Preferred Form	Main Variants	Explanation
Gurpurb	Gurpurab	A Guru's anniversary (birth or death). Also used for other anniversaries, e.g. the installation of the Adi Granth, 1604 CE.
Guru		Teacher. In Sikhism, the title of Guru is reserved for the ten human Gurus and the Guru Granth Sahib.
Guru Arjan		The fifth Guru, who was the first Sikh martyr (1563 – 1606).
Guru Gobind Singh	Guru Govind Singh (Original name: Guru Gobind Rai).	Tenth Sikh Guru. It is important to note that the title 'Guru' must be used with all the Gurus' names. Sikhs usually use further terms of respect, e.g., Guru Gobind Singh Ji or Guru Nanak Dev Ji.
Guru Granth Sahib	Adi Granth (Granth' by itself should be avoided).	Primal collection of Sikh scriptures, compiled by Guru Arjan and given its final form by Guru Gobind Singh.
Guru Har Gobind	Guru Hargobind, Guru Hargovind	Sixth Sikh Guru.
Guru Har Krishan Guru Harkishan	Guru Harkrishan	Eighth Sikh Guru.
Guru Nanak		The first Guru and the founder of the Sikh faith (1469 – 1539).

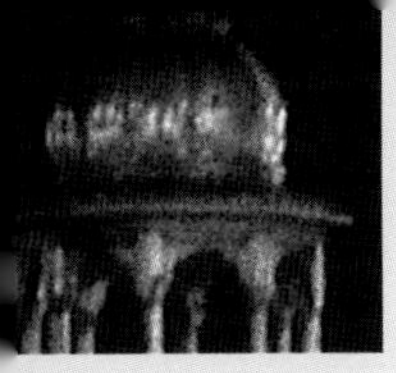

Preferred Form	Main Variants	Explanation
Guru Tegh Bahadur		The ninth Sikh Guru who was martyred for the principle of religious tolerance (1622 – 1675).
Karah parshad	Karah Prasad	Sanctified food distributed at Sikh ceremonies.
Khalsa		*The community of the pure.* The Sikh community.
Khanda		Double-edged sword used in the initiation ceremony. Also used as the emblem on the Sikh flag.
Mela		*Fair (trans).* Used of Sikh festivals that are not gurpurbs.
Mool Mantar	Mul Mantar	*Basic teaching; essential teaching (trans).* The basic statement of belief at the beginning of the Guru Granth Sahib.
Nishan Sahib		Sikh flag flown at gurdwaras.
Panj kakke		*The five K's.* The symbols of Sikhism worn by Sikhs.
Panj piare	Panj Pyare (other forms may also be found)	*The five beloved ones.* Those first initiated into the Kalsa; those who perform the rite today.
Panth		The Sikh community

Preferred Form	Main Variants	Explanation
Punjab	Panjab	*Land of five rivers (trans)*. The area of India in which Sikhism originated.
Sandhsangat	Sangat	Congregation or assembly of Sikhs.
Sewa		Service to humanity.
Shabad	Sabad, Shabd	*Word (trans.)* Hymn from the Guru Granth Sahib; the divine word.
Sikh		*Learner; disciple (trans.)* A person who believes in the ten Gurus and the Guru Granth Sahib, and who has no other religion.
Waheguru		*Wonderful Lord (trans.)* A Sikh name for God.

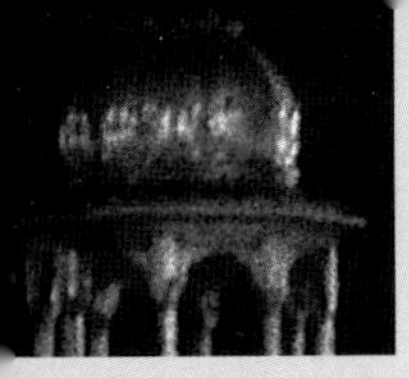

Further reading

C. Shackle, 1981 *A Guru Nanak Glossary*, Heritage Publishers, New Delhi.

Fauja Singh Kirpal Singh, 1976 *Atlas: Travels of Guru Nanak*, Punjabi University, Patiala.

Gopal Sing (Tr.), 1989 *Siri Guru Granth Sahib*, World Book Centre, New Delhi

Harbans Singh (Editor in Chief), 1992 *the Encyclopaedia of Sikhism*, Punjabi University Patiala, Vol.1

H S Singha, 1989 *Mini Encyclopaedia of Sikhism*, Hemkunt Press Delhi,

J P Singh Oberoi, 1975 *The Five Symbols of Sikhism* in perspective of Guru Nanak, (Ed) Harbans Singh Punjabi University, Patiala

Kahan Singh Nabha, *Mahan Kosh, (Encyclopaedia of Sikh Literature)*, Bhasa Vibhag, Punjab.

Khushwant Singh, 1991 *A History of Sikhs*, Oxford India, Paperbacks 2 Vols.

Compiled by Shaminder Singh Bedi and Narinderjit Singh Thandi of the Sikh Community, Gravesend and Dartford

mixed race

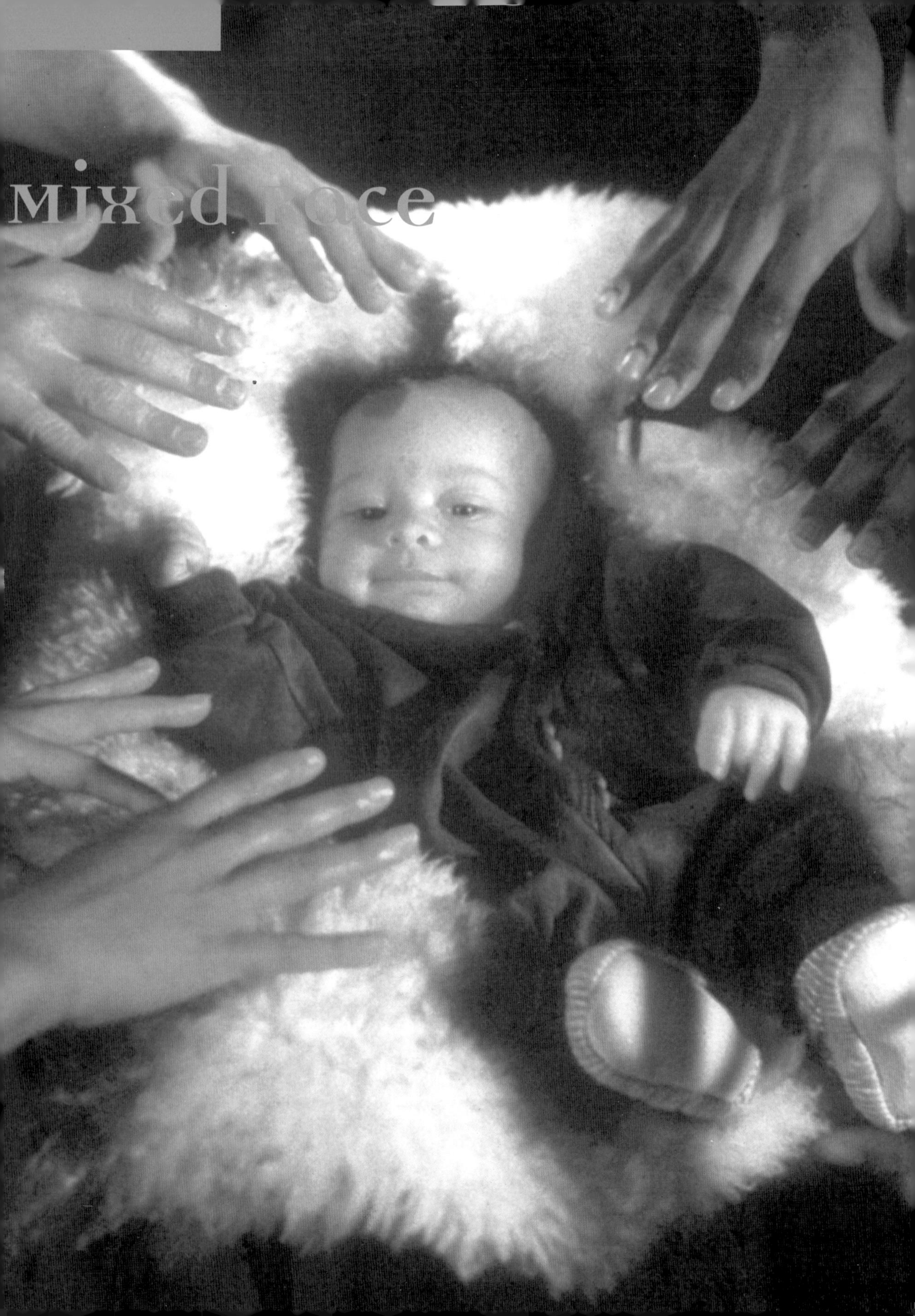

Mixed Race

Diversity and the construction of 'Race'

The inclusion of a section on 'mixed race' in a Cultural Diversity Guide illustrates the reality of contemporary British society in both positive and negative ways. In positive terms, it highlights the diversity of the British population and the fact that relationships are formed across racialised boundaries. In negative terms, it indicates that divisions still exist between groups classified as discrete 'races' on the basis of physical characteristics.

The diversity of the population in Britain can be traced back many centuries to the Angles, Celts, Danes, Huguenots, Jutes, Picts, Romans, Saxons and Vikings. Today's heterogeneity encompasses nationality, 'race', ethnicity and religion. The British have Irish, English, Welsh and Scottish nationalities as well as racial/ethnic origins that are African, Caribbean, Arab, Bangladeshi, Bengali, Chinese, Guyanese, Indian, Latvian, Lithuanian, Pakistani, Polish, etc. Their religious affiliations include Bahá'í, Buddhism, Christianity, Judaism, Islam, Rastafarianism and Sikhism, among others.

Notwithstanding this diversity, notions of racial differences did not come into common currency in Britain until people with brown skins settled here. This happened when the Second World War caused Britain to turn to its colonies and former colonies for help, first to fight the war and subsequently to rebuild its devastated economic and material infrastructure. People from the Caribbean and the Indian sub-continent responded, adding a non-European dimension to the existing mixture of races, cultures and religions that comprised British society. In the process, the category of 'mixed race' was constructed to describe the children of unions which crossed the racialised divide between black and white people.

Race versus ethnicity; colour versus culture

Physical and cultural differences between human beings have existed for thousands of years, yet the concept of 'race' has only been in use for about 500 years (Fryer, 1984). 'Race' is a social (or political) construct, which is meaningless in scientific terms, given that more than 94% of the differences that exist between people do so between people of the *same*, rather than different 'races'. To know someone's racial origin only confirms the obvious: that there are physiological differences between people – a fact that tells us nothing meaningful about individuals.

Ethnicity, on the other hand, refers to social attributes, to the cultures that are associated with particular groups: beliefs, customs, language, values, etc. – their ways of life. Culture refers to everything that is not innate: we are not born with a culture, but learn it from our parents, local community and wider society. And though culture includes reference to history and tradition, in today's global world we are all exposed to, and influenced by, many different cultures – through television, books, newspapers and the fact that we live in heterogeneous societies made up of a variety of cultures.

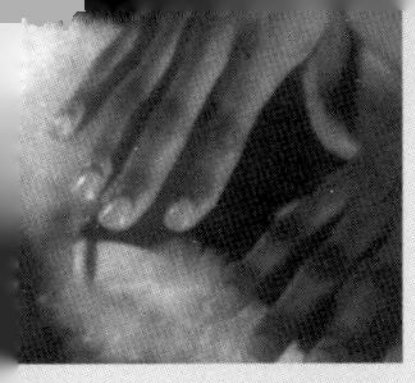

All this means that culture is dynamic; it changes over time and through interaction with other cultures. Thus, notions of a 'pure' culture are as meaningless as those of a pure 'race' – a fact which the black sociologist, Paul Gilroy, explains well:

"...no single culture is hermetically sealed off from others. There can be no neat and tidy pluralistic separation of racial groups in this country. ...Culture, even the culture which defines the groups we know as races, is never fixed, finished or final. It is fluid, it is actively and continually made and re-made" (Gilroy, 1990).

Racial and cultural diversity: myth or reality?

What has been said so far has far reaching implications. Since a person's racial heritage tells us nothing about him or her as a person the sooner the concept is removed from our vocabulary the better. Terms such as 'mixed race' are not only deeply offensive to the people so categorised, but are potentially dangerous because they encourage racialised thinking. And in a world in which the holocaust, apartheid and ethnic cleansing are within living memory, the consequences of this need no reiteration.

The notion of cultural diversity is more complex because, despite change over time, cultural differences between groups do exist sometimes – though by no means always – linked to ethnicity. Some differences stem from people's class or geographical location, ethnic origin or religious affiliation.

"There are differences in life-style, values and attitudes between someone who lives in a castle and someone who lives on an inner city council estate; between the residents of a remote village in the Hebrides and those of central London; between people whose ancestors are African, rather than Polish, Indian rather than English, or Irish rather than Scottish; between people whose religion is Muslim rather than Catholic, or Hindu rather than Jewish." (Macey, 1998)

The above differences are real (though not immutable). However, other presumed cultural differences are myths that rely for their continued existence on selective memory, distorted history and racial stereotyping. This applies particularly to distinctions, which are made between groups defined as black or white (or Asian), where racism results in the exaggeration of difference and the denial of similarity. This can push people who experience racism to turn 'inward', rather than outward and to emphasise a black and/or ethnic identity. In this sense it can be argued that black, Asian and mixed race cultures unite and give strength to people who see themselves as suffering similar forms of oppression.

This is not to suggest that anyone has a singular, racial or cultural identity – no one is only black or white: we are all gendered and class located, as well as individual. Nor is it to suggest that a black, or mixed, identity is no more than a defensive strategy. On the contrary, the assertion of a black culture and/or black identity can be highly positive, as Hyder notes: "Inevitably 'black' will form a significant part of any mixed race person's identity, not just in reaction to white racism but also as a celebration of cultural heritage".

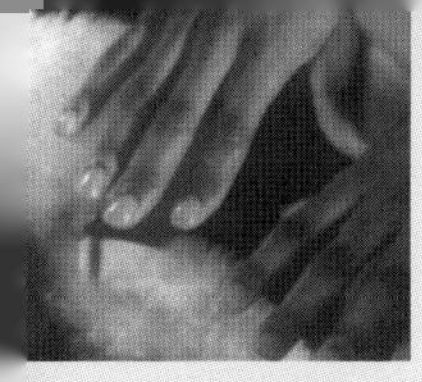

However, he goes on to say: "But it is equally important for mixed race people to express the positive side of their 'white' heritage and just as importantly to celebrate the dynamic nature of their dual heritage" (1993).

Celebrating diversity: The concept of 'dual heritage'

The term 'dual heritage' is used to acknowledge the combination of factors which produce individuals whose parents are from different racial or ethnic or cultural backgrounds. It is a term of celebration – of diversity, individuality and sheer humanity. It is a proclamation of the fact that there is no such thing as a 'pure' race: there is simply one human race of which we are all members. For even if at some point in time in certain parts of the world, people were from closely related gene pools, this stage of human history is long gone for the vast majority of the human family.

"We are all of mixed race and we are all of mixed cultures; isn't it time that we started saying long and loud that this is the norm, this is humanity – and we're proud of being who and what we are?" (Macey, 1998)

Glossary

Black	Used to describe people from African and African/Caribbean backgrounds and is also a political term for people who are not white.
Ethnicity	Relates to culture and focuses on learned characteristics such as beliefs, language and sense of peoplehood (or shared identity).
Interracial	Used to describe a mix of 'races' or relationships between 'races'.
Race	Used to describe groups of people with specific and clearly identifiable characteristics.
Racism	The belief that discrimination against a person on the basis of race or ethnic grouping is justified.

The following terms are some that are, or have been, used to describe people or families whose origins are described as being from different 'races'. None of the terms can be considered 'right' but people's personal preferences should be listened to. It should not be assumed that one person's preference is right for all.

- Biracial
- Black mixed parentage
- Black mixed race

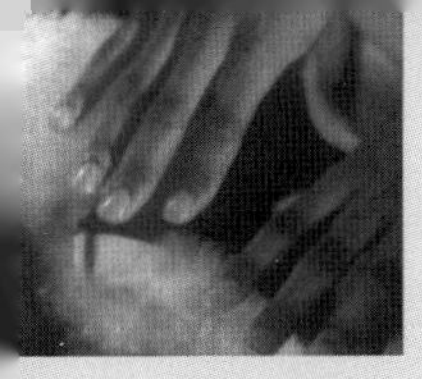

Dual heritage	
Half-caste	still in use but is considered a derogatory term by many.
Mixed heritage	
Mixed parentage	
Mixed race	
Mulatto	still in use but considered a derogatory term by many.
Multiracial	

References

Fryer P. (1984) Staying Power: *The History of Black People in Britain*, London: Pluto Press

Gilroy P. (1990) 'The End of Antiracism 'in Ball W. & Solomos J. [eds] *Race and Local Politics*, London: Macmillan

Hyder R.M. (1993) 'Mixed-Race People in British Society: A Study of Ethnicity and Identity', M. Sc. *Dissertation*, Bradford, University of Bradford

Further reading

Alibhai-Brown Y. & Montague A. (1991) *The Colour of Love*, London: Virago Press

Macey M. (1998) *Transracial Adoption: What's the Problem?*, Berks: People in Harmony

Tizard B. & Phoenix A. (1992) *Black, White or Mixed Race?: Race and Racism in the Lives of Young People of Mixed Parentage*, London: Routledge

Compiled by Marie Macey, People in Harmony, Berkshire

People In Harmony is an interracial anti-racist organisation which promotes the positive experience of interracial life in Britain today and challenges the racism, prejudice and ignorance in society. The organisation believes that the cultural diversity of our society enriches us all, everyone has a right to define their racial and cultural identity and that racism should always be challenged.

General further reading

Further reading

As well as the additional resources listed at the end of each chapter there are a number of useful publications providing further information and references. These include:

Festivals in World Religions, Woodward, P. (ed), Religion and Moral Education Press, Norwich

Shap Calendar of Religious Festivals, Gould, C., Rose, D., Woodward, P. (eds), Shap Working Party, London

The Shap Calendar of Religious Festivals is available from the Shap Working Party, c/o The National Society's RE Centre, 36 Causton Street, London SW1P 4AU. Tel: 020 7932 1190.

Acknowledgements

This book would not have been possible without the support and assistance of a great many people who gave their time so freely and willingly, especially the authors of each chapter and those members of the various faith communities who have advised throughout.

Special thanks are due to David Rose, who played the role of mentor and advisor. David taught Religious Education for sixteen years in London schools, followed by two years as advisory teacher for RE in ILEA. He is the author of many books on RE for schools and has written various articles for educational journals. He is currently Director of Teaching Studies in the Faculty of Education at the University of Surrey Roehampton.

Grateful thanks are also due to the Qualifications and Curriculum Authority (QCA) for permitting the use of 'Religious Education – A Glossary of Terms' in the production of this guide. This glossary was produced to give guidance to key words and their meanings and to try to reach some form of consensus on spellings. Included in the chapter glossaries are words that do not appear in the main body of the text. These additional words are included to give the reader a wider knowledge of key words that may prove useful if further study is followed.

Elaine Johnson, Editor

This Meridian Broadcasting guide has been produced in partnership with the following local authorities.

Dorset County Council Essex County Council
Kent County Council Medway Council

Their support and commitment to the project and its aims are gratefully acknowledged and warmly welcomed.